本书为北京语言大学科研项目（中央高校基本科研业务专项资金资助）成果
项目编号为 15YJ010002

汉语课程设计导论

郭睿 著

北京语言大学出版社
BEIJING LANGUAGE AND CULTURE UNIVERSITY PRESS

图书在版编目（CIP）数据

汉语课程设计导论 / 郭睿著 . -- 北京：北京语言大学出版社，2015.6
ISBN 978-7-5619-4217-8

Ⅰ. ①汉… Ⅱ. ①郭… Ⅲ. ①汉语－对外汉语教学－课堂教学－课程设计 Ⅳ. ① H195.3

中国版本图书馆 CIP 数据核字（2015）第 139079 号

汉语课程设计导论

HANYU KECHENG SHEJI DAOLUN

排版制作：北京创艺涵文化发展有限公司
责任印制：姜正周

出版发行：北京语言大学出版社
社　　址：北京市海淀区学院路 15 号，100083
网　　址：www.blcup.com
电子信箱：service@blcup.com
电　　话：编辑部　8610-82303647/3592/3395
国内发行　8610-82303650/3591/3648
海外发行　8610-82303365/3080/3668
北语书店　8610-82303653
网购咨询　8610-82303908
印　　刷：北京京华虎彩印刷有限公司

版　　次：2015 年 6 月第 1 版　　印　　次：2015 年 6 月第 1 次印刷
开　　本：787 毫米 ×1092 毫米　1/16　　印　　张：22
字　　数：350 千字
定　　价：65.00 元

PRINTED IN CHINA

目　录

序 1

吕必松

理论建设永远是学科建设的关键。在我国对外汉语教学界，多年以来，学科理论的研究似乎已被严重忽视。课程建设是学科建设的基本任务之一，可是关于课程设计的研究，尤其是系统研究，似乎少有人问津。郭睿的《汉语课程设计导论》，可以说是对课程设计进行专门和系统研究的开山之作。在理论研究受到严重冷落的今天，郭睿能够不受心浮气躁风气的影响，静下心来，专心致志地开展理论研究，写成了这部重要的著作，实在令人钦佩。但愿此书的问世，能够激发起学人在这一领域开展进一步研究的热情。

序 2

工欲善其事，必先利其器

崔永华

这是一部运用教育学理论框架分析汉语教学的著作。

这本书有两个重要特点：第一，作者试图用教育学课程论的框架，全面分析汉语作为第二语言教学（对外汉语教学）的课程设计。第二，本书是一种跨学科的研究成果。

先说用教育学课程论框架分析汉语作为第二语言教学的课程（以下简称“汉语课程”）。

教学是通过课程实现的。从有对外汉语教学开始，就有对外汉语教学的课程设计。远的不说，从上世纪 50 年代开始的新中国汉语教学，就已经做了大量的课程设计工作，经过几代人 60 多年的努力，我们已经比较成功地设计出了国内高校针对外国留学生的数十种汉语课程。但是回过头来，从方法论的角度来看，由于业界的知识和能力背景所限，这些课程设计大体上是基于经验和对教育学理论的零星运用进行的，基本没有采用教育学的理论和方法。

我们都明白“工欲善其事，必先利其器”的道理。对于课程设计，教育学早已有现成的、相对成熟的理论、方法（要素、过程、手段）。毫无疑问，如果当初我们掌握和运用了教育学的理论、方法，我们会少走一些弯路，更全面、深入地认识汉语课程，避免设计中的遗漏、偏差和不足，更高效地达到课程设计的目标，所设计的课程也会更为完善。

亡羊补牢，犹未为晚。在当前汉语国际教育大发展的新形势下，我们需要设计众多针对不同教学对象（不同国别、不同年龄、不同教育水平、不同汉语水平等）、不同教学目标、不同教学类型（汉语专业、汉语进修、汉语速成、沉浸式教学）的课程，这些课程的数量将数倍、数十倍于我们先前所设计出的课程；新课程的课程目标、课程内容、课程实施、课程评价等所涉及的问题，也远远超出了我们的经验和见识所及。为此，当前只有自觉地学习教育学的理论、方法、工具，才能少走弯路，避免继续“在黑暗中摸索”，顺利地达到汉语课程建设和汉语国际教育的宏伟目标。

学习和掌握教育学理论和方法，是汉语国际教育的必由之路，是汉语教学走向科学的必由之路。所以，本书探讨汉语教学的思路，是值得提倡的思路。

再说本书作为跨学科的成果。

本书的另一个特点是作者出身于教育学，是我国著名高校的教育学博士。来北京语言大学后，在为汉语国际教育专业讲授教育学课程的同时，还积极承担对外国留学生的汉语教学工作。这种教育背景和工作环境，为他进行跨学科的研究、思考创造了条件。

我们说了多年对外汉语教学是跨学科的科学，在实践上也取得了不少的进步，主要表现在心理学在汉语作为第二语言的习得和认知方面，以及教育测量学、统计学在汉语测试方面。跨学科人才是进行跨学科研究的基本条件。本学科上述两个方面人才主要践行了两种发展模式，一种是汉语语言学学者学习相关学科的理论、方法，成为跨学科人才；另一种是相关学科的学者跨入汉语教学的领域，成为跨学科人才。从上世纪 90 年代中期以来，两种人才共同为对外汉语教学做出了卓越的成就，成为本学科自立于学科之林的强大支柱。这说明，跨学科的学科建设，有赖于兼具相关领域知识和能力的跨学科人才。

汉语教学多年来一直强调研究“教什么，怎么教”，但是，我们对于教育学中相对应的课程论、教学论却少有问津，直到今天，仍有人以为教学研究不是什么学问，不能登大雅之堂。令人百思不解的是，我们一方面疾呼要解决“三教”（教师、教材、教法）问题，一方面却对解决“三教”问题的“利器”退避三舍，甚至拒之门外，仍坚持凭着经验、推论，甚至是个人的感受指导汉语教学，坚持让汉语教学继续“在黑暗中摸索”。这种观念必将误自己、误后人、误事业。如前所说，今天汉语教学所要设计的课程的数量和质量，绝对不是凭我们现有的经验和见识能驾驭得了的。同时，不仅汉语课程，教学方法、教学管理、课堂管理、教材编写、教师培养，都远远超出了我们以往的经验和推论能力，因而必须借鉴教育学理论方法。如果还是囿于现有的知识和能力天地，在“三教”问题和汉语国际教育的更多问题上，我们将无法摆脱困境。

我们必须解放思想，像请进和借鉴心理学、教育测量学一样，请进教育学，走出语言学、走出语言教学，切实实践跨学科之路，才有出路。从跨学科的角度讲，这本书的研究思路，也值得提倡。

此外，本书的不少地方为汉语课程设计提供了启示。举例如下：

（1）对对外汉语教学学科性质的追问。

作者认为，前辈学者对对外汉语教学学科性质的看法是基本一致的：是一种第二语言教学或外语教学。但这只是对“汉语教学”的一个类比、归类，并未深刻揭示出本质，缺乏一种结论性的描述。作者认为，学科的本质属性是由该学科的存在价值及其基本构成要素所决定的；追问“汉语国际教育”学科的性质，应该从它的存在价值及其基本构成要素的认定开始；从存在价值来看，汉语国际教育是一门工具学科，从基本构成要素来看，交际性和工具性是汉语国际教育学科的本质属性。

笔者未必认同这种看法，但作者愿意在前人的认识上，进行更深层次的探讨，值得尝试。

（2）定义汉语课程和汉语课程设计。

作者认为，“汉语课程设计是指对具体一门汉语课程事先进行有意识地安排、规划、操作和评价等，以最大限度地促进学习者汉语综合运用能力的发展。其主要包括对课程目标进行清晰界定；对要学的汉语要素知识、汉语技能、汉语交际技能以及汉语文化知识等内容加以适当选择（包括纲领性地确定和具体选定）；将选定的这些内容按照一定的顺序组织起来；建议或设定教学这些内容的过程和方法；鉴别课程整体或各个部分的效果，并通过评价和反馈使相关部分得到调整等。它最终体现为一套经过实践验证的课程计划、大纲、教科书或者教案集。”

这一定义，也许还可以进一步推敲，但是定义明确说明了汉语课程设计的内容和过程，使汉语课程设计不再是个模糊的、难于把握的概念和过程。

（3）汉语课程目标的基本来源和保证课程目标的科学性的具体方法。

作者认为，汉语课程目标有三个来源，即对学习者的研究、对当代社会需要的研究和学科专家的建议；设计汉语课程目标大致都遵循以下几个步骤：需求分析、任务分析、起点确定、环境因素分析、目标表述。

课程目标是课程的导向，采用正确的方法，才能保证制定的课程目标的科学性。

（4）课程内容的选择框架和汉语课程组织方式。

作者认为，汉语课程选择是指课程设计者依据所要达到的汉语课程目标和一定的选择原则，从汉语语法、字 / 词、功能、情景、话题、语篇等方面来选择最有利于形成学习者交际能力的内容，以构成汉语课程的过程。同时，所选择的课程内容应适合听、说、读、写等技能的训练，也应有情感、态度、价值观和文化意识的渗透。作者认为，汉语课程组织方式是依据一定的原则，将构成汉语课程的各种汉语言要素（语音、词汇、语法等）、技能、情景、功能、话题、策略、文化意识等各种相关内容或活动项目进行横向和纵向的排列组合，形成一定的结构，以更好地实现汉语课程目标。

这种基于当代教育理念和语言教学理念的对语言教学内容的认识，可以帮助我们在制定教学大纲、编写教材和课堂教学时，更为全面、准确地把握教学的内容。

（5）本书在汉语课程实施和课程评估的论述中，努力运用教育学的理论框架，也是一种值得效法的有益尝试。

以上只是笔者在浏览此书时印象深刻的几点，其他方面，恕不一一详述。

本书的不足之处。

本书的不足可能来源于主观和客观两个方面。客观上，在现阶段，把汉语课程和课程设计装入教育学框架，会遇到很多问题，例如此框架跟原有的基于语言学和经验的汉语教学框架的冲突，包括原有框架诸多的缺欠、冗余等等。主观上，作者毕竟还是汉语国际教育的新兵，对原有框架的产生背景、文献的了解，以及教学实践都存在不足。

例如作者在第二章第一节讨论汉语课程的性质时说，（1）汉语课程在外国中小学体现为作为一门外语课的“汉语”，在国内学校中主要体现为综合课（笔者按：国内现在的主要模式，还是分技能教学模式）；（2）汉语课程实施的主要方式是“精讲多练”（笔者按：只说“精讲多练”似过于简单，不同的汉语课程，还有不同的实施方式）；（3）汉语课程是一门以学习汉语言文化知识、技能和策略等为主要内容，以言语交际活动为主要途径，以培养学习者汉语综合运用能力为主要目标的第二语言课程。（笔者按：把汉语知识和技能跟文化知识和技能并列，似不太妥当）。

这几点看法，笔者都感到还可以再推敲。

另外，针对汉语教学界，特别是一线教师而言，全书的写作风格显得不够直截，对于一些教育学的原理，有些过于追根寻源。如第一章第二节对泰勒模式的介绍就过于详尽。

瑕不掩瑜。况且，笔者认为“还可以再推敲”的地方，未必是作者不对，我自己未必就能提出成熟的看法。在笔者看来，本书的重要价值在于，作者以教育学者的身份，用教育学理论和方法的利器，剖析汉语课程，无疑会使我们对汉语课程和课程设计有更为科学的认识，会对教师、研究者、管理者认识汉语教学、汉语课程，大有助益。我们需要更多的此类研究。这种研究，一定会成为推进汉语课程研究、课程设计，乃至汉语国际教育的科学化的强大动力。

工欲善其事，必先利其器。汉语国际教育只有正确选择自己的理论、方法、工具，才能应对所面临的问题，更快地实现自己宏大的发展蓝图。

序3

刘　珣

非常高兴地得知，在出版了《汉语教师发展》一书四年多，郭睿副教授的新作《汉语课程设计导论》，又将问世。这两本书总的特点是侧重从教育学的角度，研究汉语国际教育问题，而这一特点在本领域已出版的大量专著中，还是不多见的，需要加以提倡。

众所周知，与汉语国际教育结缘最深的两门学科，一是语言学，一是教育学。比作一为其母，一为其父，并不为过：二者缺一，成不了我们这个学科。因此，上世纪末在专门讨论学科问题的学术研讨会上，不少人（包括我本人）就认为从本质上来看，我们这个学科应该属于虽然在现在的学科设置上还不存在的“语言教育学科”。

由于本领域从业人员大都来自汉语言文学专业、汉语言文字学专业、语言学应用语言学专业、对外汉语专业或外语专业，因而对从语言学的角度研究本学科十分重视，也很习惯，并有大量的研究成果。十多年前，甚至不少人还认为我们这个学科就属于语言学，似乎是单亲家庭的产物。当时本人在一篇文章（《谈加强对外汉语教学的教育学研究》）中曾谈到：“长期以来对外汉语教学界缺乏对教育学理论的系统研究，更缺乏把教育学的普遍规律运用于本学科的研究，至今很少有真正从教育学角度研究对外汉语教学的论著。我们对教育学领域的研究热点所知不多，甚至基本上没有参加过有关的会议和学术活动；教育学界对我们这个新兴的、而且是非常重要的特殊教学领域似乎也很少关注，我们还没有吸引到更多的教育学家像语言学家们那样与我们共同进行学科的研究”。

今天随着学科研究的逐渐深入，仍坚持我们这个学科只属于语言学这一观点的，已经大为减少了；汉语国际教育是一门综合学科、边缘学科，需要进行跨学科研究，已成为大多数人的共识。但是，在开始重视语言习得、跨文化交际等方面的跨学科研究的同时，对教育学的研究或从教育学的角度从事本学科的研究，仍为我们学科建设的短板。我们希望随着更多的像郭睿博士这样教育学出身的年轻的人才，加入到我们的队伍中来，加强教育学的研究，使这一状况能得到显著的改变。

郭睿副教授的博士专业是“课程与教学论”，他有较好的教育学功底。七八年前刚走上北语的汉语国际教育岗位，就树立起将自己所学的专业知识贡献给汉语加快走向世界这一事业的决心。他知道要从事汉语教学的研究首先必须补上对外汉语教学实践这一课，于是他从听课开始，很快就争取到从事对外汉语课堂教学的机会。作为他在北语人文学院的同事，我深深为他虚心向一线教师们学习、刻苦钻研教学方法和技巧、认真体会对外汉语教学特点的精神所感动。为了实现将自己所学的教育学知识跟对外汉语教学的结合，他同时大量阅读对外汉语教学的文献，了解半个世纪以来学科研究的成果，并开始酝酿本书的撰写。为了磨成这一剑，他花了六七年的时间，数易其稿，终于完成了这本以教育学理论为指导、突出汉语作为第二语言教学特点的汉语课程设计专著。

打开这本书，让我们感受最明显的还有两点：一是作者认真研究的态度。作者阅读了古今中外大量的文献，也收集了大量的资料，丰富的资料虽然使本书略显庞杂，但对年轻的读者说来不无益处。二是作者勇于提出自己的看法。作者在介绍教育学理念的同时，尝试用教育学的观点谈出自己的不同看法，尽管这些看法还有商榷的余地，但它可以启发我们从不同的角度，对老问题做新的思考。

我愿意向我的同行们郑重推荐这本专著。

前　言

一

本书意在从教育学、课程论的视角来探讨汉语教师“如何开设一门汉语课程”，即汉语课程设计。之所以有勇气和信心把它呈现出来，主要基于以下两点认识：

第一，汉语课程设计能力是国际汉语教师的必备素养和技能。随着“汉语国际教育”事业的发展，汉语教师的职责不再限于课堂教学，还应该具有一定的课程设计能力。因为很多汉语教师，尤其是在国外教学的汉语教师，经常面临着根据学习者或合作方要求独立开设一门新课的情况。与此相对应的是，现在的汉语教师培养课程体系中并没有此类的课程或技能培训。汉语教师遇到这种情况时往往是单纯根据既有经验进行，甚至是茫然失措，不能适应工作需要。即便不开新课，汉语教师也需要遵照国外惯例在课程开始前向学生提供一个课程大纲（course syllabus），明确告知学生课程目标、相关课程资源、课程进度和时间安排、课程要求及注意事项、课程评价方式和标准、学习方法建议等。这其实就是教师对所教汉语课程的一个设计。另外，海外各个国家和地区的教学情况、学生水平和进度都不一样，所需要的汉语教材大多都是自己来编写，具体如何操作？这是对国际汉语教师一种新的工作要求。王宏丽（2010）就曾提到这一点。其实这里说的也是汉语课程设计能力。正是考虑到这一能力之重要，国家汉办在2011年颁布的《国际汉语教师培训大纲》中就建议开设“汉语课程与教学设计”这一课程，正对应《国际汉语教师标准（2012年）》模块三“教学组织与课堂管理”中的部分内容。

第二，汉语课程方面的研究是“汉语国际教育”这个学科走向成熟完善的应有之义。课程论和教学论是两个同样重要的领域或视角，都应该得到重视和发展。可是从学科研究现状来看，重点一直在教学理论甚至是教学法领域。课程方面的研究一直比较薄弱，成果很少，探讨汉语课程设计的专著更是少见。相比之下，英语作为第二语言教学领域就出现了很多探讨课程设计的专著和文章（如 Pratt，1980；Dubin & Olshtain, 1986；Yalden, 1987；Graves, 2000；Richards, 2001；等等）。因此，我们应该在更高层面（即语言学、教育学、心理学甚至哲学等相关学科研究成果的基础上）从不同的视角来拓展和完善汉语课程的研究。本书就是一个从教育学视角讨论汉语课程设计问题的尝试。

二

本书重点对“汉语课程设计”的原理、程序、方法等方面进行探讨。为了给可能在各种情况下开设汉语课程的教师提供指导，本书重点探讨汉语课程设计的一般程序，包括对汉语课程的认识、对汉语课程目标的界定、对汉语课程内容的选择、对汉语课程内容的组织、对汉语课程的实施、对汉语课程的评价等具体环节。

本书结构是这样安排的：

第一章　绪论，主要是做了一些铺垫性的介绍。第一节主要是对“汉语课程”“汉语课程论”“汉语课程设计”这三个基础性概念进行阐释说明。第二节主要介绍了汉语课程设计的模式，尤其是“目标模式”。

第二章　汉语课程的性质、特点和功能，先是在分析“汉语国际教育”学科性质的基础上认定了汉语课程的交际性和工具性，又分析得出了汉语课程的如下特点：交际性和工具性的统一、技能性、实践性、综合性、文化性等，最后论述了汉语课程的几个功能：培养学习者的汉语综合运用能力、传递必要的汉语言知识、让学习者了解一定的中国文化等。

第三章　汉语课程目标及其设计，主要讨论了汉语课程目标的内涵、特征、功能、来源等方面，以及设计目标的几个步骤：需求分析、任务分析、起点确定、环境分析和目标的撰写。

第四章　汉语课程内容的选择，先介绍了汉语课程内容选择的内涵和汉语课程内容的构成，然后探讨了汉语课程大纲和语言材料选择的原则和过程。

第五章　汉语课程内容的组织及其设计，依次探讨了汉语课程内容组织的内涵、分类、影响因素、取向、原则等问题，最后探讨了汉语课程组织设计的步骤：确定中心要素、对课程内容进行切分、排列结构单位、具体"知识点"或"课"的组织等。

第六章　汉语课程实施及其设计，主要探讨了汉语课程实施的内涵、取向、影响因素及其设计，汉语课程实施的设计具体包括教学过程、教学方法和手段、教学活动、教学组织形式、教学时间、教学空间等六个方面的设计。

第七章　汉语课程评价及其设计，主要探讨了汉语课程评价的内涵、类型、功能及其设计，在设计部分先介绍了几种课程评价的模式，最后探讨了如何逐步进行汉语课程评价的设计。

汉语教师所面临的教学对象和教学情境不同，课程设计的环节和步骤自然也未必完全一致。即便是本书所呈列的这几个环节，在实际汉语课程设计过程中也并没有这么清晰。它们是动态的、勾连互动的、相互交织在一起的。更何况，汉语课程本身又包括综合课、听说读写等多种课程。鉴于此，第一，本书定位于对各类汉语课程设计进行指导，即书名所示"汉语课程设计导论"；第二，本书尽可能详尽地提供了撰写时所涉猎的主要参考文献，供读者更多地了解"课程设计"的原理、概念和方法，以便结合自己的情况对课程进行个性化设计。

本书是一部既有理论阐释又有实践例证的学术专著，可作为汉语国际教育及相关专业研究生课程教材，也可作为国内外汉语教师或教学机构管理者进行课程设计的参考手册，当然也可作为汉语国际教育专业本科生的参考用书。教材是课程的主要承载，因此本书也可作为汉语教材编写的参考手册。

第一章 绪 论

阅读前思考：

1. 听到“课程”“汉语课程”这些概念，你会想到什么？有没有看到过对它们的学术性的阐释？
2. 你是否了解吕必松先生提出的对外汉语教学的“总体设计”和崔永华先生提出的“教学设计”？
3. 如果让你开设一门汉语课，你凭经验觉得应该从哪几个方面入手？

第一节 汉语课程、课程论和课程设计

汉语课程是汉语课程理论体系的奠基性概念。汉语课程论是研究汉语课程性质、目标、内容选择、内容组织、实施、评价等方面的理论。汉语课程设计则是在一定的课程理论指导下确定汉语课程目标、选择汉语课程内容大纲和材料、组织排列所选的课程内容、实施课程计划、评价所设课程的有效性等一系列活动。正确理解这三个核心概念及其相互之间的关系，是进行汉语课程设计理论建构和实践操作的前提。

一、汉语课程

要理解“汉语课程”，应先对“课程”有一个基本了解。

（一）课程的内涵

在课程论领域，对课程内涵的探讨主要集中在两个角度：一是从词源的角度，二是从各个时期各个国家教育学者对课程理解的分类综述上。考虑到本书的应用性，我们这里主要从第二个角度理解课程。如果把所有的课程定义列出来，足有几十种，我们选取部分定义列举如下：[1]

“课程是教学内容及进程的总和。”（王策三，1985: 202）

“按照一般的理解，课程一词指的是学校教学内容。”（陈侠，1989: 17）

“课程是指所有学科的总和，或学生在教师指导下各种活动的综合；狭义的课程是指一门学科或一类活动。”（《中国大百科全书·教育》）

“课程是一系列的科目。”（Oliva，1982: 5）

“课程是学习者在学校指导下所学得的一切经验。”（Foshay, 1969）

“在学校建立一系列具有潜力的经验，目的是训练儿童和青年以群体方式思考和行动。这类经验被称为课程。”（Smith et al., 1957）

“课程是个别学习者在教育方案中的所有经验，旨在达成广泛的目的及相关的特殊目标，其设计依据理论研究的架构，或过去及现在的专业措施。”（Hass，1980）

“课程是有组织的一系列有意义的学习结果。课程指定（或至少是预定）了教学结果，但未指定达成结果所需的手段。”（Johnson, 1967）

“课程是通过有组织地重建知识和经验而得到系统阐述的有计划、有指导的学习经验和预期的学习结果，在学校的帮助下，推动学习者个人的社会能力不断地、有目的地向前发展。”（Tanner & Tanner, 1975）

[1] 部分外国学者所给的课程定义转引自黄政杰：《课程设计》，台湾东华书局，1991：66-68；江山野主编译：《简明国际教育百科全书·课程》，教育科学出版社，1991：65。

“学校传授给学生的，意在使他们取得毕业、获得证书或进入职业领域的资格的教学内容和具体教材的总计划。”（Good, 1959）

“课程是一种学习的计划。”（Taba, 1962: 214）

“课程是为学习者提供各种学习机会的计划。”（Saylor et al., 1981: 8）

“课程是学校的教育方案，包含下列因素：学习方案；经验方案；服务方案；潜在课程。”（Oliver, 1977: 8）

“课程，作为一种学校借以实现其目标，完成其任务的主要手段和媒介，其本质内涵是指在学校教育环境中，旨在使学生获得的、促进其迁移的进而促使学生全面发展的、具有教育性的经验的计划。”（郝德永，1997）

看到如此多的课程定义，读者肯定会有一种无所适从的感觉，尤其是初次接触“课程”的读者。到底哪个定义是对的？也就是说，最终对课程的理解“落脚”在哪里？其实，这些定义无所谓对错，都在某个方面触及了课程的实质，但又失之片面。出现这种情况，其一是因为课程本身是复杂的，学者们所关注的视角和重点不同，定义自然也不相同；其二是因为这些定义都是学者们在特定的情境中提出来的，不可避免地带有主观或客观的局限。指望简明扼要地给课程下一个准确全面的定义是很难的。

那么我们怎么样理解课程呢？只能是对这些课程定义进行分类梳理，找出代表性的观点。综合学者们对课程定义进行分类梳理的成果，本书把各种课程定义归为以下五种，作为理解课程内涵的基本维度：

1. 课程即学科科目；

2. 课程即学习经验；

3. 课程即计划；

4. 课程即学习结果或目标；

5. 课程即文化再生产。

（二）汉语课程的内涵

汉语教学是汉语作为外语或第二语言的教学，与一般的学科有很大的不同。因此，相比于一般意义上的课程，汉语课程内涵和范围就小多了。同时，在本领域内，马箭飞（2004：56）也曾对汉语课程内涵进行界定，认为对外汉语课程至少有以下几个方面的含义：**课程即学习过程，即语言的内化过程；课程即有计划的教学活动；课程即教学科目；课程即文化意识的改造**。在此基础上，结合有关课程内涵的论述，我们把汉语课程分别理解为**学科科目、学习经验、计划、学习结果或目标、文化再生产**等几种含义。

1. 汉语课程即学科科目

作为学科科目的汉语课程是将汉语课程视为一个学科或学习领域。其范围是指作为一个学科的汉语教学所包含的内容，包括语音、词汇、语法、汉字、功能、情景、任务、话题等，其实就是我们所谓的汉语教学大纲，包括语音、词汇、语法大纲等语言知识，听说读写等语言技能、情感等策略，文化意识等。

在国内，从上世纪50年代开始，大部分地区的汉语课程主要是以学科科目的形式存在。在“对外汉语教学被普遍认同为一个独立学科”之前，我们主要依据的是“现代汉语”学科和语言学，同时也考虑了第二语言学习的特点。随着汉语课程教学的发展，“对外汉语教学”成了一个学科。除了之前的语言要素知识和语言技能外，该学科还增加了功能、任务、话题、情景等，以及策略和文化意识等内容。在国外，作为外语的汉语课程更是一门典型的学科科目。无论是只有一门综合课，还是包括综合课在内的一个汉语课程体系，其内容都没有超越“对外汉语教学”学科所包含的内容。整个汉语课程体系无非就是把原来的综合课各部分内容“扩充”“放大”了而已。比如现代汉语语法课、现代汉语词汇课、现代汉语语音汉字课、中国文化、中国哲学课、中国概况课、中国人文地理课、中国历史课、中国文学课。

作为学科科目的汉语课程强调向学习者传授汉语本体方面的内容。它重视汉语知识体系的传授和听说读写等语言技能的训练，有利于给学习者打下较为全面的基础，但比较容易忽视学习者在实际生活中运用汉语进行交际的需要。

2. 汉语课程即学习经验

作为学习经验的汉语课程是学习者与教学环境之间的相互作用，将汉语课程视为在语言内化过程中学习者所产生的经验和结果，即学习者的学习经验。这个层面的汉语课程强调学习者独特的学习经验及其在此过程中所体验到的意义，比如学习者在学习汉语过程中获得的成就感和领略中国文化过程中的新奇感，以及在语言实践活动中感受到的交际能力的提升等。

作为学习经验的汉语课程体现为各种各样的汉语学习活动，以及类似参观旅游的语言实践活动。每个学习者都是独特的个体，从语言实践活动中获得的经验各不相同，其最终收获取决于自己在活动中的表现。积极主动者收获多多，消极被动者收获寥寥。这种收获并不一定表现为具体汉语知识的掌握。一线的汉语教师都知道，很多学习者汉语知识掌握得并不好，但在语言实践活动中表现出来的交际能力却很高。

这个层面汉语课程的重心从汉语知识内容转向了学习者个人的经验获得（包括认知、技能和情感等各个层面）。理念虽好，实际操作起来却不容易，关键是汉语教师对每个学习者的收获和进度难以掌控，评价起来也很难操作。

3. 汉语课程即计划

作为计划的汉语课程是指负责汉语教学的教务人员或者教师根据社会交际需要和学习者的兴趣，对汉语教学目标、内容、方法、活动以及评价等方面所做的一种教学安排。它强调对汉语教学预先制订一个计划或规划，整个课程都是可预期的。汉语教学管理部门每学期初都发布的本学期的教学计划和汉语教师所教课程的授课计划，都属于计划层面的汉语课程。

作为计划的汉语课程本身就有很大的弹性。它可以宏观到整个学校、孔子学院，甚至国家汉办的汉语教学计划，也可以微观具体到某位汉语教师的学期教学计划，甚至一堂课的教学计划。当然，它主要体现为书面的、正式的汉语教学计划。

这种课程可以严格按照预先制订的计划实施汉语教学，优点是能保证一定的教学质量和效果，缺点是容易走向僵化，兼顾不到汉语教学过程中随机创生的教学机会。

4. 汉语课程即学习结果或目标

这个层面的汉语课程被看成一系列汉语学习结果或者目标的组合。它强调预期的学习结果或目标，而较少关注过程和手段。它往往先确定一个总的汉语教学目标，然后再把总目标细分为一套有序列的具体学习目标。比如国家汉办组织编写的《高等学校外国留学生汉语教学大纲·短期强化》所规定的教学目标体系：

教学类型	教学目标
短期强化	**总目标**：完成一定量的交际任务项目的学习，掌握相应的语言要素、言语技能和相关文化知识，提高汉语交际能力。
	初级目标：能运用汉语进行日常生活和学习范围内初步交际活动，并可进行简单的社会交际。
	中级目标：能比较自如地运用汉语进行日常生活、学习、社会交际范围内的一般性交际活动，并可在一定的工作范围内进行交际。
	高级目标：能比较得体地运用汉语进行较高层次的学习、交际活动和工作，并能够在一定专业领域（如商贸、外交、文化等）内进行交际。

其实在初级目标、中级目标和高级目标下面仍然有更具体的教学目标，直到它们达到清楚而明确的程度，且具有可操作性，就像生产线中的操作规程和产品规格一样。同时，这种学习结果或目标往往由决策者来决定。一线汉语教师只是实施者。这容易造成学习结果或目标的制订与实现过程的分离。

这个层面的汉语课程倾向于精确预测、控制各种问题，有利于科学管理和实现目标，但它过于重视课程结果或目标的实现，而忽视实现过程的合理合法性。比如有教师对汉字“安”的解释：有女人有房子就“安”心了。这样虽有利于学习者记住，但未必符合真实的字源字理。[1]

5. 汉语课程即文化再生产

这个层面的汉语课程被看成对学习者进行中国文化的传播。语言是文化的载体。从某种意义上说，学习汉语言本身就是学习中国文化。Brown（1994：25）曾说，当你讲授一门语言的时候，你就在传递一个复杂的文化习俗、价值观、思维方式、情感、行为系统。最近国家一直强调“文化软实力”，在客观上强调了汉语

[1] 这种解释被一些研究者称为“新说文解字”，支持者和反对者皆有。详情可参阅李香平：对外汉字教学中的“新说文解字”评述，《语言教学与研究》2006年第2期。

课程的“文化再生产”这层意思。也正因为如此，汉语教学才成为一项“国家和民族的事业”。同时，汉语课程的特殊性质也决定了其本身就是文化再生产。汉语的语音、词汇、语法、汉字，听、说、读、写等都可以产生文化影响，另外还有专门的文化课、中华才艺课。

这个层面的汉语课程强调教授中国文化和培养学习者的汉语思维。它不仅要求开设专门的中国文化课，而且要求在汉语课上加大文化教学的比重，突出汉语的文化内涵。重视文化课是应该的，如果重视不够，则会影响言语交际能力的提高；过于重视，则会有上成文化课之嫌，那就脱离了“汉语教学是一种言语技能教学”的本质。比如 1993 年初夏青岛会议有学者提出，对外汉语教学已不能反映和概括教学现状，应更名为“对外汉语与文化教学”[1]。也有学者（李文生,1993）认为：“对外汉语教学的学科内容应是汉学，而不仅仅是语言培训。”这些观点促使 1994 年底召开了“对外汉语教学定性、定位、定量问题座谈会”。

正如学者们对“课程”的多元化理解，这几种解释也是从不同的视角来谈的，无所谓对错。这也说明，汉语课程是一个复杂的存在，想用寥寥几句话就把它说清楚，几乎是不可能的事情。但因为我们这里探讨的是汉语课程设计，对其内涵有必要进行明确：**在本书中，汉语课程主要是为实现特定目标而设计的一个汉语学习计划（包括目标、内容选择和组织、实施的方式方法、评价等部分），以及在此计划基础上所实施的各种活动。**

二、汉语课程论

“课程与教学论（对外汉语）”是“汉语教学”对应的上位学科。它主要包括“汉语教学论”和“汉语教学的课程论”两个部分（或者叫两种视角）。“汉语教学论”主要研究汉语教学的性质、目的、方法、技巧等一些问题。“汉语教学的课程论”主要研究“汉语教学”这个领域内的各种课程问题。为表述方便，在厘清“对

[1] 见会谈纪要，转引自周思源：论对外汉语教学的文化定位，载《语言文化教学研究》，华语教学出版社，1996。

外汉语教学”“汉语教学”“汉语作为第二语言教学”等几个术语的基础上，我们把“汉语教学的课程论”简称为“汉语课程论”。同时，汉语课程论作为一门学科课程论，与英语课程论、语文课程论等学科课程论一样，又属于普通课程论的下属分支学科。其内涵、性质、理论等都受到普通课程论的制约性影响。因此，我们要认识汉语课程及其理论，也应先了解普通课程论。

（一）课程论

1. 课程论的内涵和层次

课程论即有关课程的理论。课程定义的多样性直接形成了多样化的课程理论。比如在“课程即教学科目”这个定义上就有学科结构课程论、要素主义课程论和永恒主义课程论等。在“课程即学习经验”这个定义上就有杜威（John Dewey）的经验课程论和施瓦布（Schwab, J. J.）的实践课程论等。在“课程即目标”这个定义上就有博比特（Bobbitt, F.）的课程论、查特斯（Charters, W. W.）的课程论和泰勒（Tyler, R. W.）的课程论。

从立新（2000：9）根据所要解决的问题把课程理论分为两个层面：一个层面是对课程基本理论问题的探讨，是人们对课程最根本的认识，通常由一些思辨性较强的命题、相对比较概括化和抽象化的理论性观点及其说明和论证构成。这属于比较宏观的层面。比如课程的性质是什么、课程的终极目标是什么等等。另一个层面是对课程设计的探讨，通常由一些操作性很强的步骤、原则、方法等的说明和规定构成。这属于比较微观的层面。比如如何确立课程目标、如何选择和排列课程内容等等。把课程理论分为两个层面是为了使其清晰化，便于把握，而实际上两个层面之间的相互联系是主要的、必然的。微观层面的课程设计需要宏观层面的理论理念来指导，而宏观层面的理念则通过微观层面的课程设计来体现。

本书对汉语课程论的论述主要探讨课程的第二个层面，即汉语课程设计的问题，同时也会涉及对汉语课程某些基本问题的探讨，比如汉语课程性质。

2. 课程论与教学论的关系

在教育学中，与课程论离得更近的是教学论。二者统称为课程与教学论。它们之间是什么关系呢？最普遍的认识为：课程论研究“教什么”，教学论研究“怎么教”。这个表述稍改一下可能更好，即课程论重点研究“教什么”，教学论重点研究“怎么教”。Saylor et al.（转引自施良方，1996：139）曾提出过有关课程与教学关系的三个隐喻，值得我们思考：隐喻一，课程是一幢建筑的设计图纸；教学则是具体的施工。隐喻二，课程是一场球赛的方案，这是赛前教练员和球员一起制定的；教学则是球赛进行的过程。隐喻三，课程可以被认为是一个乐谱；教学则是作品的演奏。这都属于经验性的认识。其实，课程论也有对“怎么教”的探讨，即“课程实施”部分。教学论中也有对“教什么”的探讨，即“教学内容”部分。既然如此，那到底是什么关系呢？笔者认为，从理论的角度看，课程论和教学论都是属于描述教育实践活动的话语系统。[1]针对某一具体的教育实践活动而言，比如汉语教学，课程论与教学论两套话语系统可以相互解释。也就是说，课程论的各个部分基本都能用教学论的话语来解释。比如汉语课程实施在某种程度上讲（主要途径）就是汉语教学。反过来，教学论的各个部分也基本都能用课程论的话语来解释。比如汉语教学评价在某种程度上也可以称为汉语课程评价。如果从实践的角度来看，所谓“课程与教学的关系”是针对同一个活动实体的两个不同视角的关系。比如汉语课程论和汉语教学论就是分别从课程和教学的角度对汉语教学活动进行分析研究。

（二）汉语课程论

汉语课程论既包括对汉语课程基本问题的研究，也包括对具体的汉语课程设计的探讨。但本书重点探讨的是后者，即具体的汉语课程设计。

因为“汉语国际教育”这个学科比较年轻，[2]而且其研究重点又在具体的教学方法方面，所以，汉语课程论方面的研究成果不太多，也不系统。其主要成果有两本课程规范、两本论文集和一些论文等。两本课程规范即王钟华主编的《对

[1] 课程论和教学论各属于不同的话语系统，但在具体研究中经常有学者交叉使用，比如夏纪梅（2003：2）提到：“不管怎么说，课程是教学必要的程序。”

[2] “汉语国际教育”是2012年教育部整合了原对外汉语和中国学等学科专业而确定的一个新的名称。本书中对“汉语国际教育”学科的讨论，不仅包含原有的“对外汉语”学科，而且在很大程度上以“对外汉语”为原型，尤其是在论述到2012年以前时。

外汉语教学初级阶段课程规范》和陈田顺主编的《对外汉语教学中高级阶段课程规范》；两本论文集即李杨主编的《对外汉语教学课程研究》和李泉主编的《对外汉语课程、大纲与教学模式研究》；论文如李杨的《略论教学大纲》等。这些成果主要是对课程设置和各个课型的性质、目的、教学原则和方法等方面的探讨，较少涉及“课程设计”这一课程论的重要领域。然而“课程设计”恰恰又是课程论的研究重点，即**汉语课程论研究的重点是“如何设计一门汉语课程”的问题。它包括以下几个步骤：汉语课程目标的确立、汉语课程内容大纲和语言材料的选择、汉语课程内容组织的设计、汉语课程实施的设计和汉语课程评价的设计。**

虽然到目前为止汉语教学界针对“汉语课程设计”还没有系统化的研究成果，但在既有的各种研究中，却存在很多相关的思想。比如胡希明（1991）论述教材的新定义时就谈到：“例如有一位教口语的老师，负责教一组学员学习，他就不用一本“指定”的教科书。首先他要了解学员的情况，知道他们想学什么；然后再根据他们的需要，去选择适当的基本用书，可能是一本，也可能是好几本；再以这基本的资料为主，配合适当的学习经验与教学的环境，进行教学。”其实这已经是汉语课程设计的经验性描述了。

在与“汉语课程设计”对应的英语作为第二语言的课程设计领域，则已经取得了很多相关研究成果，比如 Dubin & Olshtain（1986）、Brown（1995）、Graves（2000）和 Richards（2001）等学者的专著。国内英语课程教学界也有相关专著，比如夏纪梅（2003）的《现代外语课程设计理论与实践》。这些成果都可供我们在设计汉语课程时参考。

三、汉语课程设计

前文提到，课程设计是课程理论的核心内容。所以，在宏观了解汉语课程论的基础上，我们有必要对“汉语课程设计”有一个深入的理解。

（一）汉语课程设计的内涵

我们先了解一下“课程设计”，然后再尝试理解“汉语课程设计”的内涵。

1. 课程设计（Course design）

正如对“课程”有不同的理解一样，中外学者对“课程设计”也从未有一致的认识，更没有普遍认同的内涵界定。正因为如此，除了 course design 外，西方学者还较多使用 course construction、course development、course making、course building、syllabus design、program design、instruction design、material design 等术语。西方文献中也存在 curriculum design、curriculum construction、curriculum development、curriculum making、curriculum building 这类的表述。当然，这些术语更多出现在普通教育文献中，即没有具体学科背景的一般课程与教学文献中。国内学者也较常用课程开发、课程发展、课程建构、课程编制等术语。但这些术语所涵盖的范畴基本一致，即都包括课程目标、课程内容的选择和组织、课程实施、课程评价等阶段或步骤。在普通教育界的相关研究中，张廷凯（2003：3）对“课程设计”的界定更清楚全面一些，既指出了内涵，又指出了所涉及的范畴：**课程设计，既要对学校教育的培养目标做出说明，还要对学校中要教的科学文化以及其他内容做出纲领性的规定；既要阐明课程的认知任务，还要建议或规定课程要应用的各种方法，阐明课程和教学策略之间的关系；既要对课程整体和各个组成部分做出必要的说明，还要鉴别课程的各个部分所能起到的作用，通过反馈和评价对课程内容及其使用做出调整。**具体到语言学界，Candlin（1984:29-46）认为，课程设计（course design）主要是对语言学习的性质、目的、过程、评估、教师和学生的作用等问题做出一般的阐述。Nunan（1991）认为，课程设计主要负责教育项目的计划、实施、评估、管理和行政工作，而且还指出课程设计包括课程计划、实施、评估和管理几个方面。[1] 夏纪梅（2003：2）认为：“课程设计就是对教与学这个程序各个方面、各个阶段、各个环节的设计。”显然，这些定义都可以作为我们界定汉语课程设计的参考。

---

[1] Candlin 和 Nunan 的观点皆转引自束定芳等编著：《现代外语教学：理论、实践与方法（修订版）》，上海外语教育出版社，2008:135-136。

2. 汉语课程设计

吸取“课程设计”的基本要义，再结合汉语教学的特点，我们这样界定汉语课程设计：

汉语课程设计是指对具体一门汉语课程事先进行有意识地安排、规划、操作和评价等，以最大限度地促进学习者汉语综合运用能力的发展。其主要包括对课程目标进行清晰界定；对要学的汉语要素知识、汉语技能、汉语交际技能以及汉语文化知识等内容加以适当选择（包括纲领性地确定和具体选定）；将选定的这些内容按照一定的顺序组织起来；建议或设定教学这些内容的过程和方法；鉴别课程整体或各个部分的效果，并通过评价和反馈使相关部分得到调整等。它最终体现为一套经过实践验证的课程计划、大纲、教科书或者教案集。

这个定义主要包括三层意思：

第一，汉语课程设计主要是为最大限度地促进学习者汉语综合运用能力的发展而对汉语课程事先进行有意识地安排和规划。但它并不止于纸面设计，还包括操作性的课程实施活动（主要途径为课堂教学）和活动结束后的评价，否则就无法知晓课程的成功与否和质量高低。也就是说，直到汉语课程结束，才算基本完成了设计。

第二，这种安排和规划的成果主要体现为一套课程计划、大纲、教科书或者教案集。

第三，它主要包括课程目标的确定、课程内容的选择、课程内容的组织、课程实施以及课程评价等几个范畴或主题。

（二）汉语课程设计的三个层次

汉语课程设计有广狭不同的三个层次：

1. 宏观层次的汉语课程设计

宏观层次的汉语课程设计主要是对汉语课程一些基本问题的回答，包括课程的总体目标、结构、性质等。其设计主体是汉语教育主管机关（如国家汉办、语言学校等）。其表现形式是课程大纲或者教学大纲等。比如《国际汉语教学通用课程大纲》(以下简称《大纲》) 就是一个宏观层次的汉语课程设计。《大纲》2014 年进行了修订，修订后的《大钢》认定国际汉语教学课程的总目标是："使学习者在学习汉语语言知识与技能的同时，进一步强化学习目的，培养自主学习和合作学习的能力，形成有效的学习策略，最终具备语言综合运用能力。"而且认为："语言综合运用能力由语言技能、语言知识、策略、文化能力四方面内容组成。其中语言技能和语言知识是语言综合运用能力的基础；策略是提高效率、促进学习者自主学习和发展自我能力的重要条件；文化能力则是培养学习者具备国际视野和多元文化能力，更得体地运用语言的必备元素。"同时，《大纲》参照《国际汉语能力标准》还把总目标和课程内容划分为六个等级。这实际上是规定了汉语课程教学的类别和结构，以及每一类别总的性质和地位。如果用课程论的视角看待，2002 年国家汉办颁发的《高等学校外国留学生汉语教学大纲：长期进修》《高等学校外国留学生汉语教学大纲：短期强化》《高等学校外国留学生汉语言专业教学大纲》等三个教学大纲，也属于宏观层面的汉语课程设计。

2. 中观层次的汉语课程设计

中观层次的课程设计主要是在宏观层次课程设计的基础上对具体各门课程的性质、目标、内容进行界定、规划、安排，以及在此基础上实施并评价。其设计主体是汉语教学的学科专家团队或者较为优秀的汉语教师。其表现形式是具体某门课的课程标准或教学大纲、教科书等。比如《一年级口语课课程规范》(以下简称《课程规范》) 基本上就是一个中观层次的课程设计。《课程规范》在第一部分明确界定其性质："口语课是一门以培养学生在实际生活中运用汉语进行口头交际的单项技能训练课。"在"口语课的目的和任务"部分提到："初级阶段口语教学目的不是要求学生系统地、详尽地掌握有关汉语口语的知识，而是要他们尽快地掌握汉语口语这一工具。培养他们在交谈中能以贴近中国人的话语及语速（每分钟 150-160 字）随想随说，语音、语调正确自如，词汇、语法使用合理恰当，符合汉语的口语表达习惯，使汉语真正成为学生的第二口头交流思想的工具。"这就是"课程目标"。在"口语课的内容及要求"

这一部分提出，教学内容包括词汇部分、会话部分、词语注释部分、练习部分和文化背景部分。这属于“课程内容”。“口语课教学环节与教学方法参考”则属于“课程实施”的范畴。“口语课测试参考”属于“课程评价”部分。另外，《对外汉语教学初级阶段教学大纲》包括教学对象、教学时间、教学目的、教学要求、教学原则、课程设置与教学安排、考试等七项内容，也可算作一个中观层面的汉语初级综合课的一个设计。

3. 微观层次的汉语课程设计

微观层次的课程设计主要是对具体某一节课的设计，包括课程目标、教学内容和材料、教学方法策略、评价方式等。这个层次的课程设计更多被称为“教学设计”。微观层次课程设计的主体是一线汉语教师。其表现形式是教案或教学设计。[1] 比如《新实用汉语课本》配套的《教师用书》，其中的每一课都可被视为一个微观层面的汉语课程设计。比如第七课《你认识不认识他》的课程设计包括八个部分：**一、教学目的；二、教学步骤和建议；三、内容说明；四、课本语法和注释；五、语音教学；六、教师参考语法知识；七、教师参考文化知识：人名的翻译；八、综合练习册中听力练习的录音材料与参考答案。**一线教师为设计主体的课程设计即是教案，如北京师范大学张和生给《这件衣服怎么样——买东西》(十二课) 设计的教案（参阅吴勇毅等，2003：239-241）。

在汉语课程设计的三个层次中，**本书主要探讨的是中观层次的课程设计，即如何设计一门新课。**具体表现为该门汉语课程的大纲、计划和教案集等。

（三）与本领域几个相关概念的关系

在汉语教学领域，与“课程设计”相关的概念有以下几个：吕必松（1986；1996）提出的“对外汉语 / 第二语言教学的总体设计”、陈灼（1991）提出的“中级汉语课的设计”、李爽（1993）提出的“对外汉语教学的课程设计”、武惠华（2006）提出的“汉语课程教学设计”以及崔永华（2008）提出的“对外汉语教学

[1] 意欲详细了解课堂教学设计的读者可参阅崔永华：《对外汉语教学设计导论》，北京语言大学出版社，2008。

设计”。另外还有孙德坤（1996）提出的教学过程的几个步骤：1. 调查学习者的学习目的，判断其学习特点以及当前的语言水平；2. 根据学习者的学习目的、学习特点和当前水平制订教学大纲；3. 根据教学大纲选择课文并将其排列成序；4. 确定教学方法；5. 实施教学；6. 评估教学效果。这几个步骤中虽然没有出现“设计”等字眼，其实是讲的汉语教学设计。几位前辈学者提出的这几个概念与本书的课程设计有重叠的成分，尤其是吕必松提出的总体设计、崔永华提出的教学设计、孙德坤提到的教学过程的步骤，以及武惠华提到的汉语课程教学设计，与本书讨论的“课程设计”有相当程度的重合，尤其是在理念上是相通的。但也有不同的地方。笔者妄揣浅陋，尝试理解一下这几个概念。

1. 与“总体设计”的关系

吕必松（1996：84）把第二语言教学的总体设计定义为：

第二语言教学的总体设计就是根据语言规律、语言学习规律和语言教学规律，在全面分析第二语言教学的各种主客观条件、综合考虑各种可能的教学措施的基础上选择最佳教学方案，对教学对象、教学目标、教学内容、教学途径、教学原则以及教师的分工和对教师的要求等做出明确的规定，以便指导教材编写（或选择）、课堂教学和成绩测试，使各个教学环节成为一个互相衔接的、统一的整体，使全体教学人员根据不同的分工在教学上进行协调行动。

吕必松（1996：87-94）还提到“总体设计”的程序和方法：分析教学对象的特点；确定教学目标；确定教学内容的范围和指标；确定教学原则；规定教学途径；明确教师分工和对教师的要求。

结合吕必松先生的整个理论体系，笔者对“总体设计”这样理解：第一，“总体设计”是其所提出的第二语言教学全过程和全部教学活动的四大环节之一，其余三个环节分别为教材编写（或选择）、课堂教学、成绩测试。第二，“总体设计”意在整个教学活动之前或前期制订一个总体的教学方案，是一个纯粹的方案，具体的活动（比如教材编写、课堂教学、成绩测试等）是在“总体设计”完成之后进行。我们用一个实例来看。上海外国语学院对外汉语系（1986）为零起点一年制留学生基础汉语教学制订的总体设计共包括六个部分：**一、教学的目的、要求和基本原则；二、“大循环”“小循环”的教学模式；三、教材设计；四、课型设计；五、教学方法；六、测试**。很明显，这是一个对整个汉语教学活动的纸面设计。而本书的“汉语课程设计”属于一系列活动，从设计目标开始，经选择内容、组织内容、实施、评价等各种活动全部完成，汉语课程设计才算完成。需要说明的是，吕必松（1996：93）在其“总体设计”的解释中也提到了“课程设计”，并将其看作总体设计的核心内容，联结总体设计和教材编写及课堂教学的中心环节。不过，这里的“课程设计”是指针对特定的教学类型和具体的教学对象，参考前面谈到的课程类型，制订课程设置计划。这层意思虽然也可以称作“课程设计”，但在普通课程论界更多被称为“课程设置”。

2. 与“汉语教学的课程设计”的关系

在汉语教学领域直接讨论课程设计的文献不多，陈灼的《试论中级汉语课的设计》和李爽的《试论对外汉语教学的课程设计》是其代表。陈灼（1991）把“中级汉语课”的设计分为“中级汉语课的性质和目标”“教学方法”“教材编写”“课堂教学”等四个部分或步骤。很明显，陈灼老师的设计跟本书所谈的课程设计基本上是一回事，只不过缺少了几个程序，或者说程序步骤不同而已。

李爽（1993）认为，**在对与对外汉语教学有关的各种内部和外部因素进行全面分析的基础上，根据总体设计规定的教学目标、教学内容和教学原则，决定开设哪些课程和课型，并对这些课程/课型的具体教学目的、教学任务和教学要求以及它们之间的关系做出规定，从而形成一个完整而严密的课程系统。整个这样的一个计划过程，就叫课程设计**。李爽（1993）也提到，对外汉语教学课程设计的内容应包括以下几项：**设置课类；划分课型；分配课时；规定每一课型的具体教学目的、教学任务、教学要求，明确各课程/课型之间的关系**。

很明显，除了课程设置（即设置课类、划分课型、分配课时）这层意思外，李爽的“课程设计”与本书所提出的中观层面上汉语课程目标的设计很相近。因为只涉及课型的具体教学目的、教学任务、教学要求，对课程内容的选择、排列、具体实施和评价等没有涉及。而这些都是本书“汉语课程设计”所要探讨的内容。

由此也可以看出，李爽的“课程设计”和吕必松的“课程设计”基本是一致的，主要是指课程设置。李爽还涉及了各种具体课型的教学目的、任务和要求。陈灼的“中级汉语课的设计”则与本书的课程设计概念非常接近。

3. 与“汉语教学设计”的关系

汉语教学界直接对“教学设计”进行探讨的文献也不多，其中崔永华所编著的《对外汉语教学设计导论》可被视为到目前为止对该问题研究的集大成者。崔永华（2008：3）在其专著中对“教学设计”界定如下：

教学设计以优化教学效果为目的，依据教育学、心理学、传播学和相关学科的理论，运用系统方法，分析教学系统中各个要素及要素之间的联系，据此确定教学目标，建立不同层次的教学方案，设计的对象包括课程计划、课程标准、教材、多媒体课件、课堂教学方案等。

崔永华还提到教学设计的层次：*以系统为中心的层次、以产品为中心的层次和以课堂为中心的层次*。

可见，教学设计也有广狭不同的三个层次，而且基本可以对应课程设计的三个层次。教学设计与课程设计有共同之义，也有区别。共同之义在于都是一种科学的规划和设计，区别在于视角和侧重点的不同。本书所探讨的“汉语课程设计”主要是中观层次的课程设计，可基本等同于“以产品为中心的层次的教学设计”。

笔者认为，课程设计与教学设计的区别类似于课程论和教学论的区别，即二者的研究对象和内涵都是一致的，区别只是在于研究视角和重点的不同。

第二节　汉语课程设计的模式

从理论层面讲，课程设计的模式不少，有目标模式、过程模式、情境模式和解放模式等等（参阅菲力普·泰勒等，1986；李子建等，1996：143-180）。但汉语课程不同于知识类课程，是一种技能课程，是一种目的性较强的第二语言课程。在这种情况下，过程模式、情景模式和解放模式对汉语课程的启示性意义大于操作性意义，也很难应用在汉语课程领域。

从另一个角度来看，虽然学习者学习汉语的目的各异：有的要深造，用目的语学习某种专业；有的为了阅读某一领域的文献从事研究；有的为了担任汉语教师或者翻译；有的为了从事外交、经贸方面的工作；有的单纯为了了解一下中国文化或者到中国旅游。但有一点是共同的，他们都有目的，而且目的性非常强。这就决定了汉语课程必须从学习者的学习目的出发，围绕目的来进行。从这一点来说，目标模式恰好适合在汉语课程设计中应用。

一、对目标模式的认识

目标模式（the objectives model）是以目标为课程设计的基础和核心，围绕课程目标的确定及其实现、评价而进行课程设计的模式。主要代表模式有泰勒模式及其以后的各种变通模式，还有当前国际上比较流行的 BET 模式、BTEC 模式和“Lernfeld”模式等课程设计模式。

（一）泰勒模式

泰勒模式又叫泰勒原理（Tyler Rationale），被公认为是课程设计原理最完美、最简洁、最清楚的阐述（张华，2000：10），因此广受教育界欢迎，被誉为课程设计的“小圣经”(mini-Bible)(McNeil，1990：78)。

1. 泰勒模式的产生背景

1930 年前后，美国遭遇经济大萧条，人们找不到工作，因此绝大部分年轻人被迫进入学校“充电”，想学习一些职业技术类课程。但是当时的美国高中还有很深的传统色彩：其课程都是为学生升入大学而准备的学术性课程。对那些仅想学一些技术或不想升入高校深造的学习者来说，当时的课程及其体系不仅缺乏弹性，而且很不公平。学校当局想改革这种课程体系，但又不想影响因改革而剥夺一些优秀学习者升入大学的机会。针对这一困境，美国进步主义教育学会（Progressive

Educational Association）对中等教育展开了长达8年（1934-1942）的调查研究，史称“八年研究”。泰勒（Ralph. W. Tyler）恰好负责这一课题中“课程评价”部分。

“八年研究”横贯美洲大陆几十所学校，各地情况不同，对教育的观点看法也不一致。因此，最好的办法就是让各个学校根据自己的情况进行课程设计。为了使每一所学校在课程设计时有据可依、有章可循，泰勒提出了一套适用于课程设计的基本原理。

2. 泰勒模式的内容

在总结前人研究成果的基础上（如 Charters，1923；Bobbitt，1924 等）[1]，泰勒认为，任何一门课程的设计都应该回答以下四个问题：

第一，学校应该达到哪些教育目标？（What educational purposes should the school seek to attain?）第二，提供哪些教育经验才能实现这些目标？（What educational experiences can be provided that are likely to attain these purposes?）第三，怎样才能有效地组织这些教育经验？（How can these educational experiences be effectively organized?）第四，我们怎样才能确定这些目标正在得到实现？（How can we determine whether these purposes are being attained?）

其实，这四个问题可以简化成四个主题，即确定教育目标、选择学习经验、组织学习经验、评价学习结果。我们可以用一个示意图来表示：

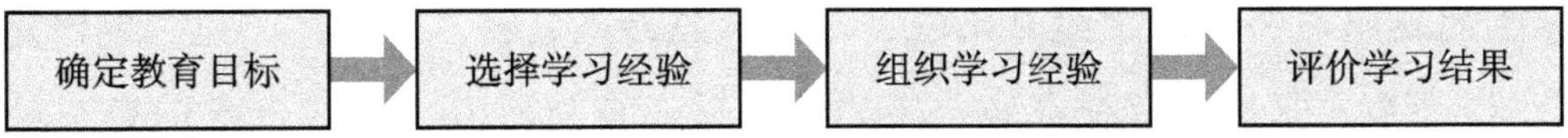

图 1-1　泰勒课程设计模式（参阅泰勒，1994：35）

我们来看泰勒对这些问题的分析：

（1）学校应该达到哪些教育目标

这其实是一个如何确定课程目标的问题。泰勒当然主张“通过调查研究的方式”。于是又出现了另一个问题：“哪些来源可以被用来取得有助于确定目标的信

---

[1] 参阅［美］拉尔夫·泰勒著，施良方译：《课程与教学的基本原理》，人民教育出版社，1994：8-11。

息?”泰勒的答案是折中的:“**要对教育目标的抉择做出明智的判断,必须有来自3个方面的信息:(1)对学生的研究;(2)对当代社会生活的研究;(3)学科专家的建议**。然后再用教育哲学和学习理论对选择出来的目标进行筛选。Popham & Baker(1970:81-100)曾把此过程用下图来表示:

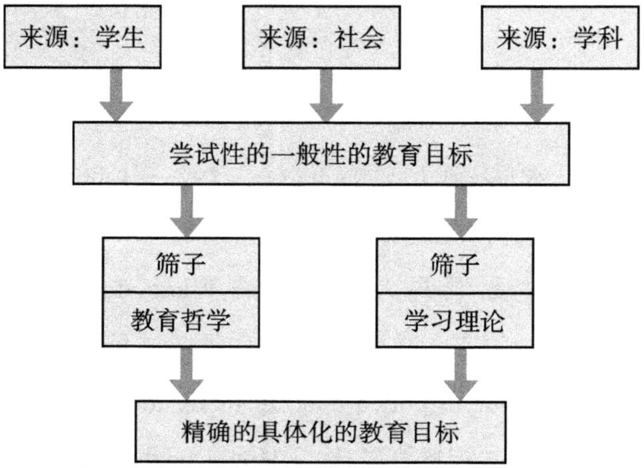

图1-2 泰勒确定教育目标过程图(参阅泰勒,1994:18)

然而,这三个来源怎么进行具体研究呢?泰勒也分别给出了答案:在对学生的研究方面,主要是确定学生在教育方面的需要。如何确定这种“需要”呢?泰勒认为:“**这类研究大多包括两个部分:第一,了解学生的现状;第二,把学生的现状与公认的常模做比较,以确认差距或需要。**”在对当代生活的研究方面,泰勒主张**把生活分成各个不同的方面,以便对各个领域进行调查。对当代生活的一种可行的分类是:(1)健康;(2)家庭;(3)娱乐;(4)职业;(5)宗教;(6)消费;(7)公民**。在学科专家的建议方面,学科专家应考虑的是这门学科对一般公民有何用处,即探讨这门学科的一般教育功能,而不是该学科本身的特殊功能。即学科专家应回答“这门学科对那些不会成为这个领域专家的年轻人的教育有什么贡献?”这里已经涉及普通教育和专业教育之间的关系了。

泰勒认为,从这三个来源获得的教育目标是一些暂时性或尝试性的目标,要从中选出少量能够达到的、真正重要的目标，还需要经历教育哲学（或宗旨）和学习理论两个筛子的筛选。

（2）提供哪些教育经验才能实现这些目标？

这其实是一个课程内容选择的问题。为此，泰勒提出了五条原则：1. 为了达到目标，学生必须具有使他有机会实践这个目标所隐含的那种行为的经验。2. 学习经验必须使学生由于实践教育目标所隐含的那种行为而获得满足感。3. 学习经验所期望的反应，是在有关学生力所能及的范围之内的。4. 有许多特定的经验可用来达到同样的教育目标。5. 同样的学习经验往往会产生几种结果。

（3）怎样才能有效地组织这些经验？

这其实是一个课程组织的问题。就是如何排列已选择好的课程内容。泰勒提出了三项主要的准则：连续性（continuity）、顺序性（sequence）和整合性（integration）。连续性是指直线式地重申主要的课程要素。顺序性强调每一后继经验建立在前面经验基础之上，同时又对有关内容进行更深入、广泛的探讨。整合性是指课程经验的横向关系。这些经验的组织应该有助于学生逐渐获得一种统一的观点，并把自己的行为与所学习的课程要素统一起来。

（4）我们怎样才能确定这些目标正在得到实现？

这其实是一个课程评价的问题。泰勒认为："评价过程实质上是一个确定课程与教学计划实际达到教育目标的程度的过程。"所以，评价的第一步就是要界说目标。第二步是要确定使学生有机会表现教育目标所隐含的那种行为的情境。第三步要编制评价工具或手段。当然，还需要确定这些方法是否客观、信度如何等。

总之，泰勒模式以其简明、系统以及实用性强等特点迅速走向世界，几乎影响了其后的每一个课程论学者。

（二）后泰勒时代的目标模式

泰勒之后，还有很多学者（如 Taba，1962 ：12 等）也都提出过课程设计的目标模式。但就笔者看来，后来提出的这些"目标模式"都是对"泰勒模式"的修补，并没有实质性的不同。影响较大的有 Taba、Wheeler 和 Tanner 等对课程设计的研究（参见泰勒，1994：37）。Taba（1962：12）将泰勒模式的四个步骤加以细化、具体化，扩展为七个步骤，但在实质上没有什么改变，仍以目标为核心，只是区别了目的和目标的区别以及增加了教学的部分。Wheeler 的贡献是将课程设计改成圆周式、循环式，有利于将评价结果反馈到第一步中。Tanner 夫妇的贡献是将泰勒模式进行了立体化，因为他们认为课程目标、课程选择、课程组织以及课程评价等问题是相互影响、相互依赖的，且又都受教育哲学观的影响。

Saylor et al.（1981：200）也曾提出过一个课程设计的程式，主要包括四个阶段：1. 通过基础性的数据分析确定主要目的、领域和目标（Setting major goals，domains, and objectives through basic data analysis）；2. 设计一个与目标一致的课程计划（Designing a curriculum plan or plans consistent with major goals，domains，and objectives）；3. 进行课程实施（Anticipating curriculum implementation/instruction）；4. 设计课程评价（Planning curriculum evaluation）。Taylor（2003：18）也认为课程设计是一个循环系统：1. 现状分析 / 需求分析；2. 制订课程纲要或框架；3. 规划并开发详细课程；4. 实施 / 采用新课程；5. 开发并完善课程评估体系。从实质上说，这两种程式或思路仍然是以目标为中心，属于目标模式。

（三）当前国际流行的几种课程设计模式

当前国际上比较流行的课程设计模式都来自于职业教育领域，主要有北美地区广泛应用的 CBE 模式、英国和澳大利亚等国广泛应用的 BTEC 模式和德国广泛使用的“Lernfeld”模式等几种。

1. CBE 模式

CBE（Competency-based Education）模式，有时也叫 CBET（Competency-based Education and Training）模式和 DACUM（Develop a Curriculum）模式。它是一种以岗位需要的职业综合能力为目标、以个人原有能力为基础，注重自学、自评和严格科学管理的课程设计模式。该模式的关键环节是通过职业分析形成一个 DACUM 表。DACUM 表由纵向排列的综合能力和横向排列的专项技能构成，反映了胜任某个职业岗位所需要的全部能力和技能。典型的专业综合能力分 8—12 类，每类包括 6—30 项相互关联的专项技能。

具体的职业分析活动由学校聘请职业领域的专家和一线职工代表组成职业分析委员会，先把某些职业的岗位工作分解成若干职责（Duty），然后再把职责分解成若干任务（Task）。职责是从事某个职业的主要活动，包括一系列相互关联的综合能力；有了职责，就可以把相应的综合能力确定下来；任务是在一定时间内进行的活动，是能观察到的工作单元，有明确的开始和结束，包括一系列相互关联的专项技能；有了任务，就可以把相应的专项技能确定下来。在某一类综合技能内，把专项技能按照从简单到复杂、从易到难的顺序排列，最后形成 DACUM 表。

以 DACUM 表为基础，其中的综合能力就是 CBE 课程的目标和评价标准；其中的专项技能及其所需要的知识、经验、态度和反馈等所构成的教学模块或单元（即 Learning Package），就是课程内容（包括 3-5 项描述、学习活动、相关资料等）；该模式强调学习者在自己原有能力基础上根据自己的掌握速度在现场自学，不限定学习时间，对学习者的能力表现及时反馈，科学、客观地评价和严格管理。

2. BTEC 模式

BTEC（the Business and Technology Education Council）原指英国商业与技术委员会，现已合并升级为 Edexcel Foundation。因其主要任务之一就是负责课程设计（包括编写课程大纲），该组织设计课程的过程就被称为 BTEC 模式。作为英国现代职业课程设计的典型代表，BTEC 模式被“全世界 130 多个国家的 7000 多所教育机构操作运行”（曹毓刚等，2010）。

该模式的整体思路是先由行业协会制订职业标准，再根据职业标准制订课程标准，最后按照课程标准进行教学。

课程目标具体包括专业能力和通用能力两部分。专业能力是指针对某一职业的能力，通过完成教师布置的课业和其他任务形成；通用能力是指从事任何工作的人，要想成功都需要掌握的跨职业的、可迁移的有助于终身学习和提高的能力，通过课堂学习、完成课业和社会调研等来形成，具体包括自我管理和自我发展的能力、与人共事相处的能力、交流通信的能力、完成任务和解决问题的能力、运用数字技术的能力、运用设备和软件的能力、创新和设计的能力。专业能力是BTEC课程的核心，通用能力是BTEC课程的特色。

课程大纲是以职业岗位为依据，根据雇主协会提出的职业资格标准，由职业专家和课程专家共同确定，每两年调整一次；课程编排主要采取模块组合，即一个专业的课程被视为一个学习单元，若干学习单元再构成不同的模块，一个或若干个自由组合的模块组成一个岗位的学习内容；课程实施实行弹性选课和学分制。课程实施以学习者为中心，灵活开放，鼓励学习者主动学习、大胆质疑和独立思考，也提倡教师进行个性化教学；学习者的成绩通过一项或一系列有实际应用背景的任务（即课业）来考核评价。

3. 德国“Lernfeld”模式

与CBE模式和BTEC模式不同，德国“Lernfeld”（学习领域）模式则是以完成某种职业任务的行动过程（即工作过程）为导向，注重职业行动过程和学习过程相结合（即“学习领域”），以学习者为主体，旨在培养职业行动能力的一种课程设计模式。“学习领域”是指向职业任务的行动过程，经过教育教学理论加工，由学习目标描述、学习内容陈述和一定学习时间组成的主题学习单元。一个“学习领域”往往对应着某个职业的一个典型工作任务。

进行课程设计时，第一步首先对确定的工作进行任务分析，即通过选取合适的专家，在工作现场对某一职业在企业实践中的典型工作任务的完成过程进行分析，并加以详细描述，形成“行动领域”。第二步是将“行动领域”转化为“学习领域”，即通过教育教学论和方法论，将已确定的行动领域转化为具体的学习目标与学习内容，并将技术标准、法律法规、职业资格要求融入到“学习领域”中。第三步是设计“学习情境”，即将“学习领域”的内容按照职业教育的教学要求和工作过程规范，组织详尽的学习目标、学习任务、教学流程、学时安排与学业评价标准等。

此外，还有联合国劳工组织开发的MES（Modules of Employable Skills）模式，跟上述几种课程设计模式大同小异。很明显，当前国际流行的这些课程设计模式也都是典型的目标模式。

二、汉语课程设计的“目标模式”

我们认为，无论是在理念上，还是在程序上，“目标模式”都可以用在汉语课程设计上。加之其本身简洁、清晰，也很容易为汉语课程设计者理解、接受和使用。

（一）“目标模式”可以指导汉语课程设计

目标模式可以指导汉语课程的设计，而且非常适合。主要原因有三：

1. 目标模式是课程设计逐渐摆脱经验并走向科学化、理论化的里程碑。汉语课程的设计也正处于这一阶段。汉语课程教学经历了近 60 年的开拓探索和经验积累期，开始走向科学化，“目标模式”的引进可以加速其科学化进程。

2. 目标模式的诞生正是管理走向科学化和行为主义风行一时的时候，其本身也蕴涵着科学化教学的理念。比如目标模式的目标，往往以行为目标为主，否则怎么明确界说并与结果进行比较呢？汉语教学乃至语言教学在本质上就是一种技能教学，比较适合行为主义的理念和模式。因为技能就是通过行为表现出来。所以，对于指导汉语课程的设计来说，目标模式甚至比指导其他知识类的课程更适合、更恰当。

3. 英语作为第二语言（外语）课程设计模式的“目标”实质也为我们提供了有力的旁证。综合 Dubin & Olshtain（1986）、Brown（1995）、Graves（2000）、Richards（2001）和夏纪梅（2003：41）等学者的研究，英语作为第二语言（外语）课程设计主要包括需求分析、制订目的和目标、选择内容（材料开发）、组织内容、设计评价等环节。显然，这种语言课程设计的模式同样属于目标模式。

（二）汉语课程设计的“目标模式”

以上文所述的目标模式为基础，参照英语作为第二语言课程设计的步骤，结合汉语课程的特点，我们提出以下这个汉语课程设计的目标模式：

1. 汉语课程观的陈述

汉语课程观是设计者对汉语课程教学本质的认识，主要包括对汉语课程性质、特点和功能等方面的认识，也涉及语言观、语言学习观、教学观、学生观等理念。观念决定行为。汉语课程教学观直接决定着汉语课程设计的总方向以及每一个步骤。比如，将汉语教学看成是知识及其传递，必然导致结构取向的课程设计，旨在让学习者掌握汉语语法结构体系。相反，将汉语课程教学看成是言语交际技能的形成过程，就容易偏向功能和情景取向的课程设计。学生观的不同也会对课程设计产生重大影响。以前我们往往把学习者看成是记忆的“容器”或有待训练的“客体”，各个国家的学习者，无论其背景、个性、兴趣、爱好、需要等方面的差异有多大，都来适应我们的教学。现在我们普遍把学习者看作是具有独特背景、需要和个性的“主体”，主张针对具体的学习者来确定目标、选择其需要或感兴趣的内容、利用其身心发展规律和母语背景等。这些都是汉语课程观的组成部分。所以，汉语课程设计的第一步就是要求课程设计者明确自己的汉语课程观。

2. 汉语课程目标的确定

汉语课程目标的确定，需要经过针对性的调查研究。首先我们需要调查了解学习者想学什么，即学习者需要；其次我们需要调查了解学习者将来在职业活动中必须要完成哪些任务，即社会需要；最后确定如果满足这些需要，应在汉语知识技能体系中选取多少内容。比如，我们接手一个汉语学习班，首先应该了解：学习者学汉语的目的是什么？想学什么？是偏重文化、口头交际，还是某项具体技能？等等。如果学习者志在做一名汉语教师，那么我们就应该调查汉语教师这种职业需要哪些基本素质和要求，即确定一名合格的汉语教师需要掌握的知识和技能有哪些。只有在此基础上，才能形成科学合理的汉语课程目标。

3. 汉语课程内容的选择

目标确定好了，下一步就是依据目标对课程内容进行选择。考虑到汉语课程内容比较多，在课程设计时应考虑先确定一个内容大纲，这个大纲包括汉语语法大纲、功能大纲、情景大纲、词汇与汉字大纲，以及策略和文化大纲等。

经过课程大纲的选择和组织，汉语课程的“骨架”基本确立。但一个完整的汉语课程并不止步于此，还包括大量实用而又富有趣味的语言材料或活动。这是汉语课程的“血肉”。当然，语料或活动可以直接从相关出版物上选取，也可以根据课程目标进行编写。只有把这一步完成后，汉语课程才算得上一个“有血有肉”的生命体。

4. 汉语课程内容的组织

选择好汉语课程内容以后，紧接着就是对所选内容的排列。汉语课程不是随意乱堆的杂合体，而是有一定逻辑顺序的生命体。好的汉语课程应该依据一定的原则将选择好的课程内容排列起来，以形成汉语学习的累积效应。当然，最简单的就是按照课程内容本身的逻辑顺序排列起来。大部分汉语课程都是这样组织的。当然也可以根据学习者需要的顺序排列，也可以将两个或两个以上的组织标准合并起来，以兼顾不同的方面。

5. 汉语课程的实施

汉语课程组织完成后，一份书面的汉语课程计划就基本设计好了。汉语课程的实施就是将前面设计好的汉语课程付诸实施，以实现课程目标。那么，怎样才能保证所设计的汉语课程得到有效实施呢？这就需要研究影响汉语课程实施的各种因素（包括社区因素、学校因素，以及课堂内的各个因素等），并在此基础上对实施过程、方法、组织形式、时间、空间等方面进行有效设计。

6. 汉语课程评价

汉语课程实施完以后，有没有起到作用？有哪些经验或教训？这些都需要一个重要的程序或者步骤来验证，即课程评价。这里我们首先应该有一个全面辩证的评价观，注意区分学业评价和课程评价、形成性评价和终结性评价等概念。然后再选择适当的评价方法对课程进行评价，最后根据评价结果对课程进行修改，以保证汉语课程目标的实现。

汉语课程设计是一个系统设计，各个步骤都相互牵扯和影响。设计过课程的管理者或教师都知道，真实的汉语课程设计过程并不一定能做到步骤清晰地渐次推进，而有可能各个步骤几乎同时进行。设计者不得不同时面对目标的设计、内容的选定和组织、实施方案的确定和评价方案的设计等，显得非常杂乱。有时可能还要回过头来重新再修改，甚至推倒重来。经常发生的情况是，费了好大劲终于确定了某个部分或步骤，结果因为其他部分或后面的步骤行不通，而不得不从头再来。比如在选择课程内容的时候才发现之前确定的某项目标有问题，需要回头重改。当然，如果某个部分或步骤设计得好，也有利于其他部分或步骤的设定。比如设定的汉语课程目标具有很强的操作性，自然有利于课程内容的选定，也有利于课程评价方案的设计。整个课程设计的过程就是在这样走一步退半步的前思后想中、各个部分相互“妥协”中完成的。虽然在实践中如此，但为了理论阐述的清晰，我们挑出这几个实质性的步骤和程序，以供读者在进行汉语课程设计时参考。

我们把这六个步骤画成一个图，以更清晰地描绘汉语课程设计的模式：

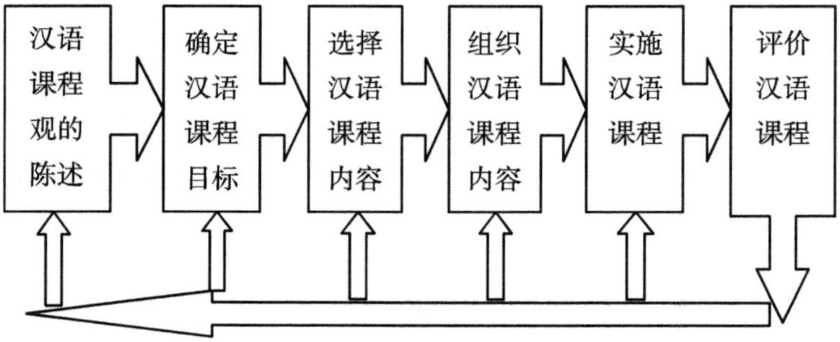

图 1-3　汉语课程设计模式

一般来讲，大致经过这么几个循环式的步骤，一门汉语课程基本就可以“出炉”了。在具体操作时，设计者没有必要从头到尾一步一步地走向最终的课程设计方案（如图 1-3 所示），而是可以根据自己的情况从任何一个步骤开始。比如，对原来的课程不满意，发现了很多问题，可以从这些问题出发重新进行安排设计。Lewis & Miel（1972：178-187，转引自 Saylor et al.，1981：93-96）就提到过这样一种基于问题解决的课程设计方法，其基本步骤如下：**感知问题**（Sensing of a Problem）——**分析问题**（Analysis of a Problem）——**确定目标**（Goal Determination）——**采纳、修正既有课程或开发新课程**（Adopting，Adapting，or Developing Curriculum）——**实施**（Initiation）——**评价**（Evaluation）——**定型**（Stabilization）。这个课程设计的程序当然不是从确定目标开始，而是从课程实施中出现的问题开始，但它仍然是目标模式的一种变通形式。

无论采用哪种方式完成了汉语课程的设计，它也只是一个暂定的方案。且不说其他步骤，单单课程实施就是一个无法预计的、富有挑战性的动态过程。任何一个活动的开展都会引起我们对课程设计本身的思考。甚至可以说，课程实施就是由对早前已完成的设计始终不断地修正和完善组成的。由计划到实施，由实施再到计划……汉语课程就是在这种反复修改和打磨的过程中逐步完善的。因此，我们认为，汉语课程是一个不断进步的过程，是一个不断改善的方案，是“常用常新”的。汉语教师应以创造性的态度来设计和使用汉语课程。

复习思考题：

1. 结合你自己对汉语教学的认识，谈谈你对汉语课程、汉语课程论和汉语课程设计这三个基本概念的理解。
2. 课程设计在汉语国际教育领域还是个新事物。你认为它对汉语国际教育学科的价值和意义何在？
3. 简述汉语课程设计的目标模式。结合你自己的汉语教学经历，试述其合理性和实践价值。

第二章　汉语课程的性质、特点和功能

阅读前思考：

1. 你认为汉语国际教育学科的性质是什么？你是否了解前辈学者对“对外汉语教学”性质的认识？
2. 与其他课程相比，你觉得汉语课程具有什么样的特点？能起到什么作用？

“汉语课程观的陈述”是汉语课程设计的第一步。汉语课程观主要是对汉语课程性质、特点和功能的认识，其中对汉语课程性质的认识尤其关键。它决定着课程设计的思路和课程实践的取向，即对性质认识不同，汉语课程设计的思路及其以后的实践也不相同。所以，我们在具体探讨汉语课程设计之前，有必要先把“汉语课程”的性质、特点和功能等几方面搞清楚。

第一节　汉语课程的性质

汉语课程依托于“汉语国际教育”（包括原对外汉语专业）这个独立学科[1]。我们首先应明确“汉语国际教育”学科的性质，然后在此基础上探讨汉语课程的性质。

一、“汉语国际教育”的学科性质

性质是“一种事物区别于其他事物的根本属性”。从哲学层面来讲，事物的性质由事物的主要矛盾和矛盾的主要方面决定。这是由事物的矛盾规律决定的。

（一）研究学科性质的分析框架

学科性质是该学科区别于其他学科的本质属性。学界对学科性质的判断，大致有两个维度：第一个维度是从学科研究对象和目的来谈，分为理论（基础）学科和应用学科。以理论研究为主的学科（比如物理、化学、社会学、哲学等）都属于理论（基础）学科；直接服务于实践的学科（比如外语、电子工程、计算机、经济管理、会计等）则属于应用学科。第二个维度是从存在价值和构成要素来谈的，分为工具学科和内容学科（参阅饶杰腾，2000：59）。为学习者学习基础理论、专业知识和从事科学研究，掌握必要的学习与研究方法手段而开设的学科（比如语文、外语、计算机等）就是工具学科；以有关人类社会或自然界一定系统的知识为内容的学科（比如历史、地理等）为内容学科。从第一个维度来看，汉语国际教育属于应用学科。这没有异议。关键是第二个维度，虽然大家在认识层面都倾向于汉语国际教育是工具学科，但操作起来往往有些偏差，比如有汉语教师在课上讲得多，而引导学习者练得少；有汉语教师偏爱讲语法理论等。这些现象其实都犯了共同的错误，那就是把汉语国际教育有意无意地看成了内容学科，看成

[1] 本部分相当多的内容其实都是以前对对外汉语教学学科的研究成果。“汉语国际教育”是2012年教育部用以取代“对外汉语”专业的名称。为保持内容的针对性、实用性以及本书概念的一贯性，我们论述中使用“汉语国际教育”这一名称，但引文中仍保持原貌。

了知识课程，才造成了课堂上的大讲特讲，而忽视了学习者的练习。所以，笔者主要从第二个维度来论述“汉语国际教育”学科的性质，指出其应有的本质属性。

（二）前辈学者对此问题的看法

辩证地认识“汉语国际教育”的学科性质是做好该学科建设的根本和基石。汉语教学界的前辈学者筚路蓝缕，不仅开创了扎实有效的汉语教学实践，而且完成了汉语教学学科理论建构的基本框架。其中有关“对外汉语教学的性质”这个问题就有很多研究，而且达到了一个相当高的高度。

自从在 20 世纪 70 年代末对外汉语教学被普遍承认为一个独立的专门学科，就有学者开始对其性质进行探讨，一直到现在。其中比较有代表性的观点有：

我们对外国人的汉语教学既是一种第二语言教学，又是一种外语教学。作为一种第二语言教学，它有别于汉语作为本族语教学，而跟其他第二语言教学有一些共同的特点和共同的规律；作为一种外语教学，它有别于对我国少数民族的汉语教学，而跟其他外语教学有一些共同的特点和共同的规律。但是我们所教的毕竟是汉语，汉语本身的特点又决定了汉语作为外语教学也有别于其他的外语教学。（吕必松，1983）“对外汉语是一种第二语言教学。这就是对外汉语教学的学科性质。（吕必松，1997）语言教学既是一门科学，又是一门艺术。这一概括从本质上反映了语言教学的性质和特点。（吕必松，1991）

对外汉语教学的性质，可以从四个方面来考虑：（一）对外汉语教学是语言教学，目的是培养学生运用语言的能力，而不是文学或为了单纯传授知识；（二）对外汉语教学是外语教学，不是母语教学；（三）汉语有本身的语言特点；（四）汉语作为第二语言教学有自身的特殊性。（赵贤州等，1990：4）

对外汉语教学的学科性质是一种第二语言教学，又是一种外语教学。（杨庆华，1995）

学者们认为，对外汉语教学是一种第二语言或外语教学，跟作为第二语言或外语的英语教学、法语教学等具有同样的性质。（中国对外汉语教学学会，1995）

对外汉语教学是一种外语教学，国际流行的学科名称为“第二语言教学”。（崔永华，1997a）

对外汉语教学是一种第二语言教学，也是一种外语教学。（刘珣，2000：19）

很明显，这些前辈学者对对外汉语教学学科性质的看法是基本一致的：**是一种第二语言教学或外语教学。**这样表述，当然是对的。不过，它又让我们觉得，这种表述更像是对“汉语教学”的一个类比，一个归类，而对其性质本身揭示得不太深刻，没有“探底”的感觉，缺乏一种结论性的描述。因为外语教学和母语教学都在探讨自己的学科性质。还有一部分学者认为，对外汉语教学既是一门科学，又是一门艺术。这种描述涉及面又过大，因为“教育学”及其下属的“教学论”一直被描述为“既是一门科学，又是一门艺术”。但它们的学科性质都一直被界定为“理论学科”。可见，前辈学者在这个问题上仍给我们留下了研究的空间，有进一步探讨的必要。那么对外汉语教学（即汉语国际教育）学科的性质到底是什么呢？应该怎样表述？

（三）对“汉语国际教育”学科性质的追问

前文提到，学科的本质属性是由该学科的存在价值及其基本构成要素所决定的。我们要追问“汉语国际教育”学科的性质，就应该从它的存在价值及其基本构成要素的认定开始。我们认为，**从其存在价值来看，汉语国际教育是一门工具学科；从其基本构成要素来看，交际性和工具性是“汉语国际教育”学科的本质属性。**

1. 从其存在价值来看，汉语国际教育是一门工具学科

所谓“汉语国际教育学科的存在价值”包括两个方面：一是：我们为什么要设立这个学科？二是从学习者的角度看“汉语”的价值，即：学习者把“汉语”看作什么？为什么要来学习汉语？

先谈我们创建汉语国际教育的前身——“对外汉语教学”这个学科的原因。答案很明确。那就是，在1950年以后国内先有了“对留学生的汉语教学”这样一

种教学实践，而且这类教学实践在发展过程中越来越呈现出自己的特点，也出现了一些问题。这些问题用既有的学科理论无法得到很好的解决，所以，一线汉语教师和研究者想到要建立一门适合“对留学生的汉语教学”实践的学科，以便研究“对留学生的汉语教学”的规律和特点，来解决教学实践中存在的问题，促进留学生更好更快地学会运用汉语进行交际。可以说，作为一个学科的诞生，对外汉语教学就是为了指导帮助留学生正确地理解和运用汉语言文字，使他们具有基本的听说读写等各项言语技能，以及层次更高的言语交际能力而设立的。随着汉语教学事业的发展，汉语教学的“阵地”逐渐由国内扩及国外，国外的汉语教学同样有自己独特的特点和问题，国内的“对外汉语教学”已经不能适应这种发展，因而拓展为“汉语国际教育”。汉语国际教育囊括国内外的汉语教学。显然，从其设立的原因看，无论是前期的对外汉语教学，还是后来的汉语国际教育，都符合前面提到的界定“工具学科”的理念，属于工具学科。

我们再从学习者的角度来看，高彦德等（1993：135）对学习者学习汉语的目的做过调查，“**调查结果表明，43% 的调查对象学习汉语是以工具性为目的，即把汉语作为现在或以后工作的语言手段，真正进行汉语教学和研究的甚少，仅占 8.9%。**”显而易见，绝大多数的学习者是把汉语当成一种工具来学习的，将来再运用这个工具去从事翻译和商务贸易等职业或者学习理、工、医等其他学科。实质上，这都属于汉语预备教育的范畴。即便是汉语言专业的学历教育，学习者也极少为学习汉语而学习汉语，而大多数是将来要从事翻译、教师、做生意等使用汉语的职业。从这层意义上讲，汉语对学习者来说仍然是一种工具，具体说是一种从事职业活动的工具。学习汉语的世界各国学生，无论是为了旅游和社交应酬，还是仅仅为了单纯了解中国文化等，都是要会用这门语言，即运用汉语进行交际。正如赵贤州等（1990：4）所说：“**我们说它是语言教学，因为外国人学习它的目的是要学会使用一种交际工具，用它作为交际的一种手段，作为一种媒介来沟通双方的思想和感情。**”可见，从这个角度看，对外汉语教学同样属于工具学科。

2. 从其基本构成要素来看，交际性和工具性是“汉语国际教育”学科的本质属性

前面提到，事物的性质由事物的主要矛盾和矛盾的主要方面决定。我们要分析“汉语国际教育”学科的本质属性肯定要从该学科的基本构成要素及其之间的关系进行。需要说明的是，这里说的“基本构成要素”不是简单地说汉语教学内容包含哪些部分，而是从语言哲学的深度去分析。这需要借助索绪尔（F. de Saussure）的三个概念：langage，langue 和 parole。[1] 因为它们是我们的分析工具。

（1）langage，langue 和 parole

索绪尔的这三个概念通常被依次翻译为：言语活动、语言和言语。据索绪尔自己的解释：“语言（langue）只是言语活动的一个确定的部分，而且当然是一个主要的部分。它既是言语机能的社会产物，又是社会集团为了使个人有可能行使这机能所采用的一整套必不可少的规约。”“语言（langue）是言语活动事实的混杂的总体中一个十分确定的对象。……它是言语活动的社会部分，个人以外的东西；个人独自不能创造语言，也不能改变语言；它只凭社会的成员间通过的一种契约而存在。……它是人们能够分出来加以研究的对象。……语言是同质的：它是一种符号系统；……语言这个对象在具体性上比之言语毫无逊色，这对于研究特别有利。”而“言语却是个人的意志和智能的行为。”“它是人们所说的话的总和。”“所以在言语中没有任何东西是集体的；它的表现是个人的和暂时的。在这里只有许多特殊情况的综合。”“言语活动是多方面的、性质复杂的，同时跨着物理、生理和心理几个领域，它还属于个人的领域和社会的领域。”（索绪尔，2007：30；35-36；42）[2]

[1] 其中“langue”和“parole”两个概念对学界产生了巨大影响。Chomsky（1965）提出的 linguistic competence 和 linguistic performance，Hymes（1971）提出的 communicative competence 和 communicative performance，Widdowson（1996）提出的 usage 和 use，无论是意义内涵还是概念间的相互关系，这几对概念都有相似性，似乎都受 Saussure 这两个概念的影响。

[2] 本书中有关索绪尔这本书的年代和页码都是中译本的，即索绪尔著，高名凯译，岑麒祥、叶蜚声校注：《普通语言学教程》，商务印书馆，2007。

对于索绪尔的界定，笔者试着这样理解：语言是每个人言语中都潜藏或包含的东西，同时对任何人又都是共同的，而且不随个人意志而转移。言语呢，它是个人言语的活动或行为，也是个人言语的产品或结果，是活动（或行为）和产品（或结果）的结合；是一种因语言机能的运用，通过某种内在规约（潜在“语言”）而进行的交际行为及体现了这种内在规约的静态事实——行为的结果或产物——的总和。言语活动是人们使用语言的行为的总和，它是异质的，同时跨几个领域；言语活动中有个人的一面（即言语），又有社会的一面（即语言），没有这一面就无从设想另一面。“**因此，言语活动的研究就包含着两部分：一部分是主要的，它以实质上是社会的、不依赖于个人的语言为研究对象，这种研究纯粹是心理的；另一部分是次要的，它以言语活动的次要部分，即言语（其中包括发音）为研究对象，它是心理、物理的。毫无疑问，这两个对象是紧密相联而且互为前提的：要言语为人所理解，并产生它的一切效果，必须有语言；但是要使语言能够建立，也必须有言语。**”（索绪尔，2007：41）其实，何止是言语活动的研究包括这两部分，言语活动的教学同样包括这两个部分：语言和言语。二者在教学中同样联系紧密且互为前提。

（2）交际性和工具性是汉语国际教育的本质属性

汉语国际教育是汉语作为第二语言或外语的汉语教学。按照索绪尔的概念体系，汉语国际教育是汉语作为第二语言或外语的“言语活动”的教学，即教和学的是“多形式的群体言语”，是中国人使用汉语的行为和结果的总和，包括社会的、不依赖个人的“语言”和个人的、通过潜在的“语言”而进行的“言语”。一句话，汉语国际教育的学科内容是由汉语中的“语言”和“言语”两个要素构成的。由此可以判定，“语言”和“言语”的对立统一构成了汉语国际教育的主要矛盾。王德春（1983：222-246，转引自王长春，1986）也认为：“语言和言语的矛盾是外语教学过程的根本矛盾。”在这对矛盾中，言语是主要方面，“言语”体现为交际性，“语言”体现为工具性。**交际性和工具性都是汉语国际教育的本质属性，但偏重交际性。**

① 交际性是汉语国际教育的本质属性

交际性对应“言语”。我们主要从目的、内容和方式手段三个方面来谈。

先看汉语国际教育的目的。汉语国际教育的目的就是要培养学习者运用汉语进行交际的能力。吕必松（1996：14）认为，语言交际的具体方式就是通过言语进行表达和理解。交际活动不可能是单方面的，必须由交际双方同时参与。当交际的一方进行表达的时候，另一方处于理解的地位。具体交际活动中的听说读写都是跟具体个人联系在一起的，都是言语活动。旨在达到交际目的的言语活动即言语交际活动，属于不折不扣的“言语行为”（按照索绪尔的划分）。学习者学习目标的达成与否，及其言语交际能力的强弱，都体现为其个人“言语行为”或“言语结果”形态的“言语”水平的高低。一句话，学习者要学的主要是“言语”，即运用汉语进行交际的行为和结果，而不仅仅是包括大量语言要素和语用规则体系的“语言”。

再看汉语国际教育的内容。汉语国际教育所教的“言语活动”包括语言要素、语用规则、言语技能、言语交际技能和相关文化知识等。除了作为“语言”的语言要素、语用规则和相关文化知识，其余的就属于“言语”部分了。它包括言语技能（即汉语的听、说、读、写）和言语交际技能（即糅合了汉语语用规则、话语规则等几部分在内的个性化交际能力）。它在教学中体现为具体例句和情境对话等方式的交际行为。最终，言语技能和言语交际技能水平的提高也体现为学习者能说出或写出恰当得体的口语或书面语。也就是说，学习者只有通过模仿、操练大量的个人“言语”（内含某种潜在的社会规约，即“语言”），并在社会环境中进行语言交际实践，才能学会运用“语言”，创造出符合自己需要的个人“言语”。另外，即便是作为“语言”的语言要素、语用规则和相关文化知识，按照索绪尔的概念，也是通过具体、动态的“言语”形式呈现出来的。学界一直提倡用真实的话题和语料，其根本原因也是它们的“言语”交际性更强。

最后看汉语国际教育的方式和手段。“言语”不仅是汉语国际教育的内容，还是汉语国际教育的手段。无论是课堂讲授，还是进行各种各样的教学活动，甚至到社会生活中进行语言实践，学习者接触到的都是个体的“言语”。因为“语言”

作为一种抽象的规约是潜藏于“言语活动”之中的。学习者学习汉语，必须从模仿汉语教师或其他人具体的“言语”开始，通过群体的、大量的“言语活动”逐渐了解汉语的语音、词汇、语法、汉字的某些规则（即“语言”），最后再依托“语言”这个工具完成交际活动。学习者这时表达出来的，仍是基于某些规则的“言语”。正如韩雪屏（1998）所说，区分“语言”和“言语”，为语言的学习和研究提供了一个模式，即“言语——语言——言语”的模式。另外，无论是我们在课堂内部进行的各种教学活动（如角色扮演、情境模拟等），还是到实际社会生活中进行汉语实践，都是“言语”。最终学习者学习汉语的结果也是通过“言语”交际任务的完成来体现。因为语言义一般是指语言的抽象、概括性的理性意义，不能提供确切的信息，而言语义则是指语言的指称意义或语用意义，是语言单位在交际过程中所表达出来的意义，是具体特指的，并载有确切的信息。（参阅常敬宇，1991）近年来，学界一直推崇交际法、任务式，其中一个很重要的原因就是它们的教学过程更具有交际性，更能体现“交际性”这一汉语国际教育的本质属性。

我们以前所提到汉语教学的实践性等原则，都是由“言语”这一部分衍生出来的。各种各样的语言知识则都是从“语言”部分衍生出来的。而“语言”及其衍生出来的各种知识从根本上说是为“言语”服务的。一旦借助“语言及其各种知识”学会了“言语”，前者就转变成一种潜隐的状态存在。正如很多母语者根本不懂语言的“各种知识”，但却能非常得体地进行交际。这也从另一个角度证明了汉语国际教育的本质属性更偏重“交际性”。

② 工具性也是汉语国际教育的本质属性

前面论证过，汉语国际教育是一门工具学科。工具性是工具学科的天然属性。从这个角度来说，工具性是汉语国际教育的本质属性。

我们这里再从“基本构成要素”这一内部角度对这一观点进行论证。

工具性对应“语言”。根据索绪尔的概念体系，我们所教给外国人的汉语（即“言语活动”）中包含大量社会的、不依赖个人的“语言”。比如由汉语语音、词汇、语法、汉字构成的语言要素，汉语的语用规则、话语规则等，相关文化知识等。

这些都是为了使个人有可能“言语”所形成的一套必不可少的规约。尤其是语言要素和语用规则，都是典型的“语言”。这部分内容，对第二语言学习者来说，是必需的，是基础。正如邢公畹（1996）所说，“**语言为体，言语为用。……语言是‘一本’，言语是‘万殊’。语言是公设性的，言语是专化性的。**”没有“语言”这个“体”，这个“本”，就没有数量无限而意义明确的“用”和“殊”。可以说，“语言”是交际的工具，“言语”是对这个交际工具的具体使用。岑运强（1994）也说：“**语言和言语的关系，犹如工具和工具运用的关系。**”“语言是人类最重要的思维和交际的工具”这一论断，也主要是从“语言”而不是“言语”来说的。

总之，作为一种第二语言，汉语对学习者来说就是一种重要的文化负载（或者叫“跨文化”）的交际工具。既是学习者表达和交流思想的工具，又是其学好有关专业知识和从事各种工作的工具。所以从这一点上说，工具性是汉语国际教育的本质属性。

二、汉语课程的性质

汉语课程在外国中小学体现为作为一门外语课，在国内学校中主要体现为综合课。当然，国内开设的各种语言要素课和技能课等也都属于汉语课程，但它们的课程性质要具体分析。

（一）作为一门外语课或综合课的汉语课程性质

作为一门外语课或综合课，汉语课程的性质在很大程度上取决于汉语国际教育的学科性质，即从总体上讲汉语课程是工具性课程。但要全面界定汉语课程的性质，仍需从课程目的、课程内容和课程实施三个方面入手。

汉语课程的总目标就是培养学习者综合运用汉语的能力，这一点已得到共识。其他课程目标都是在这个根本性目标的基础上衍生出来的，都是这个根本性目标的一部分或一个阶段。即便是掌握汉语语言要素和文化等具体内容，也是为实现这个根本性目标打基础。

汉语课程内容是什么？当然是汉语。具体来说，包括汉语语音、词汇、汉字、语法等语言要素及其负载的文化知识，听、说、读、写、译在内的汉语言语技能及其应用规则，还有对汉语的情感、态度，学习汉语的方法等。有些部分（如语言知识、技能、语用等）都已经形成了共识，有些新的内容（如情感、方法等）也正逐步得到大家的认同。

汉语课程实施的主要方式是什么？经过六十余年的教学实践，学界也逐渐形成了共识，比如“精讲多练”，即在适当精要讲解的基础上尽可能多地进行练习活动，在练习（包括机械练习和交际练习等）中掌握这种技能。因为汉语课程从总体上来说是一门工具性课程，既然是工具，也只有在实践练习和使用的过程中才能学会使用。“在练习和使用中学会使用，在完成任务中学会使用”，这也是任务式教学法的精髓。

在以上分析的基础上，我们可以对“汉语课程性质”进行如下描述：

汉语课程是一门以学习汉语言文化知识、技能和策略等为主要内容，以言语交际活动为主要途径，以培养学习者汉语综合运用能力为主要目标的第二语言课程。交际性和工具性的统一，是汉语课程的基本特点。

（二）其他相关的汉语课程

汉语国际教育是一个学科，要达到这个学科的培养目标，只设一门课是不够的，还需要对较难的部分进行针对性地学习，这就形成了其他相关的汉语课程。比如，在国内有面向留学生的汉语言专业，作为一个本科学历专业，当然应该有一个课程体系；“短期强化”和“长期进修”类型的汉语教学，也有一个由多门课程组成的课程体系。相对于汉语课程的主要目标，从总体上说这些课程都可以称之为工具性课程。但是具体到某门汉语课程，其性质可能就不一样了。我们具体分析来看。

20 世纪 50 年代国内开设的汉语课程主要有三种：讲授课、复习课和练习课。其中讲授课是讲解语言知识的，几乎没有练习，更谈不上使用了。复习课和练习课则主要是练习。因此，按照前文提到的分析框架中的第一个维度，讲授课应该属于理论课程，复习课和练习课应该属于应用课程；按照第二个维度，讲授课应属于内容课程，复习课和练习课应属于工具课程。

到了60、70年代，国内设置的课程类型除了讲练课外，还有练习课、复习课、听力课、口语课、写作课、阅读课、语言实践课、中国概况课。这些课程除了“中国概况课”以外，都属于不折不扣的应用课程和工具课程。“中国概况课”是向学习者介绍有关中国文化、历史、地理、经济等各方面情况，增加学习者对中国了解的一门课程。考虑到学习者相应的汉语水平，该课程采用外语讲授，因此，它应该属于与应用课程相对应的理论课程，与工具性课程相对应的内容课程，即以传授知识为主。

到了80年代，汉语教学类型由单一的预备教育发展到多种类型。这个时期的汉语预备教育（包括理工班、西医班、中医班和文科班）开设的课程有听力课、读写课、说话课等，全是围绕听、说、读、写四种基本言语技能开设的课，而且学好这些课程是为了学习专业知识，属于应用课程和工具课程。现代汉语专业(即后来的“汉语言专业”）共开设30门左右的必修课和选修课，包括中级汉语、听力口语、中级汉语阅读、汉语写作、现代汉语语音、文字、词汇、报刊语言基础、新闻听力、文言阅读、翻译、中国近代史、现代史、中国旅游地理、高级汉语、高级口语、汉语写作、报刊阅读、现代汉语语法、名著选读、古文选读、中国现代文学简史、中国经济、中国古代史、中国文化选讲、语言实习、小说阅读、古文选读、热门话题讨论、中国古代文学简史、中国哲学家选讲、中国古代白话小说选讲等。其中听、说、读、写、译类的课程都属于工具课程，其他语言要素类和经济文化类的课程都属于内容课程。[1]

总之，汉语课程性质从总体上说属于工具课程。这就要求汉语课程实施要以练习为主，以活动为主（尤其是在社会中使用的交际活动)，在练习中、活动中学会使用汉语这个工具。具体到其他相关的汉语课程，无论是语言要素课，还是中

[1] 孙德金（1999）曾对对外汉语专业教育中语言知识课性质这样描述：“语言知识课要以汉语言（语音、词汇、语法、汉字、修辞等）及语言学基本知识的系统讲授为主要任务，它首先是一种知识课。”

国概况课，在课程内容的选择上，在讲练分寸的把握上，都应该服务于“工具课程”这个课程性质。

三、对汉语教学的启示

对课程性质的认识影响课程实施。汉语课程是应用学科和工具学科。交际性和工具性的统一是该课程的基本特点。明确了这一汉语课程的性质和特点，可以说就指明了汉语课程教学实践的方向。

（一）汉语课程是培养学习者汉语综合运用能力的工具课程，一切有关汉语课程教学活动的优劣都应该以“能否有利于培养学习者的汉语综合运用能力”这个标准来判断。

（二）包括汉语语音、词汇、语法和汉字在内的语言要素、语用规则的体系以及相关的文化知识等都属于“语言”的部分，都是学习者提高汉语交际能力的工具，服务于提高学习者的言语交际水平。学哪些、学多少这类知识都应该根据学习者形成言语交际能力的需要来取舍。也就是说，我们进行汉语教学不应追求知识的完整性和体系性，而应根据汉语交际的需要来适当地讲授一些相关的汉语知识。因为汉语教学的目的是让学习者能够有效地进行言语交际，而非学习掌握完整的语法结构体系。从这一点上来看，凡是把汉语课上成知识课，或者整堂课基本由教师讲而学习者缺乏开口机会的教学，都是对汉语课程教学规律的偏离。

（三）汉语课程教学的主要目标、主要内容、主要方式手段都是言语或以言语为主。所以，言语教学是汉语课程教学的实质性核心。所学内容应以言语为主，而不是以语言要素知识或者文化知识为主。反映在课程设置方面，汉语课程应以互动性的、活动性的言语课为主（比如听、说、读、写等言语技能课和语言实践等言语交际技能课），而不应以讲授性的语言课为主。这样才能更好地培养学习者的言语交际能力。比如交际法和任务式教学法等就是以互动性的言语活动为主，能更好地培养学习者的言语交际能力，从而成为教学法发展的方向。

（四）汉语课程自然应以言语课程为主，但也应适当安排一些语言课程，发挥其工具性。因为语言和言语是统一的，言语是语言的具体应用，离不开语言。范晓（1994）就认为，懂得语言是言语这种行为活动的三个基本条件之一。另外，第二语言学习者学汉语是从零开始，缺乏幼儿母语习得的条件和环境，只有走“捷径”（即“语言”和“言语”教学同时进行），才能更快更好地掌握汉语。因为适当的“语言”学习有利于言语交际能力的形成。

（五）学习者掌握语言的顺序大致是：言语—语言—言语，即学习者学习汉语时应先接触、模仿具体的、活的“言语”，在此基础上再学习规则性的“语言”，最后在此基础上再“输出”个性化的“言语”。这要求我们在教学过程中，多用归纳法、少用演绎法来讲解各种有关目的语的“规则”，因为归纳法基本符合上述顺序。

第二节　汉语课程的特点

汉语课程的特点取决于对“汉语国际教育”学科及其课程性质的认识。不同的学科性质能产生不同的学科特点。吕必松（1991）认为，对外汉语教学既是一门科学，又是一门艺术，并在此基础上强调了对外汉语教学的三大特点：跟其他外语和第二语言教学一样，对外汉语教学有专门的学科理论；跟其他外语和第二语言教学一样，对外汉语教学有不同于其他文化科学知识教学的独特的教学法；跟其他外语和第二语言教学一样，对外汉语教学的科学性和艺术性，即理论和实践总是紧密地结合在一起的。

课程特点与学科特点有相似性，但并不完全一样。我们主要从汉语课程性质（即汉语课程是应用课程和工具课程，交际性和工具性都是其本质属性）出发进行分析：**交际性和工具性的统一是汉语课程的基本特点；技能性、实践性、综合性和文化性是汉语课程的重要特点。**

一、交际性和工具性的统一

前文提到，从哲学层面分析，汉语课程是由“语言”和“言语”两部分组成的。二者属于统一体的两面，不可分割。缺乏“语言”，“言语”就失去了承载；而且，与母语者可以按照从“言语”到“言语”的路径学习不同[1]，第二语言学习者为了更好更快地形成“言语”能力，需要学习“语言”。反过来说，如果没有“言语”，只学习“语言”，汉语课程就失去了其存在的价值和意义。因为课程总目标就是使学习者形成言语交际能力。“语言”是符号和规则的存在，直接体现为工具性，“言语”则体现为交际性。二者又都是本质属性。因此，“语言”和“言语”的不可分割，直接决定了工具性和交际性的统一。工具性和交际性的统一，是汉语课程的基本特点。

二、技能性

技能性是汉语课程的重要特点。“语言”是一种思维和交际工具，“言语”则是对这一工具的使用。从实质上讲，汉语课程就是一种技能课程。吕叔湘（1963）就说：“使用语文是一种技能，跟游泳、打乒乓球等等技能没有什么本质上的不同，不过语文活动的生理机制比游泳、打乒乓球等活动更复杂罢了。”汉语言是一种重要的负载文化的交际工具。合乎法则地使用这个工具（即“言语”）就是一种技能。汉语课程目标就是要帮助学习者学会使用汉语这个工具，形成汉语交际能力。汉语交际能力主要通过听、说、读、写等言语技能和预测、判断对方言语意图等交际技能表现出来。可见，学习者的汉语交际能力是建立在技能掌握的基础之上的。

心理学将技能分为心智技能和动作技能。心智技能主要指的是认识活动的技能，又称智力技能或认识技能；动作技能又称为运动技能或操作技能，主要表现在外部肌肉的运动上或对事物的直接行动中，因此具有客观性、外显性和动作的

[1] 母语者因为从小就生长生活在母语环境中，经由无限反复的语言刺激，“直接”形成“言语”。我们认为，这里的“直接”是表面的直接，其实在这种“表面的直接”下面，在潜意识层面有模糊状态的潜在“语言”形成，只不过因为达到了自动化而没有被学习者意识到而已。

连续性，即所操作的动作不能省略、不能合并，必须逐一加以落实，如体操、弹琴等。心智技能虽然也是一种活动的方式，但不是外在的、显性的，而是隐蔽在头脑内部，依靠内部语言进行的。比如汉语听说活动，学习者要先经过语音感知、词汇识别、句法分析、意义分析和语用推导等步骤进行言语理解，然后再经历语义初记、概念形成、句法合成、词汇合成、内部言语、语音生成、自我监察等步骤进行言语生成。整个过程都是通过信息加工机制进行，都在一定法则的规范、调控下完成，是一种在头脑内部，依靠内部语言完成的活动。可以说，整个言语技能和言语交际技能基本都属于心智技能。所以说，技能性是汉语课程的重要特点。

三、实践性

实践性是汉语课程的重要特点。这是由“工具性”和“交际性”这两个汉语课程的本质属性决定的。

对第二语言学习者来说，汉语是一种跨文化交际的工具。“语言”潜隐在“言语活动”之中。首先，必须有大量的“言语活动”，学习者才能真正感受到“语言”的部分。当然，汉语教师也可以分析出来告诉学习者，但这样直接获得的“语言”很难被学习者恰当地应用。这已被长期的汉语教学实践所证实。其次，学习者通过“言语活动”感受到“语言”这个工具之后，也需要大量的实践来掌握。因为“语言”不同于镰刀和斧头这样的简单工具，是一种十分复杂而又要求高度精确的工具。要掌握“汉语言”这样一种跨文化交际工具，既需要掌握听、说、读、写、译等基本技能，还需要恰当得体的交际技能。这些技能只有靠多次练习、反复实践才能形成。而且，这种技能是一种非常复杂的心智技能，更需要反复实践练习才能获得。仅仅了解和认识是不能掌握这个工具的。吕叔湘（1964）曾说：“**任何技能都必须具备两个特点，一是正确，二是熟练。要正确必须善于模仿，要熟练必须反复实践。**”意思是说，无论是善于模仿以求正确，还是反复实践以求熟练，都离不开实践。吕叔湘（1963）也说：“**从某种意义上说，语言以及**

一切技能都是一种习惯。凡是习惯都是通过多次反复的实践养成的。”对第二语言学习者来说，相比其已经“习得”的母语，汉语属于第二语言，主要是“学得”。这就更需要大量操练和反复实践，以求在原有母语习惯之上形成新的语言习惯。

以交际性为本质属性的汉语课程是一种运用汉语的实践活动。在课内，学习者学习汉语是从接触个人的“言语”开始的，经过大量听、说、读、写、角色扮演等形式的言语接触，再经过汉语教师的讲解或点拨，逐渐感悟到“言语活动”之中的“语言”，最后，学习者才能运用“语言”这个工具进行创造性“言语”交际，完成交际任务，达到学习目的。在课外，学习者更是从“言语”到“言语”，大多是对个体“言语”的模仿，然后在类似的情境中尝试运用，久而久之，形成“言语”技能。课内和课外相比较，课外在更大程度上属于第二语言“习得”，更符合语言学习规律。课内属于“学得”和“习得”的综合。第二语言学习是有明确目的、有组织、按顺序进行的自觉状态下的学习，需要“学得”必要的“语言”来加速言语能力的形成，而这些也都建立在实践活动之上。所以，实践性是汉语课程的重要特点。

四、综合性

汉语课程具有很强的综合性。张志公（1994）曾说：“语言本身是一种社会活动。无论怎样给语言定义，交流信息也好，表达思想感情也好，它都是一种社会活动。而社会是一个非常复杂的群体，所以语言本身涉及的方面就非常广，诸如文化背景、历史背景、社会背景、文学背景、意识形态背景，等等。如果说到语言教育或教学，加上一个‘教’字，有教者，有学者，就更加复杂了。毫无疑问，它和教育学有关，和课程论、教学论、方法论等有关，和心理学，特别是教育心理学、学习心理学、儿童心理学，等等，关系更为密切。再进一步说到外语教学，又复杂了一步，因为它不仅涉及某一个国家、民族的上述诸多因素，而且涉及说母语的民族和所学外语之间的异同。语言从来不是孤立的，它身上背负着很多东西。从学习第二语言来说，这里就有各种风俗习惯的差别。所谓对外汉语教学，也就是教给不以汉语为母语的人学汉语，以汉语为第二语言，因此上述差别非常显著。”这段话充分说明了汉语课程教学的综合性。具体来说，汉语课程的指导理论、课程内容、教学方法、学习者等方面都有明显的综合性：

指导汉语课程教学的理论具有综合性。汉语国际教育是一个交叉性的边缘学科。汉语课程是一个交叉性的综合课程。它们都需要多种理论共同指导，比如语言学理论、教育学理论、心理学理论、文化学理论甚至社会学理论、管理学理论等。

汉语课程内容具有综合性。汉语课程教学既有听、说、读、写、译等技能的操练，也有语音、词汇、语法、汉字等汉语语言要素知识的传授，还有中国历史、地理等基本国情以及涉及言语交际的文化知识的传授，更有情境模拟、角色扮演、任务等各种形式的语言实践。

汉语课程教学的方法和技巧具有综合性。我们常讲，“教学有法，但无定法，贵在得法”。汉语教学有很多方法，关键是根据自己所教的内容、学习者特点等来选择一个合适的方法，或者选取不同方法的合理部分来组成适合自己所教内容和学习者的方法，而不是用一种方法对所有的汉语教学“一以贯之”。

汉语课程教学的类型和对象具有综合性。汉语课程教学的类型既包括汉语预备教育，又包括汉语言专业的学历教育，还包括中长期汉语进修和短期强化培训。汉语教学对象更是来自五湖四海，不同的语言、文化、宗教、肤色等交汇集萃。这就需要我们的汉语课程要具备综合性，准备不同的方法、教案、管理模式等。总之，综合性是汉语课程的重要特点。

五、文化性

文化性不仅是汉语课程，而且是所有语言课程的重要特点。这主要是从语言和文化的关系上来谈的。语言不仅仅是一种交际工具，还是人类特有的符号系统。而“**文化是包括各种外显和内隐的行为模式；它通过符号的运用使人们习得及传授，并构成人类群体的显著成就，包括体现于人工制品中的成就；文化的基本核心包括由历史衍生及选择而成的传统观念，尤其是其价值观念文化体系虽可被认为是人类活动的产物，但也可被视为限制人类作进一步活动的因素。**”（克罗伯等，1952，转引自郭齐勇，1990：6）这个“文化”定义中的“符号”即为“语言”。这个符号系统既是文化的一部分，同时也是文化信息的主要载体。二者交错杂糅而不可分。不懂得某种语言，很难深入了解该种语言所属的文化。反之，没有对相关文化的了解，很难准确恰当地使用某种语言。

具体到汉语，其与文化的关系同样如此。汉语作为中国人认识世界的一套符号系统，从形式到内容都反映了中华民族的文化特性。比如，当我们夸赞某个中国人时，他会说“一般”“哪里哪里”等，这其实体现的是中华民族的谦虚传统。所以，我们既要把汉语看作一种工具来学习，又要把汉语看成一种文化来学习。汉语还反映了中华民族的思维特点，这本身就与文化习俗等相通。比如，汉字“以形知意”的特点就与中国人重直觉感悟的传统思维习惯有很大的关系。再如，在叙事顺序上，英美等西方民族往往是开门见山，先点出话语的中心信息，然后再一一补述其他时间、地点等外围信息，如 He came to New York from San Francisco through Chicago by bus；而中国人则相反，先一步步交代外围信息，最后点出中心信息，如“他从旧金山乘公共汽车经过芝加哥来到纽约”。还有，英语句子一般情况下都有主语，而且是一个句子一个主语。汉语则相反。比如，“她有个女儿，在郊区工作，已经打电话去了，下午就能赶到。”这个句子不仅在形式上没有主语，而且意义上的主语还多次变换。再如汉语组合的例子，如“清明时节雨．纷纷，路上行人．欲断魂。借问酒家何处．有？牧童．遥指杏花村。”“黄河远上．白云间，一片．孤城万仞山。羌笛何须怨．杨柳，春风．不度玉门关。”这两首诗，移动一下标点，完全可以变成词。再举一个例子，读者可以试着标点一下：“一痕秋月曲如钩上画楼帘半卷”。区区十三个字，可以排列组合出很多诗句。此外，言语交际的主体是人，人本身在很大程度上就是一个文化的产物。只强调工具性和技能性，没有相当程度的文化储备，是很难与人优雅得体地交际的。因此，汉语课程教学在重点把握好技能性和实践性的同时，一定要兼顾文化性。

强调汉语课程的文化性，但不能过分夸大它。在汉语课程教学中，语言是首要的，第一位的；文化是第二位的。这是由汉语课程目标所决定的。比如，海外很多汉学家对中国某方面的文化甚至比中国人都了解，但其言语交际能力却不高，有的甚至一句汉语都不会说。来中国学习汉语的学习者很少志在当汉学家的，大多是以能够运用汉语进行交际为目的的，所以我们要突出强调其工具性、技能性和实践性，兼顾文化性。

第三节　汉语课程的主要功能

任何一个事物的功能都由其构成要素以及要素之间的相互关系来决定。无论是作为一门学科课程，还是作为一个课程体系，汉语课程内容主要包括言语、语言、文化等几个部分。这个结构决定了汉语课程的功能主要包括能力培养、知识传递和文化教育等功能。

一、培养学习者的汉语综合运用能力

培养学习者汉语综合运用能力是汉语课程的总目标，也是汉语课程的出发点和归宿。同时这也是汉语课程应该发挥的最大功能。汉语综合运用能力主要包括汉语听、说、读、写能力和言语交际能力。

（一）汉语听、说、读、写能力

汉语听、说、读、写的能力非常重要，是言语交际能力的基础。没有听、说、读、写等基本技能，就不可能有高水平的言语交际能力。设想如果一个学习者听不懂对方的话或者对自己的“意思”表达不清，他怎么完成交际？更谈不上优雅得体地高水平交际；只会听和说，而读和写能力欠佳，虽能完成口头交际，但从

整体语言水平来说仍是一种缺憾。因此，提高学习者的听、说、读、写能力需要我们从两个方面努力：第一，适当增加口语、听力、阅读、写作等技能课的课时，使学习者在单项技能训练上有时间保证；第二，牢牢把握住技能课的特点，增加操练机会和强度，杜绝把技能课上成知识讲解课。

（二）言语交际能力

言语交际能力是学习者学习汉语的最终目的，是在听、说、读、写等各项基本技能基础上对语用规则的恰当运用。基本的听、说、读、写能力再强，不了解言语的适用范围、褒贬色彩和文化差异，仍然达不到交际的目的，甚至还会造成误解。有一个广泛流传的例子：一对新婚夫妇举行婚礼，有一位外国朋友对着新娘说："啊，真漂亮！"又对新郎说："我祝福你娶这么一个漂亮的新娘。"新郎赶紧说："哪里，哪里！"这位外国朋友很愕然，心想，中国人真麻烦，你说他漂亮，他还非得要你指出地方，只好说："眼睛，还有鼻子。"再如"方便"一词，因为义项太多，而且又有"上厕所"的意思，很多外国学习者刚使用这个词时会闹出一些令人哭笑不得的笑话。可见，语用规则和文化差异都是非常关键的。要提高学习者的言语交际能力，应多采用情境教学、角色扮演等交际性活动，仅靠高强度反复操练是不够的。同时，多组织一些语言实践活动，引导学习者把所学的"言语"在实际生活中加以巩固。

二、传递必要的汉语言知识

汉语课程的总目标当然是培养学习者汉语综合运用的能力。但汉语教学是一种第二语言教学，它不具备母语自然习得的条件，只能利用现有的条件"走捷径"。也就是既要按照语言习得的规律从"言语"开始学习汉语，同时也学习一定的"语言"类课程，比如语音课、语法课、词汇课、汉字课等语言要素类课程和语用规则、文化知识类课程。这样学习者不仅能够"习得"，还能够"学得"，学得就相对更快一些。语音、语法等语言要素类课程和语用规则类课程属于内容课程，具备传递知识的功能。这种知识类课程所传递的知识范围大致包括语言规则类知识、文化习俗类知识、国情概况等社会知识等，非常广泛。“语言学习的外延等于生活的外延”，凡是言语交际涉及的内容知识，都应该传授。因此，要更好地发挥这类内容课程的知识传递功能，需要我们在以下两个方面努力：一是要注意根据学习者的学习目标对所学知识有所选择，以免陷入“什么都学，什么又都学不好”的境地；二是在这些知识类课上，仍应该伴以交际性的活动练习，多让学习者去用、去做，而不是单向的灌输。这样才有利于学习者更好地掌握、运用。

三、让学习者了解一定的中国文化

第二语言学习过程是一个学习者从社会和心理上融入目标语言文化的过程，第二语言习得的进展取决定学习者与目的语文化的社会和心理距离（Schumann，1978）。除了言语技能类课程，汉语课程体系内还有相当一部分文化知识类课程。无论是言语技能类课程还是文化知识类课程，都对学习者具有很重要的文化教育功能。其主要包含文化知识教育和文化熏陶两个方面。

（一）文化知识教育

汉语教学不可避免地会涉及一定的文化知识教育。另外，学习者中也有相当一部分人学习汉语的目的是想了解中国文化。这就需要我们开设相应的课程，让他们感受中国文化，继而认识中国文化的博大精深。有效进行文化知识教育需要注意两点：一是要从学习者的兴趣和汉语学习的需要出发，选取适当的文化内容来教，因为中华文化博大精深，不可能都学；二是要尽可能地向学习者展示文化中的优秀部分，剔除一些不好的部分。比如传统文化中很多钩心斗角的成分，很多“厚黑学”的内容，很多不尊重女性、歧视女性的成分等。这部分文化应尽可能地避免，或者向学习者具体说明。切忌为了迎合某些学习者的兴趣而进行不当的文化教学。那么，有没有一个取舍的标准呢？鲁健骥（1990）的观点可供我们参考：**文化介绍应与语言教学的阶段相适应；文化介绍出发点是为培养学生使用他所学的语言交际服务的，基础阶段一是要侧重介绍当代中国社会生活中那些“活”的文化习俗，而不必介绍那些过时的、古代的、传统的，**

或在现实生活中极为少见，对外国学生与中国人的交际没有多少实际价值的文化习俗。二是要介绍那些具有普通意义的，有一定文化教养的中国人（例如知识分子层）身上反映的文化习俗。另外还有针对性和准确性。

（二）文化熏陶

想让学习者感受认识中华文化的博大精深，仅有文化知识类的课程还不够，应对其适当地进行文化熏陶。因为文化是需要感受和体验的，仅有文化知识传授很难取得理想的效果。基于此，我们可以为学习者开设京剧、书法、太极拳、剪纸、古琴、二胡等一些中国特色的文化艺术类课程，对其进行文化熏陶。另外，中高级汉语课程中的一些文学作品，也极富感染熏陶的功能。要更好地发挥这种功能，需要我们注意：第一，要采用适当的授课方式，多让学习者练习体会，避免单纯的知识灌输；第二，注意在文化课程的教室里布置一定的情境，包括声音和画面，让学习者具体感受艺术熏陶；第三，学校的文化资源毕竟是有限的，应开辟第二课堂，带领学习者去博物馆、艺术馆等场馆或者名胜古迹开展文化旅游，使其尽可能地切身感受中华文化的灿烂和辉煌。

此外，参考《国际汉语教学通用课程大纲》的精神，汉语课程还有培养学习者情感、态度、价值观、对多元文化的包容和成为世界性公民等功能。显然，这都是“伴随性”功能。

复习思考题：

1. 汉语国际教育的学科性质是什么？你是否认同本章提出的观点？请加以论述。
2. 探讨对汉语课程性质的不同理解，对汉语课堂教学有什么影响或意义？
3. 结合汉语课堂教学实践，谈谈你对“交际性和工具性的统一是汉语课程的基本特点”的认识。
4. 尝试谈谈本章没有提到的汉语课程的其他特点和功能，并加以例证。

第三章　汉语课程目标及其设计

阅读前思考：

1. 你是否了解汉语教学目标的历史演变？
2. 你认为汉语课程的目标是什么？设计目标时应该从哪些方面来考虑？
3. 你是怎么撰写汉语课程目标的？一般遵循哪些基本要求？

“确定汉语课程目标”是汉语课程设计的第二步。这一步非常关键，因为汉语课程目标是教师教和学习者学的指南，是进行一切课程教学活动的出发点和归宿。能否对汉语课程目标有一个深入辩证的把握，以及能否清晰适当地制订各个层次的汉语课程目标，直接决定着汉语课程教学的成败。

本章首先对汉语课程目标的历史发展、内涵、特征、功能等方面进行阐述，然后探讨一下汉语课程目标的基本来源，最后重点论述如何设计汉语课程目标。

第一节　对汉语课程目标的基本认识

对汉语课程目标的基本认识主要包括了解汉语课程目标的历史发展，并理解其内涵、特征和功能等诸方面。

一、汉语课程目标的历史发展

从20世纪50年代起步到现在，汉语课程目标的发展大致经历了三个阶段：第一个阶段，20世纪50—60年代，汉语课程目标主要是培养学习者具有一定的言语能力和熟练运用汉语的技能；第二个阶段，20世纪70年代末—90年代，汉语课程目标主要是培养汉语交际能力，明确强调了交际；第三个阶段，新世纪的十几年，汉语课程目标逐步确立为培养学习者的汉语综合运用能力，又强调了情感、方法、态度和价值观等。

（一）培养学习者具有一定的言语能力和熟练运用语言的技能（20世纪50—60年代）

20世纪50—60年代，汉语课程目标主要是培养学习者具有一定的言语能力和熟练运用汉语的技能。李培元（1988）明确提到："50年代的汉语教学，……教学目的是在一年或二年的时间内，培养他们掌握汉语技能，使他们能在中国的大学学习和生活；……就是在目的语的环境中，培养学生具有一定的言语能力。"王学作、柯炳生（1957）和任远（1984）等学者也都有这类的论述。

"一定的言语能力和熟练运用语言的技能"这种表述已经不仅仅是听说读写的技能，已涉及运用和交际的层面，基本上等同于言语交际能力。不过，可能是受当时语言学发展的限制（Hymes还未提出"语言交际能力"的概念），汉语教学界当时还没有明确提出"交际能力"这一表述。

（二）明确提出培养学习者汉语交际能力（20世纪70年代末—90年代）

针对Chomsky的"语言能力"概念，Hymes于1971年在《论交际能力》中提出了“语言交际能力”。随后，培养学习者的语言交际能力就成了第二语言教学的主要目标。这也很快反映到汉语课程教学领域。吕必松（1977）、刘珣等（1981）和黄皇宗（1984）等学者以及一些汉语教学机构的文件中都明确提到了要“培养学生使用汉语进行交际的能力”。中国对外汉语教学学会 1988 年组织编写出版的《汉语水平等级标准和等级大纲》也明确提到：“对外汉语教学的目的是培养学生用汉语进行交际的能力。”此外，上海外国语学院对外汉语系 1986 年撰写的《零起点一年制留学生基础汉语教学总体设计》开宗明义：“零起点一年制留学生的基础汉语教学，目的是培养学生使用汉语交际的能力。”

90 年代，汉语课程目标方面的发展主要体现为对“交际”的丰富和发展。汉语教学界（如盛炎，1991；崔希亮，1992；常敬宇，1992 等）开始重视有助于提高交际能力的“语用”“文化习俗”“得体”等方面，而且讨论越来越深入，视角也越来越全面。其中，范开泰（1992）对“汉语交际能力”进行了详细分析。1994 年底，“对外汉语教学的定性、定位、定量问题座谈会”再次强调：“语言教学的目的是培养学生用这种语言进行交际的能力”。

（三）培养学习者的汉语综合运用能力（2000 年前后至今）

“汉语综合运用能力”比“汉语交际能力”更全面。它还包括了方法、人格、情感、态度以及某些价值观的成分。上世纪 90 年代后期，崔永华（1997b；1998）在论述汉语言专业和中国语言文化专业培养目标时就提到了德、智、体和审美等方面。李世之（2001）进一步提出要培养完整人格：**对外汉语教育的目的是为世界各国培养具有完整人格，具有创新意识和实践能力的德、智、体、美全面发展的高素质的汉语人才，并以此促进国际文化交流，促进世界和平与共同繁荣**。章兼中的论述（转引自杨金成，2006）更细致一些，提到了发展学习者的意志和情意等方面。

章兼中曾提出较为系统的对外汉语教育目标分类体系，其分类体系如下：

- 对外汉语教育目标
  - 认知汉语
    - 基础知识（了解）：语音、词汇、句型、语法、课文
    - 基础训练（操练）：听、说、读、写基本技能训练
    - 交际能力（运用）：听、说、读、写交际能力
    - 反馈、调控、测试反馈、调节教与学的进程
  - 发展情意、发展智力
    - 动机、兴趣、态度、意志、性格、个性、良好习惯等
    - 注意力、观察力、记忆力、思维力、想象力、创造思维能力
    - 自学能力和自我监控能力
  - 了解跨国文化
    - 经济、政治、社会、历史、伟大政治家等
    - 信仰、观念、风俗、行为、社会习惯、生活方式、思维方式等

不难看出，无论是崔永华提到的“培养目标”，还是李世之提出的“教育目的”和章兼中提出的“教育目标”，都已经超出了“汉语交际能力”的范畴，包括了品德、人格、情感和意志等方面。

2008 年国家汉办颁布了《国际汉语教学通用课程大纲》，2014 年进行了修订，修订《大纲》提出的国际汉语教学课程的总目标为：“**使学习者在学习汉语语言知识与技能的同时，进一步强化学习目的，培养自主学习与合作学习的能力，形成有效地学习策略，最终具备语言综合运用能力。**”其中，“**语言综合运用能力由语言技能、语言知识、策略、文化能力四方面内容组成。其中语言技能和语言知识是语言综合运用能力的基础；策略是提高效率、促进学习者自主学习和发展自我能力的重要条件；文化能力则是培养学习者具备国际视野和多元文化能力，更得体地运用语言的必备元素。**”

仔细分析《国际汉语教学通用课程大纲》所提出的国际汉语教学课程的总目标及其阐释，可以看出其有以下几点创新之处：

第一，强调了学习策略和方法。以前的汉语课程目标往往只表述学习结果，即“学习者运用汉语进行言语交际的能力”，很少涉及学习汉语的方法。而《国际汉语教学通用课程大纲》的总目标中包含有“策略”部分，具体又包括学习策略、交际策略、资源策略和跨学科策略等。这些都是学习策略和方法层面的内容，旨在使学习者掌握学习汉语的方法，以便学习者将来在没有教师的情况下，也能继续学习汉语。反过来说，要真正学好一门语言，需要长期持续不断地学习。这也要求学习者掌握一定的语言学习方法。

第二，丰富了文化方面的内容。以前的汉语教学目标是培养学习者运用汉语进行交际的能力。这就需要学习者掌握一定的文化，尤其是服务于言语交际的具体文化。可以说，原来的汉语课程教学目标内在地包含了文化方面的内容。而《国际汉语教学通用课程大纲》所提出的“文化能力”则除了文化知识外，还包括文化理解、跨文化能力、国际视野等部分。尤其是国际视野和多元文化能力，既突出了语言教学的应有之义，也符合现代教育理念。这样培养的学习者不仅能掌握运用汉语进行交际的能力，而且能形成对不同文化的理解，养成跨文化意识、国际视野和多元文化意识。

第三，强调了学习者的主体地位，突出了主动性。以前汉语教学界虽然也提到“以学习者为主体”的原则，但在汉语课程教学目标中没有体现出来。《国际汉语教学通用课程大纲》中则明确提出“能预习学习内容”“自主学习和合作学习的能力”“主动参与学习过程中的各项任务”“营造学习环境，征求他人意见，以解决自己学习中出现的问题”“乐于主动分享自己学习中成功的经验及失败的教训”“能比较自觉地通过老师、同学、朋友、学校、社区和工作环境获取语言学习的资源”等。目标表述的主语都是学习者。这些都是对学习者主体地位和主动性的凸显。

第四，突出了目标的综合性。以前的汉语课程教学目标往往表述为运用汉语进行交际的能力，一般包括语言知识、语言技能和语用文化等几个方面的内容。《国际汉语教学通用课程大纲》所提出的汉语课程目标则在此基础上又增加了利用资源进行语言学习的策略和方法、语言交际的策略和方法、对汉语及其文化的积极态度、形成多元文化和国际视野等意识。也就是说，这个目标除了原有的知识和技能外，还包括方法、情感、态度[1]和价值观等方面的内容，显示了更广泛、更全面和更综合的特征。这体现了现代社会对语言课程教学的新要求。

从20世纪50年代开设“中国语文专修班”到现在，学者们对汉语课程教学目标的认识发生了两次飞跃：第一次是从“培养学习者具有一定的言语能力和熟

---

[1] 语言态度影响个体的学习动机和行为，进而影响学习效果。国内汉语课程教学界在这个方面一直较为薄弱，不仅在目标和内容中极少提到过，而且相关研究也极少，直到2000年前后才有零星的文章涉及，如陈松岑（1999）和倪传斌等（2004）。

练运用汉语的技能”到“明确提出汉语交际能力”；第二次是从“汉语交际能力”到“包括策略、态度、价值观和文化意识在内的汉语综合运用能力”。每一次飞跃，都是后者对前者的扬弃和超越。这两次飞跃都是随着汉语教学实践需要和相关研究的深入产生的。可见，“汉语课程目标”是一个发展的概念，具有时代性。

二、汉语课程目标的内涵

要全面辩证地理解“汉语课程目标”的内涵，应先对“课程目标”及与其几个相近的概念进行辨析，因为它们在教育类文献中经常被替换混用，中外皆然。

（一）与汉语课程目标相近的几个概念

在汉语课程教学领域，曾使用过与“课程目标”相近的概念有“教学要求”（吕必松，1986；程棠，1989）、“培养目标”（吕必松，1986；崔永华，1998）、“教学目的”（程棠，2000）、“教育目的”（李世之，2001）和“教学目标”（使用这个术语的学者最多）。在官方文件中，《对外汉语教学初级阶段教学大纲（1）》使用的是“教学目的”；《高等学校外国留学生汉语教学大纲（长期进修）》《高等学校外国留学生汉语教学大纲（短期强化）》使用的是“教学目标”；《国际汉语教学通用课程大纲》使用的是“课程目标”；各院校的学历教学大纲经常使用的是“培养目标”。李杨（1999）提到“北京语言文化大学1975年制订的《现代汉语专业的教学试行方案》确定的培养目标是，能担任一般的汉语翻译和汉语教师工作”。

不难看出，这几个概念的区别有两点：一是教育、教学、课程等几个概念的区别；二是目的和目标的区别。先说第一点，从范围上来说，上述几个概念之中，“教育”涵盖最广。关键在于“教学”与“课程”的区别。在国内教育界，自从2001年教育部推行第八次基础教育课程改革以来，中小学各个学科的“教学大纲”普遍被代之以“课程标准”。“教学”逐渐被限定为“课堂教学”。如果不作特殊说明，一般认为是“课程”要大于“教学”。[1] 我们也这样认定：汉语课程大于

[1] 这是仅从纯粹的学理层面来分析，因为两个概念都有广义和狭义之分，无法从范围上来区分。我们认为，二者只是看待问题“视角”的不同，其他皆同（具体解释参阅第一章课程的定义部分）。

汉语教学。再说第二点，目的和目标的区别。如果单纯从字面上来辨别，“目的”的范围更广一点，含有“方向”的意思，表现为普遍、整体和终极的层次，而“目标”则更具体一点，表现为个别、部分和阶段的层次。而在汉语教学领域，这种区别就不是很明显，“目的”有时也很具体，比如很多教师的教案都表述为“教学目的”；“目标”有时涵盖也很广泛，很多学者都把“培养学习者言语交际能力”这么宏观、终极性的表述作为“教学目标”。在另外一些学者眼里，“教育目标”所涵盖的范围跟“教育目的”一样，只是表述不同而已。因此我们很难笼统地直接说“教育目的”就一定比“教育目标”更为广泛。具体内涵应随着语境的不同而变化。“教学目的”和“教学目标”也是这种关系。

（二）汉语课程目标所属的纵向概念体系

关于汉语课程目标所属的纵向概念体系，《国际汉语教学通用课程大纲》就有涉及，即不仅有一个国际汉语教学课程的总目标，然后又分成了 6 个逐次提高的分级目标。“总目标’与‘分级目标’是总分关系，“各个级别相互联系，螺旋上升，最终全面达成课程总目标。”一些学者（如杨金成，2006；郭风岚，2007；崔永华，2008）也曾提出过汉语课程教学目标的纵向层次，而且各个学者的观点并没有实质性的差别，只有崔永华把视角向上有所延伸，提到了教育目的。本书与崔永华的观点基本一致，从课程论的视角出发，将目标体系定为**汉语教育目标、培养目标、课程目标、教学目标**四个层次。它们之间没有实质性的区别，只是概括的程度不同，即自上而下，范围越来越小。

汉语教育目标是指《教育法》、《国际汉语教学通用课程大纲》等规范性文件所表述的最宏观的语言教育理念和总体方向，具有终极性和原则性等特征。比如我们已经形成共识的“培养学习者运用汉语进行交际的能力”“形成语言综合运用能力”等。

培养目标是指根据教育目标对各种性质的汉语教学或各种类型的汉语教学机构所提出的具体培养要求。它是在汉语教育目标的统摄下，根据各种汉语教学项目类型的特点提出来的。比如《高等学校外国留学生汉语言专业教学大纲》提到的“汉语言专业”培养目标是：“本专业培养适应现代国际社会需要、具备良好综合素质、全面发展的汉语专门人才。具体业务要求如下：1. 具备扎实的汉语言语能力与言语交际能力；2. 掌握系统的汉语基础理论与基本知识；3. 掌握基本的中国人文知识，熟悉中国国情和社会文化；4. 掌握文献检索、资料查询的基本方法，具有初步的科学研究与实际工作能力。”

教学目标是课程目标进一步具体化，往往在具体的课堂教学中使用，比如某节课的教学目标。事实上，到了“课堂教学”这个层次，目标已经很具体了。这种目标，不仅能够测量，而且要说明其表现出来的条件以及公认的准则。比如《初级汉语课本》第三册第六十二课“北京的自行车”这一课的教学目标为：“(一) 朗读课文：全文约700字，学完课文，能在4分半钟内朗读一遍；发音声调基本正确，语调比较自然。(二) 复习时听写句子，达到平均每分钟15个字的速度，错误极少。(三) 成段表达：复习时口头回答课文问题或复述课文，语音正确，语调比较自然，基本语法错误很少；语速不低于每分钟130个字。(四) 能正确运用重点词语做各种练习，能进行一般的交际。例如改句子、完成句子、回答问题、会话、造句（留作业，或有准备地在课堂复习时做）等。”[1]

（三）汉语课程目标

由于“课程”本身较为复杂，在汉语教学领域使用又不太多，有必要界定一下。在本书中，汉语课程主要是指中观和微观层面的课程，即具体的一门课程或者组成一门课程的单元、课，甚至一节课。而单元、课或者一节课的课程目标又常称为教学目标。“目标”既包括汉语语音、词汇、语法、汉字、功能、文化等知识方面，以及听、说、读、写等言语技能方面，同时也包括汉语学习方法、情感、态度、价值观等方面。综合起来，我们尝试这样表述：

[1] 李德津：一年级综合课短文阶段教案示例，载王钟华主编《对外汉语教学初级阶段课程规范》，北京语言大学出版社，1999：162-163。

汉语课程目标是对培养目标的进一步具体化，即通过具体汉语课程内容和教学活动使学习者在不同方面具备的不同程度的汉语综合运用能力。它既是整个课程所要预期达到的具体规格和质量要求，也是教学活动的出发点和归宿，还是本门课程内容选择、内容组织、实施和评价的准则和指南。

这个概念有四层意思：

第一，目标直接体现为学习者的汉语综合运用能力。比如一年级听力课的课程目标为："听力课的目的是培养学生在言语交际中听音理解的能力。听力是语言交际能力的重要组成部分。听音理解能力应被视为由听力速度、记忆、判断、概括等紧密联系在一起的综合能力，是对语音、语法及词汇的综合运用。"[1]

第二，目标是有层次性的。即某门汉语课程内部也有层次性，有阶段性课程目标。比如初级汉语综合课往往分为三个阶段：语音阶段、语法阶段和短文阶段。不同阶段有不同的要求和不同的目标。再如，一年级听力课在语音阶段的课程目标为"训练学生辨音辨调能力、对语流音变的适应能力及掌握根据语调变化所体现的交际功能能力等听力理解的微技能"。[2]在每一个阶段内部又分为单元和课，每个单元和每课都有自己的目标。这些也都可以称为"汉语课程目标"。从横向角度，汉语课程目标不仅包括语言知识和技能方面的目标，还包括方法、情感、态度等方面的目标。

第三，目标通过具体的课程内容和教学活动来实现。汉语课程目标是通过具体的语言内容和教学活动一步一步来实现的。只有学习了具体的汉语语音、汉字、词汇、语法等要素知识，才有可能形成言语技能并最终形成交际能力。但仅有语言要素知识还不够，还需通过各种实践活动进行练习。这就要求我们在实施课程时应多组织活动。无论是大声操练、词语接龙，还是角色扮演，都是有利于实现课程目标的活动载体。

---

[1] 李珠：一年级听力课课程规范，载王钟华主编《对外汉语教学初级阶段课程规范》，北京语言大学出版社，1999：20。

[2] 同上。

第四，目标是灵魂，是课程内容选择、组织、实施和评价的标准和依据。我们认为，没有要达到的目标，就没有汉语课程的存在，更谈不上课程内容的选择和组织；课程实施应该依据目标来设计和进行；最后的评价也主要是依据原定的目标，对课程实施的结果进行测量和评价。

三、汉语课程目标的特征

在理解其内涵的基础上，我们认为汉语课程目标具备以下特征：

（一）指向性和导向性

目标是灵魂。汉语课程目标是对教育目标和培养目标的具体化，是对学习者的语言综合运用能力的一种规定。这种规定正是设计汉语课程和开展课堂教学活动所要达到的结果和归宿。它是一切汉语课程教学活动的方向。因此，汉语课程目标对设计汉语课程和开展课堂教学活动具有极强的指向性和导向性。

（二）系统性和综合性

汉语课程目标不是一个孤立的存在，而是一个立体的目标体系，具有很强的系统性。从纵向层次上讲，它既可分为汉语教育目标、培养目标、课程目标和教学目标等层次，也可分为一、二、三、四、五、六等不同级别。从横向层次上，它可以根据课型分为综合课、听力课、说话课、阅读课、听说交际课等各种课型的目标，也可根据内容类别分为语言技能、语言知识、策略、文化能力四个方面的目标。同时，无论是教育目标、一门课的课程目标、一单元的课程目标，还是一节课的课程目标，都包含知识、技能、方法、过程、态度等方面。因此，汉语课程目标又具有很强的综合性。

（三）可操作性和实践性

汉语课程目标可以具体化为一个个的课堂教学目标，分散到每一节汉语课中进行学习。也就是说，汉语课程目标是通过一个个具体的课堂教学目标来实现的。这就是汉语课程目标的可操作性。同时，汉语课程目标旨在培养在社会实践中运用汉语进行交际的能力。即便是知识性的目标也应为言语交际能力奠定基础。这是汉语课程目标的实践性。比如初级阶段口语课的课程目标为："不是要求学生系统地、详尽地掌握有关汉语口语的知识，而是要他们尽快地掌握汉语口语这一工具。培养他们在交谈中能以贴近中国人的话语及语速（每分钟150-160字）随想随说，语音、语调正确自如，词汇、语法使用合理恰当，符合汉语的口语表达习惯，使汉语真正成为学生的第二个口头交流思想的工具。"[1]这个目标既是培养目标的具体化，又可以分为更加具体的目标。即把这种言语交际能力分为理解能力、捕捉能力、发问能力、对话能力、成段表达能力等具体目标。这些目标都是可以通过学习获得的。比如捕捉能力，其实就是捕捉核心信息的能力，可以通过下面的对话进行训练："A：银行里人真多，你等了很长时间了吧？ B：可不是。"正是因为B抓住了核心信息，才没有必要用较长的句子回答。学习者练得多了，就能够形成捕捉核心信息的能力，进而形成口语交际能力。

四、汉语课程目标的功能

（一）定向

所谓定向，就是确定方向，即课程目标为整个汉语课程的设计确定方向。具体教学目标的确立、所学内容和语言材料的选择、课程内容的组织、具体课堂教学活动的开展以及课程评价的设计和实施，都应以汉语课程目标为方向。

（二）调控

所谓调控，就是对汉语课程设计的整个过程进行调整，以保证其沿着正确的方向前进。如果课程材料很难学或者达不到既定的教学效果，如果课程大纲或材料的组织不合理，学习者学起来不顺手，如果课堂教学活动没意思、学习者不感兴趣，如果课程评价无法对学习者的学习程度有一个真实的评价，我们都需要根据所确定的课程目标对以上诸项进行调整。很明显，这种调控功能大大提高了课

[1] 刘学敏：一年级口语课课程规范，载王钟华主编《对外汉语教学初级阶段课程规范》，北京语言大学出版社，1999：32-45。

程设计及其实施的科学性。同时，学习者也可以根据课程目标调整自己的学习活动，从而增强学习的主动性、积极性和计划性。

（三）作为评价的标准

作为评价的标准是汉语课程目标的基本功能之一。无论是对语言知识、言语技能还是言语交际能力的评价，无论是平时的形成性评价还是最终的终结性评价，评价的内容和方式都应以课程目标作为评价的标准。如果达到了既定课程目标，整个课程或某一节课就是成功的。相反，我们就应该对整个课程或某节课的上课思路进行调整。

第二节　汉语课程目标的基本来源

泰勒曾提出，对学生的研究、对当代社会生活的研究和学科专家的建议是课程目标的三个来源。泰勒的这个观点一直得到后来学者的认同和传播（如施良方，1996：99-103；张华，2000：182-189）。汉语课程目标同样要从对学习者的研究、对当代社会需要的研究和学科专家的建议这三个来源中研究确定。另外，如所要确立的汉语课程目标属于中观或微观层次的目标，即某一门课程或一节课的目标，要受到总目标的制约。所以，汉语课程的总目标（或者各个分级目标）也是来源之一。比如，如果制订初级汉语综合课的目标，我们肯定要参考《国际汉语教学通用课程大纲》分级目标中的“一级目标”。

一、对汉语学习者的研究

汉语学习者的基本情况是确立汉语课程目标的基本依据之一。李更新等（1983）在设计高级汉语课程时就有意识地分析了学习者的下列情况：“1. 学生的自然条件……2. 汉语水平……3. 学习汉语的目的……4. 学生将来使用汉语

的职业。”王晓钧（1985）、孙德坤（1996）和牟岭（2008）等也都曾明确提到学习者是课堂教学或教材编写的重要依据。需要注意的是，我们通常论述的汉语学习者都是普遍意义上的学习者，是涵盖各国学生的一个“综合体”。而一线汉语教师所面对的却是具体的学习者。汉语教师要确定针对这些学习者某门课或某节课的课程目标，必须从这群学习者的学习需求、现有水平和身心发展特点等方面出发，并以此为依据，而不是从“典型”或“普通”学习者的需要和特点出发。

学习者的需求是制订汉语课程目标的重要依据。在某种程度上说，需求不仅决定目标内容，决定整个汉语课程教学的设计，而且还决定着学习的动机。汉语教学属于技能培训性质的教育。具体学习什么内容，要达到什么样的目标应主要根据学习者的需求来决定。不同的学习者学习需求往往是不相同的。有的可能是单纯为职业需求而来，有的可能是因为对中国文化好奇而来，有的华裔群体为在文化上认祖归宗而来，等等。（参阅王志刚等，2004）这些都需要我们在课程设计之前好好进行调查研究，并以此作为制订课程目标的重要依据。也只有这样，我们设计的汉语课程才能做到有“的”放矢，学习者的积极性也会更高。刘乐宁主持的美国哥伦比亚大学中文部就根据学习者的学习需求、目的，以及语言学习能力和背景等因素开设不同的课程，如三年级开设商务汉语，四年级开设法律汉语、传媒汉语、医用汉语等。[1]

学习者的现有汉语水平也是制订汉语课程目标的重要依据。如果不知道学习者的现有水平，即便知道其需求，仍然无法提出确切的课程目标。因为课程目标是学习者的需求（要达到的理想状态）与其现有水平的差距。只有明确了学习者的现有水平，才能制订较为合适的目标。泰勒（1949）也说：“**只有在把有关学习者的信息与某些理想的标准以及对公认的常模的某些看法进行比较，从而确认学习者目前的状况与公认的常模之间的差别时，对学习者的研究才有可能提示出教育目标。**”况且即便是汉语水平大体相近的学习者，其在不同方面也有差异。李玉军（2008）对五国留学生的“跛脚”现象所进行的对比研究就

[1] 参阅刘乐宁在“2009年汉语国别化教材国际研讨会”上的发言。

证实了这一点。我们可以这样理解，学习者的需要是课程目标的“上端”，其现有水平是课程目标的“下端”，二者之间的距离才是课程目标。

学习者经过学习能否由“下端”上升到“上端”，还要考虑学习者本身具有的其他因素，比如语言学能、身心发展特点、思维方式、认知方式、兴趣爱好等。不同学习者在这些方面的表现也有很大差异。比如欧美学习者和韩日学习者的思维方式、认知方式和兴趣爱好就不尽相同。甚至欧美学习者之间，不同的个体在这些方面也有不同的特征。这些因素都决定着汉语课程目标的确定和实现。毕竟课程目标归根到底是学习者经过学习所达到的语言水平。如果是在国外教汉语，我们还需考虑学习者的家庭、同伴、社区、学校等方面。这些方面的情况也可以对汉语教学产生很大的影响。“哥伦比亚在北京”（CIB）暑期汉语项目的教学设计（ASSURE）的第一步就是分析学习者的这些因素，然后在此基础上陈述教学目标（蔡建永，2011）。在北京语言大学针对韩国 SK 集团企业人员所设计的短期汉语项目中，设计者同样先调查了学习者的学习动机、态度和认知风格等因素，然后再设计目标（毛悦，2010a）。

如果以学习者的需求为设计汉语课程目标的主要根据，此后依次进行的课程选择、课程组织、课程实施和课程评价自然也会以学习者为主要指向，这样的课程才真正体现了“以学习者为主体”的原则，学习者才会真正感兴趣，才会更加积极主动地学习。高彦德等（1993）曾经对外国人学习和使用汉语的情况进行了较为全面的调查研究，并形成了一个实证性的成果《外国人学习与使用汉语情况调查研究报告》，可以作为汉语课程目标设计甚至整个课程设计的重要参考。

二、当代社会需要研究

当代社会的需要也是汉语课程目标的主要来源之一。各国学习者学习汉语的目的就是为了能在社会实践中运用汉语进行交际，在此基础上了解中国社会、在中国经商或者继续学习等。因此，汉语课程目标的制订离不开对当代社会需要的研究，尤其是学习者将来要使用汉语进行交际的社会领域的需要。

作为汉语课程目标来源的当代社会需要是具体的。从空间维度来看，主要是指学习者将来要使用汉语满足日常生活和职业生活的需求，乃至国际社会交流的共同需要等。比如旅游汉语，既包括相对静态的书面语言（如导游词、旅游指南、风物志、专题景观介绍等），又包括交际过程中动态的功能语言（比如称呼、问候、自我介绍、交谈、赞美、解释、质疑、应对、拒绝、引导、讲解、告别等），还包括旅游餐饮、交通等各个环节的服务语言。从时间维度来看，主要是指学习者当下使用汉语的社会现实需要，还指学习者将来使用汉语时的社会需要。正因为如此，不同时代的汉语课程目标往往有所不同。比如上个世纪50年代东欧和非洲的学习者来中国学习汉语主要是为了学习中国的科学技术等专业，因而汉语课程教学的主要目标就是在保证学习者学习具体专业时能够进行专业性的听、说、读、写。现在大批的韩日学习者来学习汉语主要是为了将来代表公司派驻中国时能应付各种商务活动或独立做生意等，所以汉语课程的一个重要目标就是使其能在商贸等经济活动范围内进行交际。

相对于具体一门汉语课程目标的设计，社会需要是非常宽泛的。那么我们在设计目标时如何分析社会需要呢？前人的研究（比如Bobbitt，1924；Tyler，1994）给了我们很多启示。Bobbitt曾把人类经验分为语言活动、健康活动、公民活动、一般社交活动、休闲娱乐活动、维持个人心理健康的活动、宗教活动、家庭活动、非职业性的实际活动和个人的职业活动等十个领域，然后对每个领域逐一确定目标。泰勒把当代社会生活划分为七个大类："健康""家庭""娱乐""职业""宗教""消费""公民"等，然后逐类分析。两位前辈说的是课程目标设计的一般思路，我们如果仅仅设计一门汉语课程，就用不着这么复杂，但思路差不多。比如李忆民（1999）在设计国际商务汉语课程的时候，就"以国际商务的内容为出发点，学生在与中国的商务活动中需要什么，编者就瞄准什么，教材里就安排什么。……商用功能项目有：国际旅行，主客介绍，饭店餐饮，接风洗尘，商务谈判，议价，支付，信用证，参观旅游，交货，包装与运输，保险与索赔，技术转让，游览名胜，来料加工，包销和代理，签署合同，商场购物，中国的传统商业（'老字号'），外商来华投资形式，考察投资环境（开

发区），补偿贸易，送行告别，等等”。再如韩国三星人力开发院设计的经贸汉语课，就是“**根据三星公司职员在中国工作、生活的实际需要，选择常用的词语和句式，设计交际场景，筛选功能项目，介绍文化背景知识，因而增强了实用性**”（张和生，2004）。

如果以当代社会需要作为设计汉语课程目标的主要根据，而且后续的汉语课程内容选择、课程组织、课程实施、课程评价等都围绕社会需要来进行，那么所设计的汉语课程会更具有实用性，更能激发学习者学习汉语的积极性。

三、学科专家的建议

学科专家是指汉语语言学专家和汉语教育教学专家。学科专家往往从学科发展出发，强调学科知识（包括汉语语音、汉字、词汇、语法、文化等）的重要性。从历史上说，以前的汉语课程目标受学科专家建议的影响较大，因为汉语课程都是由学科专家设计的。其他人要么没有机会，要么设计出来也不被信服和重视。但是如果汉语课程目标仅仅来源于学科专家也有一个问题，即目标往往太专业化，好像要培养汉学家似的。比如20世纪50—80年代国内的汉语课程，其语法体系就过于全面，稍嫌繁琐。当时虽然已经认识到教留学生汉语与教中国人汉语不一样，但仍不可避免地带有专业化的痕迹，其结构体例明显类似于中国学生所学的现代汉语课程。这一点在20世纪80年代前后的中高级汉语课程中体现得也很明显。

那在确立汉语课程目标时还要不要征求学科专家的建议呢？当然要。关键是怎么咨询。泰勒曾建议我们这样咨询学科专家：“**你这门学科对那些不会成为这个领域专家的年轻人的教育有什么贡献？你这门学科对外行或一般公民有什么贡献？**”课程设计者或一线汉语教师也可以仿照此问来咨询学科专家：“对那些不想成为汉学家，仅想能够使用汉语进行交际的学习者，应该学习哪些汉语知识（包括语音、词汇、语法、汉字、功能、文化等）？”这个问题的答案就是汉语课程目标的来源组成。

任何一门语言都有其基本语音、词汇、语法、语用的规则知识。要掌握好这门语言，不论你要达到何种目的，都需要掌握这些最基本的语音、词汇、语法和语用规则知识。只有掌握了最基本的声、韵、调，才能发出让人听得懂的音；只有掌握一定数量的词汇，才能表达出最基本的意思；只有掌握了最基本的语法规则，才能说出能让人理解的句子；只有掌握了基本的语用规则和交际方面的知识，才能与人得体地进行交际，而不至于被误解。总之，只有掌握了这些基本的汉语知识，才能使汉语满足学习者个人和社会的需要，体现其工具价值。然而，这个“基本”怎么把握？怎么界定？这需要听取学科专家的建议。

如果将学科专家的建议作为汉语课程目标设计的主要根据，后续的汉语课程内容选择、课程组织、课程实施、课程评价等都会围绕学科知识来进行，这样的课程有利于学习者打下扎实的学科基础。但这样对学习者的个体需要和当代社会的需要考虑得可能少一些。20 世纪 50—80 年代国内的汉语课程就有就这种倾向。

四、汉语课程总目标的择取

课程目标是一个体系，具有层次性。任何一级的下位课程目标的确定，要以其上位课程目标为依据，因为下位课程目标是为上位目标服务的。这就要求我们，制订某一具体课程目标时，心中应有总体目标；制订短期目标时，心中应有长远目标。汉语课程教学界有《汉语水平等级标准和语法等级大纲》《高等学校外国留学生汉语言专业教学大纲》《高等学校外国留学生汉语教学大纲（长期进修）》《高等学校外国留学生汉语教学大纲（短期强化）》《国际汉语能力标准》《国际汉语教学通用课程大纲》等各种文件。这些文件都对汉语课程目标进行了描述，有总目标，也有分级目标，还有些是可测量的目标。这些都是一线汉语教师确定课程目标时可以参考择取的资源。

假如设计初级口语课，那么至少你应该知道口语课的总目标是什么，在初级阶段应达到什么程度，它在整个汉语课程体系中又处于什么位置。如果在海外设计一门汉语课，那么我们应该熟悉在该国这种汉语课一共开多长时间，正在设计的这门课占了多长时间等情况，因为这决定我们选择课程目标的程度。此外，我们还应考虑汉语水平等级标准，参考国内汉语课程的大纲、已开设的同级综合课和专项技能课的目标等。因为在海外作为一门“小语种”外语，汉语目前往往只有一门课，不可能像在国内开得那样“细”，成为一个课程体系。可见，在具体设计课程目标的时候，有很多方面是可以从这样的上位或同级课程目标中择取、修改后使用的。不仅如此，课程设计者或汉语教师还应该自觉遵从这种已经成熟的“级别”的划分。因为学习者很可能下学期要去另外一个机构或者另一个国家学习汉语。所以，学习者的学习水平应该能够跟其他汉语教学机构“对接”，以便其继续学习汉语。

从另一个角度讲，现在的汉语课程教学不是“平地起高楼”，不是“零起点”，而是有几十年系统正规教学和研究的历史。对现在的任何一名汉语教师或课程设计者来说，目标确立也好，整个的汉语课程设计也好，都不是从“零”开始，而是有着丰厚的汉语课程研究成果和经验可以借鉴。除了上面提到的几种资源外，还有《对外汉语教学初级阶段教学大纲》《对外汉语教学中高级阶段功能大纲》《对外汉语教学初级阶段课程规范》《对外汉语中高级阶段课程规范》以及比较经典的汉语教材等。这些资源都是汉语课程教学界几代前辈集体智慧的结晶，都是建立在丰厚的汉语教学实践经验上的理性总结，符合教育学和心理学的规律，值得我们给予足够的重视。

第三节　汉语课程目标的设计

虽然不同类型汉语课程目标的设计有些差异，但它们大致都遵循以下几个步骤：需求分析（Needs analysis）、任务分析（Task analysis）、起点确定（Determination of starting point）、环境因素分析（Situations or contexts analysis）、目标撰写（Objective formulation）等。

一、需求分析

需求分析是汉语课程设计尤其是目标设计的重要组成部分。它对应于对汉语学习者的研究，其实就是对“学习者在汉语学习方面有什么需求”相关信息的一种收集和分析。这会涉及学习者、家长、管理者、教师等各种群体，因此“需求分析”的过程也是学习者、教师、家长、管理者等各种群体关于汉语课程的一个协商和对话。其结果反映在课程设计过程中，能有效提高课程设计的针对性。同时，在汉语课程设计中吸取需求分析的结果，是学习者参与课程设计的一种形式，也是贯彻“以学习者为主体”原则的体现。

（一）谁的需求？

其实就是确定需求分析的目标群体。如果汉语教师只为少数人开一门课，那么所有的汉语学习者都属于目标群体，都在被收集“需求”信息的行列。比如给菲律宾某个中学的华裔学生开设一门中国文化课。这个中学的华裔学生总共不到100人，那么整个华裔学习者群体都属于目标群体。课程设计者要分析的这个“需求”就是这个群体在中国文化方面的需求。再如韩国启明大学孔子学院办得非常红火的“家庭主妇班”，其对象就很明确：对汉语以及中国文化有着浓厚兴趣的专职家庭主妇；随后，该孔子学院还开设了“跟妈妈学习汉语班”，其对象也很明确：“家庭主妇班”学员必须要照看的孩子。[1] 姚道中（2010）也谈到应该根据不同行业人士的需要来设计课程：“以夏威夷为例，因为夏威夷是一个旅游胜地，最可能需要学习汉语的行业是旅游业，包括店员、司机、服务员、酒店柜台人员，等等。”那么这里的店员、司机、服务员、酒店柜台人员的需求就是要研究的需求。

但是如果在汉语学习者比较多的国家或地区，或者在中国国内针对来华留学生开设一门选修课，就不可能收集所有学习者的“需求”信息，这就需要“取样”。比如在韩国初中二年级开设一门汉语选修课，需要相关机构对全韩国的初中二年级进行调查吗？需要，但不可能。怎么办？只能在每个地区选择几个班作为代表

[1] 参阅贾广华：特色办学赢掌声——对话韩国启明大学孔子学院院长，《北京语言大学报》2009年12月10日第226期第2版。

进行调查，代表班的选择就是“取样”。如何“取样”？就是根据一定的维度（比如性别、家庭收入等），在相同情况的群体中随机选出几个班来。再如，国内某高校想给留学生增加一门中国文化方面的课程，同样不可能对每一个来华留学生进行调查，同样涉及“取样”的问题。或者根据不同地区，如欧美、韩日等，或者根据母语的语系，如印欧语系、乌拉尔语系等，或者根据不同的类别，如张黎（2006）在对商务汉语学习者的需求进行分析时首先将其分为两类：在校学生和工商界职业人士，来确定“取样”的标准。具体采用哪个标准则需要结合具体情况来定。

（二）什么样的需求？

在语言教学领域，“需求”就是学习者关于目的语有什么需要。它包括很多方面，不仅是“学习什么”。综合 Hutchinson & Waters（1987）、Nunan（1988）、任以珍（1991）、Brown（1995：40-41）、Abbs & Freebairn（1990）和 Kemp（1998：21）等学者对需求的研究，除了学习内容以外，“需求”还包括学习目的、学习动机、学习方法、学习信心、专业层面的语言能力、文化环境、生活环境以及情感等方面。

在此基础上，我们可以明确，对汉语课程设计者来说，有关学习者的**核心需求信息是其将要使用的汉语言形式、将要使用的汉语言技能的类型、将要完成的交际任务、将来使用汉语的特定环境（包括情景、角色、话题和内容）、对学习方法的期待以及学习时的主客观环境等。**张黎（2006）就曾分别从教育的目的级别、学习的时间安排、教学组织方式、学习者自身的汉语水平、语言学习内容的范围等五个方面，对商务汉语学习者的学习需求进行过分析。再比如我们要对某一跨国公司的职员进行汉语学习方面的需求分析，可以从以下几个方面进行确定：1. 职员日常工作的职责是什么？ 2. 职员完成这些工作职责时在汉语方面有哪些需求（具体包括哪些知识和技能）？ 3. 汉语水平提高到一个什么样的水平（初级、中级还是高级？甚至再具体一点），职员才能把自己的工作做得更好？ 4. 职员想重点发展听、说、读、写中的哪一种技能？ 5. 职员在日常工作时使用哪种语体更多？不同的语体都有自己的特点，而与一般的书面语不同。6. 职员需不需要学习文化背景知识？如果需要，对具体学习哪一部分有没有更明确的要求？ 7. 职员对中国传统文化有没有兴趣？如果有，想学哪一个领域？ 8. 职员日常工作中使用汉语的环境有哪些？ 9. 职员希望使用什么样的教学方法？ 10. 职员对学习时的主客观环境有哪些需要？等等。

（三）用什么方法进行需求分析？

Long（2005）认为完备的需求分析应包括随机抽样、应用领域内专家咨询和资料来源多样化。其中资料来源包括文本、目标场域的话语录音、调查问卷和访谈等。当然，进行需求分析的方法很多。Hutchinson & Waters（1987）和 Masuhara（1998：239-260）都曾设计过需求分析的框架（转引自程晓堂等，2011：45-53）。在具体操作中，问卷调查、访谈、观察、个案研究、文本分析等都是一直被广泛应用的方法。

问卷调查：问卷调查适用人数较多的群体，调查结果也相对比较容易统计分析。而且它能测出很多其他方法难以得到的信息，比如对待汉语的态度和信念、语言学习风格的倾向、使用汉语过程中遇到过哪些困难等。问卷题目可以是封闭性的，即给出几个答案，让被调查者进行选择。例如下面这个测学习者对待汉语态度的题目：“你认为汉语对你未来的发展________。A. 非常重要；B. 重要；C. 不重要。”这种题目的好处是对调查结果分析起来比较方便，但往往不能顾及答案以外的情况。问卷题目也可以是开放性的，给出问题，让被调查者自由作答。比如“你认为掌握汉语会对你的未来产生什么样的影响？”这种题目反映的情况更全面，但调查结果不太容易量化分析。无论哪种题型，都需要设计者把问题说得清楚明白。另外，建议设计者在设计问卷前最好先制订一个提纲，要了解哪几个方面的内容，每个方面的内容设计几道题，有几个角度。这样问卷的科学性会更强一点。高彦德等（1993：211）、王志刚等（2004）、倪传斌（2007）、毛悦（2010b）等都曾使用调查问卷对汉语学习者进行过较大规模的调查，调查结果和方法都可以拿来参考。

访谈：“访谈”这种方式最大的优点是能就被调查者的回答进行追问，从而能对问题进行较为深入地分析。但它耗费时间较多，不适用于人数较多的群体。访谈之前应设计一个提纲，以便使问题集中并使整个过程流畅。比如，您将来想做什么工作？工作的日常职责是什么？用汉语完成这些职责有哪些困难？从事这项工作需要哪些汉语知识和技能？要想高效率完成这项工作需要什么样的汉语水平？您在汉语方面还有其他需要吗？等等。最好提前查阅一些相关文献，以提高访谈的效率。访谈对象主要是学习者（可以直接问其需求）。同时，为了获得较为全面、准确的信息，我们也可以访谈用人单位的主管和学习者家长等，问问他们需要学习者在汉语方面具备哪些知识和技能，以便对信息进行相互印证和补充。当然，还应考虑确定访谈次数、访谈时间和地点、访谈者、访谈技巧（比如有礼貌、采用对话式、一次一个问题、提问简洁、提开放式问题、从一般性问题切入、避免导向性问题和笼统性问题、用表格的方式记录、最好当天整理）、访谈对象（考虑其代表性和典型性）、所需资金等方面的问题。

观察：观察是通过观察被调查者的言语交际过程而获得相关信息。观察又分参与性观察（观察者参与其中）和非参与性观察（观察者置身事外）两种。比如课程设计者观察一下公司职员运用汉语进行业务洽谈的活动，就大体能够确定公司职员需要发展哪几个方面的汉语技能。再如，一个有经验的汉语教师一看某国留学生书写汉字的过程，就知道接下来应该怎么对他进行矫正辅导。当然有一种情况需要注意，就是有些被观察对象越是在被人观察时，表现反而越差。这就要求观察者最好“冷眼旁观”，尽量不要目不转睛地“观察”被观察者。观察前，观察者也应该好好构思一番，比如具体应观察什么、怎么观察等等。

个案研究：个案研究是选择一个典型的研究对象，对其汉语学习过程或者某项技能的形成过程进行持续关注。这种方式得到的信息往往更具体、更深入、更有说服力。比如对一名日本留学生口语表达能力发展的个案研究结果，就可以尝试借鉴应用到日本学习者的汉语口语课上。由于个案研究的独特性和差异性，其研究结果很少能简单地直接应用到其他同类个体身上，更多是提供参考。Schmidt（1981）就曾用此方法分析了学习者对学术英语课程（English for Academic

Purposes）的需求：1. 需要理解表格或讲座提纲中术语的内在关系；2. 在复习评论和注释时，需要理解思想主题各个部分之间的内在关系，以便把不同的段落连接起来；3. 为了表达某个观点，需要用英语同时处理讲座中出现的新的概念和生词；4. 需要能够在学期课程论文中进行概括或者定义，而不仅仅是给出一个例子；5. 需要在短时间内完成以上要求。显然，这个需求具有一定的普遍性。

其他方法：需求分析的方法很多，较常用的还有文本分析，比如可以分析学习者的作业，发现其欠缺和需要（如果收集学习者在汉字或作文方面的需求，就可以使用这种方法）；也可以从其他相关类似的研究中借鉴参考（如期刊文章、相关调研报告等）。课程设计者可以根据自己的情况选择合适的方法。

（四）需求分析有哪些步骤？

关于“需求分析”的步骤，很多学者（如 Brown，1995 ：37-55 ；Graves，2000：100）都有论述。参考前人的研究，我们把“需求分析”的步骤定为：确定调查对象、确定要收集的信息类别、确定收集信息的方法、收集数据信息、分析数据信息、形成分析报告等。

确定调查对象。即确定收集信息的目标群体。一般来讲，收集信息的主要目标群体就是汉语学习者，当然还会涉及教师、家长、管理者等群体，甚至包括正在使用汉语工作的群体（该群体反映出来的需求更应得到重视）。具体选择哪个或哪几个群体需要根据具体情况来确定。比如国内对来华留学生进行需求分析，调查对象主要是学习者本人；但如果在国外，可能要涉及家长、教师和管理者。

确定要收集的信息类别。其实就是关于学习者哪些方面的需求。能否恰当地确定要收集的信息类别，直接决定着所收集信息效用的大小。这一点读者可以参考上文“(一) 什么样的需求”部分的分析。

确定收集信息的方法。收集信息的方法很多，前面列举介绍了几种，比如问卷调查、访谈、座谈、观察、个案研究、文本分析等。每一种具体的方法都有优点，同时也有缺点。因此，我们在确定收集信息的方法的时候，应尽量考虑多种方法配合使用。比如我们要给某跨国公司的职员开一门汉语口语课，需要调查的信息包括：问卷调查职员的结果、公司领导的要求、公司业务所涉及的范围、同一领域另一公司职员的汉语水平、公司所在地方言偏离普通话的程度、访谈某一职员的记录、观察公司职员业务洽谈的记录。经过这些途径确定的口语课目标当然会比仅用一种方法更全面而又有针对性。再如你是一名在海外执教的汉语教师，针对该国大学二年级的学生收集需求信息，可以同时选用问卷调查、访谈和座谈等几种方法。座谈也应注意分别与学习者座谈、与教师座谈、与管理者座谈、与家长座谈等。

与学习者座谈。如果学习者多于一定数量（比如30个），要与学习者代表进行面谈，了解一下更详细的情况；如果学习者人数不多，可以考虑与全体学习者一起聊聊。

与教师座谈。如果此前有教师教过这些学习者汉语，应该与其及时沟通以了解学习者的一些情况。如果没有，也要力图与曾经教过这些学习者其他语种的外语教师沟通了解相关情况。这对语言教师很重要。比如通过座谈知道学习者喜欢用汉语完成一些具体的任务，汉语教师应该检查自己是否已掌握任务式教学法的相关技能。等等。

与主管教学工作的相关领导座谈。如果可能，可以与主管教学工作的相关领导（如副校长、督学等）面谈，了解一下学校对汉语教学的态度与期望。比如，汉语课程由谁具体领导或管理？课程在时间、财力、人力和物力方面有哪些支持或限制？校方希望学习者在汉语方面掌握哪些知识和技能？将采取什么方式进行评价？等等。

与家长或家长代表座谈。如果可能，可与家长代表及时沟通，了解一下他们对汉语教学的态度与期望。比如家长本身对待汉语的态度，是否支持自己的孩子学习汉语，希望自己的孩子掌握汉语哪方面的知识和技能。等等。

收集数据信息。收集以上各个方面的信息，梳理后形成一个表格。Kemp（1998：25）曾提出一个检验需求分析的四条标准，看其有无计划、有无数据、有无分析、有无报告。这说明数据的收集是基础。没有数据的支持，就无从判定学习者到底有哪些需求。比如要判定学习者的外语流畅程度，就需要以下三个方面的数据：语言的自然程度、语言的表达方式、语言表达的清晰度。

分析数据信息。对收集来的数据信息进行分析。如果数据较多，可以考虑采用一些数据分析的软件（如 SPSS 等）。通过数据分析，将各种需求按照急需程度排一个先后顺序，作为课程设计者安排课程目标顺序的参考。

形成分析报告。根据数据信息分析的情况，应该形成一个需求分析的报告。需求分析报告包括：对分析的目的进行说明、对分析的过程进行简要叙述、对分析的结果详细说明（可以考虑使用各种图表）、在数据分析的基础上提出可行性的建议。最后一步是关键。

有一点需要说明，从课程目标乃至整个课程的科学化角度来说，需求分析的必要性和重要性怎么强调都不过分。但同时，需求分析具有具体性和针对性（或者说具有一定的局限性），真实的交际又总是包含一些不可预知的因素。因此，课程设计者在坚持科学地需求分析基础上，还应保持一定的弹性。

二、任务分析

任务分析对应于当代社会的研究。为更好地进行“任务分析”，我们需要明确以下几个方面：

（一）什么是任务分析？

“任务分析”就是先确定社会需要学习者运用汉语完成哪些生活和职业的“任务”，然后将其逐层细化成能够作为“教学单位”的“任务”，最后再分析完成这些“任务”所需的汉语知识和技能等。比如一个驻中国大使的夫人将要用汉语完成以下任务：能在外交场合简单问候，能在中国市场或超市购物，能参加一些业余文娱活动，能安排自己的子女进中国学校读书，能在中国旅游，等等。再如一个跨国公司的产品销售员要完成的主要任务包括：问候客户，询问客户的需求，向客户介绍公司伴随产品所能提供的服务，帮助客户在各种型号的产品中挑选适合自己的产品，帮助客户付款，等等。而如果是公司的高管则就需要完成不同的任务：能用汉语与中国职员进行沟通，能与同一相关领域的其他中国企业进行协调，能用汉语主持商务会议，能理解该领域

的一些汉语术语，能通过电话与不同主管部门进行交流沟通，有的还要求掌握工作所需要的文化内容以及能适应在华生活，等等。

那么分析和界定这些“任务”的标准是什么？Willis（1996：53）、Skehan（1998：95）、Ellis（2003：9-10）等学者都有过研究，《欧洲语言共同参考框架》曾这样认定“任务”：“指行为人根据需要解决的一个问题、应尽的一项义务，或者实现一个预定目标而在头脑中形成的任何旨在必须达到某种结果的行动企图。”比如，移动一个衣柜、写一本书、将一篇文章翻译成外文等。[1]《高等学校外国留学生汉语教学大纲(短期强化)》也曾对“交际任务”进行界定：“**交际任务是从语言教学与语言学习的角度对现实生活中的言语交际活动进行提炼和概括，由交际目的、语言功能、语境、话题和语言要素等几方面的因素构成。每项交际任务最终都要落实到相应的语言素材上，需用目的语来完成，所以我们所说的交际任务实质上是指语言交际任务。**”参考已有的成果，我们认为，“任务”就是指学习者将来在日常和职业生活中要用汉语来解决的问题或完成的各种活动。Pica et al.（1993，转引自 Richards and Rodgers，2001：234）则把任务分为五种：拼图式任务（jigsaw tasks）、信息差任务（information gap tasks）、问题解决任务（problem-solving tasks）、决策型任务（decision-making tasks）和交流观点型任务（opinion exchange tasks）。

（二）怎样进行任务分析？

课程设计者或一线汉语教师在确立课程目标时，怎样进行“任务分析”？不同的学者有不同的观点：

1. Bobbit 的活动分析法和 Charters 的工作分析法

20 世纪前期 Bobbit 所提出的活动分析法和 Charters 所提出的工作分析法比较适合日常生活类或职业性的“任务分析”。

Bobbit 的“活动分析法”以理想的社会成人为依据，首先把广泛的人类生

[1] 参阅欧洲理事会文化合作教育委员会编：《欧洲语言共同参考框架：学习、教学、评估》，外语教学与研究出版社，2008：10。

活经验划分成一些主要的领域：语言活动、健康活动、公民活动、一般社交活动、休闲娱乐活动、维持个人心理健康的活动、宗教活动、家庭活动、非职业性的实际活动、个人的职业活动等 10 个领域；接着，Bobbit 又把这些主要领域再进一步分析成一些更为具体的活动，以便一一列举需要从事哪些活动，直到发现可以从事的恰当的具体活动为止；最后，对这些具体活动所需要的能力进行清楚而详尽地陈述，从中确定应达到哪些具体的教育结果。Northrup（1977，转引自 Richards，2001：129）也曾对美国成年人需要承担的任务进行过调查分析，其完成任务需要的行为被分为五个知识领域和四个基本技能领域，其中确认有 65 项能力是必需的。一些入门性的汉语课程就比较适合这样进行分析，比如刚被派到中国的工作人员家属的汉语课程。

Charters 所提出的“工作分析法”在理念上与活动分析法基本相同，只是 Charters 的工作分析法局限在职业领域而已。即先确定构成主要目标的理想（ideals）和活动（activities），然后继续分析，直至工作单位（working units）。本书第一章提到的 DACUM 表、BTEC 模式的职业分析都属于这种分析法。一些专门用途的汉语课程（如经贸汉语、中医汉语、外交汉语等）比较适合采用这种方法来进行任务分析。Richards（2001：130）曾提到，澳大利亚移民教育项目为新移民提供的语言培训，就把学习结果具体化为与工作相关的能力项目：**找工作技能（能力样本）：能寻找工作招聘机会，能阅读并解释招聘广告，能准备求职信；工作场所语言（能力样本）：能明白并发出有关工作的口头指令，能看懂跟工作有关的各种图表和图纸，能写跟工作有关的正式信函。**这种分析就接近于“工作分析法”。张黎（2006）所探讨的商务汉语目标情景分析其实也是一种工作分析：“**目标情景分析要解决商务汉语的学习者使用汉语从事哪些工作、这些工作的内容是什么、需要什么样的知识和技能。**”其分析过程为：首先将商务汉语分为日常生活和社交活动两部分。其次又将社交活动分为外部的交易性活动和内部的管理性活动。交易性活动进行的是**双边性的关乎商品或服务交易、价值交换的行为，与经销商、代理商、供应商、广告公司、咨询公司、公关代理公司、消费者以及相关政府管理部门等之间的洽谈、交涉等活动**

均属此类。管理性活动进行的是交换信息和意见、协商、发出和接受指令的交际行为。最后在这些交际活动基础上又分析出所需要的交际技能。即汉语语言交际技能（包括礼节性交际技能、生活交际技能、商务信息交流技能、协商洽谈技能）、商务专业交际技能以及在中外经济交流与合作背景下的跨文化交际能力。

2. Gagné 等人的任务分析

与较宏观的活动分析和工作分析相比，Gagné 等人的任务分析更着眼于具体的任务分析。

Gagné et al.（加涅等，2005 ：137）认为，任务分析有两类：程序性任务分析（或称信息—加工分析）和学习任务分析。程序性分析是指分析完成某一任务的具体步骤，即将任务分解为学习者完成任务必须执行的步骤。本书第一章提到的德国“ Lernfeld”模式的职业分析就属于程序性任务分析。例如“招聘公司职员”这一任务就包括撰写并发布招聘广告、直接面试应聘人员、签订工作协议等程序，其中每一个程序都可算作学习目标。学习任务分析是指找出学习者要达成的某一目标所必须具备的先决条件（Prerequisite）。何谓“先决条件”？它是在终点目标学习之前学习的一项任务，且能“促进”学习或使学习成为可能（加涅等，2005 ：139）。例如在汉语教学中，我们要学习可能补语，应先学习结果补语和趋向补语等；要学习趋向补语，要先学习结果补语；要学习结果补语，要先学习状态补语和时量补语；要学习时量补语，要先学习时间词和量词。等等。在这些例子中，先要学习的内容都属于“先决条件”。再如，要学习“表达愿望”这样的功能项目，要先学习能愿动词，同样也要学习打招呼等简单功能项目。总之，学习者要掌握高级复杂的汉语交际法则，就需要先学习简单的汉语交际法则。同时这也蕴示了完成这些任务（即课程目标）的顺序：从简单的任务到复杂的任务；要完成任何一项任务，都应该先完成其先决条件。

需要强调的是，任务分析的实质是把学习者需要掌握的各种活动和能力标准具体细分为可教的、可测的“微技能”，表现为一个个可以在汉语课程中学习的基本知识单元、功能单元、情景单元等。这些“微技能”能够组合成各种水平的技能或能力，以应对学习者将来在日常生活或工作中遇到的各种问题。Docking（1994：11）就曾论述过工作表现（任务）与基本能力（“微技能”）的这种关系：“一种资格或工作可以称之为能力单元（units of competency）的集合，而每种能力单元又由一定量的能力要素（elements of competency）组成。一个能力单元可能是一项任务、一个角色、一项职能或者学习部件（learning module）。这些能力单元将随着时间和情景的改变而改变。一个能力要素则可被定义为在学术环境或工作环境中有助于个体成功完成一个任务、工作、职能或活动的品质特征。这包括具体的知识、思维过程、态度、感知技巧。凡是有助于工作表现的因素都包含其中。具体一个能力要素不因时间和情景的变化而变化。它是教育、培训、评价、资格、任务、工作等具体领域的能力的构建模块（building block）。”

按照 Gagné 的观点，我们在进行“任务分析”的时候，首先应对学习者将要完成的任务进行程序性的任务分析，得出具体的步骤以后，再进行学习任务分析，把要学习的汉语知识和技能逐次分析成一系列从属的或下位的知识和技能。这种知识和技能系列便成为汉语课程目标设计的参考数据。此外，这种任务分析还能提供这些任务在课程中的先后顺序，为汉语课程内容的组织提供参考。

3. 任务分析的原则

任务分析并没有一个公认的、固定的细化程序。我们可以根据自己所设计的课程来选择不同的分析方法。但无论怎样进行任务分析，都应注意把握以下几个原则：**把任务细化分解为具体的能力构件（components）时，也应照顾其所包含的语言特征；分析后的能力构件，应参考教学的便利；分析后的能力构件，应提供实例，以便一线教师和学习者容易理解；任务分析，应避免太过琐细。**Mrowicki（1986）描述过一个对新移民进行求职语言技能培训课的任务分析过程：检视已有的课程、资源材料和课本；需求分析（访谈、观察、针对雇主的调查）；确定生存课程的主题领域；确定每个主题领域的能力；把确定好的能力组合成教学单元。然后再对每个主题领域进行分析。这个例子就较好地贯彻了上述原则。再如“家居”（housing）这一主题领域就包括以下能力：认识

一般的家具 / 房间；能回答有关居住需要的简单问题；询问有关家居的简单信息，包括房租、效用和日期等；报告居住的一些问题和紧急事件；要求修理；安排修理的时间。"购物"（shopping）这一主题领域就包含以下能力：识别一定数量的标签；询问物品的价格；表达对食品（或其他物品）的需要；表达购买物品的意向；当被找回的零钱不对时，能予以纠正；能认识一般度量衡的缩写形式；能用一般度量衡买食品；表达衣服穿着的需要，包括花色和尺码；能通过读标签区别尺码大小。

如果是专门用途汉语课程，还有其他的分析方式。其中一种方式就是分析相关单位的招聘广告或面试内容和方式。比如分析招聘广告，相关单位会在招聘条件中把所需要的汉语方面的知识和技能界定清楚，一般包括：开拓能力，通过交际结识朋友或客户等；沟通能力，通过协商达成共识；文字表达能力；谈判能力；创新能力等。招聘面试的时候，很多企业采用游戏、实战、团队合作、两难问题（dilemma）等方式对应聘者所具备的能力进行考查。

总之，在确立汉语课程目标时，不同角度的任务分析都有助于确定精细的目标，建立学习的先后次序，估计所需的教学时间和其他支援，能够为教学方法和教学评价的设计提供宝贵的辅助。尤其是对专门用途的汉语课程而言，比如经贸汉语、中医汉语等课程。

三、起点确定

汉语课程目标是"学习者现在的语言水平与其应该达到的语言水平之间的距离"（Richards，2001 ：54）。其中"学习者现在的语言水平"就是"起点"。如果说需求分析和任务分析都是旨在确定学习者应达到的语言水平，那么，"起点确定"就是旨在确定学习者现在的语言水平。我们具体来看：

（一）何谓起点确定？

"起点"是指在进行目标设计时学习者在汉语方面所处的初始状态（initial state）。"起点确定"就是寻求学习者在参与课程学习之前已经达到的汉语水平及其相对于课程目标的位置，包括汉语语言要素知识、文化知识、语言技能、语言交际技能等各个方面。

几乎每一个汉语教学机构在学习者入学前都会有一个测试或评价，我们一般称之为“分班测试”，其实质是“定位性测试或评价”（Placement evaluation）。这种测试或者评价的目的就是想确定学习者原有的汉语水平，以便在此基础上进行针对性教学。其实这就是“起点确定”。

起点确定直接关系到汉语课程教学的有效性。如果目标定得太高，距离“起点”很远，学习者很难学会，就会有挫折感；如果目标定得太低，距离“起点”很近，则对学习者无法形成挑战，无法激起其学习兴趣。徐子亮等（2005）认为：“一门课的教学，首先要确定学习者的水平和起点，并根据教学目标以及起点与目标之间的距离，分析和确定教学的任务和阶梯。”因此需要课程设计者应将此作为汉语课程目标设计的重要步骤来对待。

（二）如何进行起点确定？

“起点确定”的方法跟“需求分析”的方法基本相同，经常使用考试、问卷调查、访谈、观察等方法。同样，要想较为全面地进行“起点确定”，至少应使用两种或两种以上的方法。问卷调查、访谈等方法前面已有介绍，我们这里只介绍一下考试。

利用考试有两种方式：一是可以根据学习者最近参加过的汉语水平考试（HSK）成绩来确定其起点；二是由课程设计者专门针对学习者设计一套试题（当然这套试题应建立在一定的信度、效度等基础之上，保证其科学性）进行考试，根据学习者的考试成绩对其汉语水平进行全面测定，从而确定其起点。

在语言项目中有一种广泛使用的区分语言水平的方法，即水平分级法。一般来讲，我们把教学分为初级、中级和高级。但这种分法似乎太宽泛了。比如有的学习者从语音学起，感觉有些简单，因为他已经学过半年了；但进中级学习，又有些跟不上，因为他距离中级还有较大差距。这样的教学对这位学习者来说就缺乏针对性。汉语短期速成培训有一种分法，即 A、B、C、D、E、F、G、H 八级（其中 G、H 两个水平在实践中还未开设过)，而且在分班时每一级都还会再分，比如 A 班还会细化成 A 零、A 普、A+ 三个层次。其他级别也是如此。这样操作起来就会更有针对性一些。Richards（2001 : 147）曾提到澳大利亚移民教育语言项目把英语作为第二语言流利度从零起点到母语者的水平共分为九等。美国外语教学委员会（American Council on the Teaching of Foreign Languages，简称 ACTFL）制订了一个外语流利度分级指南。其按照新手、中级、高级、优秀的梯度分别对听、说、读、写进行了划分。比如该分级指南对“说”的划分为：新手（包括新手—低、新手—中、新手—高三种水平)、中级（包括中级—低、中级—中、中级—高三种水平)、高级（包括高级、高级 +)、优秀等几个级别（Richards，2001 : 170-173）。需要说明的是，用这种“水平分级法”得到的学习者汉语水平是综合性的，我们还应该对其各个方面的成绩进行分析，比如汉语知识、言语技能、言语交际技能，甚至再具体到语音、词汇、语法、汉字、听、说、读、写等各个方面。因为同一汉语水平的学习者，具体汉语知识和技能各个方面的程度仍可能有很大不同。只有得到这类具体的信息，我们在确定目标和选择课程内容时才能真正做到有“的”放矢。如果是教学机构自己出题进行分班测试，建议采用分立式测试，这样会得到有关学习者汉语水平更为具体的信息。

徐子亮等（2005 : 53）认为，除了分班测试外，确定学习者汉语程度（即起点）的方法还有“以教材为基准”和“以学习者学过多少课时为基准”两种。“以教材为基准”是指“对于新同学可了解他们以往读过哪几种教材，进度如何等情况，并进而做些口试（如阅读学过的和将学的后续教材中的一个片段，问一些问题）测定其程度，以此作为分班和选用教材的依据”。“以学习者学过多少课时为基准”是指“按常理，学习的时间越长，其汉语的程度也越高，也就是说，学习时间和学习水平成正比”。很明显，这两种方法所确定的学习者水平不如考试测定的更准确。

因为是理论分析，我们把需求分析和起点确定分开来阐述。其实在确立汉语课程目标的实践中，这几个步骤往往是在一张调查问卷上或者是一次访谈中同时进行的，并没有我们这里论述的先后关系。

四、环境分析

（一）为什么要进行环境分析？

这里的环境指人们在交际活动中的各种语言环境，包括社会环境、文化环境以及自然地理环境等。我们前面通过“需求分析”“任务分析”“起点确定”等几个步骤基本勾勒出了汉语课程的目标。但值得注意的是，这只是理想状态下的汉语课程目标。实际上有一些目标因为条件不具备或环境不允许而无法实现，因为汉语课程设计都是在一定的环境之中。对实现汉语课程目标来说，这种环境既是一种资源，又是一种限制。Clark（1987：ⅶ）就认为：“语言课程承担着一种错综复杂的关系所支配的职能，这种关系由课程专属的职能和其他一些更为外围的因素（比如社会政治和哲学事件、教育价值体系、课程设计的理论和实践、教师的实践智慧以及学习者的动机等）交织而成。为了理解处于特殊环境中的语言课程，有必要努力去理解这些各种各样的因素如何相互影响、相互关联成一个特定框子来限制教学过程的计划和实施。”

这些环境因素都是分散的、可变的，对汉语课程目标的设计有重要影响，有的甚至会影响整个汉语课程设计的成败。比如在中国国内开设一门汉语课程，跟在欧美等国的中心城市开设一门汉语课程，其所面临的环境肯定不一样；而后者跟在非洲或拉美地区甚至太平洋的岛国开设一门汉语课的环境又不一样。这是显而易见的。除了学习者群体不同外，其他的各种条件也不相同。在中国国内开设一门汉语课会有大量支持性的汉语课程资源，汉语教师可以很容易地开展一些语言实践活动。欧美等发达国家的中心城市就缺乏这些有利条件，但毕竟当地民众的受教育程度很高，图书信息等硬件条件还可以，甚至还有一些华裔或华侨人士。但到了非洲或拉美地区就不一样了，无论是人力资源还是物质资源都可能会受到更大限制。在这类国家中，很多学习者学习汉语的唯一来源就是教科书。有的教学机构连教师的汉语水平（包括口语和书写等）都成问题，我们怎么可能设定一个较高的课程目标呢？同时，不同的国家或教学机构，汉语教师的权利和职责也不一样。有的可能让教师自己设计课程，有的则可能已经确定好，比如指定某套教材让汉语教师来教。这些情况会在各个方面影响汉语课堂教学。基于此，我们认为，在确立汉语课程目标时，识别环境方面的影响因素及其对课程所产生的潜在影响是非常重要的。Pratt（1980：117）就主张："课程设计者应该估计到课程将对学生、其他项目以及环境内外的其他人所产生的直接和间接的影响。这些影响在进行课程设计时必须被考虑，并在提交课程建议时提供给决策者。"

同时，这些环境因素也帮助我们在汉语课程设计中能够对各个部分进行聚焦，增强其针对性和实践性。比如，"教学时间"方面的信息，能帮助我们确定学多少内容，每个知识点学到什么程度；四周班、六周班和二十周班的课程目标和内容都是不同的，即便都是初级班。

（二）何谓环境分析？

所谓"环境分析，其实就是对影响汉语课程设计的各种因素及其对汉语课程的影响进行鉴定分析。比如，设计汉语课程需要我们考虑：课程是一门独立的培训课程，还是系列课程中的一门？在哪里实施？有多少个学习者？有什么样的特殊要求？上课时间多长？是半工半读的短期课程还是脱产学习的长期课程？可提供的汉语资源有多少？社区人员甚至整个国家对待汉语的态度怎样？等等。也就是说，环境方面的影响因素很多，既有可能是宏观层面的政治经济需要、社会观念传统、语言政策等，也有可能是微观层面的班级人数、学习者所属专业、学习时间、教学设备等。这些因素都很关键，而且交织在一起。如果你不知道班级的人数和学习者的文化背景，就很难准备学习材料和方法。在北京语言大学针对韩国 SK 集团企业人员所设计的短期汉语项目中，设计者对学习环境的分析首先考虑的是实施教学的"学习系统"：学习者、教学材料、教师、教学设备和器材、教学组织以及教学所处的大范围的学习系统（毛悦，2010a）。当然也不是所有的课程都需要考虑全部的因素，只需考虑与课程设计相关的就可以了，比如进行学术类汉语课程设计时，对社区因素就不用考虑太多。

Graves（2000：16）认为，影响课程设计的因素包括人员、物理环境、课程和机构、教学资源、时间等几个方面。见下表：

人员	物理环境
学生：数量，年龄，性别，文化背景，母语，目的，教育背景，职业，经历等 其他相关群体：学校管理者，父母，出资人，社区民众	学校位置：是否便利，环境 教室：大小，设备，光线，是否安静，是否一直在同一间教室
课程和教学机构	**教学资源**
课程的类型和目标，委托教育， 大学免试入学制，与当前和以前 课程的关系，是否已规定课程， 是否需要考试	是否有能利用的资料，是否有需要的文本，是否需要开发自己的材料 设备：磁带、录像、复印 办公室方面的支持
时间	
总共多少学时，一周几次，每次多长时间，具体周几，时间，是否符合学生的时间安排 学生能按时上课吗	

（三）如何进行环境分析？

环境分析的具体方法跟需求分析类似，比如问卷调查、访谈、观察等。Richards（2001：92-93）认为，环境分析的程序如下：1. 咨询请教尽可能多的相关群体的代表，例如父母、学生、教师、管理者和政府官员；2. 研究分析相关文件，例如课程评价报告、教学材料、课程文件；3. 在相关学习环境中观察教师和学生；4. 对相关团体观点的调查；5. 对与此问题相关文献的查阅。

其实，这些步骤并没有严格的先后顺序。我们应尽可根据自己的情况进行选择安排。Cunningsworth（1995：149）曾设计过一个第二语言教学环境分析的问卷，可以参考。

（四）环境所分析出的一般因素

影响汉语课程的因素很多，这些因素都会或多或少地影响到汉语课程目标的设计。Richards（2001：93-106）认为影响因素包括：社会因素、（课程）项目因素、机构因素、教师因素和学习者因素等。Reynolds & Skilbeck（1976：114，转引自李子建等，1996：215）指出处境分析因素（较远的社会环境因素）和内在因素（较近的学校环境因素），其内容为：

（甲）学校的外在因素	（乙）学校的内在因素
1. 社会的转变和趋势（例如工业发展、政治方向、文化运动、意识形态转变）	1. 学生（性向、态度、价值和界定的教育需要）
2. 家长和雇主的期望和要求	2. 教师（价值态度、技能、知识、经验及特别的强项和弱点）
3. 社区的假设和价值，包括成人与儿童的关系形态	3. 校风和政治结构，共同假设和期望，包括传统、权力分配等
4. 学校性质的改变	4. 物质资源（包括校舍设备和学习材料）
5. 教师支援系统的可能贡献	5. 现存课程内感受的问题和缺陷
6. 实际和预期进入学校的资源	

我们根据前面学者的研究，再结合汉语教学的实际，梳理一下确立汉语课程目标需要注意的各种因素：

社会因素：不同的国家，甚至同一国家的不同地区对待汉语课程的认识和态度都不一样。因为不同的国家或地区有不同的政治制度、教育管理结构、语言政策和对待汉语的不同态度等。比如，荷兰和美国外语教学的环境就完全不同。荷兰将外语视为必修课。学校被期望提供几门外语以供选择。荷兰的外语教学有一个深厚的传统，往往对新的方法持怀疑态度。在美国则不同，在外语教学方面没有传统。学校里的外语课也不强势。外语教学需要加强，容易对新的教学方法感兴趣。（Richards，2001：93）在这一点上，与荷兰相似的还有芬兰等其他北欧国家。

一般说来，社会因素对汉语课程的影响往往就是社会团体在此问题上的影响。这些团体包括：政府中的政策制定者、政府中教育官员、雇主、商业团体、政治家、教育专家、教育组织、父母、市民、学生等。

如果是全国范围的语言项目，还需考虑以下问题：当前的语言教学政策为何？他们如何看待？本项目的潜在动因是什么？谁支持它？本项目将对社会各界产生什么影响？所在国外语教学经验和传统是什么？公众如何看待第二语言和第二语言教学？相关职业者（如学术界和教师培训者）的观点如何？职业团体（如教师协会）如何看待这个项目？家长和学生的观点如何？雇主和商业团体观点如何？有利于教学革新的社区资源都有哪些？比如广播、电视等媒体。（Richards，2001：94）这些方面当然也可供我们设计汉语课程时参考。

课程管理因素：语言课程通常由一个团队来完成。可能既有学科专家，也有一线教师，还有一些教学管理人员。课程设计本身也受时间、资源、人员等因素的限制。时间紧迫、资源有限、经费不足等都可能对课程目标的设计产生很大的影响。课程设计者团队里的人际关系也是一个重要因素。如果观点不同，则有可能造成效率不高。如果观点相同，且都致力于目标的实现，则大大有利于促进汉语课程设计的顺利进行。

以下有关课程的因素需要重点考虑：课程团队是由哪些人组成的？他们是如何选出来的？团队的管理和其他职责如何？目标和程序是如何确定的？谁来评价课程的发展和成员的表现？团队成员之间相互如何看待？他们有什么样的可供支配的资源以及是否有获得资源的资金？课程时间是怎样安排的？够用吗？多还是少？等等。

教学机构因素：汉语课程目标设计好以后，其实施空间往往是大学、中小学、语言教学机构等。不同的机构有不同的“文化”和“传统”，即在不同机构中人们之间的相互交际、决策、角色关系和行为方式等都不同。Morris（1996：109）就认为：“学校是一个组织，并且形成了一种有利于或不利于变革的文化或者精神。拥有相对开放气氛的学校，教师彼此合作，校长和大腕都支持，更有可能去实施一种变革。相比较而言，如果学校把精力集中在管理方面，教师们独立工作或者在狭隘的学科基础上合作，没有讨论或努力解决问题的机制，则不太可能变革。”一个教学机构就是教师、学习者和管理者团队的集合体，有时作为一个整体行使职能，有时不同的部分独立行使职能，有时不同的部分联合行使职能。一个机构内可能有一种支持性的氛围来支持汉语课程，也可能有成员之间互不信任的情况，不能为汉语课程提供坚定的支持。

一般说来，与机构相关的因素有以下几种：学校的领导（是否支持汉语课程？）、学校资源（有哪些物理资源？包括教室、图书、设备、媒体和其他技术资源）、分配给汉语课程的时间、教师员工的精神面貌、给教师的权限和资料、学校管理、教师和管理者之间的沟通方式、判定课程成功的标准，等等。

教室：教室环境包括物理环境和非物理环境两类。物理环境是指教室的空间大小、桌椅排列、温度、湿度、亮度以及各项设施设备等。教室应该有足够的空间。空间过小，不利于进行角色扮演等各种课堂活动。教室内桌椅是固定的，还是可移动的？是秧苗式排列还是会议式排列？桌椅的高度是否合适？等等。这些情况都影响汉语课程目标的实现。比如秧苗式排列的固定桌椅就不利于进行小组合作学习；如果是欧美成人班，应该保证桌椅有足够的空间。试想一下，坐着都不舒服，学习者能把精力集中到学习上来吗？教室温度、湿度、光线等也很重要。笔者曾经教过一个12周秋季班，班内有5名学习者来自马来西亚、泰国等东南亚国家。这几名学习者明确表示，之所以选择12周班而不是20周班，就是想避开元旦后北京最冷的那段时间。另外，这个班上一些非洲学习者也很怕冷。同时，多媒体设备同样重要。有了它，汉语教师就可以播放视频和呈现图片等。这些都对汉语课程目标的实现有很大影响。

非物理环境是指基于班内学习者一些心理因素所形成的班风或不成文的规则等。如班级纪律的好坏、人际关系的友好程度、有没有小团体等。班级纪律好，汉语教师可以集中精力教学；相反，如果纪律不好，不仅影响汉语教师上课的情绪，而且需要时间去维持纪律。人际关系好的班级，学习者相互帮助，有利于开展合作学习和小组活动，有利于课程目标的实现。

社区：在大多数国家，学校跟社区关系非常紧密。社区民众可以参与到学校方方面面的事务中去，包括课程与教学的具体事务。汉语课程的设立与否、课程目标是否合理、课程内容是否带有偏见、课程实施的过程和方法是否符合教育规律和当地的教育价值理念等问题，社区民众或一些团体都会予以关注。从这层意义上讲，汉语教师应该事先了解所在社区里的民众或团体所持有的教育理念，与社区民众搞好关系，为汉语课程的实施创造良好的环境，否则会带来一些意想不到的麻烦。比如，2011 年底美国纽约某位汉语教师告诉学生世界上没有圣诞老人，礼物是家长给的，结果引起了家长的强烈不满，被媒体报道后还引发了全国性的讨论，最终这位汉语教师被迫亲自向每位家长道歉。汉语教师还应积极利用各种机会（如家长接待日等）就汉语课程方面的各种问题与社区民众进行沟通，以取得其理解和支持。比如汉语课程的目标、内容、教学方法、评价方式、作息时间等。曾经有一位汉语教师本着对学习者负责的精神，下课后想把学习者留下来抄写汉字，结果被美国同事劝阻。因为这种机械抄写与社区内大多数民众所持的活动式、任务式学习、个性化学习的理念不同，而且他们认为这不利于学习者创造力的培养。

当然，更宏观的社会环境和更微观的家庭语言环境也会对汉语课程目标的实现产生很大影响。前者如该国对中国的外交政策、该国民众对待汉语和中国文化的态度等；后者即家庭成员使用的语言。陈桂月（2006）就曾以新加坡国立大学选修工商华文的学生为对象研究过学生作业与家庭用语的关系。考虑到本书主要是立足于汉语教师在课堂内进行课程实施，国家和家庭两个层面的环境就不详细谈了。

教师因素：教师是一个关键因素。汉语教师往往在以下几个方面有不同的表现：汉语水平（是否是中国教师）、知识结构（包括汉语学科知识、教学法知识和实践性知识等）、教学水平、对课程教学改革的态度和适应能力、教学技巧和专业知识、训练和资质、道德和动机、教学风格、信念和原则、对自我的角色定位等。这些方面都在很大程度上影响汉语课程目标的制订和实现，比如经贸汉语课上曾有教师把“订购两吨橡胶”说成“订购两吨香蕉”。再如，教学水平较低的新手教师往往不能驾轻就熟地把握汉语课堂，对课堂事件的理解相对简单化；在设计某一课时很难甄别重要信息；不知道学习者期望什么，应该给他们安排什么样的挑战，预计会遇到什么样的困难；更倾向于从教科书出发而不是学习者的原有水平；缺乏制订课堂管理规范方面的经验，以至于不能使学习者的精力集中在学习上；总想着控制课堂，这使他们很难把精力集中在教学上；还没有建构学科教学知识（pedagogic content knowledge）；因缺乏教学经验而无法对教学理论和术语建构自己的意义；缺乏思考教学所使用的内在概念体系；缺乏一个分析和讨论教学的专业词汇表（Roberts，1998：67-68）。因此在设计课程目标时，知道课程将要依靠哪些类别的教师是非常重要的，以确保其目标的实现。

一般说来，有关教师的下列因素需要重点考虑：当前在学校中教书的是哪类的教师？他们的背景、训练、经验和动机为何？他们的汉语水平如何？教师的教学信念是什么？教师有哪些负担，有哪些资源可以利用？教师相信并使用什么样的教学方法？教师对课程目标的理解度如何？他们有什么样的在职培训机会，或者其他类型的机会？等等。

学习者因素：学习者是汉语课程目标的实现者。因此，在设计之前，有必要收集尽可能多的有关学习者的信息。除了前面“需求分析”中所谈到的各个方面外，学习者的教育背景、期望、信念、学习风格和对待汉语的态度等因素也很重要。有时可能令人想象不到的一个因素就能影响汉语学习的结果。比如来自欧美和来自韩日的学习者教育经历就不一样，他们对汉语学习的看法和要求也就不一样：欧美学习者交际欲望强烈，重视在交际中学习，喜欢旅游社交，而韩日学习者重视语法、词汇等语言要素的学习。再如，不同学习风格的学习者也有不同的需求。场独立型和场依存型学生在讲练比例、提问方式、纠错方式的要求、喜欢的学习材料、学习方式、偏爱的学习活动上都存在差别（吴思娜等，2009）。场依存型的学习者更依赖教师和教科书，更喜欢合作学习、小组学习，对学习环境的要求很高，比如有的学习者要求学习环境很安静，有的则习惯边听音乐边学习。场独立型的学习者则更喜欢独立学习，能从各种材料中获得汉语知识，对学习环境的要求较低。Willing（1985，转引自 Richards，2001：224）提出的英语作为第二语言的成人学习者四种不同的学习风格，可以供我们参考：具体学习者（Concrete learners）：这类学习者更愿意通过游戏、图片、影视录像、对话、磁带和远足旅行等方式学习；分析型学习者（Analytical learners）：这类学习者喜欢学习语法、学习英语教材、独自学习、自我发现错误、通过读报纸学习等；交际型学习者（Communicative learners）：这类学习者喜欢通过观察和倾听本族人、用英语与朋友交谈、看英语电视、用英语购物等方式学习，通过“听”来记单词；服从型学习者（Authority-oriented learners）：这类学习者喜欢教师全面讲解，详细进行课堂笔记，有自己的教科书，学习阅读和语法，通过“看”来记单词。

一般来讲，在学习者的相关因素中以下几个因素需要重点考虑：学习者有什么样的语言学习经历？学习者学习汉语的动机是什么？他们对汉语课程的期望是什么？学习者有关语言教学的观点反映了当前一些具体因素吗？他们之中有没有小团体？他们喜欢哪种类型的学习方法？他们对教师、学习者和教学材料的角色有什么样的期望？他们能对这个课程投入多少时间？可供他们利用的学习资源有哪些？等等。

一般来说，这些因素都很重要。但如果因素较多，在汉语课程目标的具体制订过程中，不同因素之间往往会发生“冲突”，就需要我们对每个影响因素的重要性和影响力做一个简单的分析。重要性是指我们应该优先满足哪些方面的需求和兴趣，影响力是指各个因素对汉语课程目标设计的影响程度。我们可以使用“重要性—影响力”矩阵来分析。如下图：

A	B
C	D

纵轴表示重要性大小；横轴表示影响力大小。A 格表示很重要但影响力小，比如学习者、教学机构等；B 格表示很重要且影响力大，比如教师、教育部门官员等；C 格表示不重要但影响力大，比如家长会和社区的某些非政府组织等；D 表示不重要且影响力小，比如社会因素等。这样，我们在设计汉语课程目标时就可以对

不同的影响因素进行相应的考虑，或者咨询，或者争取为合作伙伴，或者通知相关事宜。

总之，在设计课程目标乃至整个汉语课程时，我们应尽可能分析每个因素的有利方面和不利方面，充分利用每个因素对课程的有利影响，尽力避免其对课程的不利影响。

五、目标的撰写

应该说，经过上文的一系列分析，我们可以得到大量的相关信息。经过归类处理后，这些信息就成为撰写汉语课程目标的坚实基础。

汉语课程目标的撰写非常重要。撰写得清晰与否、简洁与否、恰当与否直接影响设计者或教师选择教学材料、设计教学活动的难易以及学习者参与课程程度的深浅，进而影响到课程目标能否顺利实现。因为课程目标不仅需要汉语教师在上课前或上课时清晰明确，而且选修这门课的学习者也应提前看到，以做到心中有数。这也符合现代教育中“有效教学”的理念。汉语课程目标有很多层次，我们这里主要谈整门汉语课程目标和单元（或课时）层面的目标。

（一）整门汉语课程目标的撰写

整门汉语课程目标就是学完这门课程所应达到的目标。它旨在就学习者学完整个汉语课程后所达到的程度水平提供一个相对清晰的界定，或者说对“学习者学完本门课程后能运用汉语做什么”进行全面描述，从而使教师和学习者能够有的放矢地进行教学。

1. 可能存在的问题

先看几个汉语课程目标的例子。比如一年级阅读课的课程目标为：“让学生通过视觉感知汉语的字、词、句子、段落及至篇章等书面文字材料，学会从书面文字材料中获取信息的规则和方法，掌握熟练的阅读技巧，养成良好的阅读习惯。使学生从阅读课中既能学到许多真实的语言知识和文化背景知识，又能掌握符合言语交际需要的阅读技能，从而达到使学生能够快速、熟练地阅读并准确地理解汉语书面语之目的。”[1] 再看外国留学生汉语言专业一年级综合课的课程目标：“本课程的教学目的是通过对学生进行听、说、读、写综合技能的训练并讲授一定的语言知识，培养学生具有初步的听、说、读、写能力，掌握一定的语言知识，能满足日常生活、学习及一般场合的交际需要。”二年级汉字概论的“课程目标”：“本课程的教学目的是通过讲授汉字的基本知识，使学生系统地了解汉字的历史和现状，明了汉字形、音、义之间的关系，熟悉汉字的特点，掌握汉字造字法和正字法，提高对汉字认、记、读、写的能力。”三年级的汉语写作的课程目标：“本课程的教学目的是通过写作实践和讲评，使学生继续巩固和运用日益丰富的词汇和语法知识，逐步减少词语运用和语法方面的错误，进一步提高汉语的书面表达能力。”[2]

用现代课程目标理论来分析，有些汉语课程目标可能存在以下问题：第一，指向主体有偏差。课程目标指向的主体应该是学习者，而不是教师。第二，内容不全面。作为一个学期甚至一年的汉语课，不应该只有知识和技能方面的目标，还应该有情感、方法类的目标。第三，目标表述概括性强，不够具体。既然是知识和技能方面的目标，是可以精确化的。有些课程目标就写得很具体明确。比如杨建昌（1982）对基础阶段（两年时间）写作课课程目标的设计：“能写一般应用文和记叙文，包括日记、书信、计划、一般报告。要求观点明确，层次清楚，语句基本通顺，书法正确，会使用标点符号。书面表达速度要求，二年级阶段结束时，学生在两节课 100 分钟内，应能写 1000 字以上的文章，错别字不超过十个，病句不超过五个。”

2. 如何撰写整门汉语课程的目标？

根据《国际汉语教学通用课程大纲》的精神，语言综合运用能力由语言知识、

[1] 参阅彭志平：一年级阅读课课程规范，见王钟华主编《对外汉语教学初级阶段课程规范》，北京语言大学出版社，1999：47。

[2] 关于这几个课程目标可参阅国家汉办：《高等学校外国留学生汉语言专业教学大纲》（附件二），北京语言大学出版社，2002：204/209/212。

语言技能、策略和文化能力四部分组成。也就是说，语言教学的总目标又分为语言知识、语言技能、策略和文化能力等四个方面的目标。其中语言知识和文化能力中的文化知识部分属于认知领域的目标，语言技能属于技能领域的目标，策略方面和文化能力方面的其余部分属于情感领域的目标。不同领域的目标有不同的撰写方法。我们分别来看：

（1）语言知识和语言技能目标的撰写

语言知识和语言技能分属于认知领域和技能领域。认知领域和技能领域的目标可以用“行为目标表述模式”（Behavioral Objective Model）进行撰写。因为对认知领域的分类是“一种对学生行为的分类，而这些行为代表了教育过程所要达到的结果”（布鲁姆等，1986：14），技能领域的学习结果自然也是学习者行为的表现。“行为目标”由 R. W. Tyler 提出，经过 Bloom 等人的完善，到了 Mager 发展到一个高峰，形成了三个基本要素，即行为表现、表现行为的条件和可接受的行为标准。这三个基本要素得到了学界的普遍认同。但考虑到整门汉语课程要学的语言知识和语言技能太多，每个目标都这么具体也没有必要。基于此，整门汉语课程目标只需写出整个的学习结果即可。比如一个为期四周的旅游汉语培训班的课程目标：**学习者将能用汉语进行旅游方面的初步交际。**具体包括：**学习者将能认识 300 个常用词；学习者将能听懂 300 个常用词以及 100 以内的数字；学习者能理解简单的书面通知和节目单（或菜单）；学习者将能理解简单的问题、回应、问候和指令；学习者将能明白运用简单口语进行的汉语交谈的主旨；学习者将能从交谈中挑出不熟悉的词汇或短语，并进行重复以使自己明白；学习者将能用 200 个常用词和 100 以内的数字表达时间、数量和价格；学习者将会用 50 个表达求生、疑问、要求、问候、回应的应用性短语；学习者能用双语交谈，用简单的生词说汉语，速度不用很快，但要清晰；学习者将能用和理解合适的体态语。**

（2）情感、兴趣、意志、态度等方面目标的撰写

情感、兴趣、意志、态度、快乐、价值观等方面属于情感领域。跟认知领域的目标不同，情感领域的目标旨在培养学习者内在的心理品质，包括对汉语学习

的兴趣、信心和态度等，以及由此产生的价值观。比如“学完本课程，学习者能对中国文化感兴趣”和“通过学习中国文化，学习者能形成跨文化意识”。这种目标的特点在于它发生在学习者内心，不像行为目标那样能直接表现出来。因此有学者（Jackson，1993 转引自 Richards，2001：133）将此称为非语言结果（Non-language outcome）。Jackson（1993：2）在一组澳大利亚成人移民的语言教学中认定了八种非语言结果：“在新生活环境中的社会、心理和情感支持，自信，动机，文化理解，澳大利亚社区环境的知识、对学习的认识，目标的清晰认识，对求职、深造和社区生活的了解和参与。”在语言课程教学中，这类的目标往往被忽视。而实际上却又十分重要。Jackson（1993：8）就认为：“非语言结果不仅仅是语言学习过程的副产品。一般来讲，它们是语言学习意义的必要组成部分。因此，对非英语背景的学习者和工人来说，非语言结果是与进入主流社会、寻求平等等问题紧密相关的教学问题。知识和学习技巧的发展是成人二语课程的重要组成部分。”

这种目标我们怎么撰写呢？有一种方法，即内部过程与外显行为相结合的撰写方法（Gronlund，2000：9，转引自皇甫全主编，2006：458）。这种方法表述的目标包括两个部分：一个是内部过程部分，一个是外显行为部分。比如“1. 培养学好汉语的毅力和克服困难的意志。1.1 在老师的帮助下，通过体验成功克服犯错误时的沮丧情绪；1.2 通过默写所学汉字，每天坚持学习汉语；1.3 能自觉调整情绪状态克服使用汉语交际时所遇到的失败；1.4 主动抄记学习在各种机会中遇到的超出课堂范围的汉语。”其中，“培养学好汉语的毅力和克服困难的意志”就是内部过程的表述，后面四句话就是为了说明这个内部过程而表述的操作性的外显行为。再如“1. 能理解文本的交际意义。1.1 能说出整体上的交际目的（比如下达指令，报告一个事件等）；1.2 能说出结构上的技巧，包括如何开始、进行和结束一个演讲。”前面一句是内部过程的表述，后面两句是外显行为。这种目标撰写的方法，既考虑了情感领域目标的内在心理变化的特性，又吸取了行为目标可精确化的优点，可供汉语教师借鉴和效仿。

但是考虑到整门汉语课程目标应有一定的概括性，这类的课程目标可以暂时只描述前半部分，即内部心理变化过程。后半部分的外显行为可以留待单元或课时层面的目标中进行适当补充。事实上，《国际汉语教学通用课程大纲》也是这样做的，即其中有关情感领域的目标只有前半部分（即内部过程）。[1] 比如“初步培养学习汉语的愿望和兴趣”“对汉语、中国文化以及世界文化有积极的情感”“培养世界公民意识”“了解中国文化中的价值观念”等等。根据波斯纳和鲁德尼茨基（2001：118）提到的标准，这样表述对整门汉语课程来说是合适的。因为后半部分的“外显行为”只是手段、方式和途径，前面的“内在心理变化”才是真正的目标。需要注意的是，这种目标不适合有非常具体清晰的结果。这是其与行为目标的最大区别。

（3）“言语交际能力”目标的撰写

“言语交际能力”是对语言知识、语言技能和情感态度等内容的综合，而且这种综合不是简单地叠加，而是学习者在具体交际活动中充分运用所学知识和技能之后的个性化、创造性表现。这类综合性的目标撰写可用“表现性目标表述模式”进行[2]，因为二者在性质和理念上是一致的。当然，跟《欧洲语言共同参考框架：学习、教学、评估》提出的描述语言能力的“Can Do”方式实质上也是一致的。

整门汉语课程目标中，这种“言语交际能力目标”比较多。比如汉语言专业一年级综合课的“目标”：“通过一年的教学使学生具有初步的听、说、读、写能

[1] 一直以来，情感领域的目标在汉语课程教学的目标结构中基本上处于缺席状态。直到2008年《国际汉语教学通用课程大纲》颁布后，各个分级目标中才有了情感领域的目标，即“策略”部分的“情感策略”和“文化意识”部分中的“跨文化意识”和“国际视野”等。这是很大的进步。

[2] 表现性目标是Eisner（1969）提出来的，他认为课程目标有两种：教学性目标（Instructional Objective）和表现性目标（Expressive Objective）。教学性目标旨在使学习者掌握一些既定的知识和技能。表现性目标是应用其过去所学的种种技能和理解的主题，透过这个主题，学习者的技能与理解扩大了、精致了，而且更能显示个性化特征。所以，表现性目标只是指明学习者将在其中作业的情景、学习者将要处理的问题以及将要完成的任务等，而不是指出学习者在完成学习活动后所获得的具体行为。为了清楚地说明表现性目标，Eisner自己举了几个例子，比如“1. 解释《失乐园》（*Paradise Lost*）的意义。2. 检视和评估《老人与海》的重要性。3. 访问动物园，讨论其中的趣味。”

力，掌握一定的语言知识，能满足日常生活、学习及一般场合的交际需要。”再如高级汉语综合课的“目标”：“提高学生的口语、书面语的表达水平，使学生能够用较丰富的语言准确、流畅地描述所闻所见及抽象事物，能准确得体地表达自己的观点和感受，并对事件或问题做出分析评论。”值得注意的是，因为整门汉语课程所涉及的交际情景（即“际遇”）太多，不可能一一列出，所以采用的是较为概括性的语言进行描述的。但这些表述里面都蕴涵着很多具体的交际情景。比如“能够就普遍性的问题发表个人看法，参与谈话、与人争论，能够进行较为连贯的、较为有条理的成段表述”这个“目标表述”里面就包含了环境、人口、经济、婚姻、就业等普遍性的问题，学习者在这些问题上发表个人看法，参与谈话、与人争论等都属于言语交际能力。

整门汉语课的课程目标主要包括前面所说的语言知识、技能、情感、兴趣、意志、态度、言语交际能力等几个方面。还需要说明的是：

第一，因为是整门课，时间跨度至少一学期，有时是一年，所以目标的设计和撰写允许有一定程度的概括性，但最好在其后进行具体化说明。比如设计一门汉语听力课，其课程目标中的一条可表述为：1. 能听懂本专业讲座。1.1 学习者将能理解讲座的观点和主题；1.2 学习者能够识别讲座的以下几个方面：因果关系；比较和对比；提出观点的前提；支持观点的具体材料。1.3 学习者在听讲座的同时能做笔记。

第二，从理论上讲，整门汉语课程目标有知识技能、情感态度和言语交际能力等三大类，但在具体设计和撰写时，应该根据自己所设课程的性质和特点区别对待。语言要素类和语言技能类的课程应以“行为目标表述模式”为主，其他表述方式为辅；综合课则应以“表现性目标表述模式”为主，其他表述方式为辅。

（二）单元或课时层面汉语课程目标的撰写

单元或课时层面的汉语课程目标是指学习者学完一个单元或者一节课后在认知、情感、行为等方面所发生的变化。业界通常称之为“单元或课堂教学目标”。[1] 这个层次的目标是整门课程目标的具体化，在程度上应该更具体、更明

[1] 从理论上说，“单元”目标要比“课时”目标概括一些。但在实践中，两者都是整门课程的下位单位，其目标撰写起来都要求很具体、能测量，差别极小，所以我们放在一起讨论。

确、更具有操作性，甚至能具体到每一堂课学什么、到什么程度，且能够测量。如“学习者能够在5分钟内默写出本课所学的21个生词，正确率达到80%”就是典型的单元或课时层面的目标。

1. 单元或课时层面汉语课程目标撰写时可能出现的问题

单元或课时层面汉语课程目标就是一线教师具体教案中描述的“教学目标”。我们先看几个案例，一年级口语课《说汉语》上册第14课《我一定转告》的课程目标：“(一) 要求学生正确读写本课的生词，按教师要求正确、熟练地进行指定内容的会话，能流利地朗读课文。(二) 学会在以下两种情形下正确、得体地对话：1. 电话找某人不在，请他人转告；2. 电话约定某事。”一年级阅读课《初级汉语课本·阅读理解》第九课《让我怎么开口》的课程目标：“二、教学目的和要求：通过整课阅读、分段落阅读及完成有关的练习，要求学生理解文章的整个内容，并相应地进行阅读技巧方面的训练。”[1]

综观上文中的课程目标，不难看出有以下几个不太规范的地方：第一，行为主体有偏差。目标表述中出现了“使学生”。第二，简单罗列应学内容。如“学习在以下两种情形下正确、得体地对话：1. 电话找某人不在，请他人转告；2. 电话约定某事。”第三，在一个目标内包括超过两类或两类以上的学习成果。如“通过整课阅读、分段落阅读及完成有关的练习，要求学生理解文章的整个内容，并相应地进行阅读技巧方面的训练。”第四，具体化、精确化程度不够。比如“要求学生正确读写本课的生词，按教师要求正确、熟练地进行指定内容的会话，能流利地朗读课文”，再如“通过整课阅读、分段落阅读及完成有关的练习，要求学生理解文章的整个内容，并相应地进行阅读技巧方面的训练”。

2. 如何撰写单元或课时层面汉语课程目标?

汉语教学是一种技能教学。汉语课程的目标主要是培养汉语交际能力。作为汉语课程的下一级单位，单元或课时层面的汉语课程主要是学习具体的语言知识

[1] 参阅曹慧：一年级口语课教案示例，胡志英：一年级阅读课教案示例，见王钟华主编《对外汉语教学初级阶段课程规范》，北京语言大学出版社，1999：231/247。

和语言技能，并在此基础上形成一定的交际能力。当然，具体语言知识和技能的学习也伴随着情感、态度等内在心理的变化。由于时间较短，这种内在心理变化不会太明显。但在具体的教案中，我们仍应分语言知识和技能目标、情感和态度等方面的目标以及言语交际能力目标三类来论述。

（1）语言知识和语言技能目标的撰写

前文提到，语言知识和语言技能属于认知领域和技能领域。单元或课时层面的目标当然可以用“行为目标表述模式”进行撰写，而且还应该更具体、更精确。Mager（1984：21）认为教学行为目标包含三个组成部分：行为表现（performance）、表现行为的条件（conditions）和可接受的行为标准（criteria）。其中，行为表现指学习者期望能够做到的行为结果，包括行为和内容两项。为了使目标更加清晰，Mager 特别强调行为动词的使用，并列出了意义不明确和明确的两类动词。比如知道、理解、喜欢、欣赏、把握等就属于意义不确定的动词，而写出、背诵、区别、比较、陈述、解决等就属于意义较为确定的动词。表现行为的条件指行为表现所需要的条件或背景。根据 Davis（1976：128-129），条件包括：有待儿童学习解决的一系列问题、处理问题的环境条件（如家中、图书馆、教室或实验室、书写或口述）、解决问题的方法等。行为标准是指衡量学习者的行为表现可接受与否的最低水平或要求。它包括三种标准：学习者能够成功地处理的问题数目、比例和百分比(如正确率能达到 70% 以上)；允许学习者表现的程度(如错误不超过 5 个，错字不超过 10 个)；时间标准(如在 10 分钟内书写 500 个汉字)。我们用一个完整的例子来说明：**在提供汉语短文的情况下，学习者能找出所有的动词和名词，并在五分钟内及没有参考书的情况下，正确地完成工作**。这个目标表述就是同时包含了行为表现、表现行为的条件和可接受的行为标准。行为表现：**找出所有的动词和名词，……正确地完成工作**。表现行为的条件：**在提供汉语短文的情况下，……并在五分钟内及没有参考书的情况下**。可接受的行为标准：**所有，正确**。后来这一目标表述又发展成了 ABCD 模式。其中，A 是行为主体（Audience）；B 是行为（Behavior）；C 是行为条件（Condition）；D 是行为表现程度（Degree）。实质没变，只是增加了行为主体(或叫教学对象)。Brown（1995：86-90）

在此基础上又增加了“测试方式”，认为行为目标应包含五个要素：主体（subject）、行为表现（performance）、行为条件（conditions）、测试方式（measure）和标准（criterion）。其中“测试方式”是指行为表现如何被观察或测量。其他四个要素意思不变。不同的测试方式可以得出不同的结果。比如同样是考察“对课文的理解程度”，用选择题和用复述的方式来考察，结果可能完全不同。因此 Brown 这里强调“测试方式”是有道理的。Taylor（2003：96）又增加了时间限制，认为教学目标的表述应遵循 SMART 原则，即：S—具体（specific）；M—可检测（measurable）；A—可实现（attainable）；R—比较现实（realistic）；T—有时间限制（time-bound）。

与整门汉语课程目标撰写相比，单元或课时层次的目标撰写的特点是更具体、更明确、可测量，所以比较适合使用 ABCD 模式来撰写。比如“能使用文本中的语言作为线索理解文本意义”作为课时层面的具体目标就显得不够具体。应该改为：**能通过对构词法和上下文语境的理解推断不熟悉的词语的意思和用法；能分解复杂的短语和句子，包括复杂句群中的包孕句和从句关系；能识别和解释文本中不同部分的连接词或过渡句；能识别和解释话语标识**。再如，很多一线汉语教师在教案中都有“学完后，能理解课文”这类的目标表述。这仍然显得不够具体，至少是很难测评。应该具体化为：**能通过推断抽取没有明确表达的信息；能区别观点和事实；能解释作者的意图、态度和偏见；能进行批判性的评价**。这样，教师通过提问就能判断学习者是否真正理解了课文。

（2）情感和态度等方面目标的撰写

单元或课时时间跨度较短，很难引起学习者内部心理的变化。所以，这个层面的情感和态度等方面的课程目标就不太适合用“内部变化 + 外显行为”的方法来撰写了。我们可以采用“认知成分与情感体验相结合”的撰写方法，即目标描述包括两个部分：一部分是情感、态度等认知成分；一部分是情感体验等成分。如“**通过学习中国文化，增强学习者对汉语学习的兴趣。**”“**通过学习汉语言文化，初步培养跨文化意识。**”其中“**通过学习中国文化**”和“**通过学习汉语言文化**”，就属于认知的成分；“**增强学习者对汉语学习的兴趣**”和“**初步**

培养跨文化意识”，就属于情感体验的成分。这种方法建立在以下认识基础之上：情感、态度、意识、价值观等目标不是凭空产生的，而是在具体的认知活动和动作行为中伴随而生的。如果仅有情感、态度、意识、价值观等成分的描述，在课程实施和课堂教学实践中是很难操作的。每个单元、每节课都有具体的语言知识和语言技能要学习，应该引导学习者在具体的认知活动中进行情感体验。比如“**通过学习《故宫御花园》，培养学习者对中国文化的兴趣。**”“**通过分析汉字结构，克服学习者对汉字的畏难情绪，增强其学好汉语的信心。**”单元或课时层面情感体验得多了，自然就能达到整门课程中有关情感的目标。

其实，单元或课时层面的汉语教案中这种目标撰写比较少。笔者查阅了《对外汉语教学初级阶段课程规范》《对外汉语中高级阶段课程规范》《对外汉语课堂教学教案设计》《对外汉语教学示范教案》等文献中的具体教案，仅在《对外汉语教学示范教案》中发现了零星几个类似的目标描述。即《高级汉语写作》中《议论文》一课的课程目标：“**通过随笔式论说文的学习，掌握议论、叙述和说明相结合的夹叙夹议的笔法。重点进行逻辑连贯语段的训练，培养学生写作的跨文化视角，以及提出问题、分析问题和解决问题的能力，重视培养学生的批评思维能力。**”《中国概况》中《中国的旅游资源》一课的课程目标：“**增强留学生对中华文明的了解和认识，加深对中国的热爱和感情。**”《中国历史文化》中《灿烂的唐朝文化》一课的课程目标：“**通过欣赏唐代绘画、书法、雕塑艺术，培养学生对中国古典文化的鉴赏能力。**”[1] 能否设计出这种情感类的目标，需要设计者开动脑筋，善于从认知活动中发掘。比如一节普通的纠音课，也可以设计这样的目标：“**通过被纠音，学习者愿意从中国人对其表达纠正中学习。**”“**通过及时受表扬，学习者将享受一次成功学习汉语的经历。**”在语言实践课上，也可以设计这样的目标：“**通过不断被鼓励，学习者具有用汉语交谈的信心，不怕犯错误，努力进行创造性表达。**”

[1] 参阅张和生、马燕华主编：《对外汉语教学示范教案》，北京师范大学出版社，2009：166/260/270。

（3）言语交际能力目标的撰写

具体一单元或一课时的汉语课程目标往往包含好几条，前面的目标往往是具体语言知识和语言技能方面的，后面的往往是言语交际能力目标。这里的“言语交际能力”也适宜用“表现性目标表述模式”或《欧洲语言共同参考框架：学习、教学、评估》提出的“Can Do”方式来撰写。比如“能根据自己的感冒体会，陈述感冒的感觉。”“了解北京的天气特点，并能用所学词语介绍自己国家的天气特点。”“以童年生活为题，进行课堂讨论。”“能介绍自己经常使用什么交通工具，以及为什么选择这种交通工具。”“能简要陈述自己（或他人）的周末安排。”“熟练掌握与本课话题相关的词语和说法，并将其运用于个人讲述、集体讨论及课外采访。”“学生学会看懂治理水污染及保护水资源等内容的文章，并能用汉语参与相关话题的讨论、谈自己的想法。”“能够叙述录像的大概内容，并就相关话题发表看法。”[1]

同样，把这三个类别的目标综合起来，就是单元或课时层面较为完整的目标。同样需要注意，以上所述都是目标理论分析基础上的应然。在具体目标设计时，我们应该根据所学内容的特点来设计，可以只有认知领域的知识和技能的目标，也可以只有行为领域的言语交际能力目标，也允许只有情感领域的目标。比如一次参观故宫的语言实践课，允许只有一个目标：“通过参观了解故宫，增强对中国历史文化的兴趣。”具体设计几类目标需要我们根据课程内容各个方面的情况灵活处理。设计完，我们还可以依据一定的标准或原则再回过头来检视一下，以便修正和完善。Brady（1990：90）就曾提出过一个检验目标是否有效的标准：范围（包括所有可预期的学习结果）、合适性（与教室环境和社会环境有关）、有效性（反映目标所代表的价值）、可行性（根据学生能力和现有资源而可达致的目标）、相容性（与其他目标一致）、确切性（消除任何模糊的地方而变得准确）、诠释性（使可能帮助实施目标的人员容易理解）。

[1] 此处目标皆选自张和生、马燕华主编：《对外汉语教学示范教案》，北京师范大学出版社，2009。

总之，从根本上说，汉语课程是一种言语技能课，其学习结果能够通过言语交际行为表现出来。因此，无论是整门的汉语课程，还是单元或课时层面的汉语课程，在设计目标时都应当好好把握行为目标（即语言知识和语言技能）撰写的原则（即目标描述的是学习结果而非过程或活动、应该与整门汉语课程目标相一致、应该是具体可行的等[1]），然后在此基础上提供交际情景，努力促成表现性目标（即言语交际能力），即以行为目标为主，兼顾情感、态度等目标。

复习思考题：

1. 结合你自己的理解，简述汉语课程目标的内涵、特点和功能。
2. 你如何理解本章提出的汉语课程目标的四个来源？结合汉语教学经历谈谈你的认识。
3. 请以汉语教材中的某一课为例，根据本章提出的目标设计步骤，尝试设计并撰写不同类别的课程目标。

[1] 详细内容参阅 Graves（2000：94），他共提出了设计语言课程目标的 17 项原则。需要注意的是，业界往往把 goal 翻译成“目的”，把 objective 翻译成“目标”。但在本书中，读者可以把 goal 理解成整门汉语课程目标，把 objective 理解成单元或课时层面的汉语课程目标，以与正文对应。

第四章　汉语课程内容的选择

阅读前思考：

1. 你是如何理解“汉语教学内容”和“汉语教材内容”这两个概念的？
2. 你认为汉语教学应该教什么？为什么？
3. 如果让你选择所教内容，你会依据什么标准来选？具体如何选择？

“课程内容的选择”（简称“课程选择”，即 Course Selection）是汉语课程设计的第三步，是回答汉语课程到底“教什么”和“学什么”的部分。如果说目标是“灵魂”，选择好的课程内容就是“躯干”。没有汉语课程内容作为媒介和凭借，课程目标是无法实现的。同时，课程选择还涉及价值判断。因为任何一个课程设计者在着手进行选择前都绕不过对“什么样的知识对培养学习者的汉语综合运用能力最有价值”这一问题的回答。答案不同，选择的课程内容自然会有差别。比如有的课程设计者可能认为词汇和语法是最重要的知识；有的则可能认为功能和情景才是形成汉语交际能力的根本。不仅如此，就是确定了某一部分（比如词汇和语法）是最重要的知识，还要再选择。因为教学时间有限，我们不可能也没必要把所有的汉语词汇和语法都交给学习者。这同样需要依据一定的标准来进行最优化选择。

以前的汉语课程设计经验性的成分比较多，科学性相对较弱。初级汉语课程还好些，因为上世纪八九十年代以后，设计者逐渐有了语法大纲、汉字和词汇等级大纲等一些在选择内容时可资参考的文件。中高级阶段汉语课程的科学性相对就更弱了一点。高彦德等（1993：134）、李杨（1996）和陈贤纯（1999）都曾论及这个问题，陈贤纯（1999）曾明确表示："选课文的时候为什么一定要选这篇文章，选另一篇文章不可以吗？实际上是选到什么算什么，带有很大的偶然性。课文里有什么词语就学什么词语，课文里有什么语法就学什么语法，碰到什么学什么，碰不到就拉倒。教学内容无定是因为我们的教学失去了方向，不知道应该教什么了。"这里所说的"带有很大的偶然性""碰到什么学什么，碰不到就拉倒""教学内容无定"等就是指选择内容时主要凭主观经验，没有科学性的原则可以参照，也没有前后一贯的通盘计划或整体设计。

可见，无论是从现实中汉语课程设计的需要出发，还是从历史上汉语课程选择方面研究的缺失着眼，我们都应该重视"汉语课程内容的选择"这一重要课题，并努力提高汉语课程内容选择的科学性。

第一节　对汉语课程选择的基本认识

在本节，对汉语课程选择的基本认识包括对汉语课程选择内涵和汉语课程内容构成两个部分的理解和探讨。

一、汉语课程选择的内涵

在明确汉语课程选择的内涵之前，我们有必要先对汉语课程内容、汉语教材内容、汉语教学内容等几个意思相近的概念做一个基本介绍。

（一）汉语课程内容、汉语教材内容和汉语教学内容

在汉语教学界，我们很少见到"课程内容"这个术语，却较常见"教材内容"和"教学内容"两个术语。有些时候它们甚至可能被替换使用。事实上，无论是从性质上说，还是从范围上说，它们都是不同的。对其"不同"的认识，对我们科学地进行汉语课程设计有很强的启示意义。

1. 汉语课程内容、汉语教材内容和汉语教学内容

参考教育界及其他具体学科教学界的研究成果（如王荣生，2003 ：169），我们分别从视角和内涵等方面对三个概念进行简要区分界定。

（1）汉语课程内容

汉语课程内容是从课程论的角度来谈的，由旨在达到既定课程目标所选择的语言知识（包括语音、字 / 词、语法、功能、话题、语篇等）、语言技能（包括听、说、读、写等）、策略（包括情感策略、学习策略、交际策略、资源策略、跨学科策略等）和文化意识（包括文化知识、文化理解、跨文化意识、国际视野）等内容所组成。可以说，一切有助于达成课程目标的语言材料、活动、方法、策略、情感、态度等内容要素都属于课程内容的一部分。汉语课程内容是要回答"汉语到底要教什么和学什么"的问题。

（2）汉语教材内容

汉语教材内容是从内容具体呈现的角度来谈的，是为了呈现汉语课程内容而编选的语言材料和活动。一部分汉语教材内容直接就属于汉语课程内容，比如语音、字 / 词、语法、功能、话题、语篇等语言知识；另一部分则属于用来体现课程内容的例句和篇章等语言材料。汉语课程内容中的语言技能、策略和文化意识部分的内容，在很大程度上是无法直接呈现在教材中的。它们需要依托于一定的例句和课文等来呈现。学习者在学习这些语言材料的同时掌握相关的课程内容，从而达到课程目标。汉语教材内容主要是回答"用什么来教和学汉语"的问题。

（3）汉语教学内容

汉语教学内容是从汉语教学的实践层面来谈的，是指汉语教师和学习者在教学汉语时所接触的语言材料和活动及其所传递的信息。它既包括汉语教师加工改

造后的教材内容，也包括汉语教师于教材之外选择增补的其他内容。

可见，汉语课程内容、汉语教材内容和汉语教学内容这三个概念的性质和范围不同，但同时相互之间也有很大交叉。从性质上来讲，三者分别是从课程角度、教材角度和教学的角度来谈的，出发点和功能都不一样；从范围上来讲，汉语课程内容应该大于汉语教材内容和汉语教学内容，而汉语教材内容和汉语教学内容的范围孰大孰小要视具体情况而定。如果汉语教师照本宣科，甚至不能很好地理解和把握教材，那么汉语教学内容就小于汉语教材内容；如果汉语教师能够创造性地使用教材，不仅能把教材内容教给学习者，而且积极在课外拓展了一些语言材料和活动方式并运用在教学之中，那么汉语教学内容就大于汉语教材内容。但从汉语教学的实践层面来说，三者又有相当程度的交叉。因为它们都是为汉语课程目标的实现服务的，有一个共同的“灵魂”。

2. 明确三个概念的意义

对这三个概念的明确，对汉语课程设计有很强的启示意义。

（1）明确了这三个概念，我们知道汉语教材内容并不是课程内容的全部。有些课程内容（比如汉字、词汇等）能直接呈现在教材中，有些课程内容（比如策略、情感和态度等）不能直接呈现，而是通过语言材料和活动来体现，或者是通过汉语课程实施（主要通过教学）来体现。

（2）明确了这三个概念，我们就不应该再说“教教材”了，而应该说“用教材教”。教材虽然是最重要的资源和凭借，但从性质上说它只是教汉语的一个样例、一个凭借，而不是内容本身，更不囊括全部内容。刘润清等（1990）就曾说：“教科书是手段，不是目的。”汉语教师完全可以根据教学的需要对教材进行改造（包括改编、增补、删减、替换等）。也就是说，汉语教师应该创造性地使用汉语教材，而不是“唯书为上”，更不应把教科书奉为不可触犯的“圣经”。

（二）汉语课程选择的内涵

在课程论领域，课程选择是指“根据特定的教育价值观及相应的课程目标，从学科知识、当代社会生活经验或学习者的经验中选择课程要素的过程”（张华，

2000：191）。我们阐释“汉语课程选择”当然不能止步于此，而是应结合汉语课程教学的特点。

从课程设计的角度来说，汉语课程内容的选择不是一步到位的，往往是先确定一个大纲，然后再根据大纲选择具体的材料，最后组织成能够直接应用于课堂教学的课程计划或具体的教材。同时，从实现课程目标所需要的知识内容来说，课程内容又包括汉语知识（包括语音、汉字、词汇、语法、功能、话题等）、语言技能（包括听、说、读、写）、策略（包括情感策略、学习策略、交际策略、资源策略和跨学科策略）和文化意识（包括文化知识、文化理解、跨文化意识和国际视野）四个大类。因为后三类大部分内容都是技能性、策略性和价值性的知识，都需要附着在汉语知识上来操作，所以，这四类内容从理念上可以分开讨论，但真正在选择内容时，则主要是对汉语语法、字 / 词、功能和情景等内容进行选择。

在以上分析的基础上，我们对汉语课程选择的内涵这样进行界定：

所谓汉语课程选择，是指课程设计者依据所要达到的汉语课程目标和一定的选择原则，从汉语语法、字 / 词、功能、情景、话题、语篇等方面来选择最有利于形成学习者交际能力的内容，以构成汉语课程的过程。同时，所选择的课程内容应适合听、说、读、写等技能的训练，也应有情感、态度、价值观和文化意识的渗透。

它包括以下三层含义：

1. 汉语课程选择是依据课程目标和一定的原则来进行的，是从大纲项目到具体语料逐步具体化的过程，是一种科学化而非单纯经验性的行为。就是说，汉语课程选择是在已经确定目标和选择原则的基础上进行的，先选出一些语法项目、功能项目、情景项目等组成一个大纲，然后再围绕这些项目选择合适的语言材料。这样就能保证汉语课程选择有一定的科学性和规范性。

2. 汉语课程选择是一个价值判断的过程，即课程设计者先要认定哪些内容最有利于形成学习者的汉语综合运用能力，然后再予以选取。这些内容最终体现为汉语语音、语法、字 / 词、功能、情景、话题、语篇、文化等知识按不同比例构成的“集合体”。需要注意的是，汉语课程内容是各种知识和技能的“集合体”。

比如我们认定语法结构对掌握汉语最重要、最有价值，那么语法知识就是汉语课程内容的核心，但也不是全部，仍有或多或少的功能和情景等项目在里面。但我们不应把“价值判断”绝对化理解，似乎是认定某类知识最有价值，汉语课程内容就全是这一类知识。

3. 这个“集合体”还应适应并有利于进行听、说、读、写等语言技能的训练，有利于培养学习者的情感、态度、价值观和各种学习方法和策略等，即各类内容“相互交叉渗透，环环相扣”。汉语课程目标（比如情感、态度等）并没有直接对应的内容，而是附着在具体的例句、语篇或言语交际活动中的。所以，我们要求所选取的课程内容应该有利于进行语言技能的训练，也有利于培养学习者的情感、态度、价值观等。

二、汉语课程内容的构成

课程内容是为实现既定的课程目标而进行选择的，所以要明确汉语课程内容，首先应明确课程目标。[1] 根据《国际汉语教学通用课程大纲》“**国际汉语教学课程的总目标是，使学习者在学习汉语语言知识与技能的同时，进一步强化学习目的，培养自主学习与合作学习的能力，形成有效的学习策略，最终具备语言综合运用能力。**”“**语言综合运用能力由语言技能、语言知识、策略、文化能力四方面内容组成。**”为了实现这个课程目标，汉语课程内容自然也要由语言技能、语言知识、策略和文化能力四个方面组成。

（一）语言技能

语言技能是执行某项交际任务的复杂言语行为方式，主要包括听、说、读、写、译等几个方面。作为语言综合运用能力的重要组成部分，语言技能早在上世纪 50 年代就得到汉语课程教学界的重视。在刘英林（1996）主编的《汉语水平等

[1] 吕叔湘（1987）在谈到“汉语教学的内容包括什么，不包括什么”这个问题时，也认为有三个因素要考虑，第一个因素就是学的人的目的是什么。参阅《吕叔湘先生在开幕式上的讲话（节选）》，载《世界汉语教学》创刊号。

级标准与语法等级大纲》中，五级标准都是以读、听、说、写等语言技能为主要维度，并根据其熟练程度来确定的。《国际汉语教学通用课程大纲》中，听、说、读、写等语言技能仍然是语言综合运用能力的重要组成部分。需要注意的是，听、说、读、写等语言技能是程序性知识，除了对其进行清晰阐述外，在课程中具体呈现还要借助一些知识、材料和具体的活动。

1. 听

“听”是指通过听觉系统接收和理解口头语言信息的一种技能。它是语言技能的重要组成部分，与“读”同属于接受性、解释性的技能，是掌握一门语言的必备技能。同时，“听”还是掌握“说”这一技能的重要手段，因为两种技能相对应。只有听得懂、听得准，才能说得对、说得好。只有听明白了对方的意思和意图，才能进行恰当的表达，从而实现有效的言语交际。上世纪 80 年代前后，汉语教学界开始有了专项听力课，而且也有了对听力教学的研究（如杨惠元的《听力教学初探》）。此后“听”一直是初级汉语课程教学研究的重要领域。如《国际汉语教学通用课程大纲》“一级目标及内容”对“听”的目标和内容这样阐述的：

能听懂个人和日常生活中所熟悉的、简短的、发音准确清晰的基本词句和简单的课堂指令，可以借助说话者的肢体语言或语言环境猜出其意图，并能做出相应的反应。其中包括：1. 与个人和日常生活密切相关的十分有限的简单词句和话语；2. 基本的数字；3. 他人的简单问候、称呼用语；4. 最基本的课堂指示话语和要求；5. 他人的简单请求。

那么如何在课程中呈现这些内容呢？当然是由相关的知识、材料和活动来呈现。比如“要求抓住谈话的主旨”，首先应知道“什么是主旨”，然后再通过大量各种类型的“听”的活动来练习，而这些活动还应该依据一定的语言材料（如录音）来进行。语言材料的编选自然要考虑学习者的语言水平，最好是利用综合课学过的语音、词汇、语法、话题等来进行。在此基础上，不仅要培养学习者“听”的技能，而且应进一步培养其在适当的情景中运用“听”获得信息的能力。

2. 说

“说”是通过发音器官来表达语言信息的一种技能。它同样是语言技能的重要组成部分，是掌握和使用一门语言的必备技能。说话课（或口语课）于上世纪 80 年代前后开始设立，很快就成为汉语教学的主课。几乎所有的汉语教学机构都会开设说话课或口语课。那么，汉语课程是如何对“说”这个技能进行描述和呈现的呢？《国际汉语教学通用课程大纲》在其“二级目标及内容”中对“说”是这样描述的：

句调基本准确，能模仿造句，就提出的问题做出简单的回答，并就日常生活中所熟悉的话题与他人沟通，能表达基本的个人需求。其中包括：1. 能用简单的词语介绍自己或他人的基本情况；2. 能用简单的词句就日常生活中非常熟悉的话题与他人沟通，提出简单问题或给出明确的回答；3. 能在熟悉的情境下，用学过的词语与他人沟通，给出简单的指示或要求，表达需求和寻求帮助；4. 能在不同的场合下恰当地表达态度和情感。

这些内容又是如何呈现在汉语课程中的呢？同样是通过一定的知识、材料和活动等形式。比如课程中的“情景会话”和“听一听，说一说”等部分。

3. 读

“读”是通过视觉系统来理解和获取书面语言信息的一种心理活动，有利于学习者对语言直接感受能力（即语感）的形成。[1]“读”也是语言技能的重要组成部分。相对于“听”和“说”，“读”这一技能更早受到重视。最初的第二语言教学都是以阅读为重点，以前的综合课曾被称为“精读”，足见“阅读”这一技能的重要。“读”这个技能相对应的课程内容同样是描述性的。比如《国际汉语教学通用课程大纲》“一级目标及内容”在“读”方面的要求：

能识别拼音和课堂所教授的最基本的汉字、词语、数字、个人信息等。其中包括：1. 能识别拼音，并借助词典使用拼音查找汉字；2. 能大体识别与个人及日常生活密切相关的简短信息类材料中的特定信息；3. 能基本看懂一般社交场合中最常用的问候语和感谢语；4. 能大体理解日常生活中最常见的字词和数字；5. 能借助图片等大体理解最常见的、明显的指示语或标志。

[1] 王玲玲（2003）就曾探讨过朗读教学与语感建构的关系。

那么，这些描述又是如何作为课程内容来呈现的呢？仍然主要是通过知识、材料和活动等。在知识方面主要是指一些文章体裁方面的知识。比如《国际汉语教学通用课程大纲》中提到的便条、普通信函、电子邮件、通知、论述性材料、叙述性文章、介绍性或说明性材料、科普文章等，还有文章结构、中心议题、成语、比喻、俗语等结构或文化方面的知识。材料是指学习者用来阅读的各种具体语篇。选择时应该结合大纲要求和学习者的现有水平，最好跟综合课结合起来。各种不同的“读”的技能因不同的阅读目的而被赋予不同的内涵，比如读小说和读报纸不同，二者又不同于为获得具体信息而浏览广告或海报的“读”。这些都是课程内容的组成部分，包括领读、朗读、默读、分析关键词语或单句、围绕阅读内容进行问答、口述某段或整个材料的主旨和大意、预测、选择、推断等。

4. 写

“写”是学习者综合运用所学汉字、词语、语法等内容的一种产出性（productive）的书面表达技能。相对于“听”“说”和“读”，“写”是一种综合性较强的书面表达技能，其目标和内容都会体现在综合课中和二年级以上的写作课中。其相应的课程内容可以是描述性的规定（即课程或教学大纲的描述），也可以是具体确定的内容。比如《国际汉语教学通用课程大纲》“三级目标及内容”对“写”的描述：

能用简单的词语填写或描述与个人生活密切相关的信息，能用最基本的词语或句子就一般场合下熟悉的话题进行简单的书面交流，能组织简单的段落。其中包括：1. 能用简单的词语填写、回答或介绍与个人生活密切相关的信息；2. 能用最基本的词语或句子就一般场合下熟悉的话题进行简单的书面交流；3. 能就一般社交场合下熟悉的话题书写简短的信息；4. 能记录、抄写或填写事实性或说明性信息；5. 能组织简单的段落叙述或描述个人生活、家庭生活及学习生活；6. 能编写小故事、撰写简单的计划等。

这些描述反映在写作课程中也主要是知识、材料和活动。知识当然是一些与写作技能相关的基础性知识等。比如《国际汉语教学通用课程大纲》中提到的编写小故事、日记、工作表格、计划书、应用文、工作文件、摘要或简要报告、一般性文章等。而在课程中提供的可供学习者写作模仿的范文等则主要属于材料。活动是指各种练习性的写作活动。它既包括拟定提纲、写开头结尾、练习行文思路（顺叙、倒叙和插叙等）、扩写、缩写、改写、写读后感，以及各种描写和修辞方法等专项活动，也包括日记、随笔、命题作文、自拟题目作文等综合性活动。在祝秉耀（1984）看来："刚开始的写作课，还带有一定的启蒙性质。最好有一个模式，多提供一些依据，作一些'照葫芦画瓢'一类的练习，不宜过早或过多地进行命题作文练习。……二年级的写作练习，从文体上限制在最常用的记叙文和应用文的范围，对记叙文的练习，通常采取以下五种形式：（1）听后写（或读后写、看后写），（2）缩写，（3）扩写，（4）改写，（5）命题。"

从言语交际的角度来讲，绝大多数的交际场景是对听、说、读、写等几种技能的综合使用，当然也可能只用其中一种技能（比如"读"或"写"等）。听、说、读、写四种技能本身的发展常常也是不平衡的。这就需要我们考虑一个问题：在课程内容中对这四种技能是平均用力还是对某些技能有所偏重？这自然要根据所设课程性质、目标和学习者的需要来确定。但从语言发展的一般规律来讲，在汉语学习初始阶段，可以着重发展听和说两种技能（通过大量听觉和视觉形式的语言输入，让学习者熟悉语音语调，熟悉汉语交际中非语言策略的使用常规等）；随后再进行阅读技能的训练（通过大量阅读，让学习者了解汉语书面语、语篇常识和文化等），最后进行写作技能的训练和发展。从长远来看，四种技能都是应该熟练掌握的。

（二）语言知识

语言知识是语言综合运用能力的有机组成部分，是发展语言技能和言语交际能力的重要基础。它包括语音、字 / 词、语法、功能、话题、语篇等六个方面。因此汉语课程中的语言知识部分也主要从这六个方面来进行选择。

1. 语音

语音方面的内容主要是声母、韵母和声调，以及更高层次的语句节奏和韵律。

从课程选择的角度来说，汉语拼音中的声母、韵母和声调没有可选性，全部都应入选，一些汉语特有的部分（如声调）还应重点强调。语句节奏和韵律部分应注意选择一些汉语节奏和韵律结构的基本框架，用例句的形式呈现出来，作为课程内容的组成部分。

2. 字 / 词

字 / 词是指汉字和汉语词汇。汉字是汉语的书写符号，是学习汉语尤其是书面语的基础。汉字方面的内容主要是字形、字音和字义。其中字形是难点，尤其是对以母语为拼音文字的学习者来说。汉字能力则包括写、念、认、说、查等五种。有的汉字可能只要会写、会念、会认即可；有的则可能五种能力都需要。从课程选择的角度来说，具体要学哪些方面要看其使用的领域和频率。比如中医汉语课程中的很多汉字，非常生僻，只出现在古代医书中，重点在“字义”和“能认”等一些方面。同时，还有一个选字的问题，即“教哪些字”。至少有两个选择的原则：一是字频，即选常用字。二是参照使用的专业领域。另外，可能还要考虑所学汉字在言语交际中的使用度（有些仅要求理解即可，有些则要求必须会用）。

汉语词汇也很重要，既是构成汉语的基本材料，也是句子的基本结构单位。它的数量很多，远多于汉字。因为社会的发展和变化（比如新生事物的出现），往往首先反映在词汇的更新和创造上。汉语词汇教学同样面临着一个选择。参考 William Collins & Sons（1979，转引自莫修云，2010）、李如龙等（2005）和刘慧清等（2006）等研究成果，汉语词汇选择的标准主要是频率（可考虑多种词频的比较）、交际的需要度、较大的覆盖面、与学习者的相关性和习得的难度等。当然，具体所设计的课程不同，选词的数量不同，对词语掌握的要求也不同。比如“听力课”和“阅读课”对多数词语属于领会式掌握；“口语课”和“写作课”对多数词语属于复用式掌握。但即便如此，汉字和词汇的选择仍不是一件容易的事。杨寄洲（2003）就曾谈到《汉语教程》在编写过程中费时费力最多的就是词汇量的控制和安排。

3. 语法

语法就是把言语单位组织成言语交际单位的规则。从交际应用的角度出发，学习者只需掌握言语表达所必需的基本规则即可，即所谓的“宜粗不宜细”。这些基本的规则就是“教学语法”，主要包括语法意义、语法结构及其变式、使用的条件限制等。教学语法具有规范性、稳定性和可接受性等特征（齐沪扬，2005：18-19）。考虑到教学语法的应用性本质，还应注意其形式和意义的统一。由于从1950年开始汉语教学界就相对重视语法教学的研究，而且很早就注意到了教学语法和理论语法的区别，目前已经形成了一套相对比较稳定的汉语教学语法体系[1]。不仅国内各个时期的课程之间，就连中美两国汉语课程中的大多数语法条目都是相同的，不同的只是语法的侧重点（刘月华，1987）。这种对教学语法体系的“共识”给我们进行语法项目的选择提供了一个较为确定的范围。课程设计者可以根据自己的需要进行选择。那么，依据哪些标准或原则来选择呢？参考程棠（1996）、陆俭明（2000）、杨德峰（2001）和戴庆厦等（2002）等学者的研究，我们认为，最急需、最常用、汉语特有、学习者常犯的语法毛病、学习的语法难点、适切性、分散性、点面结合等原则是进行汉语语法选择的参考原则。

4. 功能

功能是指言语所发挥的作用，即“以言行事”。它可分为达意功能（与他人交流思想与情感）、操纵功能（要求某人做某事）、传授功能（传播知识和文化常识）、想象功能（识别话语中的典故、讲幽默故事、创造性地利用周围事物做比喻）等，是汉语交际能力形成的必要基础。由于受马克思主义语言学和结构主义语言学的影响，汉语课程一直重视语法和词汇。直到上世纪70年代，受交际法理念的影响，“功能”才逐渐被汉语课程教学界重视起来，继而成为课程内容的主要组成部分。接着，又一个问题出现了，语言功能项目可以说是浩繁无边，而课程容量和时间有限，不可能都选入汉语课程，选哪些呢？业界同样有些可资借鉴的功能大纲。这些成果为我们进行课程选择提供了一个初步的范围。等到对具体所设计的

[1] 参阅吕文华：《对外汉语教学语法探索》，语文出版社，1994：78；张伟平：对外汉语教材中初级阶段共同语法项目选取情况的考察，《大理学院学报》2009年第3期。

汉语课程内容进行选择时，则要根据功能项目的使用频率和学习者的需求等方面来进行再次选择。另外，功能和语音、结构、语义、语境、语气、文化等关系密切，它们也是在选择功能的同时需要考虑的。即“**当我们在课堂上讲授表达一定功能的句子时，不仅要讲清这个句子的语法结构、语义，同时也要求讲清这个句子的语用价值，让学生知道‘谁说’‘何时说’‘对谁说’‘怎么说’，也就是将句子置于动态的使用环境中，把语言与使用它的人的身份、情感、使用对象与目的等放在一起进行教授，使学生学到活的有交际价值的语言。**”（杨寄洲，1993）

5. 话题

我们这里所说的话题，是指课文或对话的主题或中心。语言课程不只是一系列抽象的语言规则和技能，还有具体的内容，即用语言讨论的话题。在汉语课程教学界，与“功能”项目相比，话题更晚一些受到关注和重视。可以说，直到上世纪八十年代，话题才作为相对独立的内容进行教学和研究。话题可以包含多项功能和结构，还能体现情景和文化，可选的范围也很大，选择起来也较为灵活。因此它被很多设计者定为课程设计的主线（即以话题为纲），尤其是中高级汉语课程。但也正因为其范围大、选择灵活，加之学习者兴趣又各不相同，不同的汉语课程所选话题差别很大，业界一直没有形成被普遍使用的话题大纲。1996 年刘英林主编的《汉语水平等级标准与语法等级大纲》中规定了五个级别的话题内容，但只是一个范围，并没有具体的话题项目。比如一级的“话题内容”为“**最基本的日常生活、有限的学习活动和简单的社会交际**”；五级的为“**中国报刊、电台和电视台的各类新闻，较高层次的学习和社会交际活动，带有一定专业性的实际工作（如教学、科研、商贸、文化、外交等）**”。《国际汉语教学通用课程大纲》在附录中提供了《汉语教学话题及内容建议表》，有话题大纲的意思。这些成果都可以作为选择课程内容的参考。当然，具体进行选择时，我们仍然要考虑课程目标和学习者的年龄兴趣及其将来运用汉语的主要领域。

6. 语篇

语篇是指“任何不完全受句子语法约束的在一定语境下表示完整语义的自然

语言”（胡壮麟，1994：1-2），是人们在言语交际中实际使用的语言单位，由一个以上的句子或段落（包括单句、复句、句群、段落、文章、作品等）组成，而且这些句子或段落具有形式上的衔接性（Cohesion）和语义上的连贯性（Coherence）。它既包括人们在交际活动中表达出来的口头话语（如对话录音、采访等），也包括人们在交际活动中写出来的书面篇章（如文章、小说、剧本等）。虽然中高级汉语教学一直有成段表达的教学和训练，但直到1994年业界才有正式研究语篇教学的论文，此后十几年，相关论文仅有寥寥几篇（田然，2005）。《国际汉语教学通用课程大纲》在“语言知识”部分首次把“语篇”列为教学目标和内容。因为学习者不仅应能够表达一个句子，而且还应能够根据交际情景的变化或者有逻辑地围绕一个话题连续表达。具体来说，在口头交际中，学习者应能够根据接收到的信息进行及时恰当地回应反馈；在书面文章或演讲中，学习者应能够围绕某一话题进行连续表达。这就要求我们应该从语篇的角度来看待汉语教学，并且要选择相关的知识作为汉语课程内容，比如语篇结构、语篇特征以及衔接连贯等。以衔接为例，衔接又分语法衔接手段和词汇衔接手段。语法衔接手段包括照应、省略、替代、连接等；词汇衔接手段包括重复、同义词、反义词、上下位词、搭配等。在语篇方面，学习者尤其应该知道的是，语用和语境方面的知识、修辞知识、衔接性和连贯性等行文思路方面的知识、有利于抓住句子主干以及整个句子基本内涵的知识、如何表情达意的知识等。进行汉语课程设计时，设计者当然还要根据具体的课程目标和学习者原有水平等方面进行通盘考虑。

（三）策略

策略是指汉语学习的思维和操作方法，也是汉语课程内容的重要组成部分。它主要包括情感策略、学习策略（包括认知策略和元认知策略）、交际策略、资源策略和跨学科策略等。其中学习策略和交际策略在上世纪70年代就已在对外汉语教学界引起重视和研究。学习策略刚开始主要是经验性的学习方法探讨，后来逐渐有了实证性强的量化研究（如江新，2000；2001；李丽娜，2004；钱玉莲，2005）和质性研究（如徐子亮，2006）。交际策略一开始也是语言交际策略研究，后来还有了非语言策略方面的研究（如熊文华，1986）。情感策略、资源策略和跨学科策略属于《汉语国际教学通用课程大纲》新提出的策略。[1]

1. 情感策略

情感策略主要是培养学习汉语兴趣、激发汉语学习动机以及调节在学习汉语中的一些不良情绪的方法和技巧。比如《国际汉语教学通用课程大纲》“二级目标及内容”中的“情感策略”是这样描述的：“**1. 增强学习汉语的兴趣，多主动参与有助于提高汉语能力的活动；2. 增强学习汉语的自信心和动力，愿意主动使用汉语交流与表达；3. 学习克服语言学习中焦虑情绪的方法；4. 开始参与一些中外文化交流和推广活动，培养对汉语和中国文化的兴趣。**”综合所有一、二、三、四、五、六级目标及内容中的“情感策略”，其主要内容包括学习汉语的愿望、兴趣、动机、意义、态度和积极性，学习汉语的自信心，克服犯错误时的沮丧或焦虑情绪、学习困难的方法和意志，学习汉语给自己带来的利益，对汉语和中国文化的积极情感、学习兴趣和学习习惯，与他人分享各种学习资源的意愿，理解和尊重他人的情感等。这些策略性的课程内容都属于程序性知识，主要渗透在语言知识和技能及其学习过程中。比如通过教材语言和文化内容的趣味性来增强学习者学习汉语的兴趣；通过科学合理安排学习内容降低难度来增强学习者学习汉语的自信；通过简单有效的教学方法让学习者体验学习汉语的成就感，并以此来使其愿意主动使用汉语交流与表达。

2. 学习策略

学习策略主要是一些直接促进汉语学习的方法和技巧。比如《国际汉语教学通用课程大纲》“二级目标及内容”对“学习策略”是这样规定的：“**1. 体验汉语**

[1] 其实在很多教师的论述中提到过这些策略中的某些方面，但往往是点到为止，没有深入，更没有被正式文件所吸纳。比如杨惠元（1982）在提到编写听力教材时就说：“在编写过程中，我们力求贯彻：(一) 教学中的教养原则：强化学生克服困难，学好汉语的动力，帮助学生了解中国。”刘珣（2000：297）也提到：“情感因素是非智力的心理因素，主要包括动机、态度、兴趣、情感、意志、性格等，在语言学习中也发挥重大作用。”用现在的观点看，这体现了《国际汉语教学通用课程大纲》中情感策略的某些精神。如果说杨惠元的认识尚属“擦边球”，那么钱旭菁（1999）、张莉（2001）和张莉等（2002）对留学生汉语焦虑感的量化研究就属于切中肯綮了，其内容完全符合后来情感策略的理念。

学习，能够集中精力接受语言输入；2. 初步接受汉语语言学习与习得的方式；3. 借助想象获取及记住新的信息，利用形象思维和发散性思维达到理想的学习效果；4. 能将孤立的字词组成较简单的句子；5. 能将较简单的视觉形式的信息转化成较简单的语言形式的信息；6. 适应学习环境，自觉听取他人意见，以解决自己学习中出现的问题；7. 在教师的指导下，开始形成自己的学习方法并学习如何制订学习计划；8. 初步掌握预习和复习的方法；9. 学会创造和选择学习环境；10. 初步观察并了解不同性格特质对学习汉语不同技能的影响，并因地制宜选择学习策略。"综合全部一、二、三、四、五、六级目标和内容中的"学习策略"，其主要内容包括模仿能力、想象能力、形象思维、发散思维、批判性思维、集中精力，运用已有的知识学习新的语言知识等学习方式、形成自己的学习方法、预习和复习的方法、借助肢体语言加强记忆、记笔记的方法和习惯、抓重点、对前后学习内容进行纵向梳理和横向比较分析（包括归纳和整理），将孤立的字 / 词组成句子（包括较复杂的描述性句子）、将视觉形式信息转化成语言形式信息（包括复杂的语言形式信息），学习需要和学习兴趣，听取他人的意见和建议，制订自己的学习计划、找出研究课题并初步研究、写个人日志，寻求帮助、自我监控学习过程、主动参与学习过程中的各项任务、反思汉语学习的各个方面，创造和选择学习环境。这些策略性的知识同样主要是在学习内容的安排顺序和课程实施的过程中体现出来。比如把相近或相反的内容安排在一起来引导学习者进行比较分析；将学习内容先后顺序合理安排（如先学"结果补语"再学"可能补语"；先学"了"再学"是……的"句）来引导学习者运用已有知识学习新的语言学知识，当然这也可以通过加强汉语与学习者母语的对比来实现；通过跟学习者一起制订学习计划来引导学习者注意自己学习的计划性；通过对某些内容的重点讲解和反复练习来引导学习者抓住重点。

3. 交际策略

交际策略主要是指运用汉语进行交际时使用的有助于相互沟通理解的辅助（或补偿、替代、回避）性方法和技巧。这一点汉语课程教学界也有研究（如彭增安等，2003）。

《国际汉语教学通用课程大纲》“二级目标及内容”对“交际策略”这样描述：“**1. 运用简单的情感策略提高学习效率，并能寻求他人的帮助；2. 在课内外与教师、朋友进行交流；3. 在教师的帮助下，借助手势和表情等非语言手段提高语言交际能力；4. 在教师的指导下，开始遵守汉语交际的基本礼仪。**”综合一、二、三、四、五、六级目标及内容对“交际策略”的规定，其主要内容包括情感策略，在课内外与同学和教师的交流、小组活动，观察他人的动作并会模仿，了解并遵守汉语交际的基本礼仪，手势和表情等非语言手段，交际中的语言障碍及其克服方法（包括解释或重复等方式），学习中的成功经验和失败教训。这些策略同样很难直接呈现，而主要体现在教学所选语言材料的真实性、得体性和汉语学习环境的规范性（包括教师的“言传身教”）上。比如所编选的课文是真实的，课文中的语言和课堂操练的例句都可以直接在课外的交际中使用；汉语教师在教学过程中温文尔雅、落落大方、举止有礼、手势适度、表情适当等。这些都能使学习者感受并学到汉语交际的基本礼仪、手势和表情。

4. 资源策略

资源策略是指学习者充分利用各种显在或潜在的汉语资源来提高汉语水平的方法和技巧。比如《国际汉语教学通用课程大纲》“三级目标及内容”对“资源策略”这样描述：“**1. 在教师的指导下，开始使用教科书、图解字典和词典并利用图书馆、互联网等多种资源，查找所需信息和资料；2. 通过老师、同学、朋友、学校、社区和工作环境获取语言学习的资源；3. 开始掌握一些搜寻和运用网络信息的方法；4. 开始掌握和运用一些以数字形式发布、存取和利用的汉语信息资源。**”综合一、二、三、四、五、六级目标及内容中对“资源策略”的规定，其主要内容包括教科书、图解字典、词典和多媒体等，还包括图书馆、互联网、教师、同学、朋友、语伴、学校、社区和工作环境等。这些更属于技能性、方法类的程序性知识，同样主要是通过汉语教师在教学过程中进行组织和引导，也通过一些社会实践活动体现出来。比如要求学习者在充分理解教科书的基础上利用光盘等多媒体来正音正调；引导学习者通过查字典和词典解决自己不认识的汉字和词语；让学习者充分利用图书馆扩大自己的阅读量；鼓励学习者多与教师、同学、中国朋友、语伴等进行言语交际；组织学习者积极走进社区或旅游景点进行语言实践等。学习者在参加这些活动的同时就在无形中利用了各种汉语资源，并能掌握一定的资源策略。

5. 跨学科策略

跨学科策略是指学习者应积极利用其他学科的内容来学习汉语的一种思路或方法。所"跨"的学科既有相近的文、史、哲等学科，也有地理、社会、科学等学科。前者主要内蕴于中国文化范畴内，融合于汉语课程之中；后者在国内体现得不明显，主要是体现在海外正规学校的汉语教学中，尤其是沉浸式汉语教学项目。在当地，对学习者来说，汉语只是一门普通外语课，同时他们还要学习政治、经济、历史、地理等课程。[1]这些课程是学习者真实生活的一部分，是可以利用的学习经历。采用跨学科策略，在汉语课上讨论学习者已学过的其他科目内容会使其对汉语更感兴趣，获得成就感，从而产生更强的学习动机。Widdowson(1996：16）就持类似的观点："其他学校课程是可能性最大的、最适合学习者的领域。"此外，不同的学科还能给学习者提供更丰富、更真实的体验，使学习者明白不同的学科是怎样发生联系的。《国际汉语教学通用课程大纲》"五级目标及内容"对"跨学科策略"进行了如下描述："1. 重视自己知识面的拓展，初步具备跨学科知识，初步做到触类旁通；2. 能较熟练地将不同学科的知识贯通于汉语和中国文化的学习之中；3. 能较熟练地将所学的汉语和中国文化知识贯通于不同学科的学习之中；4. 初步具有比较全面的综合能力；5. 本级跨学科范围包括历史、艺术、民俗、地理、政治、经济、交通、文学、哲学等。"综合一、二、三、四、五、六级目标及内容对"跨学科策略"的规定，其主要内容包括历史、艺术、民俗、地理、政治、经济、交通、文学、哲学等。显而易见，这些都是描述性的内容，在初级汉语课程中主要是通过课后附录或注释来呈现的，在中高级阶段的汉语课程中相对就容易处理一些，可以直接作为课文的主题来呈

[1] 不仅仅中小学如此，即便是美国大学东亚系（或者中文项目）的学生，中文同样只是一门普通的外语选修课，而非类似于我国外语系那样的课程体系。（参阅牟岭，2003）

现。比如陈灼（1996）所设计的课程中就有涉及“交通”的《话说“面的”》，涉及“文学”的《差不多先生传》《醉人的春夜》《孔乙己》《范进中举》《价值》《陕北姑娘》，涉及“生物”的《地球的主人》，涉及“历史”的《科举制度》和《中国人的姓和名》，涉及“地理”的《重读西藏》，等等。当然，如果不是在单纯的语言学校，而是在普通中小学内进行的汉语课程教学，则可以结合学习者正在学习的其他学科（如物理、化学、历史、地理等）来体现这些内容。

上文这几种策略都是为“培养学习者汉语综合运用能力”这一总目标服务的，而且基本属于程序性知识。这些策略可以描述出来，但在汉语课程中很难像语法项目或词语一样明确具体地呈现，更多是渗透在课程实施过程之中，甚至是教师和学习者的交际互动之中。或者说，它们更多是间接体现在汉语课程教学之中的。

（四）文化能力

参考《国际汉语教学通用课程大纲》的精神，文化能力包括文化知识、文化理解、跨文化能力和国际视野四个部分。其中“文化知识”“文化理解”“跨文化能力”中的某些内容在上世纪80年代就引起了汉语教学界的重视，到90年代达到顶峰。“国际视野”部分以前在汉语课程教学实践中也有零星涉及。但作为理念提出来，并上升为课程大纲的一部分内容，则是在《国际汉语教学通用课程大纲》中。

1. 文化知识

文化知识是指学习者学好汉语所应了解的一些信息和情况。综合《国际汉语教学通用课程大纲》一、二、三、四、五、六级目标及内容中“文化知识”的规定，其主要内容包括所在国个人使用不同语言的好处，个人及群体学习和使用不同语言的权利，所在国与中国在经济、文化、科教等方面的发展、交流及成就，中国各方面的成就及其对世界文化的贡献，食品、服装等物质文化和艺术、节日等文化，常用成语、俗语、故事和某些典故的文化内涵，汉语言文化中的语言交际和非语言交际功能、交际礼仪与习俗、社会结构和人际关系等。这些内容能以不同的形式反映在汉语课程中：可以作为正式或补充内容直接呈现。比如姜德梧等（1990）所设计的高级汉语课程[1]和刘珣等（1981）所设计的汉语课程。当然也可以渗透在语言交际主题之中，比如日期表示和点菜等；也可以直接开设文化课程，比如汉语言专业三年级就开设中国文化选讲课程；也可以采取注释的形式呈现文化。此外还有的教师在教学实践中补充成语、故事、典故等文化知识。但是由于文化的宽泛和博大，加之依附性和隐含性强，纵然前有学者（如张占一，1990）把文化分成了知识文化和交际文化的尝试，[2]后有学者（如林国立，1996；1997；张英，2004；2009）致力于汉语教学文化因素体系的构建，但至今业界仍没有提出一个得到普遍认同的文化大纲。

2. 文化理解

文化理解主要是指学习者以一种开放的姿态对汉语以及中国文化等各种文化类型进行积极接触、了解、接纳。比如《国际汉语教学通用课程大纲》中“三级目标及内容”对“文化理解”这样规定：“1. 开始理解文化不仅可以习得，而且可以通过学习语言获得；2. 开始理解文化学习和语言学习的关系：语言是文化的重要组成部分；3. 基本了解中国文化中的基本价值观念；4. 开始理解文化的多元性、动态性和相互渗透性，开始体验宽容、理解和学习他文化；5. 开始有意识地把文化知识转化为交际能力。”综合一、二、三、四、五、六级目标及内容对“文化理解”的规定，其主要内容包括学习者对中国文化产生兴趣，体验中国文化，接触中国文化的价值观念以及文化的多元性、动态性和渗透性，了解获得文化的多种方法及其与语言的关系，具有运用批判性思维方式学习、了解有关中国文化和所在国文化的能力。具有了这种能力，学习者就不仅知道说什么，而且知道在什么时候、什么场合、对谁、以什么方式说等。因为不同民族的文化反映的是不同的社会秩序和价值观念。比如“对待老人的态度”

[1] 姜德梧等（1990）所设计的高级汉语课程中，文化就是作为正式内容呈现的。每课包括七个项目，其中第六个项目为“语言和文化知识”，“语言和文化知识短文着重介绍一些汉语常见或独有的语言现象、表达手段以及与课文有关的文化知识，每课两篇，每篇1000字左右。”

[2] 梅立崇（1994）则以认知科学的理论为基础，把文化分为陈述性文化知识和程序性文化知识两种。

和“男女在家庭中的角色和地位”等。但这类内容不太容易直接呈现，而更多渗透在语言材料、教师与学习者的交际过程、课程实施和语言实践之中，甚至是日常生活之中。比如中国人以前常用的一句问候：“吃饭了吗？”外国人往往理解为“邀请吃饭”；中国人表示谦虚的“哪里哪里”，外国人往往理解为“where”。如果能够进行相应的文化理解，学习者就不容易闹出这样的笑话。

3. 跨文化意识

跨文化意识是指学习者在学习汉语或者使用汉语进行交际时应有一种对比意识，并能对各种文化进行客观思考和评价。比如《国际汉语教学通用课程大纲》“四级目标及内容”对“跨文化意识”这样规定：“1. 基本了解有关中国文化和所在国文化的共性和差异；2. 通过学习中国文化，进一步培养跨文化能力；3. 通过对所在国文化与中国文化的对比，加深对所在国文化习俗和思维习惯的客观认识；4. 能为所在国文化与中国文化的相互理解、相互学习、相互促进、相互欣赏、相互提高做出贡献。”综合一、二、三、四、五、六级目标及内容对“跨文化意识”的规定，其主要内容包括中国和所在国文化的共性和差异，形成跨文化意识和对所在国某些文化现象、文化习俗和思维习惯的客观认识。这些课程内容主要是体现在语料中、课程实施过程中、教师和学习者交际过程中以及语言实践中。

4. 国际视野

国际视野主要是指学习者通过学习汉语言文化来拓宽思维和视野，以形成世界公民意识。比如《国际汉语教学通用课程大纲》中的“四级目标及内容”对“国际视野”的规定：“1. 通过学习汉语，初步了解世界文化，拓展国际视野；2. 通过学习汉语和中国文化，初步培养从不同视角解释世界多元现象的能力；3. 同时具有民族认同感和世界认同感；4. 通过文化学习，拓宽思维和视野；5. 注意培养世界公民意识、参与意识、合作意识和竞争意识；6. 注意培养在当今世界应该具有的社会服务能力。”综合一、二、三、四、五、六级目标及内容对“国际视野”的规定，其主要内容有中国和所在国的一些文化现象和渊源、看待世界的不同视角以及从不同视角解释世界多元文化现象、民族认同感和世界认同感、国际视野、世界公民意识等。这些内容主要是体现在语料中、课程实施过程中、教师和学习者交际过程中以及语言实践中。

“文化能力”属于汉语课程内容的一个重要组成部分。但却很难像语法项目那样具体化、系列化地选择和排列，而更多蕴藏在语言材料中、课程实施中、教师和学习者交际过程中以及语言实践中。学习者也正是在阅读汉语言文本、学习汉语以及进行言语交际活动时感受和体验着中国各个方面的文化，并自动与自己原有的文化进行对比，从而形成一种较为客观辩证的“文化能力”。这就要求我们在选择语言材料的同时要兼顾“文化”这个要素。在实践中，其实是选择哪些文化内容的问题。综合前辈学者们（如张占一，1990；赵贤州，1989；吕必松，1990a，1996；鲁健骥，1990；刘珣，2000：131）的相关研究，我们认为，在选择文化要素时首先应考虑交际文化，而且在初级阶段还应注意跟语言的词汇、语法和语用等知识结合起来，突出那些不学习就会产生交际困难以及在现实生活中随时用到的部分。因为这些文化直接影响语言的准确传递，容易引起理解上的偏差和误解。

第二节　汉语课程选择的原则

既然课程内容要选择，那就涉及依据什么样的原则来选择的问题。在课程论领域，有很多课程学者对课程选择的原则进行过研究，比如 Tyler（1949）、Taba（1962）、Zais（1976）、Manning（1977）、Pring（1978）、杨爱程（1993）等（转引自李子健，黄显华，1996：252—254）。这些原则都可供我们在进行汉语课程选择时参考。但同时，因为汉语课程内容有自己的特点，这些原则很难直接拿来应用。在汉语教学界，虽然没有明确提出过汉语课程选择的原则，但有很多有关教材编写的研究成果，其中就包括对汉语教材编写原则的研究，比如黎天睦（1987）、赵贤州（1988）、吕必松（1993；1996）、刘珣（1982；1994；2000）、杨寄洲（1996）和赵金铭（2004b：175-185）等。这些成果同样可以为汉语课程内容选择所借鉴和参考。

前文提到，汉语课程内容的选择是由大纲项目选择到语言材料选择的一个逐步具体化的过程。汉语课程大纲是整个课程的“骨架”，具体语言材料是课程的“血肉”。虽然二者都是为实现汉语课程目标而服务，但选择起来却稍有不同。前者课程大纲的选择是从整个课程内容组成的角度考虑，属于“大处着眼”；后者是从一个字或词、一句话、一个对话、一个语段、一篇课文等具体语言材料的适合度来考量，属于“小处着手”。二者的选择原则自然有所不同。

一、汉语课程大纲选择的原则

所谓汉语课程大纲的选择，其实就是把组成汉语课程的内容要点选择出来。具体到一门汉语课，应依据什么样的原则来选择？这是汉语课程设计者在选择之前就应该明确的问题。参考普通教育界的课程选择原则和汉语教材的编写原则，我们提出以下几条汉语课程大纲选择的原则：

（一）目标性原则

目标性原则就是遵循事先设定的汉语课程目标进行选择。贯彻这一原则的关键在于对课程目标做一个具体明确的详细描述，然后在选择内容时紧扣这些具体目标。这是一条根本性原则。因为汉语课程设计是一个系统工程，课程内容的选择是在课程目标已经基本确定的前提下进行的，是为实现目标服务的。比如为来华工作人员家属开设一门汉语课，其目标应该是“学习者具备适应日常生活所需要的基本听说能力”。自然，该课程内容大纲就应该围绕日常生活来选择。于佩翎等（1994）就曾基于类似目标设计过一个口语课程：共三十课，其内容要点分别为：问候、介绍、道歉、买东西、收拾房间、洗熨衣服、做晚饭、打电话、欢迎茶会、修理、日期、时间、看孩子、在餐厅、打扫房间、买衣服、看病、天气、做衣服、问路、理发、游览北京、谈爱好、去外地旅行。再如，为航空公司乘务员开设的汉语课，课程目标为：学习者具备简单的使用

汉语进行服务的听说能力，其主题内容肯定要包括：检查登机手续、迎接乘客、准备起降、乘坐飞机注意事项、途中常规服务（包括饮食供应、提供毛毯等）、特殊应急服务等。

但是在按照这一原则进行课程内容选择时，课程设计者可能仍然觉得很难操作。因为对应某项目标的语言内容很多，似乎都很重要，都对实现目标有很大帮助。在这种情况下，课程设计者不妨把所选内容大纲分成三类：学习者必须学习的内容，学习者应该学习的内容，学习者可以学习的内容。第一类属于最低标准，第三类则属于“锦上添花”，仅适用于学有余力的学习者。比如对于仅有四周时间的初级旅游汉语课学习者来说，“紧急求助”属于第一类“学习者必须学习的内容”，“对景区管理者提供反馈”就属于第三类“学习者可以学习的内容”。

（二）科学性原则

科学性原则是指课程内容项目的选择要建立在一定的标准或依据之上（比如统计分析），不能随意而为。[1] 这一条也是总原则。汉语课程大纲是汉语课程的“骨架”，其内容项目的选择必须建立在统计分析的基础之上。这门课要学哪些语法点、哪些词汇、哪些功能项目、哪些情景、哪些方法策略、哪些文化知识等，都应该是经过一系列的需求分析、任务分析、起点确定、环境分析等活动统计后得出，而不是仅凭以往的经验就能确定的，更不是设计者的主观想象。比如我们通常认为中高级阶段的汉语学习者需要的可能是专业领域的词汇。但调查表明，中高级学习者把日常用语作为第一需要（共有八类词汇）的人数占 74.4%，超出了绝大多数人的预期，这说明中高级阶段的日常用语教学在深度和广度上远远不能满足学习者与使用者的实际需要（高彦德等，1993：122）。

如果选择语言要素方面的知识点，科学性主要体现在使用频率和学习者需要的程度上。一般说来，使用频率越高，越应该选进课程之中。白乐桑和张朋朋上

[1] 很多学者（赵贤州，1988；吕必松，1993；杨寄洲，1996；刘珣，1994，2000；李泉，2008等）也曾提到汉语教材编写的科学性原则，主要是从所教语言的规范性、情景设置的合理性、解释的科学性和内容组织的符合规律性等角度来说的。赵贤州（1988）还提到科学性是从总体来讲的，包括其他原则。本书这里的科学性主要是从内容选择的层面来说的。

世纪八九十年代在法国设计的汉语课程选择汉字时就主要依据频率。“他们（即作者）在三千多常用字中，根据汉字出现的频率，选择了最常用的四百个汉字作为上册的编写基础。下册又选用了五百字，其出现频率略低于前四百字，但高于其余两千常用字。上、下册共出有九百个汉字，使用率达到 88% 左右。《启蒙》一书在汉字的选择上严格按照汉字出现频率的大小，体现了教材的科学性。”（张朋朋，1992）与此同时，设计者还应注意时代性和领域性。因为不同时代词汇出现的频率是不一样的。我们应该参考最新频率表。此外，同一个字或词语在不同领域出现的频率也不相同。在日常生活交际领域出现频率高的汉字或词语在专业领域未必会高。所以，在选择汉字或词汇时还应根据言语交际所属的领域进行选择。在汉语语法的选择方面，首要考虑的也是频率。吕文华（1987）就提醒我们：“在语法点的选择上起码有两个方面需要重新审定。首先应通过科学的频率统计重新筛选出最基本、最常用即语言交际中必不可少的语言形式，剔除某些不常用、不适应基础阶段表达需要的语言形式使教材更加简明、实用。”在此基础上，还应注意差别性，即汉语中特有的或与学习者母语语法不同的语法项目应该受到重视，否则学习者在表达时往往会运用自己的母语法则。比如欧美学习者刚开始一般都会出现“我不写作业昨天。”这样的错句。

如果选择功能、情景、话题和任务等项目，则要建立在任务分析和工作分析的基础上，或者是学习者需要和兴趣点的调查分析基础之上。首先应对学习者要完成的任务和将要从事的工作进行详细的分析梳理，明确知道学习者要达到课程目标所规定的能力，具体应该学习哪些功能、情景和话题等。比如毛悦（2010b：124-125）曾对参加特殊目的汉语速成教学模式的 177 位学习者（主要为跨国公司职员）进行问卷调查（包括四部海内外使用较为广泛的汉语教材中的 106 个交际话题），其中被试最感兴趣的 10 个话题依次分别为：坐出租车、预订饭馆的桌子、坐飞机、预订宾馆房间、问答计划、谈论某人的爱好、预订机票 / 车票等、坐地铁、买票、听 / 看懂天气预报；被试认为最重要的 10 个话题依次分别为：坐出租车、听 / 看懂天气预报、问答某人姓名、坐飞机、买票、预订机票／车票等、预订宾馆房间、预订饭馆的桌子、用合适的方法表达同意和不同意的态度、征求意见；被试认为最重要和最感兴趣一致性最高的20个话题包括：点菜、问答商品的价格、坐出租车、简单地描述天气（冷／热／凉／暖）、了解中国的传统节日、问路、买票、预订机票／车票等、预订饭馆的桌子、简单说出自然灾害的名称、说明中国地图、了解中国的民俗文化／成语故事、问答某人的工作经历、谈论食物和饮料、问答两个人的关系、坐地铁、坐飞机、说出常见商品名称、办旅馆入住及退房手续、坐火车。方欣欣（2001）和赵晓艳（2007：18）也做过类似的调查。

最后还应对学习者的原有水平进行确定，具体包括学习者所掌握的语言要素、功能、情景、语言技能等各个方面的程度，以便确定汉语课程内容选择的起点在哪里。保证汉语课程内容既能被学习者掌握，又有一定的挑战性，否则学习者在学习时会失去兴趣。

（三）效用性原则

效用性原则是指汉语课程所选内容应该有效且有用。这里面包括两个要求：一是汉语课程所选内容应对实现既定目标有效；二是汉语课程所选内容应对于学习者应付生活、工作中的问题或任务非常有用。第一个要求其实就是前面所谈到的目标性，即要求课程内容的选择依据要完成的课程目标。如果学习者为了来中国从事经贸活动而学习汉语，则需要选择在谈判桌上、招聘会上、公司内部等情景或话题。只有这样，所选的汉语课程内容才能对课程目标有效用。第二个是要求所选的汉语课程内容应该来源于实际生活和工作，让学习者能在生活和工作中用到，而且感觉能够成功解决所遇到的问题，即课程内容具有社会实用性。要达到这个要求，需要我们对学习者进行科学的任务分析、职业活动分析和日常生活分析。在此分析结果的基础上选择的内容才具有效用性。[1] Wilkins（1976：19）就认为："决定教什么，首先应该考虑学习者需要通过外语交际做什么。"高彦德

[1] 有关汉语教材实用性的讨论，可参阅李泉：论对外汉语教材的实用性，《语言教学与研究》2007年第3期。

等（1993：170）经过调查分析发现，中高级汉语学习者最需要的是生活层次和工作层次的内容，而非深层文化的内容。这就是说，对学习者来说，中高级汉语课程一直重点强调的文学作品等深层文化内容，并不如生活和职业层次的内容更具有效用性。下面是他们的调查得到的学习者自己的观点："认为教材内容不适用，学了以后在生活中用不上，尤其是文学语言与生活脱节，费力不讨好。需要的东西没有学，而学的东西又用不上。""教学中，许多文学词汇不实用，而且越学越多，但生活上不实用。""中高级汉语精读教材中，许多小说太难，生词多而且难，不实用，学起来太吃力。""不喜欢古代文学作品，如《红楼梦》，词汇和表达方式过时，不实用。"[1]杨金华（1999）也提到应增强中级精读教材的实用性。当然，反过来说，只有能够在生活或职业活动中得到使用的功能、情景、话题、任务等，才会使学习者产生强大的学习动机和兴趣，同时有利于汉语教师组织任务式、讨论式、小组合作、角色扮演等各种教学活动。

（四）适切性原则

适切性原则是指所选的汉语课程内容在广度、深度和可学习度等方面要适合学习者的汉语水平和学习能力等条件。这条原则包括以下几个层面的意思：首先是广度上，所选汉语课程内容不仅在宏观层面要包括语言技能、语言知识、策略、文化能力等四个方面，而且微观主题内容要涵盖学习者生活、工作的各个方面，尤其是课程目标所包括的各个方面。比如经贸汉语专业的中级口语课应该包括学习者将来在经贸活动中可能遇到的词汇、语法、情景、话题、文化等。其次在深度上，设计者在选择汉语课程内容时应该做到"瞻前顾后"，即考虑前一阶段所学汉语课程内容和后一阶段所应学的汉语课程内容。同样以经贸汉语专业的中级口语课为例，选择内容时就应该翻看同一课型初级和高级的内容，以便确定所选课程内容的深度。再具体一点，比如"谈判"这个话题，初级阶段已经学到什么程度，中级阶段继续学到什么程度，高级阶段应达到什么程度。设计者在

[1] 见高彦德等：《外国人学习与使用汉语情况调查研究报告》，北京语言学院出版社，1993：202。

选取时应该清楚明确，做到胸中有数。其他方面的内容也是如此，比如语法中的“把”字句，不同的阶段有不同的学习内容。初级阶段只需掌握“由于结构要求形成的定式‘把’字句”和“由于强调处置形成的变式‘把’字句”两类就够了（胡炳忠，1987）。这就是适切性。再次在可学习性上，设计者在选择汉语课程内容时应考虑学习者的原有汉语水平、语言学能和已有的生活工作经验。学习者原有的汉语水平决定着所选汉语课程内容的起点。孙德坤（1996）曾明确强调过学习者因素的重要性。比如有的学习者虽然学了一年汉语，理论上达到了 B 班的水平，但因其是在自己国内学习，每周仅有 2 课时，而且缺乏目的语环境，自然与在中国集中强化学习所达到的 B 班水平不可同日而语。不同学习者具有不同的语言学能。所选择的课程内容最好对学习者形成适当的智力挑战，即“跳一跳摘桃子”，以符合维果茨基（Lev Vygotsky）提出的“最近发展区”（zone of proximal development）。这样学习者既有兴趣又有成就感。切忌让学习者感觉汉语难得不可征服，以至于丧失学习信心。学习者已有的生活工作经验也应成为设计者选择课程内容时考虑的重要因素。选取与学习者的生活和工作经验有所关联的内容，至少有两个好处：第一，能够让学习者坚信所学内容与自己相关，且能够在现实中用到，增强学习动机；第二，这些原有的生活和工作经验还是学习者将所学汉语知识和技能迁移到新的应用情景的“桥梁”。这有利于学习者汉语交际能力的形成。另外，选择汉语课程内容时还应考虑学习者的民族习惯和宗教信仰等因素。这些都属于适切性原则的应有之义。

二、汉语课程材料选择的原则

我们刚才谈到的汉语课程大纲的选择原则（比如目标性原则、科学性原则和效用性原则等）同样适用于具体课程材料的选择。同时，语言教学界很多学者所提出的教材编写原则也可供我们在选择语料时借鉴和参考。比如 Mackey（1965）、黄皇宗（1984）、黎天睦（1987）、赵贤州（1987；1988）、杨石泉（1990）、吕必松（1993）、王文虎（1995）、罗庆铭（1996）、束定芳等（2008）、刘珣（1982；

1994；2000)、Graves（2000)、夏纪梅（2003)、赵金铭（2004b)、李泉（2002；2004)、李如龙等（2007）等。其中，真实性、趣味性、相关性、多样性、规范性等是具体课程材料选择的核心原则。

（一）真实性

真实性原则是指汉语课程材料应尽可能地选用真实的语言材料或言语交际活动等。何谓真实性语言材料？简言之，就是语言材料应是目的语社团中流通的，人们日常接触的或在言语交际中真正使用的各种自然语言。例如，新闻报道、报刊文章、广告、标语、通知、产品说明书等。真实性原则要求设计者在呈现语法点、功能项目、交际情景等“知识点”时，在训练听力、口语、阅读、写作等语言技能时，力求尽可能地选择真实的对话和场景录音等。因为真实材料能让学习者接触到真实的语言，并能提供一个课堂学习与真实生活需要的联结，从而有利于形成真正的言语交际能力。否则，学习者仍然会处于一种“在课堂上能，到社会上却不能”的境地。真实材料能提供真实目标文化信息，而人工编写的材料却很难做到这些。真实材料有利于采用创造性的教学方法。面对真实材料，教师能充分发挥潜力开展适合学习者特点的教学活动和任务。真实材料比撰写的材料更有趣，让人有学习的冲动，因此能更有效地激发学习者动机。正是基于这些优点，一些学者（如佟秉正，1991,1995；金兰，1999；Graves, 2000；孟国，2003, 2007）一直主张采用真实的文本材料。其中，金兰（1999）认为不仅做到语料要真实，而且还要做到情境的真实和交际的真实。孟国（2003；2007）更是一直坚持“实况汉语”。

当然，真实材料也有不足。首先是在难度上不好控制。比如经常包含太难的和使用频率较低的语言点、不能较好地契合教学大纲等（Phillips & Shettlesworth，1978；Clarke，1989；Peacock，1997，转引自 Richards，2001:252-253）。比如生活中最常见的“请勿吸烟”“请勿在墙壁上乱画”“禁止摄影”等真实语料，就包含“勿”（丁级字)、“摄”（丙级字）这样较偏难的汉字。至于一些交通指示语、广告和商品说明，更是有可能夹杂一些文言词语。比如生活中最常见的方便面，其“食用说明”大多是“将面置于 500 毫升沸水中，加盖 3 分钟后即可食用”。其次，选择真实的语言材料作为汉语课程内容操作起来也更麻烦一些。因为要到现实生活中去采集，或者在电视、报纸上摘取，可能还需要改造。比如电视新闻中有“昨日上午九时”等语句，就应该把“日”和“时”分别改为“天”和“点”。但总起来说，我们认为，在学习者能力许可的范围内，真实材料要比撰写的材料更好些，更有利于汉语学习。在此基础上，课程设计者应该结合实际情况尽可能地采用真实材料，必要的时候可以采取“先行组织者”(Advanced Organizer) 策略，编写一些接近真实的材料（或者叫作“半真实材料”）作为铺垫，逐步过渡。

（二）趣味性

趣味性原则是指汉语课程应尽可能选取能吸引学习者的注意力，并激发其学习动机的语言材料。趣味性体现在语言材料的形式和内容两个方面。[1]我们平常所说的图文并茂、装帧精美、形式多样等都属于形式方面的趣味。内容方面的趣味更是广泛：介绍中国历史文化、民风民俗的材料有趣味；谈学习者喜欢的话题内容有趣味；教会学习者一定的内容，让其学有进步，体验到成就感，同样也有趣味；具有一定的挑战性，也有趣味。以往很多汉语课程内容较为死板，缺乏幽默感，缺少生动活泼足以引起学习者兴趣的语言材料（任远，1985；高彦德等，1993：175-176）。需要注意的是，趣味性是选择语言材料重点考虑的一个标准，但不能偏狭或过度理解，更不能为趣味而“趣味”。引学生发笑、讲传统笑话或俏皮话、迎合学习者的口味等未必真正引起学习者的兴趣（参阅鲁健骥等，1986；赵贤州，1988；刘珣，1994 等）。相反，课程材料选得科学、合理、有用，符合学习者需要，使其学起来有收获感，就能使学习者对汉语感兴趣。

有趣味的材料或活动能加强学习者学习汉语的动力，使汉语学习过程充满快乐，从而提高学习效率，而且还有利于改善学习者对汉语学习的态度和情感等因素。因此，我们主张汉语课程尽可能选择在内容和形式方面有趣味的材料、任务或活动。那么，如何判定具体材料是否有趣呢？综合邓恩明（1983）、赵贤州（1988）、刘珣（1994）、Ur（1996：281，转引自夏红梅，2003：148）和李泉

[1] 刘颂浩（2008）曾把趣味性分为产品趣味性和过程趣味性。产品趣味性又分印刷趣味性和语言趣味性。过程趣味性又分现实化趣味性和创造性趣味性。

（2002）等学者的研究，我们认为，具备实用性、情境性、幽默感、故事性、寓意深刻、能满足学生需求、文化性强、版式新颖、风格多样等特点的汉语材料更容易让学习者产生兴趣。这是语言材料。那么，对于课堂教学中用到的任务或活动，如何保证其趣味性呢？我们可以借鉴已有的成果。Ur（1996：281）曾提到趣味性学习任务或活动的9个特征：目标明确，既有语言学习目标也有任务内容；主题广泛、任务多样，主题和任务都有趣味性，要有广泛性，照顾大多数；有视觉效果，要给学生视角上的吸引；有挑战性，能够给学生带来“愉快”的紧张和挑战；有娱乐性，能给学生增添动力；有排练演出的功效；有“信息差”，使学生产生索取或弄清所学信息的需求和欲望；与学生个人有关，设计他们各自的观点、爱好、经历、建议等；有开放性的启示，因此能够引发学生多种反应，而不是“非对即错”的答案，学生的反应可能是无法预计的，出人意料的，原创有趣的，幽默的。这个成果可供课程设计者进行参考。但真正做起来，仍需要设计者面向学习者进行扎实有效的、针对性的调查分析。

（三）相关性

相关性原则是指汉语课程应尽可能选取一些与学习者已有经验或知识、当前社会情况以及学习者需要有关的材料。这里的相关包括三个方面：与学习者的已有生活或工作经验或知识相关、与当前的社会情况相关以及与学习者的需要相关。第一个相关是指课程材料（或活动）与学习者已有经验或知识相关。它使学习者能够利用已知的经验促进课程材料的学习，符合从“已知”到“未知”的认知规律。比如学习“租房”这项功能，就可以设计以下“活动”：让学习者写出在租房时要考虑哪些方面、说说在自己国家如何租房等。Mayer（1984）将这种相关称为 Availability（即学习者必须拥有与学习内容相关的知识或经验），并认定此为有意义学习的三个主要条件之一。[1] Yelon（1996）则称这种“相关”为“有意义”，

[1] Mayer 认为有意义学习的另外两个条件分别是 Reception 和 Activity。参阅 Mayer, R. E.: Aids to text comprehension. *Educational Psychologist*，1984：Vol. 19，No. 1. 30-42.

并将此列为“十大有效教学原则”之一。[1] 第二个相关是指汉语课程材料或活动与当前的社会情况相关。这意味着课程材料或活动要突破校园生活，走向社会，增加学习者使用所学知识的机会，有利于学习者在社会实践中巩固所学的课程内容。胡希明（1991）就建议“最好是‘就地取材’，这样才容易配合当地的情况与经验，并能使学员有实践的机会”。比如学习“租房”时可以让学习者到社区房屋中介去真正租一次房；学习“交通”时可以让学习者尝试换乘地铁、公交车、打的等。第三个相关是指课程材料（或活动）与学习者的需求相关。Widdowson（1996：13）、石金才（1990）和刘永山等（1993）等学者都明确论述到这种相关性。它能使内容材料满足学习者的需要，并有利于激发其学习动机，提高其学习效率。比如了解学习者对“租房”有哪些需求，在“租房”时学习者有哪些困难，这样课程材料才会引起学习者喜欢。在此基础上，我们主张在选择课程内容时注意语言材料的相关性。如何操作呢？关键性的措施还在于对学习者和当前社会的情况进行系统科学地调查分析。当然，也有其他方式，比如推选学习者代表参与语言材料的选取；编写活页式教材、组合式教材或者集成教材等，都是可以考虑的。

（四）多样性

多样性原则是指汉语课程内容应尽可能选择多样性的材料或活动。刘英林（1991）和金红莲（2006）都曾论述到这一点。前者提出过中高级对外汉语教学的“多样选择论”；后者明确提出内容选择的多样化和语体的多样化。我们所熟知的课程内容包括文字材料、图片、音频、视频、直观教具、实物等形式。这是最直观的多样性。其实它包含多个方面，即课程材料的多样性、课程教学活动的多样性以及练习题的多样性等。

课程材料的多样性既表现在主题内容方面，也表现在形式体裁方面。主题内容的多样性是指材料描述的主题应涵盖学习者生活、学习和工作的绝大部分领

[1] 转引自［美］乔治·J. 波斯纳，艾伦·N. 鲁德尼茨基著，赵中建等译：《学程设计——教师课程开发指南》，华东师范大学出版社，2003：182。

域，比如问候、问路、吃饭、住宿、换钱、邮寄、谈论、听讲座、做笔记、写论文、打电话、开会、业务洽谈等。当然也可涉猎各种故事、人物、山水、动植物、新闻报道和时事评论等。高彦德等（1993：170）在调查分析的基础上提出：“课程内容的选择应体现出广泛性和多样性的特点，……在类别上，似宜于以百科为选择材料，涉及面要广。比如，除了我们在调查表中列举的九项内容外，也应兼顾到外交、科普、乃至产品介绍等多方面的内容。但是，对各类内容的选择要有比例限制：学生需要程度高的内容，应作为重点多选；学生需要程度低的内容，则可少选。”甚至各民族、宗教、阶层等也应有较为公平、多样的考虑。形式体裁方面的多样性主要是指语体风格和体裁的多样性，即所编选的语言材料语体风格和体裁应有所不同[1]。有对话为主的口语体，也有以叙述、说明、论证等方式表现的书面语体；有文学作品，也有新闻、通知、海报等应用文体。同一篇课文或对话也应照顾不同的人物、情景等因素而采用不同的语体风格。其实就是对口语语体和书面语体进一步细化。比如在“口语语体”内部明确为谈话聊天语体、辩论语体、演讲语体等几种；在“书面语体”内部明确为文学语体、公文语体、科技语体、商业语体、文艺语体、外交语体等。文体的多样性不仅能增强语言材料的弹性、灵活性和丰富性，而且有利于学习者体会言语交际的情境性和多样性，从而有利于其言语交际能力的真正提高。正如佟秉正（1991）所言：“语言虽简单，内涵万不可幼稚，一定要给学生发挥想象力的余地。课文、对话不但要显示语言的规则与功能，也要表现出语言文字的灵活性，并且随着进度发展风格，不可墨守最简单、最平淡的格调，一成不变。”其主持设计的汉语口语课程这方面的特点就很明显（杜玲玲等，2004）。

课程教学活动方面的多样性是指语言教学不仅要活动化、交际化，而且要计各种形式的活动和各种类型的交际，以增强言语交际练习的全面性并调动学习者的积极性。常见的活动有单个操练、集体操练、设计并完成任务、角色扮演（实

[1] 在汉语教学领域，李龙植（1981）、张宁志（1985）、盛炎（1994）、申修言（1996）、丁金国（1999）、李泉（2004）等都曾就此方面进行过研究。

施时可以进行角色互换，让学习者体验不同的角色)、二人对话、小组共同学习等。Yelon（1996）将这种“多样化的教学刺激”称为“创新”，并将其列为“十大有效教学原则”之一。

练习题的多样性包括练习内容的全面多样和练习形式的灵活多样。[1] 练习内容包括语音、汉字、词汇、语法、听说、阅读、写作、交际技能等方面。练习形式包括模仿操练、角色扮演、自主交际等方面，包括填空、配伍、选择、问答、翻译、交际练习等题型。既应有机械性的操练，也应有与意义相结合的练习，还应有情景搭配方面的练习，而且应以意义性练习和情景性练习为主。语法或句型的操练也应避免单一的替换，最大限度地增强其意义性（如结合图片等）。

多样性既能增强材料或活动的趣味性，使学习者愿意学习，又能满足学习者不同的学习需要，使其熟悉不同的信息来源，得到不同类型的锻炼。比如“求职”这个知识点，我们可以呈现“求职”具体要求的描述，也可以用表格的形式呈现，同样可以把报纸上的求职信息直接拿来使用；进行操练活动时，可以领读、齐读、角色扮演，也可以模拟进行求职招聘活动。这要求课程设计者在选择语言材料时注意语体风格、呈现形式、练习活动等各个方面的多样性。

（五）规范性

规范性是指选择汉语课程内容语言材料时应尽可能选择通用的、规范的语言，以实用和简练为标准，尽量避免地区方言和市井俚语。因为语言本身就是一套约定俗成的规范，脱离了这个规范，思想表达和言语交际都会受到影响（邓懿，1956；胡明扬，1999；金红莲，2006）。此外，杨德峰（1997）还认为，除语言的规范化外，还应有选文的规范化（即确定一个选文标准：选那些当代典范的普通话作品；必须适合做语言教材；应选那些反映当今情况的；选文的文化背景应尽量贴近日常生活）、生词及语言点确定的规范化。一般来讲，我们教给外国人的应是普通话，但也有可能因为学习者要去某个地区工作而教授当地的方言（如上海话或广东话）。具体来说，语言的规范性包括语音、汉字、词语和话语等各个方

[1] Dubin & Olshtain（1986：96）曾提出了十类不同的练习。

面的规范。在语音方面，我们应该选择规范的声、韵、调。比如“东边”等词就应该选择普通话里的 dōngbian，而不能采用南方人所读的 dōngbiān。在汉字方面，则应该选择规范的简化字，而不是繁体字或异体字。在词语方面，则应该选择规范的词语，而不是方言词、自造词或网络词。李行健（1987）也持类似观点：“对外汉语教学的内容应该是民族共同语，凡是未成为普通话（汉民族共同语）词汇中成员的词可以不用去学。这可分为几种情况：还未成为普通话词汇的方言词；还未成为普通话词汇成员的古语词；死去的词或词义；普通话中有待规范的等义词；还未被普通话吸收的外来词。”选择汉语语料时，设计者则应选择规范的，而不是方言的或受到外来语影响的。比如“我有去过北京。”这个句子就不规范。需要注意的是，语言材料的规范性不只表现在课程材料上，还表现在汉语教师的课堂用语或日常交际上。汉语教师的话语也是一种课程内容，因为学习者会进行有意和无意的模仿，因此教师应随时注意使用规范的汉语。

相对于其他原则来说，规范性原则比较容易达到。只要设计者或汉语教师做到足够的细心、认真和负责任，这个原则就基本上能够贯彻好。

总之，我们在选择汉语课程材料或设计活动时应尽可能从这些角度来考虑。这是几条普遍适用于所有汉语课程的原则。对一些具体的汉语课程来说可能要再细一点。比如葛中华（1991）就提到“汉语视听说”课选择内容的具体原则：“1. 语言——语言要活泼，风趣，但绝不是无聊的逗乐，故意的哗众取宠。2. 文化——历史、文化、风俗习惯、生活方式的不同往往能有效地引起人们的兴趣，这一点对成年人来说尤为如此。3. 题材——历史题材与现代题材相比，应以现代题材为主。4. 艺术性——录像材料的内容，无论是电影、电视小品，还是电影短剧，我们在选材时必须考虑它的艺术性，即作为教材，必须能经看。5. 课文的篇幅与教材的量。每课材料内容应力求短而精，生词量适当，录音清晰。6. 学生用书中所配插图。”陈灼（1991）谈到中级汉语课的语料选择时曾说：“以交际功能为出发点，所选语料要便于提出话题、设置情境和创造多种多样的语言环境。题材、体裁要广泛，内容要以反映当代生活为主，克服内容陈旧、偏难的弊病。越是贴近生活，越是轻松、

幽默的内容，越适合用语言训练。语料中包含的词语、结构和句式要符合大纲的要求。”其他课程也应该在总原则的基础上再考虑所设课程的特点。

在明确以上原则的基础上，有两点需要说明：第一，汉语课程材料选择的原则不止这五条，而是更多。设计者可以结合自己的课程特点选择某些原则参考；第二，这五条（甚至更多）原则是从理论层面而谈的，在实际操作选择材料时，设计者没有必要每一个原则都要去严格遵循，面面俱到。因为现实中同时符合这五个原则的材料太少了，甚至无材可选。比如有些语体（如公文、新闻等）就很难说有趣味性。这就要求设计者在操作时把握好课程的特点和目标，以符合目标的某项原则为主，兼顾其他原则即可。

第三节　汉语课程内容选择的过程

汉语课程内容选择的过程分为课程大纲的选择和具体语言材料的选择两个步骤。我们分别来看。

一、汉语课程大纲的选择

汉语课程大纲的选择是一个操作性的问题，关键在于如何将上述各项原则应用到汉语课程设计的实践之中，选出所需要的具体项目来。基于此，我们提出一个汉语课程大纲选择的步骤，供大家参考。

（一）明确汉语课程理念

汉语课程理念是指设计者对汉语课程的一些根本认识和看法，其实就是前面提到的汉语课程观，具体包括汉语教学观、学习观、师生观等。比如：

你认为汉语课程内容是什么？是知识？交际能力？学习者的情感？态度？语言学习能力？还是以上诸项的综合？重点是什么？

你认为汉语教学是一个知识传递的过程，技能形成的过程，还是交际能力形成的过程？甚至是学习者语言学习能力提高的过程？学习者在挑战性的环境中学习效率高，还是在相对安全稳定的环境中学习效率高？在课程中准备使用哪种教学方式？是操练、任务式，还是其他？

汉语学习是如何发生的？汉语学习过程是一个归纳过程，还是一个演绎过程？是自主学习、合作学习，还是模仿练习？汉语学习是掌握语言要素知识，还是提高语言技能或者交际能力，还是多元文化意识和批判性思维能力的发展？

在汉语课程教学中，教师和学习者分别扮演什么角色？教师是一个决策者、知识传递者，还是协商者、合作者？学习者是主体、合作者，还是被动接受者？如何定位教师与学习者的关系？是民主、平等的，还是权威、服从的？

不同的汉语课程理念直接影响课程大纲项目的选择。我们以对语言的认识为例：

如果你认为语言只是一种知识，那听力就是单纯“接受信息”，是 usage 和 hearing；口语仅仅是组词造句，造出没有语法错误的句子，是单纯的“发送信息”，是 usage 和 speaking；阅读就是读语言的用法，是 usage；写作就是写句子或句子的组合，是 usage 和 writing。但是，如果你用一种整体性的视角或交际性的视角来看待语言，即把语言看成是一种交际技能的时候，境界就完全不同了：听力是指在特定的语境中进行交流的听力行为，是 use 和 listening，是用语言知识、技能和思想去解码，是倾听内容、揣摩含义、推断意义等；口语是指根据场合、情景、意图、目的、对象以适当的方式发出信息（当然不仅是发出信息，还包括接受信息的活动），是 use 和 saying；阅读是一系列运用语言进行预测、推理、归纳、思考等的心理活动过程，是识别作者使用这些句子的功能、意图和目的，并在此基础上进行交际，是 use；写作是写思想，是交际，即作者把自己想说给别人听的观点摆出来，是 use 和 composing。（Widdowson，1996：58-63）

在这里，usage 指语言系统知识的展示能力；use 指对展示的语言系统的理解、识别、应对等能力。能够造出、说出、写出、听懂、读懂句子，那是句子水平，属于语言技能，是 usage 层次；能够知道怎样用句子达到交际目的，那是交际水平，属于交际技能，是 use 层次。在汉语课程设计中，若以 usage 为纲来选择课程内容，会根据语言的难度和复杂程度进行选取和排列；若以 use 为纲选择课程内容，则会根据交际需要来选取和组合。

（二）确定汉语课程的起止水平

明确了汉语课程理念以后，设计者应该确定的是汉语课程的起止水平和内容重点。课程的起止水平就是要设计的这门课程（起点和终点之间）的程度范围。通俗地讲，就是“这门课从哪儿开始？到哪里结束?”汉语课程的起点就是学习者的原有水平；终点就是所设定的汉语课程目标。相关信息应参考设定课程目标时所做的调查。关键是如何把握所设计的课程在总体汉语课程体系中的位置。我们传统上往往把对外汉语教学分为初级、中级、高级。但这种区分稍显宽泛，即初级、中级和高级本身就有一定的宽度，初级阶段前期（语音阶段）和后期（短文阶段）之间的差距过大。由于学习时间等因素的影响，学习者的汉语程度可能并不完全对应初级、中级或者高级的“接口”。因此，为了更恰当地界定学习者的程度或者课程的范围，我们需要一个更详细的汉语水平的“刻度表”。《国际汉语教学通用课程大纲》中把汉语水平定为六个等级，即一、二、三、四、五、六级。当然我们也可以参考其他语种的程度划分。比如 1982 年美国外语教学委员会（ACTFL）出版的外语水平分级指南，即把初、中、高三个等级中的每个等级又分为三个等级，这样就共有九个等级。欧洲委员会制订的《欧洲语言共同参考框架：学习、教学、评估》（*Common European Framework of Reference for Languages: Learning*，*Teaching*，*Assessment*，简称 CEF）则将学习者的语言能力分为三等六级：一等为初级使用者（A），包括入门级（A1）、基础级（A2）；二等为独立使用者（B），包括进阶级（B1）、高阶级（B2）；三等为熟练使用者（C），包括流利运用级（C1）、精通级（C2）。

（三）汉语课程大纲的选择

我们曾经根据汉语课程的内容分类，把大纲分为语法大纲、汉字和词汇大纲、功能大纲、情景大纲、任务大纲、话题大纲等多种类型。在实践中，无论是综合课，还是专项技能课，几乎没有一种汉语课程是仅由一种大纲来设计的，都是两种或多种类型大纲的综合。《新剑桥英语教程》（*The New Cambridge English Course*）的编者 Swan & Walter（1990）就提到，一个完整的英语课程至少包含 8 种主要大纲，即词汇大纲、语法大纲、语音大纲、意念大纲、功能大纲、情景大纲、主题大纲和技能大纲。我们培养的是学习者综合运用语言的能力，当然应该涉及各种类型的内容大纲。同时也需要设计者根据汉语课程性质和课程目标选择其中一个大纲为主线。

比如我们要为某公司职员设计一个初级汉语口语课，首先应该确定的是一个普通公司职员要完成哪些任务。比如在客户洽谈会上要能够给客户介绍本公司的产品和服务、能够与客户签订买卖协议、能够表达观点、能够消除误解等。把这个部分梳理好，就是一个任务大纲。这是主线。随后，我们可以尝试确定公司职员在完成这些任务中会用到哪些工作场景，比如可能有办公室、客户洽谈会、在宾馆、在酒店等。随之把这些工作场景改造为能够教学的情景。这就是一个情景大纲。接着考虑，这些工作场景包含哪些功能项目？每一个功能又包含几个小点的功能？比如在办公室里，有招呼、问候、介绍、打电话、开始和结束交谈、转移话题等，全部梳理出来就是一个功能大纲。最后，这些功能项目包含哪些口语技能、语法项目、词汇、汉字，每种功能项目包含哪几种常用的表达方式等。比如“介绍”里面就包含“是”字句，“请求”里面就包含“祈使句”。分析统计出来就是语法大纲和汉字词汇大纲。至此，这个汉语课程以任务大纲为主线，依次形成了情景大纲、功能大纲、语法大纲、汉字和词汇大纲。我们要确定的课程大纲就是这样一个由多种类型的大纲交织组成的文本。

当然，这样分析得到的课程大纲并不是最后确定版，仅仅是课程设计者继续前进的“基础稿”。它还会随着不断地讨论、试验而继续修改完善。因为大纲完成后要征求相关群体的意见，必然会增加一些新的内容，也会删掉一些不合适的内容。

（四）汉语课程大纲的形成

汉语课程是各种内容的“集合”。一门汉语课程的大纲也是各种内容大纲集合后的“总纲”。因此，在设计时应该先形成有关各种内容的“大纲”，即语法大纲、功能大纲、情景大纲和汉字、词汇大纲等；然后再按照一定的思路整合成一个综合性的“总纲”，即形成所要设计的汉语课程的“骨架”。

1. 各种内容的大纲

初步选择后的汉语课程大纲基本上算是一个“杂合体”，主要包括语法大纲、汉字和词汇大纲、功能大纲、情景大纲、话题大纲和任务大纲等几个部分。比如对一门汉语口语课程来说，这几个大纲都有可能成为课程的“主线”，整合其他大纲，从而形成不同类型的课程大纲：情景型的课程大纲（即围绕不同的会话情景组织其他内容）、话题型的课程大纲（即围绕不同的话题组织其他内容，并说明如何用汉语讨论）、功能型大纲（即围绕在口语会话中最常用的功能来组织内容）、任务型大纲（即围绕不同的任务和活动组织内容，用汉语完成这些任务和活动）。我们分别来看：

语法大纲：又称结构大纲，即按照第二语言习得的规律，把学习者达到课程目标所需要的语法项目选择出来，按照由易到难、由简单到复杂（或者使用的范围和频率，或者目的语语法和学习者母语语法之间的区别等）的顺序组织起来的知识纲要。汉语课程教学界有《对外汉语语法大纲》（王还主编）和《汉语水平等级标准与语法等级大纲》（刘英林主编）两个较为成熟的语法大纲。《高等学校外国留学生汉语言专业教学大纲》和《高等学校外国留学生汉语教学大纲（长期进修）》都附有“语法项目表”，也可看作是语法大纲。以这些成果为基础，我们可以根据所设计课程的目标、特点、学习者需要以及汉外语法对比进行选择，形成符合自己需要的独特的语法大纲。事实上，从上世纪 50 年代一直到现在，国内初级综合课基本上都是以语法大纲为主线来设计的。而如果是口语课或听力课，则没有必要过多考虑语法的系统性，只要说清楚即可。总之，我们选择的是具体一门课程的语法大纲，语法项目的选择是有限的、简化的，解释应具体明确。

汉字和词汇大纲：即通过语料分析确定学习者形成言语交际能力所需要的汉字和词汇量，然后根据音序或者常用程度排列起来，比如甲级字（词）、乙级字（词）、丙级字（词）和丁级字（词）等。经过大量的语料分析和研究，上世纪 90 年代初形成了汉字和词汇大纲（即《汉语水平词汇与汉字等级大纲》），将汉字和词汇分为甲、乙、丙、丁四级。《高等学校外国留学生汉语言专业教学大纲》和《高等学校外国留学生语言教学大纲（长期进修）》都附有详细的"词汇表"和"汉字表"。另外，还有法国人安雄编制的《一级阅读字表》以及崔建新（2006）经过实验总结出的可以涵盖初级阶段语法项目编排和教学的五百字汉字表。2010年，教育部、国家语委又联合发布了《汉语国际教育用音节汉字词汇等级划分》。这些成果都可供我们在选择汉字和词汇时参考。

功能大纲：即对学习者应达到的汉语交际能力进行切分，形成一个个的交际功能项目（如打招呼、介绍、请求、同意、建议、警告、抱怨、协商等），并将这些具体的交际功能项目按照"急用先学"的原则进行排列。汉语课程教学界直到上个世纪末才出现了功能大纲，即《对外汉语教学初级阶段功能大纲》和《对外汉语教学中高级阶段功能大纲》。《对外汉语教学初级阶段功能大纲》把初级阶段言语行为的功能分为六个板块，即表达社交活动、表述客观情况、表达理性态度、表达主观感情、表达使令、社交技巧等，共涵盖打招呼、问候等117个具体功能项目。《对外汉语教学中高级阶段功能大纲》在初级阶段功能项目的基础上把功能项目扩展为152项，归纳为7类，即社交活动中的表达功能、对客观情况的表述、对理性认识的表达、对主观感情的表达、对道德情感的表达、表达使令、交际策略的表达。《高等学校外国留学生汉语言专业教学大纲》和《高等学校外国留学生语言教学大纲（长期进修）》都附有"功能项目表"。这些成果都可供我们在课程设计时参考选择。

情景大纲：即对学习者将来使用汉语进行交际的地点场景进行切分，以形成一个个的交际情景（如在饭馆、在机场、在宾馆、在邮局等），并按一定顺序进行排列。一个具体的交际情景往往会发生具体的交际行为，母语者甚至有一些使用频率较高的言语交际的模式。比如"在饭馆"这个情景，往往就有与服务员的言语交际行为，如"看菜单""点菜""要主食""买单"等。这些情景的交际模式就是我们要学的情景项目。汉语教学界在上世纪80年代初出现了以情景为纲的课程，即原如刚等（1981）所设计的中级口语课。正式的情景大纲则到了上个世纪

90年代末才出现，即杨寄洲主编的《对外汉语教学初级阶段情景大纲》。该《大纲》把整个交际情景分为：主要交际场所、主要交际活动、主要交际用语三个板块。其中主要交际场所涵盖了机场、飞机上、海关等36个具体场景；主要交际活动又分为日常生活、学习活动、课外活动、体育健身活动、外出旅行等五个领域；主要交际用语又分为介绍个人情况、介绍家庭情况、介绍朋友的情况、问候、上课、打电话等63个主题。《欧洲语言共同参考框架：学习、教学、评估》曾列出不同领域的具体语言交际情景。[1] 这些都可供我们在设计课程时参考。

话题大纲：即将学习者在言语交际中会遇到的话题或主题总结梳理出来，并按一定的顺序进行排列。这里面既包括在日常生活中会遇到的话题（如天气、环境、文化冲突等），也包括专业知识所包含的知识主题（如经贸汉语中的谈判、会议等）。[2] 汉语教学界从上世纪90年代出现了以话题为纲的阅读课和综合课。但一直没有出现较为正式的话题大纲。《国际汉语教学通用课程大纲》在附录中提供的《汉语教学话题及内容建议表》可视为初级形态的话题大纲。Taylor（2003：78）就将小学阶段的话题大纲确认为：家庭、家、学校、社区、休闲、动物、畜牧、商店市场、节日。

任务大纲：即"以任务为组织单位的教学大纲"（马箭飞，2002），把学习者运用汉语完成的各种活动或目标切分成可供教授的项目，并按一定顺序排列起来。具体某项任务其实就是承载真实言语交际并促成语言习得的活动。比如"查地图""指路""读说明书"等。"作为教学课件的交际任务，其主要组成因素包括：（1）交际目的，即任务所要完成的具体目标或具体结果；（2）交际功能，即任务所包含的功能项目以及具体任务活动的整体功能；（3）交际话题，即任务所涉及的交际范畴以及任务活动的主题；（4）交际情境，即任务活动的场合或情景；

[1] 参阅《欧洲语言共同参考框架：学习、教学、评估》第48-51页。

[2] 还有一种话题大纲，其话题主要来自某个学科，比如中国文化、历史、地理、中国社会等。这些话题用汉语来讨论，即让学习者在学习学科知识的同时学习汉语。这种方法被称为"内容领域的语言"（Language in the content area）。参阅 Dubin，F. & Olshtain，E.: *Course Design: Developing Programs and Materials for Language Learning*. Cambridge University Press, 1986：109。

（5）交际途径，即任务活动的形式和完成方式；（6）语言要素及其规则，即组成任务的语言素材，以及词法、句法、语篇的规则性知识和程序性知识。”“任务分级的首要原则就是考虑任务的语言要素。其次，要考虑任务活动的形式。第三，要考虑任务涉及的范畴和话题特征。第四，还要考虑完成任务的途径和背景提示。”（马箭飞，2002）尽管一直有相关研究，但汉语教学界一直缺少正式的任务大纲。《高等学校外国留学生汉语教学大纲（短期强化）》中所附的“汉语交际任务项目表”有点类似任务大纲，可以参照。

除此之外，还有语言技能大纲和文化大纲等。这些大纲都属于所设计汉语课程大纲的一部分。因此，要形成一个可“附加”语言材料的汉语课程大纲，还需要把这些各个部分的大纲整合起来。

2. 整合成课程“总纲”的思路

各种大纲的知识性质不同，逻辑关系不同，要完美地整合在一起，确实不太容易。那么在一门汉语课程中，我们如何将这些大纲合成一个有机体，即一门汉语课程的骨架呢？参考 Alexander（1981，转引自外英，1981）、Dubin & Olshtain（1986：110-111）、魏国栋（1998）和程棠（2000：127-128）等学者的观点，我们梳理出一个基本思路：首先根据课程目标和学习者需要确定哪个大纲是基本大纲（即前文提到的组织要素），然后根据目标、可行性、难易度逐步从其他大纲中选择内容与基本大纲进行结合，最后形成一个综合性的大纲。在此基础上，结合不同类型的汉语课程，我们大致提出几种比较有操作性的结合方式：

第一种：把汉语语法大纲作为基本大纲，将功能和意念与不同的语法项目进行结合，然后再选择一个话题进行统摄，在此基础上选择或编写体现这些语法项目和功能的语言材料，并设计一些情景交际活动，最后根据这些材料来确定要学习哪些汉字和词汇。确定内容的先后顺序时，首先应考虑语法点或句型的难易程度。针对话题选择功能项目时，应该在语法结构允许的情况下首先考虑学习者的需要。从现有的初级汉语综合课来看，这种综合的方式最多。吕必松（1984）也比较认同这种结合方式：“1. 按照句型的难易程度安排教学顺序。2. 以句型（或语言点）为中心组织材料。……以句型为中心组织语言材料，就可以突出语法规则的教学。然而，围绕同一个句型，也可以组织不同的语言材料。为了满足交际需要，围绕一定句型的语言材料也应根据急用先学的原则来选择，或者根据学生的特殊需要来选择。3. 以单个句型（或语言点）为教学内容的基本单位。”“只有按照由具体到抽象、由简单到复杂以及学以致用的原则安排教学内容，围绕一个个句型（或语言点）组织语言材料，采取灵活多样的练习方式，才能更好地把结构、意义和交际功能结合起来，更快地培养和提高学生实际运用语言的能力。”佟秉正（1991）也谈到：“编写前必先认定服务对象，选择指导理论，草拟自己的语法大纲与功能大纲，结合理论与经验，把握住最常用的词汇，仔细安排每一课的语法要点和功能项目。然后开始编写课文、会话，设计各种练习，并且得注意前后呼应，随时调整。”

第二种：把功能和意念大纲作为基本大纲，然后根据功能来设定有利于促进汉语习得的典型交际情景；在此基础上，选择一个既能囊括以上内容又能激发学习者兴趣的话题来挑选或编写合适的语言材料，确定材料所包含的语法项目、汉字和词汇，尽量使之自然地结合起来。或者是根据课程目标选择一些较大的功能意念项目为主题，每个主题下面又包括若干个相关的较小的功能意念项目，并分成几个阶段螺旋式循环出现，组成功能的语法结构和词汇等由易到难、由浅入深地不断呈现，交际情景也由学校和家庭逐渐走向整个社会。赵菁等（2000）所设计的中级汉语听说课就是“以功能和话题序列作为编排的纲目。每课安排两项主要功能项目，并围绕这两个功能项目安排一组并列的话题来进行功能的练习。在一些主要功能项目之下又涵盖了多个功能项目，在一些话题之下又有一组并列的语段对话题进行拓宽和补充。同时，每课有意识地安排相应的文化点和口语表达形式。”以第二课《待人接物》为例，其“功能”项目为接待（约定、迎接、介绍、招待、挽留、送别）和应酬（问候、客套、称赞、致谢、致歉）；“话题”为接团、购物、交友、做客、送礼、吃饭、服务质量；“表达形式”为对……来说、到……为止、转眼、再说、其实、这么着、意味着、甚至；“文化点”为社交礼俗、中国人的交友观。以这种方式组合的汉语课程大多在中高级阶段，初级阶段以这种方式组合的主要是专门用途取向的汉语课程。

第三种：把要学习的交际情景作为基本大纲，然后根据具体的情景来设定适当的话题、功能和语法项目；在此基础上，选择或编写具体的语言材料或交际活动，最后确定语言材料或交际活动所包含的词汇和汉字。王德珮等（1984）为日本学习者设计的汉语课程教材就是这样处理的：“在总体考虑时，我们首先考虑了学生交际的需要，考虑到学生刚来中国生活、学习时，主要可能在哪些范围内接触中国人，在跟这些中国人交际时，他们一般地需要说些什么，因此我们决定按照交际性原则，用情景法来组织教材。在教材中我们编入了有关家庭、问候、介绍、买东西、问路、坐车、参观、游览、文体活动等多方面的社交活动情景。在这些情景中让学生学会询问、介绍、同意、接受、道歉、希望等语言功能。接着我们考虑的是，在哪些交际情景中用哪些语言形式、结构和常用词汇最能表达交际的需要。我们设计了典型的交际情景，精心选择了语言结构和常用词汇，尽量使二者自然地结合起来。”用一句话来概括就是，以典型的交际情景为主线，把语言功能寓于情景之中，然后再配以语言结构。

第四种：先确定要学习的交际性的话题，在展开话题时安排功能项目，确定这些话题和功能所需要的语法项目和词汇，然后再选择和编写蕴涵这些内容的语言材料。姚道中等（1997；2005）为美国学生设计的汉语课程和傅海燕（2007：83-85）对汉语课程教学单元的规划都属于此。以姚道中等（1997；2005）所设计汉语课程的第5课为例，其话题为“看朋友”，其中包含“介绍”和“询问”两个功能项目，还包括“谁呀”和“是吗”两个功能性的表达法。除了以前学过的以外，话题和功能需要的语法项目还有“一下和一点儿”、形容词做谓语、表示位置的“在”、语气助词“吧”、助词“了”、副词“才”等，在此基础上确定了“呀、进、快、进来、来、介绍、一下、高兴、漂亮、坐、在、哪儿、工作、学校、喝、点（儿）、茶、咖啡、啤酒、酒、吧、要、杯、可乐、可以、对不起、给、水”等词语，最后在此基础上编写了一个对话、一个叙述体的课文以及练习。

第五种：先确定每一课要学习的目标词语，然后把这些生词编进一定的语境（情景），使每一个生词尽可能多地在不同上下文中重现，并在此基础上进行反复操练。[1] 比如陈贤纯等（2005）设计的汉语课程在第一课确定了"报到、进行、入学、开学、新生、老生、自费、公费、学费、免费、奖学金、办公、开（设）、课程、选修课、必修课、进修、本科、表、填、教材、试（用）、初级、课堂、讲课、学年、学时、学分、功课、层次、差距、阶段、基础、综合"等35个目标词语，依次在"词语用例"中为每个词语提供四个例句进行操练，在"复述短文"中将一部分词语编进一个短文中进行复述，然后在"目标词语对话"中将词语编进对话中进行应用，最后在"听后回答"和"读后回答"中对这些目标词语进行反复刺激和训练。

此外，崔建新（2006）的实验还给我们设计课程提供了一个新的思路：从既定的五百个基础汉字出发，形成初级阶段语法项目，选择一个话题在一系列的交际情景中将这些语法项目统摄起来。

二、汉语课程材料的选择

汉语课程大纲经过选择确立后，下一步就是为大纲选择具体的课程材料。如果我们把大纲比作整个汉语课程的"骨架"的话，那么课程材料就是附着在"骨架"上的"血肉"。课程材料选择的实质就是选择某种语言形式（对话、短文、图片等）或活动形式（比如角色扮演、任务等）把课程大纲中的知识点（包括语法、功能、情景等）呈现出来，以便教学。

（一）汉语课程材料的界定

汉语课程材料是对大纲"知识点"的填充和丰满。在前面提及的语法大纲、功能大纲等各种课程大纲，除汉字和词汇大纲外，都需要具体的材料来表现。

语法大纲往往由语法知识的解释和具体例句（或文章）等语料来填充。比如"结果补语"这个语法点就可以用下面这个对话来呈现（选自周健，2009：221）：

[1] 这种思路往往在设置中级综合课或词汇课中使用。

警察：怎么回事？

行人：他撞了我。

警察：你骑车的时候没看到她要过马路吗？

里奇：我穿着雨衣，没看清楚。

行人：他骑得很快，右手还拿着东西。

警察：你过马路的时候，没看见他骑自行车过来吗？

行人：我打着雨伞，没看清楚。

警察：结果呢？

行人、里奇：我们都摔倒了。

里奇：我的自行车摔坏了。

行人：我的眼镜摔破了。

警察：摔伤了没有？

行人：不知道。背上有点儿疼。

警察：这样吧，（对里奇）你陪她去医院检查一下身体。（对行人）检查完以后，你陪他去修自行车。

这篇课文直接对应于“动词＋结果补语”的学习和强化（文中集中出现了九处动词带结果补语的结构，即“看到、看清楚、看见、看清楚、摔倒、摔坏、摔破、摔伤、检查完”），而且显得较为真实自然。

功能大纲往往由一些例句组成的对话或文章来呈现。比如康玉华等（1990）所设计课程第21课中的“邀请”这个功能项目就呈现为（节选）：

李红：喂，玛丽吗？刚才你给我打电话了？

玛丽：是啊，现在你做什么呢？

李红：在休息呢。

玛丽：告诉你，明天晚上有个圣诞节晚会，请你参加。

李红：好，我一定去。

玛丽：晚上八点，我在友谊宾馆门口等你。

情景大纲往往由一系列的场景对话或文章来呈现。比如原如刚等（1981）所设计的中级口语第一课“在飞机上”就呈现为（节选）：

（哈雷、安娜夫妇与中国留学生杨帆在飞机上）

哈雷：先生，您是去中国吧？

杨帆：是的。您呢？

哈雷：我也是。请问，您从哪儿来？

杨帆：巴黎。

哈雷：巴黎！您在那儿做什么？

杨帆：在巴黎第三大学学习，现在毕业回国。看样子，您是巴黎人吧？

……

播音员：女士们，先生们，北京到了。飞机就要降落了，请系好安全带，不要吸烟。谢谢。（他们下了飞机）

杨帆：祝你们暑假愉快！

话题大纲往往由一系列围绕话题的对话或文章来呈现。比如郭志良等（2007）设计的汉语课程中话题“生日”就呈现为（节选）：

山本：上子，生日快乐！

贝拉：祝你永远快乐，永远幸福。

大内：谢谢你们，快请坐。

艾米：祝你健康长寿。

金汉成：这句话是对老人说的。……

山本：这是我们几个送你的花儿。

大内：这花儿真漂亮！我很喜欢。谢谢，谢谢你们。

贝拉：你数一下，一共几枝？

大内：一共6枝。……

大内：请进。啊，是你！欢迎，欢迎。我给你们介绍一下，这位是方云天同学。他是方老师的儿子，也是我的辅导老师。

山本：还是我的朋友。

方云天：大内小姐，我代表我爸爸祝你生日快乐！

大内：谢谢，非常感谢。

方云天：我爸爸身体不太好，没来。这是我送你的礼物。

任务大纲往往由一系列的任务活动组成。比如《高等学校外国留学生汉语教学大纲（短期强化）》中所附的《汉语交际任务项目表》。

确定所选语言材料时，还应注意其特征，具体包括语言材料的类型（types of language materials）、语言形式（language forms）和量（how many）（Van ELS，1984：194）。

语言材料的类型包括方言（dialect）、语域（register）、语体（style）和媒介（medium）。方言是指某个地区所讲的一种语言变体。与之相对应的是标准语。对于基础阶段的学习者来说，应以汉语标准语（即普通话）为宜。当然，如果专门学某种方言（比如粤语）另当别论。语域指某些学科或领域所用的语言。《欧洲语言共同参考框架：学习、教学、评估》提到"与外语学习相关联的应该有四个主要领域：公共领域、职场领域、教育领域和个人领域"。这一点对专门用途取向的汉语课程影响尤大。以职场领域中的外交语域为例，其语音和词汇方面要求规范、典雅，其句法方面要求句子较长，类型比较单纯，主要采用完全句，极少用省略句，修辞集中在婉曲、模糊、引用和对照类上等（刘亚林，1996）。语体是为特殊目的服务的语言变体，是各种不同的说话方式，是一种语境方言（situational dialect）（盛炎，1994）。在汉语课程中，语体一般分为正式语体和非正式语体两类，其选择取决于学习者使用汉语的场景。如果只是日常生活使用，学习非正式语体即可；如果学习商业或学术汉语，则应该学习正式语体。比如同样是表示"问路"的语句："您好，先生，麻烦您告诉我一下去车站怎么走，好吗？"是正式语体，而"车站在哪儿"就是非正式语体。媒介指语言信息传递的方式，一般分为口头和书面两种方式。

还有语言形式和量这两个维度。选择哪些语言形式和选取多少取决于课程目标。目标越具体，选择越有限。语音和词汇的选择余地有限，一般的选择集中在句法系统。在基础阶段，我们往往选取言语交际所必须掌握的最基本句型，或者表达某种意念的最恰当句型。在量的方面，最多的是词汇。词汇量大，但许多词语出现的频率并不高。我们应选择对实现课程目标最有用的部分，当然，还要考虑学习者可接受的程度。

还需要注意的是，我们要选编的具体课程材料，不仅包括语言材料，还包括图画、照片、表格、流程图、光盘等。这些材料都对学习者的学习具有很大的正面促进作用。（参阅 Levie, 1987；Levin et al.l, 1987；Mayer, 1989；Winn, 1993 等。）比如“图画”，不仅可以用来说明功能和情景，还可以用来解释语法点。比如绝大多数的教材在介绍“趋向补语”时都附有图画。马来西亚国民小学使用的汉字课也充分运用了图画，全书共有 30 课，每一课都以图画呈现（参阅张秀玲，2005）。沉浸式汉语课程更是把图画作为重要组成部分。现在的汉语课程中，使用光盘、MP3 等音频材料以及动画等视频材料早已司空见惯。言语交际技能是通过任务或活动形成的。任务或活动也是汉语课程材料选择的内容。比如设计一门口语课，不仅需要一些规范的口语交际的范句或材料，还需要一些供学习者在课堂上使用的活动。实际上，只有通过一系列的任务或活动，学习者才能掌握口语交际的技能。同样，只有经过一系列的阅读和写作活动，学习者才能掌握阅读和写作的技能。

可见，具体课程材料的编选是十分复杂的，并不是所有的材料都可以用在课堂或教科书之中。第一，它要有利于学习者掌握各种大纲“知识点”；第二，它要具备一定的特点才行，比如应为普通话、属恰当的语域、是合适的文体等。此外，图片、录音、活动以及练习题等内容也应根据需要适度选入课程中。

（二）获取课程材料的具体方式

汉语课程教学的材料，大致有三种方式可以获得：第一，直接选用既有教科书；第二，对既有教科书修改使用；第三，自己选择或创作具体材料。

1. 直接选用既有教科书

直接选用就是选择跟自己设计的课程的目标、理念等较为一致的汉语教科书或其他出版物直接作为课程教学材料。[1] 直接选用并不容易，它需要我们了解足够数量的汉语教科书相关信息，还要结合自己所设计课程的特点对其进行评价，看是否合适。一般说来，能否直接采用的关键在于我们能否对要选择采用的汉语教科书或其部分语料有一个全面客观的评价，然后再看其是否适合学习者的水平和所设课程的特点。

对汉语教科书进行评价和选择首先要有一定的标准，我们前面提到的几个原则就可以在评价和选择汉语教科书时使用。同时，在课程教学界，有很多关于教材评价标准的研究。比如 Cunningsworth（1995：15-17）就曾对英语作为第二语言教科书的评价提出四个标准：第一，教科书应该符合学习者的需要，适应语言学习项目的目的和目标；第二，教科书应该反映学习者（现在或将来）对语言的使用，选择的教科书应该有助于使学习者对语言进行基于自己目的的使用；第三，教科书应该反映学习者的需要、促进其学习过程，而不是强加一种僵化的教学法；第四，教科书应该有一个明确的职能：促进语言学习，像教师一样，致力于找到学习者学会目标语的方法。此外，Grant（1987：124-126）、Seaton（1982）、Hutchinson & Waters（1987：99-104）、Cunningsworth（1995：3-4）、Brown（1995：161）、周雪林（1996）和 Tomlinson（1998）等学者也都曾提出过评价和选择教科书的标准项目清单。在汉语教学界，赵金铭（1998）、陈晨（2001）、王若江（2004）、徐子亮等（2005：55-56）和林敏等（2006）也都曾提出了评价汉语教材

[1] Richards（2001：254-255）认为，商业出版的教科书同样是优缺点并存。优点为：能为项目（课程）提供结构和大纲；有助于标准化教学；保证质量；提供多种学习资源；有助于提高教学效率；提供有效的语言模式和输入；帮助教师提高；视觉良好。缺点为：包含非真实的语言；扭曲真实内容；不能反映具体学习者需求；使教师不再拥有编教材的技巧；花费较大。

的标准。这些都可作为汉语教师评估选用教材时的参考。[1] 当然，这些都是较为中性、客观的标准。课程设计者参考使用这些标准时应立足于自己的需要和特点。

2. 修改使用教科书

虽然已出版的汉语教材无论在数量上还是在种类上都已很多，但每门汉语课程都有自己特定的目标、大纲、学习者群体、条件资源和限制等。事实上，找到完全适合自己汉语课程的教科书的可能性很小。在这种情况下，我们可以退而求其次，找一种相近的、类似的汉语教科书或出版物，对不合适的地方做一些修改，然后再进行使用。很明显，这同样涉及对教科书的评价。只有经过评价，才能判定哪里不合适、怎么不合适等，并在此基础上按照设计课程的思路和标准进行修改。这种方式的操作步骤大致如下：

（1）对教科书评价。

（2）在对教科书评价的基础上，对照所设计的汉语课程目标、理念、大纲等进行分析。应思考以下问题：教科书的目标在多大程度上适合所设的课程目标？比如对教科书有而课程没有的目标可以删掉，对教科书没有而课程有的目标要补充相关的材料来保证其实现，对教科书中不适合的内容要进行替换或修改。目标适合的部分，内容在多大程度上适合自己的学习者群体？比如教科书是否把重点放在了学习者感到难学的地方？话题是否已经陈旧、是否真实、是否有趣，语言技能是否全面，材料的组织是否符合特定学习者群体的认知规律（是否采用螺旋

[1] 赵金铭（1998）从前期准备、教学理论、学习理论、语言、材料、练习编排、注释解说、教材配套、其他等方面提出一个对外汉语教材评估一览表。陈晨（2001）则在前人成果的基础上专门就《中级汉语口语》这本教科书设计过一份评估表。王若江（2004）提到：评价一部教材，其着眼点一般在于“三性原则”，即：科学性、实用性和趣味性。徐子亮等（2005：55-56）提到选择教材需要考虑的几个方面：生词量的起点是否合适；汉字出现的速度和数量是否适合；语法点跟班级学习者现有的知识能否衔接，其数量和速度学习者能否承受；课文所反映的内容是否适合学习者的需求；课文篇幅长短、内容深浅是否合适；教材译注所采用的语种是否适合班级学习者的实际情况；同一水平而不同课型的教材是否大致相配。林敏等（2006）则从学习者的角度分别从整体编排、词汇及解说、课文、语法注解、练习、形式及配套六个方面设计了一个对外汉语教材的五度等级评价量表等等。

式组织等）？教科书的练习是否有利于实现课程目标？要不要修改？如何修改？等等。

（3）根据分析的结果对问题进行分类，然后逐项修改。比如教科书材料需要添补时或者从其他教材或材料中摘取，或者直接根据实际情况创造。再如练习方面，把一些识记型的练习改造成任务型、交际型练习，等等。McGrath（2002）曾建议使用者从以下几个方面对教材进行修改：语言；语境和内容；教学过程和课堂管理等。

（4）对修改后的教科书进行重新评价。根据评价结果再决定是否继续修正，直到最后能在教学中使用。

3. 自己选择或创作具体材料

按理说，自己创作材料是汉语课程设计的重要组成部分。但如果一门汉语课程的材料全部按照这种方式进行设计，工作量太大，远非在短时间内所能够完成。因此，最好的方式是选择基本符合要求的文章，然后在此基础上进行修正。

怎么选择具体的课文呢？首先应该看其包含的语言是否规范科学，即是否经得起语法分析；其次从语篇的角度看其语句之间的组合关系是否清晰、合理和恰当，是否具有可模仿性和典范性；接着看其所包含的语法、功能、情景、词汇等各个方面的难易度和适切性；最后看课文所包含的社会、文化方面的内容，即语言对交际场景的适切性。很多学者（如 Armbruster & Anderson，1981，转引自江山野，1991：195 和霍秉坤等，1995 等）都探讨过选择课文或具体材料的标准。在汉语教学界，施光亨（1990）曾提到过一个标准："教材在选用课文时又是什么标准呢？大体有三个方面。1. 作品的长短：作品的长短合适；字数少的放在前，多的放在后。2. 作品的思想深度：易于理解者在前，比较困难者在后。3. 编者的教学经验：编者根据自身的教学经验，选用语言水平、生词量、句子结构等比较合适的作品作为教材，并视使用情况逐步删汰、调整。"李忆民（1994）也就中级汉语教材课文的选择有过论述："它的内容既不能靠向以话题为主调的听力口语，也不能与以时事、政治、经济、外交等为主体的报刊、新闻课雷同，它应该有自己存在的特色：一要用规范的现代汉语反映社会生活实貌，二要提供丰富的语境，三要情节具有内在吸引力，四要含有数量可观的具有交际价值的语法结构。”“不言而喻，能够体现这些特点的课文材料，只能是当代原文作品或者根据教学需要稍事处理的当代原文作品。”孙德坤（1996）在论述组合式教材编写时提到选择候选课文的纵横两个标准：内容（旅游：订票 / 问路；文秘：写信 / 接电话）；等级：一，二，三，……另外他所提到具体一篇课文的属性也可以作为我们考虑的角度：1. 背景信息，包括：（1）体裁：新闻、散文、小说、剧本、学术论文等；（2）题材：日常生活、天气、家庭、婚姻、环境等；（3）口语 / 书面语；（4）对话体 / 叙述体；（5）正式 / 中性 / 非正式；（6）来源：广播、电视、报纸杂志等。2. 内容本身，包括：（1）功能 – 意念项目；（2）语法点；（3）词汇表；（4）文化项目；（5）注释；（6）练习等。这些标准可供我们在选择课文时参考。

直接创作教学材料的实质就是创作各种材料一步一步实现我们所设计的汉语课程目标。这方面也有一些研究成果可供参考。比如王钟华（1984）认为编好课文应该注意以下几个问题：词汇、语法、文化、趣味性和语言等。李海燕（2001）对初级口语教材的语料编写进行的研究对我们有很好的启示意义。Shulman（1987：15）描述过把一般的材料创作成教学材料的几个阶段：准备，即对文本、结构以及各部分的批判性分析和解释，课程清单的制订和目的清晰化；代表，包括类比、比喻、例子、展示、解释等代表清单；选择，即从包含教学模式、组织、管理和安排的教学清单中选择。我们认为，直接创作材料应遵循以下步骤：第一，应该确定具体材料的来源；第二，对照所设汉语课程的目标等对这些材料进行必要的修改；第三，对这些材料进行评价，看是否符合汉语课程教学的需要；第四，进行试教，根据试教情况进行完善。第五，确定最后的课程材料。下面分别加以说明。

第一，确定汉语课程材料的来源。

汉语语言材料几乎无处不在。只要适合在汉语课程教学中使用，都可以拿来。书籍、报纸、杂志、电视、广播、互联网都是重要来源，其中的图片、光盘录音、地图、超市的广告单、价目表、火车站的列车运行表等都可以作为课程材料。我们应重点考虑的是：（1）有兴趣的话题。（2）令人愉快、有感情的轻松故事、传统世界名故事、插图故事、双语故事、通俗故事等。（3）各种图表。（4）幽默小品、笑话、谜语。（5）名歌。（左珊丹，1991）下面是几种重要的课程材料来源：

书籍：书籍尤其是相关主题的文学作品是选择语言材料的重要来源。中高级的汉语课程内容绝大部分都是来源于书籍，文学作品占大多数。比如《白毛女》《小二黑结婚》《雨中登泰山》《差不多先生》等都曾在汉语教材中出现过；有些背景性的资料也来自书籍。比如“关于姓氏”等。《古汉语读本》中的语言材料大多来自中医古籍。已有的汉语教材，尤其是同一种类型的汉语课程教材，也是非常重要的来源，甚至比其他来源的资料更容易借用到课程之中。

报纸杂志：报纸和杂志也是汉语课程语言材料的主要来源。因为报纸和杂志关注的往往是当前的一些社会问题和现象，同时也是学习者想了解的内容。中级和高级的阅读课和口语课一般都是话题式，绝大部分材料都是可以从报纸和杂志上直接摘取的。泛读类汉语课程教材更是如此，有的课程名称直接就是汉语报刊阅读课。

电影、电视、广播和互联网：电影、电视和广播的一些节目材料都可以直接拿来作为汉语课程材料。而且据倪传斌（2007）调查，电视、录像、电影还是学习者最喜欢的教辅工具。早在上世纪70年代，房玉清就把广播剧《闪闪的红星》作为课程材料了。[1] 与此同时，刘士勤也给越南同学使用电影《年青的一代》进行过“视听说”教学试验。1984年刘士勤老师还给苏联进修生使用电视纪录片《话说长江》第一集《源远流长》作为“视听说”练习的教材（刘士勤，2011）。现在的口语和听力材料尤其是听力材料很多内容都是从电视和广播节目中选择采用的。如果符合要求，互联网里的语言材料（比如一些视频等）同样也可以被汉语课程直接采用。这些材料反而与学习者距离更近，主题与生活相关，语言也较为真实。

当然，能够作为汉语课程语言材料的资源远不止这些。因为语言的外延就是生活的外延。如果是在目的语环境中，更是如此。有时一个标语也可拿来用。比

[1] 参阅房玉清：老校长教我“上路下水”，北京语言大学网，2007。

如学“勿”时，笔者就曾利用教室墙上的警示牌“请勿在墙壁上乱画”和宾馆“请勿打扰”的提示牌进行操练。

第二，对选取的材料进行修改。

设计过汉语课程的人都知道，很少有完整的材料可以直接作为课程材料使用。这就需要设计者根据课程目标、学习者特点等因素对其进行改编，以适应教学的需要，组成课程材料。改编的方式有以下几种：

修改：如果材料不适合教学对象，我们可以根据学习者的年龄、性别、社会阶层、职业、宗教信仰或文化背景进行修改。话题、情景、练习和活动等都可以修改。比如一个听力活动原本仅仅是为了搜寻信息、锻炼听力技能，但我们也可以让学习者跟读，以锻炼口语技能。另外，如果练习量不够的话，设计者也可以附加练习活动。具体修改时还应注意以下几点：“1. 用规范的现代汉语进行改写。2. 注意教材语言的科学性。3. 注意不同文体的语言特点。4. 删繁就简，去粗取精。”（刘镰力，1984）

增补或删除：一门汉语课程，既然有了目标，我们就可以依据目标增补一些内容材料或者活动，当然也可以删除一些不符合目标的材料或者活动。

重新组织：如果材料的组织顺序与学习过程不符，可以根据课程目标和大纲对材料内容进行重新组织。或者基本结构不变，只对里面的内容进行调整。

在某种意义上说，改编现有教学材料是课程设计者的一项基本技能。通过这种改编，课程设计者使教学材料个性化，使之变为更好的课程教学资源，更好地适应特定学习者群体的需要。

第三，对修改好的材料进行评价。

对修改好的汉语课程材料进行评价，看其是否能用在汉语课程之中。这决定着对课程材料修改的成功与否。评价的依据当然可以是前文提到的几个原则：科学性原则、实用性原则、趣味性原则等。课程设计者或评价者也可以确立自己的评价标准，或者参考学者们（如 Rowntree, 1997 : 92 ； Tomlinson, 1998 ； Richards, 2001 : 264）所探讨的课程材料评价的标准。

还需说明的是，第二步和第三步是最为关键的操作阶段。在实际创作中，往往是评价后觉得不太合适，返回再修改，仍有可能不太合适，再返回修改。很有可能往返数次、数易其稿。然后再进入下一步——试教。

第四，对修改好的材料进行试教。

所谓试教，就是教学材料在正式投入使用前选择部分学习者和教师在教学中使用，以便提前发现其中的问题或缺失，予以纠正。通过试教，我们可以对材料进行检视：这些材料可以理解吗？学习起来思路清晰吗？这些材料在内容或编辑上有错误吗？难度适合吗？实用性怎么样？操作性强吗？材料的节奏合适吗？这些材料达到它们应该达到的目的了吗？这些材料满足了学习者的需要了吗？有足够的实践材料吗？材料有足够的趣味性吗？ Davison（1998：184）也认为："一般说来，试教能让我们感到材料是否在真起作用，材料的目标是否得到实现，材料在水平、内容和方法等方面是否合适，它是否与教师的期望和发展的阶段联系得很好，它是否能成功地促进学习。"

为了得到更为全面的反馈信息，试教最好安排多个班级来进行。之后再通过调查问卷和访谈等方式来收集教师和学习者对材料的建议和意见。具体方式有：观察，即观察教师如何使用材料，并在观察中发现材料对教学质量和交际的影响；讨论，即教师集中讨论自己使用教材的经验；写报告，即教师撰写自己使用教材的报告；评论，即教师撰写对教材的看法和评论以及收集学习者的评论等。

第五，在试教基础上定稿。

试教肯定会暴露这样那样的一些问题，课程设计者应该带着这些问题再回到第二步进行修改；如有条件，继续试教，修改；最后定稿。成熟的高水平课程都是在这种循环往复的修改过程中"打磨"出来的。陈贤纯等（2005）就曾谈到试教的作用和意义："初稿完成以后，试用了三年。在总结经验和研究问题的基础上，由主编陈贤纯对初稿做了全面的修改，每课的生词量由原来的70-80个改为35个，内容做了很大改变，修改工作量之大，几乎可以说是重新编写。经过重写以后，教材的思路更加清晰，难度大大降低，内容更加充实，词汇更加实用，更加便于操作。所有这些改进都得益于教学试验。"

其实，这种直接创作的材料也是优缺点并存。有利的一面主要是能直接对应于学习者和本课程的需要，能反映当时、当地、学习者切实关心的问题和内容，能使设计者对所编制的材料有一个更加深入的理解。不利的一面主要是耗费的金钱和时间多；其材料未必能达到教科书的水平；课程设计者还需要一些必要的培训，因为教学材料的创作也是一种专门化的技术。

设计者可以根据自己的实际情况来决定采用哪种方式来制订课程材料。

（三）汉语课程实施过程中的再选择

无论选用的是较为完善的汉语课程材料，还是教师或机构自己编写的暂时使用的教学材料，从实质上讲，都只是一个材料，一个凭借，一个预设，并不能代表将要发生的实际教学过程。在汉语课程具体实施过程中，教师还需要根据学习者的各种情况和特点进行再次选择，即再选择。因为一线教师所面对的学习者是具体的、独特的、有自己的特点的，比如我们可以针对日本公司职员专门制订教科书，但日本公司职员的各种情况也不相同，差异同样很大，所以仍需要一线教师对教科书或教学材料进行再次选择。其实选择的方法跟前面差不多，只不过这里的情况更为具体一些而已。

复习思考题：

1. 简述汉语课程内容的基本构成，并谈谈你的理解。
2. 你觉得汉语课程内容中大纲项目和语言材料的选择原则有哪些不同？如何操作？
3. 遵照本章论述的语言材料的选择过程，尝试选编一篇课文。

第五章　汉语课程内容的组织及其设计

阅读前思考：

1. 结合自己的经验，尝试说说汉语教材中的某课内容与其“前后左右”内容都有什么关系。
2. 同样都是初级汉语教材，内容都差不多，但有的用起来很顺手，有的却不然，你觉得这跟内容的组织有关系吗？为什么？

“汉语课程内容的组织”是汉语课程设计的第四步，这一步同样非常重要。因为，即便是由相同要素构成的事物或系统，排列结构不同，性质也会不同，甚至相反，比如金刚石和石墨。其所产生的功能或结果自然也不同。汉语课程同样如此。如果我们比较一下由不同设计者设计的同类汉语课程，其实它们所包含的课程内容项目（尤其是语法项目）相差无几，但效果却相差很大。为什么？原因当然不止一个。但其中一个很重要的原因就是汉语课程内容的组织（简称“汉语课程组织”），即 Course Organization 方式的不同。赵金铭（2004a）就曾从组织的角度论述过教材：“教材的优势往往在于编排的精巧，而编排得科学、新颖、有趣是其要义。”

任何一门汉语课程都是一个活生生的“有机体”，而非一堆包含各种项目材料的“杂合物”。这就需要我们对选择好的各种材料进行整合和排序，即进行组织设计。恰当的组织设计不仅能降低汉语课程的难度，而且还能使各种知识和技能之间相互强化，产生“累积效应”（cumulative effect），发挥课程的最大功能并最终提高汉语课程教学的效率。比如刘珣（2003）曾提到，据海外的使用者反映，原《实用汉语课本》的最大优点是语言结构教学安排的系统性和循序渐进，使外国学生感到十分陌生的汉语语法变得容易些了。

在本章，我们先对汉语课程组织有一个基本的了解和认识，然后再明确几个汉语课程组织的原则，最后看一下汉语课程组织的几个步骤。

第一节　对汉语课程组织的基本认识

有关汉语课程教学内容的组织排列，早在上世纪50年代就有学者（王学作、柯炳生，1957）提及应由浅入深、由易到难等，后来学界又提出了“螺旋式”组织。刘英林等（1987）还把对外汉语基础课程结构梳理归纳为五种形式：线性、树形、轨型、网状、拍式。但长期以来这方面的研究不多，深入系统的专项研究几乎没有。鉴于此，我们先从对汉语课程组织的基本认识入手，理解汉语课程组织的内涵、分类和影响因素等几个方面。

一、汉语课程组织的内涵

我们先了解一下“课程组织”，然后再结合汉语课程的特点尝试对汉语课程组织的内涵进行界定。

（一）课程组织

教育学界对课程组织的定义很多，不下几十种。本书认同 Skilbeck 的界定：**课程组织是指将构成教育系统或学校课程的要素，加以安排、联系和排列**

的方式。这些要素包括这样一些一般因素：教学计划与方案，学习材料，学校器材与学校设备，教学力量的专业知识以及评价与检查体系的要求等。（转引自江山野，1991：73-74）

（二）汉语课程组织

在课程组织定义的基础上，结合汉语课程教学的特点，我们将汉语课程组织的内涵界定为：

依据一定的原则，将构成汉语课程的各种汉语言要素（语音、词汇、语法等）、技能、情景、功能、话题、策略、文化意识等各种相关内容或活动项目进行横向和纵向的排列组合，形成一定的结构，以更好地实现汉语课程目标。

它有四层意思：

第一，汉语课程组织是对汉语语音、词汇、语法、汉字等语言要素以及交际情境、功能、任务、话题、文化等各种内容或活动项目的排列组合。除了位置上的排序以外，这种排列组合还包括对具体知识点的拆解或整合。

第二，这种对汉语课程内容或活动项目的横向和纵向排列是在一定的组织原则指导下进行的。而这种原则又取决于课程设计者对课程的认识。

第三，汉语语言要素、情景、功能等各种相关内容或活动项目的排列组合分横向和纵向两个维度。横向的课程组织，是指汉语课程内容中某个类别与其他类别的结合与平衡；纵向的课程组织，是指整个汉语课程内容在不同学期和年级的分布、排列、连贯和延伸。

第四，这种对汉语课程内容或活动项目的排列组合以及结构化旨在更好地实现汉语课程目标，否则课程组织就失去了意义。这也是进行汉语课程组织的出发点。

二、汉语课程组织的分类

不同的标准有不同的分类。从方向上，汉语课程组织有垂直组织和水平组织之分；从范围上，汉语课程组织分别有宏观、中观和微观三个层面的课程组织。

（一）“垂直组织”和“水平组织”

汉语课程组织从纵向和横向上分别有“垂直组织”（vertical organization）和“水平组织”（horizontal organization）两种。在每种内部，不同的内容构成和组织方式还会形成具体不同的课程类型。

1. 垂直组织。所谓垂直组织，是指从纵向上对汉语课程内容进行安排设计，即纵向排列。纵向排列包括由近及远、由易到难、由古到今等方式。比如话题取向的汉语课程安排往往按照学习者“心理空间”的远近来进行：由日常生活的话题逐渐扩展到社会话题。再如高级阶段的中国文学史课程就是按照由古到今的先后顺序来进行的。

从垂直组织的角度，汉语课程可分为直线式课程（Linear Course）和螺旋式课程（Spiral Course）。直线式课程是指课程内容按照其本身的逻辑体系从简单到复杂、从易到难逐次展开，前后内容不重复。上世纪80年代前后的初级汉语综合课基本上是直线式编排。螺旋式课程是指课程内容在按照其本身逻辑顺序循序渐进排列的同时，还依据学习者的认知规律和特点，进行循环式排列（即某些所学内容在不同阶段重复呈现，但有所拓展和深化），学习者可以逐步深入地接触课程内容或学习其不同方面。汉语课程可以进行螺旋式编排，其基础就在于形式的多功能性和功能的多形式性。“功能的多形式性和形式的多功能性为我们在安排功能项目和搭配相应的语言形式时提供了大量的组合方式，使我们在考虑如何将两者有机结合起来时有更大的选择和回旋余地。”（卢伟，1993）有些汉语课程的组织形式就是螺旋式，比如庄明萱（1993）设计的交际汉语课程。

相比而言，直线式课程很难照顾到学习者的认知特点和语言学习规律，不利于学习者汉语学习质量和效率的提高。螺旋式课程则能做到这一点，但实际操作起来有些难度。

2. 水平组织。所谓水平组织，是指对汉语课程所包含的不同类别的内容进行排列搭配。语言与文化、结构与功能、功能与情景、知识与技能、方法等内容之间的融合搭配等都属于水平组织。比如“是”字句与“介绍”功能的结合。不仅是在具体一门汉语课程内部，不同汉语课程类型之间的搭配也是水平组织。比如，“口语”和“听力”两门课要围绕并强化“综合课”的相关教学内容。“口语”和“听力”这两门课之间也应在结构和话题方面保持相近，以增强教学效果。李德津等（1988）主持设计的汉语课程包括读写课、说话课和听力课，在水平组织方面就做得比较好。

此外，汉语课程还可分为学科课程（Subject Course）、综合课程（Integrated Course）、活动课程（Activity Course）和隐性课程（Hidden Course）等几种较为常见的课程类型。

学科课程是指按照一定的标准从某个学科中选取学习者应学的内容，依据知识本身的逻辑体系组织成的课程。听力、口语、阅读、写作、汉字，以及高级阶段开设的现代汉语语法、古代汉语、中国历史、中国哲学、中国文学史等都是典型的学科课程。以汉语语法课程为例，整个课程内容都是从汉语本体语法中选取而来，选择标准就是学习者言语交际时能用到，其组织排列也是根据汉语语法本身的逻辑关系。学科课程有利于学习者获得较为系统的本学科知识，但往往会忽视学习者和社会的需要。

综合课程就是依据一定的标准选取两种或两种以上类型的知识或经验组成的课程。初、中、高各个阶段的汉语综合课都是典型的综合课程。“综合课是从语音、词汇、语法和汉字等语言要素和语言材料出发，结合相关的文化知识，对听说读写等语言技能和语言交际技能进行综合训练。”（牟世荣，1999：1）尤其是海外汉语课，往往就一门，即汉语综合课。按照《国际汉语教学通用课程大纲》的理念，其内容包含语音、字词、语法、功能、话题、语篇等语言知识，听、说、读、写等语言技能，学习方法等策略，以及文化能力四个部分。综合课程内容全面，有利于学习者汉语交际能力的形成，但又因其涉及多种类型的知识，容易造成内容选择的琐碎和零散，组织起来也较难。这是综合课较难设计的原因之一。还需要注意的是，综合课程是相对的。如果我们把整个汉语教学看成一个大学科，相对于英语、物理等课程而言，汉语课也属于学科课程。相对于听力、口语等单一技能课，将二者统一起来的听说课，也可看作综合课程。

活动课程又叫经验课程，是指重视学习者的直接经验，并以学习者的兴趣和需要作为组织中心的课程。这种课程往往采取专题的形式给学习者提供交际经验。在汉语教学中，根据所学课程开展的各种语言实践活动（比如组织学习者参观、访问、观摩、旅行、节目表演、朗诵等各种文化体验或语言技能比赛）就属于活动课程。活动课程的优点是，能使学习者把所学的汉语知识和技能等跟自己的经验结合起来，形成言语交际能力。其缺点是往往因为学习者兴趣和需要的不同而导致“众口难调”，也容易导致忽略语言知识技能的系统学习。

隐性课程是相对于有计划、有组织地实施的显性课程（Manifest Course）来说的，是指学习者在学习环境（尤其是目的语环境）中所学习到的非预期或非计划的知识、技能、文化、方法、态度、情感和价值观等。即“是指这样一些教育实践及成果，它们在学校政策、课程计划上并没有明确规定，然而又是学校经验中常规的、有效的一部分。”（Wittrock，转引自江山野，1991：92）隐性课程是一种潜在的影响，在目的语环境中普遍存在。日常生活中所听、所看、所读、所写都能对学习者的汉语学习产生影响，而且，这种影响是全面的，包括知识的、技能的、方法的、语用的、文化的。它有可能对汉语交际能力有所助益，也有可能对汉语学习起到反作用。一线的汉语教师都知道，有些学习者在言语交际中经常冒出“马路汉语”，这些语言往往不规范，纠正起来还挺麻烦。这就是隐性课程产生的负向影响。[1]

（二）不同层次的汉语课程组织

宏观层次的课程组织是不同课程门类的组合。比如要达到汉语的初级水平，需要综合课、口语课、听力课、阅读课、汉字课等，或者把口语、听力、阅读和汉字融合成一门“综合课”。这都属于宏观层次的课程组织。教育界更习惯把这个层次的课程组织称之为“课程设置”。李忆民（1987）就曾探讨过中级汉语课程设置的纵横关系：“在二年级各门课的关系中，中级汉语堪称为核心，它是全

---

[1] 从理论研究层面而言，汉语课程教学领域的隐性课程研究还很少，只有张红蕴（2009）和黄晓颖（2011）尝试进行过一些研究。

面、综合、概括、支配性的；如果把中级汉语比作地球，其他课则都是它的卫星，都是侧重某一方面的，从属性的。比如听力口语课，是在它的周围向听和说的方向对学员进行纵深训练的。”李杨（1996）在论述四年制本科专业的大纲制订问题时也曾提到“要处理好语言课与文化课的配比。……大体上说，一年级汉语课程应占总课时的95%以上，二年级开始设了独立的文化课程，如中国旅游地理，汉语教学仍应占85—90%，三年级应占75%左右，四年级仍应占2/3。此外还应注意语言课中各项技能的配比。听说读写加上译，共五项语言技能，不仅在不同年级而且在不同课型中应有自己适当的位置”。

在这个层次上，汉语课程可分为核心课程（Core Course）和边缘课程（Peripheral Course）。“核心课程是指整个课程体系中居于核心位置的具有生成力的那部分课程，它与课程体系的其他部分（边缘课程）形成有机的、内在的联系。”（张华，2000：290-291）就汉语课程体系来说，综合课实属不折不扣的核心课程。因为“综合课除了介绍语音、词汇、语法及汉字等必要的知识，训练学生用所学的语言知识和文化知识进行交际外，同时还在语音、词汇、语法等方面为听力课、阅读课和口语课等起‘铺路’作用，每一课的新词、新语法点和短文内容都始出现于综合课，其他课型基本上是围绕出现于综合课的新内容进行专门的技能训练。同时综合课为打头课，学生对综合课的接受情况直接影响到其他课型的学习”（牟世荣，1999：1）。报刊阅读、新闻听力、名胜古迹欣赏、中国传统体育等就是边缘课程。如果是“中国语言文化”专业的学历教育，中国文化就是其核心课程。文献探索、中文信息处理等就属于边缘课程。李忆民（1987）对其关系描述得就比较恰当：“在空间结构中，‘卫星课’与中心课之间，‘卫星课’之间，既各有各的轨道，又不断地进行各种立体交叉，有条不紊，浑然一体。”需要注意的是，核心课程和边缘课程是相对的，比如中国文化在汉语言专业或短期速成的课程体系中属于边缘课程，但在中国语言文化专业的课程体系中就属于核心课程了。

中观层次的课程组织是一门课程内容的排列组合。比如各个层次的综合课，即是对相应层次的汉语语言要素知识、语言技能、交际情境、功能任务、资源以及文化等项目内容排列组合成一门课程。其最后表现为一个课程计划或一套汉语教材。其他如口语课、听力课、语法课、词汇课等都有一定的组织。

微观层次的课程组织是一个单元、一个专题或者一个话题等内容要素的排列组合。比如一个单元里的语法结构、功能、文化等项目的排列；一个专题的组织排列。要学“介绍”，如何组织“介绍”的各种内容要素；要学一个语法点，如何组织语料等。这属于微观层次的课程组织。

本书主要讨论中观层次和微观层次的课程组织，即如何对一门课和一个单元或一课中的内容进行组织排列。

三、影响汉语课程组织的几个因素

关于影响课程组织的几个因素，语言教学界已有一些相关研究，比如 Richards（2001：152）提到影响课程组织的因素包括设计者对课程的认识和理念、有关语言应用和学习的研究和理论、语言教学的实践、语言教学法的发展趋势。Graves（2000：127）也认为，组织课程的方式取决于以下几个因素：课程内容、目的和目标、设计者语言教学经历、学习者的需求、设计者对课程的信念和理解、教学方法或文本以及环境。在此基础上，我们认为，影响汉语课程组织的要素包括**课程目标、内容、设计者的课程教学理念以及环境**等。

课程目标：这是最关键的一个因素。如果你想让学习者掌握系统的汉语语法体系，自然会采取从易到难、从简单到复杂的一个线型组织。而如果你想让学习者更好地形成言语交际能力，再采取这样的组织就不可取，采取以功能、任务或者话题为核心的主题模块形式也许更好，然后再根据需要对这些主题模块进行选择和排列。

课程内容：不同的课程内容适合不同的组织形式。如果学的是中国历史文化类的内容，自然应采取从古至今这样的年代发展顺序。如果学的是应付某种职业需要的各种任务，组织形式自然应为任务单元式。如果学的是在汉语环境中的生存技巧，则应根据学习者需要的紧迫程度来安排和组织。

设计者的理念：这也是很关键的一个因素。比如认同以学习者为中心，课程组织肯定以学习者的需要为中心来组织。或者把所有的课程内容都弄成一个个话题或单元，让学习者从中选择学习，组织顺序就是学习者选择的顺序。如果认为语言只能在任务中或活动中才能习得，那么课程组织往往充满任务或活动，如学习者口头报告、表演戏剧、角色扮演、做语言游戏等。这样的组织形式肯定不是线型的，而是单元或模块型的。当然如果认为语言学习必须先把基础学好，把语法学好，先会说句子，然后再去应用，那么课程组织要从语音到词汇、语法，然后再进行应用性训练。课堂活动也以词汇、语法或句型的反复操练为主。

环境因素：包括时间、地点、班级人数、汉语资源等。比如分配到每个单元的时间直接决定着这个单元所教内容的多少和深浅。班级人数的多少直接影响教学方法（比如人数过多，只能讲授和操练，而人数少则可以采取活动或任务的形式），进而影响课程内容组织。语言环境同样重要。在国外教过汉语的教师都清楚，大多数地方除了汉语教师和教材外，再没有其他的汉语资源。在这种环境条件下，学习者如何到真实语言环境中体验呢？

这些因素都会对汉语课程组织产生影响，而各个因素所产生的影响又各不相同。所以，汉语课程没有唯一的组织方式，也没有最好的组织方式，只有最适合的组织方式。同一个汉语教师面对不同的群体也可能采取不同的课程组织。再进一步说，同一个汉语教师面对相同的群体教同一门口语课，不同的学期也可能采取不同的组织方式。因为汉语教师对学习者的了解，对口语课的认识都有可能发生变化，组织方式自然也会随之变化。

第二节　汉语课程组织的取向和原则

汉语课程组织的取向是指整个汉语课程内容组织起来以什么为核心（或“中心要素”），旨在实现什么目标。组织核心不同，实现目标不同，取向自然不同。汉语课程组织的原则是指汉语教师组织课程内容时应遵循的一些准则或标准。

一、汉语课程组织的取向

由于初级阶段和中高级阶段的汉语课程差别较大，我们分开论述。

（一）初级阶段汉语课程组织的取向

参考吕必松（1986）的分类，我们将初级阶段汉语课程设计的取向分为语法结构取向、结构–功能（情景）取向、功能（情景）–结构取向、话题–结构取向等。

语法结构取向的汉语课程以语法结构为核心，目的是让学习者掌握语法系统或结构模式。整个汉语课程强调语法系统或句型结构在学习者掌握汉语这门语言中的重要作用。

结构–功能（情景）取向的汉语课程往往以语法结构为主线，在此基础上指出各个语法项目的功能、意义或情景。整个课程既强调语法结构或句型模式，又重视如何运用、在什么场景下运用这些语法结构或句型，还包括具体每种语法结构或句型表达什么样的意念或功能。

功能（情景）–结构取向的汉语课程以功能或情景为主线（或明线）进行排列，然后再配以语法结构为副线（或暗线）。整个课程在兼顾结构的同时更重视语言的意义和功能，注意培养学习者的言语交际能力。

话题–结构取向的汉语课程往往以话题作为组织课程内容的主线，围绕话题安排功能、情景和语法结构等几个方面的内容，在此基础上再确定应学的汉语词汇等。整个课程既重视话题、功能、情景等内容，又重视语言结构，意在让学习者在一定的情景中通过对某个话题的讨论来掌握语言结构，从而形成言语交际能力。

（二）中高级阶段汉语课程组织的取向

中高级汉语课程基本上“摆脱”了基础性语法结构的束缚，组织设计的自由度更大一点。此外，中高级阶段出现了很多专业应用性课程，比如商务汉语、中医汉语等。这属于专门用途取向的汉语课程。基于此，我们先把中高级阶段的汉语课程分为普通取向的汉语课程（Chinese for General Purposes）和专门用途取向的汉语课程（Chinese for Special Purposes）两类，然后再对每种取向进行讨论。

1. 普通取向的汉语课程组织

在普通取向的汉语课程内部，我们按照所强调核心内容的不同，分为文选取向、功能 / 情景取向[1]、话题取向、词汇取向和文化取向等几种。

文选取向的汉语课程以入选课程的文学作品为核心，学习者依据课文来扩充词汇量、掌握更高层次的语法项目、了解中国文化历史，在此基础上巩固并提高运用汉语的能力。该取向的汉语课程以 1980 年代的中级汉语综合课为代表。

功能 / 情景取向的汉语课程以语言的功能项目或情景为核心，其他部分围绕语言的功能项目或情景来设计。整个课程强调语言的功能、意义以及交际发生的情景，主张通过学习一系列的功能项目和情景对话来培养学习者的言语交际能力。该取向的汉语课程以中高级口语课为代表。

话题取向的汉语课程强调言语交际的话题，主张以话题为核心，并以此来统摄功能、情景、结构等内容，以提高学习者的言语交际能力。该取向的课程以中高级阶段开设的部分综合课、口语课、阅读课和报刊语言课为代表。

词汇取向的汉语课程以汉语词汇为核心进行编排，每一课所要学的词汇往往就是一个语义场。学习者在学习词汇的同时，也通过例句和课文加强听、说、读、写四种语言技能的训练。该取向的汉语课程以某些教学机构的中级综合课为代表。

文化取向的汉语课程从语言和文化的紧密关系出发，主张以中国文化专题为核心，以使学习者在增进对中国文化了解的基础上提高汉语水平。整个课程组织围绕在中国地理、历史、政治、经济、社会、教育以及哲学思想等领域中选取的学习者感兴趣的文化专题进行设计。该取向的课程以 1980 年代中期的一些中级口语课和部分综合课为代表。

[1] 功能 / 情景取向包括功能 – 情景取向和情景 – 功能取向等几种。因为在言语交际过程中功能和情景很难分开，在各种这类的汉语课程中都是如此，故综而论之。

2. 专门用途取向的汉语课程组织

专门用途取向的汉语课程倾向于以专业知识为组织核心，意在把学习者所要学的专业知识和汉语要素知识、交际技能紧密结合在一起，在学习专业知识的同时进行汉语教学，两种学习同时进行，相互促进。这里的专业知识通常是指科技、经贸、外交和中医等。该取向的汉语课程往往以科技汉语、经贸汉语、中医汉语、外交汉语和旅游汉语等课程为代表。

二、汉语课程组织的原则

汉语课程教学界所讨论的编写原则基本上属于内容选择原则，而对组织原则的论述主要集中在“循序渐进”这一个上。我们综合普通教育界的研究并结合汉语课程内容的特点，提出**顺序性、连续性、统整性、衔接性和均衡性**等，作为汉语课程组织的主要原则。

（一）顺序性（Sequence）

顺序性是指将汉语课程中包含的语法点、词汇、功能、情景、任务等内容项目按照中心组织要素的顺序（order）来安排，后面的知识点建立在前面的知识点上，难度更深，范围更广。其实就是我们平常所讲的“循序渐进”。这是汉语教学界最为熟悉的一个原则。不仅很多教材编写者都强调其所编教材内容编排遵循由易到难、由简单到复杂等循序渐进的原则，而且在具体教学上也有学者（任远，1984）提到教学的阶段性和递进性，即阶列性（gradation）原则。[1]但实际上，汉语课程尤其是中高级的汉语课程，在这一点上做得还不太好。具体表现为一些内容（如语法）的安排随意性大，难易失当，“其状况可以用‘东一榔头、西一斧

[1] 任远（1984）提到的这个阶列性原则，不仅体现在全学年教学的逐步提高上，而且还体现在具体每课书、每堂课的渐次引入、循序操练、使学生逐步提高上。施光亨等（1988）也曾把这种循序渐进称为语言教学的层次性。

子’，‘深一脚、浅一脚’来形容，真是不为过分。”（孙瑞珍，1995）[1]基于这种情况，吕文华（2008：99）提出了纠偏补弊的想法：“我们主张语法分级在横向上应体现循序渐进，即将语法教学内容按先易后难原则分布于教学的整个过程。初级阶段虽可安排较为完整的语法系统，但教学量要尽量减少，应只出现最基本、最简单的语法项目；中、高级阶段在语法教学内容上应有较大的补充和扩展的余地。”邵敬敏（1994）也认为，对外汉语教学语法点的等级切分包括所有的语法点应按“常用—次常用—非常用”三级分别列入不同阶段的教学，同一个语法点再按“容易—次容易—不容易”三级进行序列编排。但具体做起来，有一定难度，首先要确定各部分内容的难易度。词汇的难易度还好说，可以借助使用频率甚至《中文助教》[2]等类似的软件来控制。语言点的难度怎么评价？[3]语料的难度如何确定？从哪些方面来考察？这些问题都需要参考业界已有的研究进行明确，比如 Dubin & Olshtain（1986：151）认为“叙述的冗长度、情节信息的多寡、人物关系的复杂性和事件的复杂度”这四种因素决定了叙述体语料的复杂性。张宁志（1991）则就语料的难度做过研究：“决定汉语教材语料难度的诸因素包括词汇（生词量、生词重现率、高频词语的比例）、语法（语法项目的数量、句式的复杂程度、句子的长度）、功能（功能项目的数量和编排顺序、功能项目与学生实际交际的相关度）、语域风格、百科知识所占比例、文化背景知识的数量和难度。”几年后，张

[1] 另外还有许多学者（如刘英林，1991；李杨，1996；吕文华，2008：99；赵新等，2006；王飙，2006）对此有过评论。

[2]《中文助教》是借助 SVL 常用度等级来确定词汇的难度。SVL 常用度是通过一个 8000 多万字的现代汉语平衡语料库的处理分析得出的，语料库由中国的大陆和香港、台湾等地区的各种当代（1980-2002）中文语料抽样构成。

[3] 大家普遍觉得汉语语法排列的顺序是由易到难，比如绝大部分汉语教材都把“形容词谓语句”或者“是”字句放在前面。其实这也没有真正科学性地分析证明，只是各个教材都这样排列而已。Alexander（1976：89-103）就认为这种所谓的“由易到难”其实是“语言教师长期积累的教学经验的体现”。刘月华（2003）据其编写《中文听说读写》的经验认为，语法点的出现没有绝对的先后顺序，同时某些语法点之间因存在着内在联系或由于其他因素而又有一定的顺序。这种情况直到 21 世纪才有改观，邓守信（2003、2004）对汉语语法点难易度的评定进行了研究，指出难度低的语法点的特征。其成果可以作为汉语部分语法排序的参考。

宁志（2000）采用定量分析的方法再次确认句长和非常用词比率等是影响对外汉语文本阅读难度的重要因素。当然，我们还应该考虑语料的组织特征（包括结构特征和连接关系等）和学习者原有的阅读水平（主要是指阅读母语的策略和技巧）等。就“任务”来说，Skehan（1994：191-192）制订了评估任务难度的三个标准：语码复杂性（code complexity），包括语言复杂性和多样性、词汇量和多样性、充分性和密度；交际压力（communicative stress），包括时间限制和时间压力、呈现的速度、参加任务的人数、所学课文的长度、回答的类型和交往的机会；认知复杂性（cognitive complexity），包括认知处理程度和认知熟悉程度。邓守信（2003）在 Westney 观点的基础上提出了界定语法点难度的五条原则：结构越复杂，困难度越高；语义越复杂，语法点的困难度越高；跨语言差距越大，困难度越高；越不易类化者，困难度越高；语用功能越强，困难度越高。郭曙纶（2007）主张通过语料库技术来控制课文的难度以及给课文排序。王蕾（2008）提到主观评价、根据文本回答问题、完形填空和可读性公式等四种判定文本难易度的方法。

受 Taba（1962：436）观点的启发，这里的顺序（order）不仅指汉语课程内容所包含“知识点”和语料的顺序，而且还兼顾学习者本身语言技能的发展顺序，即双顺序（double sequence）。也就是说，在按一定顺序排列课程内容知识的同时，也应该考虑学习者掌握汉语技能以及处理这些知识内容的能力，即习得顺序。比如同为比较句语法项目，简式比较句（更 / 最 + 形容词；形容词 + 一点 / 一些 / 得多 / 多了 / 很多）和等比句（跟……(不）一样 / 差不多）最容易先被习得（陈珺等，2005），因此应安排在初级阶段。这就考虑了学习者习得比较句的顺序。再如，在听、说、读、写四种技能中，一般认为它们是并列的，共同形成的，但一些研究表明，在这四种技能中，“听”的技能是基础，是其他技能发展的基础。因此一些汉语课程设计者就主张“先听”，“听”到一定程度后再开口“说”，这有利于语言技能的形成，比如崔永华（2013）主持设计的“新概念汉语”综合课。这就启示我们在课程设置时应把听力课排在前面。课堂教学的顺序也应是先练“听”，再练习“说”等其他技能。甚至具体到一个词语，也应该让学习者先听到、感受到，然后再开口读。从理论上讲，这是符合语言习得的规律和顺序性原则的。

如果是对任务的顺序排列，我们应该先把从事某一类职业要做的所有任务列出来，然后再通过观察、访谈或调查等方式对这些任务的频率、重要性和学习难易度进行标明排列，以确定其顺序。我们可以借用泰勒（2003 ：71）所设计的表格来完成：

任务	频率	重要性	学习难易度	总评	是否优先
	•很少（一年一两次）	•不太重要	•容易		
	•偶尔（几个月一次）	•比较重要	•较难		
	•每周或每月	•非常重要	•难		
	•每天或每周		•非常难		
	•每天				

这样大致确定一个先后顺序后，还应该反思：为什么某个任务最优先？为什么某个任务非常重要？为什么某个任务比较难？怎样让其稍微简单些？等等。

总之，顺序性要求我们在进行课程组织前要事先确定哪些内容是基础性的、铺垫性的、优先性的，哪些语料是较为容易的，以便将此先行安排学习。

（二）连续性（Continuity）

连续性是指汉语课程中包含的语法点、功能、情景、任务等内容项目在不同的学习阶段被重复提到。[1] 类似于学界一直强调的重现率。前面学习的具体内容在后面再次（或多次）出现，使其得到巩固，以免学习者遗忘。很多汉语课程都注意到了连续性这一组织原则。比如庄明萱等（1993）设计的交际汉语课程后半部分的单元大话题甚至与前半部分完全相同，只是话题下属的功能项目数量、难度和文化知识涉及面有所提升和扩大。何慕（1997）在其设计的速成汉语课程中就把涉及的话题分为几个阶段，每一个阶段只学习话题的一部分内容，然后再逐渐循环扩展和深化。刘珣等（2003）设计的汉语课程“采用螺旋式的安排方

[1] 也有学者（Saylor et al.，1981 : 21）认为连续性是学习者对所学内容的内心感受，随着一段时间的学习后才会在学习者心里发生。但笔者并不认同。

式，通过四次大循环和更多的小循环（如每课一定要重现上一课的主要句型和语法点），环环相扣，循序渐进地介绍汉语的词汇和语法的基本规则”。郭志良等（2007）设计的汉语课程教材（第三册）中，在第一课学习了“看来”这个常用的“知识点”，课文中句子为：“看来我的发音还是不太好”。第二课课文中再次出现：“一年四季，我最不喜欢夏天，看来你也是。”第五课课文中再次出现：“看来你朋友很喜欢中国文化。”这都是连续性的体现。“介绍”等功能、情境、任务和话题等同样可以采用这种方式呈现。如果汉语课程内容各个“知识点”都尽可能地采用这种方式排列，那么我们就可以说课程组织遵循了“连续性”原则。吕文华（1994；2008：99）和卢福波（2003）都曾提到在语法排序时运用该原则。

连续性意在使课程给学习者提供适当的复习巩固的机会，以形成学习的“累积效应”。刘英林（1991）曾针对中高级提出过“循环递进论”。美国的杜威（Dewey，2001：178）也曾从教师的角度说过：“比较聪明的教师注意系统地引导学习者利用过去的功课来帮助理解目前的功课，并利用目前的功课加深理解已经获得的知识。”[1]这一点尤其适合技能类课程。因此，我们在设计汉语课程时应该对内容提前进行组织规划和排列，以发挥课程组织的最大功效。

需要说明的是，这里的连续性和前面的顺序性都是从纵向角度来谈，如果以顺序性为主要原则来组织，就是我们所熟知的“直线式”课程。如果以连续性为主要原则来组织，就是我们所熟知的“螺旋式”课程。

（三）**统整性**（Integration）

统整性是从横向角度来谈的，指在汉语课程中的语法、词汇、技能、情景、任务、方法策略、文化以及学习者的生活经验等内容之间建立适当的有机联系，以统整相对分散的内容，达到更好的学习效果。杨寄洲（1996）曾提到：“要处理好核心教材与卫星教材点之间的关系。”其实说的就是课程教材的统整性。比如，教师在综合课上教了“把”字句，应该设法让学习者在口语课上说到，在听力课上听到，在语言实践中用到。同样，学了某一文化知识，也应该在语言课上提到，

[1] 该段引文的年代和页码都指中译本。

在课后完成任务的过程中用到。在课堂上学的语言点、语用规则、交际策略等应该在学习者的生活中用到。在课程设计中，尤其应该注意语言要素知识、技能、策略和文化等内容的统整，语言知识技能与社会问题的统整，语言知识技能与学习者个人经验知识的统整。

长期以来，汉语课程的统整性不太明显。1980 年以前的对外汉语课程倾向于重视语音、语法、词汇等语言要素和听、说、读、写等技能，与功能、情景、交际、策略、文化等内容层面的统整极少。学习者本身的生活经验更没有统整到课程中。如果说有统整，或者是语言文化知识与语言技能的统整，或者是课程内容与社会形势的统整。语言文化知识和语言技能的统整，至少中高级教材做得不够好。高彦德等（1993：176）曾通过调查发现中高级汉语课程“存在两大矛盾：其一，主课文与辅助内容的矛盾，即主课文（文学作品）作为综合语言技能课的主要内容有其先天不足，不能满足学生的真正需要，而辅助性的内容（词汇例解、语法注释、练习等）的编排则较符合综合语言技能训练的特点，使学生能获得真正使用的能力。二者有明显的脱节和非互补性。其二，主课文自身的矛盾，即内容具有较好的趣味性和较大的吸引力，却又不能较好地承担综合技能的训练任务，从而课堂教学负担过重，效果不甚理想。”这其实就是课程内部不同内容缺乏有效统整的问题。至于课程内容与社会形势的统整，应该说有所体现。比如当时社会流行词语（如“人民公社、赤脚医生”等）很多都进入了汉语课程。1980 年代以后开始有了多种汉语课程，有了“主干课 + 小四门”，课程之间的统整性增强。很多汉语课程都注意到了这一点。比如李德津等（1988）设计的汉语课程，分读写课、口语课和听力课三种，“三种课本均自成系统，各具特点，相对独立。但平行课之间相重的语音、语法、词汇内容又使它们构成了一个互相紧密联系的有机整体。平行课平均每课相重的词语约占 75%，三种课本相重的词语约占 85%”。可见，该课程的统整性确实很强。

（四）衔接性（Articulation）

衔接性是从纵向和横向两个角度来谈的，指汉语课程中的语言要素知识、技能、情景、功能、方法、任务、文化、社会问题、学习者经验等内容要素之间的相互关系。纵向角度是指课程内容要素组成的课、单元、主题的顺序。横向角度是指同时出现的课程内容要素之间的关系。其实，这里的衔接性就是兼顾了顺序性和统整性。也就是说，每一个汉语课程的内容要素都应该与“前后左右”处理好关系，既没有“缝隙”，也没有“重复”。李杨（1996）就曾提到在汉语课程的定性和定位上应处理好课程的上下延伸与左右协同关系。比如，“趋向补语”与上一课的“结果补语”有承接关系，也与同时出现的“询问动作对象”等功能项目有关系，即：“妈妈寄来了什么东西？你给他寄去了什么礼物？他从桌子上拿起了什么东西？他买回什么来了？他买回来了什么？”这属于语法项目（“趋向补语”）与功能项目（“询问”）横向结合的例子。

（五）均衡性（Balance）

均衡性是从汉语课程内容各个部分之间的搭配比例这个角度来谈的。汉语课程内容包含语言知识、语言技能、策略和文化能力等几个部分。依据管理学上的“木桶理论”，它们都是“桶壁”上的“木板”，每个部分都很重要，都影响着学习者言语交际能力的高低。没有一定的语言知识，很难形成言语技能；基本的听、说、读、写等技能如果不熟，言语交际能力就很难形成；不掌握一定的学习策略和方法，仅靠教师带领和课堂学习，同样很难达到较高的言语交际水平；文化对语言学习的意义更是不言而喻。因此，从整体考虑，汉语课程的各个部分内容应该被均衡搭配，具体表现为综合课内各部分内容的妥善安排，以及各种课型的合理搭配。

再具体一点，各个部分的内容也有均衡搭配的问题。比如语言技能就包括听、说、读、写四种，它们之间也应该均衡搭配，否则会影响整个技能的形成。还有其他方面的均衡。比如，满足社会需要和学习者个体需要的均衡，日常生活内容和专业内容的均衡，具体某项内容在深度和广度上的均衡，在教学过程中讲解与练习之间的均衡，单练和齐练的均衡，操练与交际性训练的均衡，等等。

需要注意的是，均衡性并不是要求所有的内容“平均”安排，也不是要求各种内容“同时”学习，而是在遵循语言学习规律和学习者特点、需要的基础上的相对均衡。一句话，均衡性应服务于汉语课程目标的实现，而不是简单机械的均衡。

第三节　汉语课程组织的设计

汉语课程组织的设计是指对选择好的汉语课程内容分别从纵向和横向两个方面进行排列和整合。Graves（2000 : 125）提出组织语言课程内容的五个步骤：决定组织原则，在组织原则的基础上认定课程单元，排列单元，决定单元内容，组织单元内容。在此基础上，再结合汉语课程的特点以及前文的论述，我们认为，汉语课程的组织应包括以下几个步骤：确定课程组织的中心要素（Organizing center），对课程内容进行切分，排列切分好的结构单位，对具体的知识点进行组织。

一、确定课程组织的中心要素

所谓汉语课程组织的中心要素，就是把各种汉语课程内容项目（比如汉语知识、情境、功能、文化等）衔接贯穿起来的“经线”和“纬线”。Tyler（1949 : 70）认为，常用的课程组织要素为概念（concepts）、技能（skills）与价值（values）等三种。[1] Schwab（转引自张华，2000 : 230）确认了课程的四大要素：学习者、教师、教材和环境。《国际汉语教学通用课程大纲》认定汉语课程内容包括语言知识、语言技能、策略和文化能力四个部分，这当然我们也可以看成汉语课程的四个中心要素。语言知识和语言技能一直被作为汉语课程组织的中心要素，策略属于方法类内容（或者叫程序性知识），贯穿于整个汉语课程之中，但却很难成为内容组织的要素，文化能力可以作为文化类汉语课程组织的中心要素。

在前面研究的基础上，参考以往的各种汉语课程，我们认为，可以作为汉语课程组织的中心要素大致有语法、汉字或词汇、语言技能、功能、情景、任务、话题、学习者等。

[1] 这个文献的页码是指中译本的页码。下同。

（一）语法

以语法为课程组织的中心要素，是指汉语课程以语法为主线来组织课程内容，由简单到复杂，依序展开。大部分初级汉语综合课都是以语法为主线来进行组织的，而且“基本上形成了三种模式，即大系统化—非系统化、非系统化—非系统化、非系统化—小系统化”（杨德峰，2001）。

以汉语语法为中心组织要素的课程的优点是：第一，以语法为主线，整个课程显得系统、合理，教师和学习者也比较熟悉。高彦德等（1993：175）和刘珣（2003）的实证调查结果都支持这一点。第二，以语法为主线，课程脉络清晰，也可以结合功能、情景、话题、任务等内容。第三，语法本身就是语言的核心组成部分，如果不学语法，想学到很高的程度比较困难。针对以语法为主线来组织课程的批评主要有以下几个方面：第一，语法仅仅是学习者需要学习的一个组成部分，而非全部。第二，语法的难易顺序不能反映二语习得的自然顺序。第三，为解释语法，课程往往只集中于句子而不是语篇等高级单位。第四，容易注重形式而不是意义。第五，很难形成言语交际技能等。这些特点都比较容易在1980年代之前的汉语课程中看到。

用现在的眼光看，以语法为中心要素的课程组织在保持优点的同时，也对原有的不足进行了很大程度的改善。现在已经看不到完全围绕汉语语法来组织内容的课程了，而代之以以汉语语法为主线，同时围绕语法点组织功能、情景、话题、任务、活动等内容。

（二）汉字或词汇

以汉字作为中心组织要素是指整个汉语课程依据汉字的难易和使用频率作为组织的主线，依序展开，即字本位。当然也包括基本笔画、笔顺、独体字、合体字等一些基本汉字知识。有学者（如白乐桑和张朋朋等）认为以汉字作为组织要素比较符合汉语的语言特点和规律，即“汉语的一个重要特点是，其汉字是表意文字，个体突出，以单个汉字为基础，可以层层构词”（转引自刘社会，1994）。白乐桑等（1989）在法国开设的汉语课程就是在字本位理念指导下并利用传统汉字学的六书说和现代汉字学计量研究的成果设计的，汉字是基本单位。“汉字是由小到大，由部件组合而成的；同时又不是简单的书写逻辑，其主线是语义逻辑，即汉字是有意义的结构单位，而这正是白乐桑‘字本位’思想的主旨。”并“在整个教学过程中突出体现在字的书写、字的理据、字的扩展三个环节上。”（王若江，2000）整个课程共教了从3000多个常用字中选取的使用频率最高的400个汉字，以及由此引申出来的1586个词，还有54个语法点。为了方便学习者记忆和书写汉字，该课程还介绍了造字法和一定的文化知识。

以词汇作为中心组织要素的代表性课程是陈贤纯（2005）设计的综合课，该课程“教学目标就是这2500个左右常用词。在词汇强化教学的同时，对听说读写四项技能进行强化操练”。具体说来，“首先确定每一课的生词，然后把这些生词编进各种语境，使每一个生词尽可能多地在不同上下文中重现。生词的选择以《汉语水平词汇与汉字等级大纲》为基础，除去第一学期已经学过的以外，选择其中最常用的词。然后进行分类，35个词一组，共分为68组，按常用的程度分出先后。这样我们的词汇教学就有了计划性和系统性，而且可以进行强化教学。”

需要指出的是，除了前文提到的两种课程，以汉字或词汇作为组织要素的综合课不多，但作为一种类型，它确实存在。

（三）语言技能

以语言技能为中心组织要素是指以汉语听、说、读、写等技能训练过程为主线来组织课程内容。语言技能一直是汉语课程的重点。复杂的活动或任务（比如听讲座）要以掌握一定数量的微技能为基础。比如“听”就包括识别关键信息、理解主要思想、了解具体细节、推断、比较、预告、区别事实和虚构、区别事实和观点、联想、猜测、概括、分类等具体技能；“说”包括正确的发音、引起一个话题、质疑、概括、有逻辑性地说、使用交际策略等具体技能；“读”包括抓住主旨、通过上下文猜测生词的意思、理解长句难句、推断作者意图等具体技能；“写”包括撰写主题句、区别观点和支持性论据、编辑等具体技能。具体活动也是如此。

Yalden（1983，转引自 Richards，2001：160）以“学习”技能为例，指出其包含的微技能有：

基本的参考技能：图表、标题、数字、缩排、注释等；内容和索引；交叉参考；分类卡；参考书目；词典等。

略读技能：文本的主旨；文本的总体印象。

快速阅读以确定具体信息技能：单个论点、多个论点、整个话题。

记笔记技能：删除、表格的使用。

以语言技能为主线来组织的课程目标注重学习者的行为表现，而且可以把具体技能与情景等结合起来。学习效果也容易测量和评价。但是也有一些问题，比如技能的划分缺乏科学根据，过于注重行为技能的表现往往忽视其他方面的学习，比如策略、文化能力等无法有效测量的部分。

上世纪 50 年代的汉语课程就包含听说读写等技能内容。随着听说法的应用，60 年代的汉语课程更加注重语言技能的学习和训练，“文革”前开设了听力、阅读和写作等专项语言技能课。（参阅吕必松，1987）70 年代初北京语言学院由王学作等教师专门进行了听说和读写两种课型的实验。这是开设语言技能课的尝试。1978 年 9 月，北京语言学院再次进行加强听力和阅读教学的实验，取得了很大成功。随之，汉语听、说、读、写等课程的地位日渐稳固，时称“小四门”。中高级阶段还出现了两种语言技能混合的听说课和读写课。

（四）功能

以功能为汉语课程的中心组织要素，是以言语行为的社会交际功能（比如要求、抱怨、建议、同意等）为主线来组织汉语课程内容。由于注重具体功能乃至交际能力的提高，以功能为主线尤其适合听说类汉语课程的组织。与语法相比，功能不仅是一个更为综合的语言应用视角，而且还容易结合其他方面的课程内容，比如话题、语法、词汇、情景等。当然，以功能为主线组织课程也有不足。比如功能项目的切分和等级排序缺乏清晰的标准；功能只是交际能力的一个方面，而非全部等；完全以功能项目为主线，有些语法项目难以融合到课程中，会造成学习者掌握的语法不系统、不完整。正因为如此，从功能大纲出现的上世纪70年代至今，初级阶段的汉语综合课较少以功能为主线来组织，[1] 一些代表性的功能类课程往往是中级口语课或听说课。

1980年代南京大学邱志朴等开始试验以功能为主线的汉语课程。这是国内最早的纯功能汉语课程，对开展汉语功能语法的研究进行了有益的探索。该课程把一般语言交际区分为30个"意向功能单元"[2]，依次为：**称谓、问候、介绍、请求、同意、反对、看法、感谢、道歉、打听、意愿、可能、不可能、喜爱、不满、担心、意外、责问、申辩、困难、安慰、急切、懊悔、必须、相信、怀疑、愿望、假定、比较、插语**。每个"意向功能单元"又有2—4个不等的下级功能。比如第一单元称谓，包括基本称呼、较常用的称呼、公共场合的称呼、姓名和职位等四个下级功能。赵菁等（2000）设计的中级汉语听说课也是以功能为组织要素。每课安排两项主要的功能项目，并围绕这两个功能项目安排一组并列的话题来进行功能的练习，而且在一些主要功能项目之下又涵盖了多个功能项目。

（五）情景

情景就是交际行为发生的环境，包含句法结构、句子功能和语境三个部分。以情景为汉语课程的中心组织要素，就是以学习者使用汉语的特定情景为主线来组织课程内容。这种组织方式经常应用在日常生活类、旅游类的汉语课程中。比如姚喜双（2008）在厘定常用汉字时选定了人们生活的23个一般场景：出入境、住旅馆、问路、在银行、在邮局、在咖啡厅和酒吧、打电话、上饭店、理发、购物（买东西）、买票、看病、乘交通工具、租房、聚会（会议）、谈论家庭、谈论天

[1] 除了短期速成项目和澳大利亚格里菲斯大学在上世纪80年代中期为中学生编的*Hanyu*外，初级阶段的汉语综合课程很少以功能为主线来组织。但英语课程却有，如Threshold Level English。该课程共包含126个功能项目，分为6大类：imparting and seeking factual information; expressing and finding out attitudes; deciding on courses of action; socializing; structuring discourse; communication repair 等。

[2] 其实是27个，最后三个是语法单元。

气、谈论时间、问候（打招呼）、旅游观光、谈论节日、洗衣服、在书店。再如，旅游类汉语课程就可以考虑以下情景：在飞机上、在银行、在电话中、在街上、在城市中、在家里、在医院、在办公室、在餐馆、在咖啡馆、在酒吧、在公共汽车上、在商店、在邮局、在电影院、在宾馆、在飞机场等。

以情景为主线的汉语课程优点是能够在语境中呈现实际应用中的汉语，便于学习者将来在真实的言语交际活动中进行迁移。当然，它也有一些不足，比如语言可以用在多种情景之中，选择教学项目在很大程度上都是凭经验和直觉；在具体特定情景中应用语言的能力并不一定就能迁移到其他情景中；以情景为主线也容易漏掉一些语法项目，造成学习者对语法掌握的不全面，等等。

很多汉语课程都是以情景为中心要素来组织的。尤其是中高级阶段的听力课和口语课。据王顺洪（1991）介绍，日本人设计的一些旅游汉语课程都是以日本人到中国来旅游为线索，串联了各种生活情景。这也可视为以情景为中心要素的课程。

（六）任务

以任务作为汉语课程的中心组织要素，就是以学习者将要用汉语完成的一个个任务为主线来组织课程内容。任务其实是将结构、功能、文化、情景等有机结合在一起的交际活动，比如寻找问题的答案、看地图、指明方向、阅读说明书等。

以任务为中心组织要素的课程建立在为促进学习者的汉语学习而专门设计的一个个任务上，以具体任务作为课程的基本单元。学习者在完成任务的同时接受大量的语言输入，也产生纠正性的语言输出。在此过程中，学习者习得语言。这种课程有以下优点：完成任务的过程能够促进二语习得的发生，同时也获得语法规则；任务能使学习者进行有意义的交际，有利于激发其学习动机。当然，这种课程在设计和实施时也有难以操控的缺点。比如任务的大小和数量很难界定。我们不妨自问：多大的活动量才算是一个任务？（比如了解如何坐车、换车是一个任务，同时去王府井购物也是一个任务，而后者恰恰包括前者在内。）要多少任务才能学好汉语？怎样切分初、中、高三个阶段？如何来具体设计一个任务？吴勇毅

（2005）、李青等（2006）和何清强（2008）等曾在某些方面（如商务、词汇等）尝试做过一些探讨，但相对于整体的汉语教学来说，这远远不够。这些都需要探讨。其实任务的界定、归类和切分是个见仁见智的问题，很难有一个让所有人都认同的大纲或标准。基于此，虽然任务式教学法被“呼吁”了许多年，也有了一些理论上的认识（如吴中伟，2004；吴勇毅，2005；赵雷，2008 等），但至今仍停留在课堂教学实践尝试层面。

（七）话题

以话题为汉语课程的中心组织要素，就是以话题为主线来组织汉语课程内容，其他一切围绕话题来进行。初级阶段以话题为中心组织要素的课程往往结合其他组织要素（如功能、语法、情景等）来进行组织。这类课程国内外都有。中级阶段以话题为组织中心的汉语课程主要是口语课、阅读课和视听说课等。

以话题为组织要素的课程有很多优点：有利于理解；能使语言形式更有意义；能作为其他内容（如功能、语法等）的基础，并容易与之相结合；有利于真实材料的使用（其材料往往都是从报纸、杂志等出版物上摘录下来的），等等。但这种课程也有一些问题值得思考，比如：如何科学地确定讨论哪些话题？如何保持话题与语法、功能等内容之间的平衡？如何进行有效评价？等等。

在国内，初级阶段以话题为中心组织要素的汉语课程以郭志良等（1995；2007）设计的汉语速成综合课为代表。中高级阶段以话题为组织要素的代表性汉语课程，是杨贺松（1991）开设的中级汉语阅读讨论课（共包括 20 个话题，分上下两编）。上编包括：八十年代青年的择偶标准、大龄姑娘的心事、黄昏恋、婚礼、离婚、职业妇女的甘苦、“气管炎”与大男子主义、“小皇帝”们、为了孩子上大学、计划生育。下编包括：北京的小胡同和四合院、自行车王国、大学生活点滴、大学教授中的三代人、来自安徽的小保姆、出租汽车司机、街心公园的早晨、家用电器热、中国菜、当代通用的礼貌用语。另外，中高级阶段的一些口语课和读写课等也属此类。

在国外，以话题作为中心组织要素的汉语课程较为普遍。其中以《中文听说读写》《汉语》和《标准汉语》等教材为代表。《中文听说读写》涵盖初级和中级两本，初级本设计的话题包括见面问候、介绍家庭、上中文课、谈爱好、谈天气、买东西、租房子、上网、发邮件等，中级本在此基础上增加了中国的节日、男女平等、健康保险、枪支与犯罪、环境保护等反映社会问题的话题。《汉语》是一套综合性教材，包括入门、中级和高级三个阶段，话题主要包括家庭、朋友、宠物、数字、体育运动、学校课程、穿名牌衣服、看电视、电影、比赛、做菜、吸烟、环保、节日、名胜古迹等，每个话题下面又包括一些语法和功能项目。"《标准汉语》按特殊情境下的各个语言话题分单元编排教材。具体说，《标准汉语》以北京和台北为背景，按话题分为 10 个核心单元：（1）认识环境（Orientation);（2）传记情况（Biographic Information)；（3）钱币（Money)；（4）方向（Directions)；（5）交通、运输（Transportation)；（6）安排会见（Arranging a Meeting)；（7）社会（Society)；（8）在中国旅行（Traveling in China)；（9）在中国生活（Life in China)；（10）谈新闻（Talking about the News)。"（盛炎，张占一，1983；温洁，1990）此外，佟秉正（1995）在谈到自学汉语教材的编写时也认为主题范围架构最为理想，进而提到人们日常生活交际可用 10 个主题范围来概括：叙述自己；谈论他人；请求、允许、禁止；位置；方向；时间；描述事物；喜恶；需求；动作、活动。傅海燕（2007：96-99）也主张汉语课程围绕话题进行设计，她把零起点的汉语初级课程分为 10 个单元：我跟我的朋友、我家、我的喜好和我的一天、买东西、我的故事、我爱芝加哥的春天、我的校园生活、我家住在芝加哥、我最爱吃的菜：吃在芝加哥、我的过去与现状：身体与健康等。每个话题都是以交际为目的，与文化、社区及其他学科的知识相联系。

（八）学习者

以学习者为汉语课程组织的中心要素，就是从学习者的母语特点或其学习的兴趣出发，围绕其母语特点或其学习兴趣来组织汉语课程内容。褚佩如（2004）设计的外交公务汉语课程就是以学习者为中心的编写形式，具体包括从学习者角度注释、编写时分出难易层次、中英文和拼音并用的格式编排、教学法内容在教材中有所体现、练习重在成段表达等。

汉语教学属于第二语言教学。学习者的母语规则不可避免地会影响到汉语学习。如果是设计国别化的汉语课程，我们就可以根据母语特点来安排课程内容（尤其是语法和文化等）的次序，这样更有利于学习者的学习。由任远和玛格达等合作编写的《汉语》（北京语言学院出版社和威尼斯 Cafoscarina 出版社联合出版）就是这样一部教材。该教材专为意大利学生学习汉语而编，其语音、语法、词汇等材料的编排突出了汉语与意大利语之间的特有差别，语言材料也与意大利学生的特殊需要相联系。（参阅玛格达·阿比亚提，1994；任远，1995）再如英语和汉语中都有复数指示代词“ these/ 这些”和“ those/ 那些”，这对母语为英语的学习者几乎不用讲解。而对日本学习者就需要详细讲解，因为日语中没有这种复数形式。相反，汉语中的“主谓谓语句”，对日本学习者来说很简单，但对母语为英语的学习者来说又成了难点，需要在课程中重点训练。不同国家的学习者在发音上容易出现的问题也不尽相同。日本学习者受汉字日文读音干扰，某些音的发音成了痼疾（比如把送气音发成不送气音），但无洋腔洋调。英语为母语的学习者发音语调高低错落，洋腔洋调明显。日本学习者课上不太活泼，英语为母语的学习者则喜欢表现自我，课上爱发言提问。在汉语课程中设计练习类型时应考虑这一点。很多学者（如于树华，1989；郑懿德，1995；施光亨，2000；程相文，2001；王永德，2004）都认同或支持从学习者的角度来设计课程或组织教学。

汉语学习者的兴趣也可以作为课程组织的中心要素。这类的课程组织较多出现在一对一汉语辅导课或者作为某个学习者群体的选修课中。比如针对日本学习者或者针对东南亚华裔学习者开设的中国文化类的选修课，就可以采取这种课程组织方式。但较为成熟的此类汉语课程还没有出现。因为学习者的兴趣各异，即便同属一个国家也未必一致，有时实在是“众口难调”。

目前，有一种社团学习法（Community Language Learning），该学习法充分发挥学习者的主动性，让学习者自己决定学习的内容和方式，教师主要是提供咨询服务和答疑解惑，最后把学习者提出的自己感兴趣的学习内容集合起来，组成课程内容。还有一种语言经验教学法（Language Experience Approach）也是强调把语言学习的基础建立在学习者自己的经历和兴趣之上。从理论上讲，这类课程应该是按照学习者兴趣来组织的。

上文提到的这些都可以作为汉语课程的中心组织要素。具体应该选择哪一个作为“主线”进行课程设计，则需要考虑课程目标（是否有利于最大限度地实现课程目标）、课程内容（是否有利于更好地将课程内容组织起来）、学习者特点（能否更好地激发学习者兴趣并使之产生学习动机）等因素。当然跟课程设计者的理念（比如设计者对汉语课程目标、课程性质的认识等）有很大关系。从既有的汉语课程来看，国内所设计的初级综合课倾向于以语法结构为组织要素（但同时紧密结合功能、话题、文化等要素）来进行设计。而国外所设计的初级综合课倾向于以话题为课程组织的要素，并以此来统摄语法、功能和文化等因素。总之，汉语课程的组织要素正在走向综合化，以单一某个组织要素设计的汉语课程很少。

二、对课程内容进行切分

确定了汉语课程要素以后，下一步是在此基础上确定课程内容的结构单位，然后按“单位”进行切分，这样才能形成一个个的“教学单位”。否则，课程内容仅是语法、功能、情景、任务、词汇等知识或项目的集合体而已。基于此，我们需要思考的问题是：在总的教学时间内（比如20周或一学年），选定的这些内容一共分成多少个单元或课？每个单元或课需要多少个学时教完？每个单元在确定了学时以后，具体内容细化到什么程度才能在规定的时间学完？比如“介绍”这个项目需2个学时学完，那只能学习一种或两种“介绍”的句型方式。只有到了这一步，汉语课程才算是一个较为正式的“课程”。

这一步的工作主要就是根据教学的需要或时间安排将课程内容划分为阶段、单元和课等教学单位，形成一个基本的课程结构。

（一）汉语课程内容切分的“单位”

汉语课程就是以阶段、单元和课等教学“单位”构成的，它是课程大纲的具体化。阶段、单元和课的设计涉及对知识点的恰当切分和合理安排，其目的在于提供一个可供操作的课程单元，为整个课程确立一个“节奏”和架构，使汉语课程更容易教和学。每一个阶段、单元和课都有自己具体的教学目标和内容（表现为具体的语法点、功能点、情景等），组合起来就是整个课程的目标。下面我们简单介绍一下阶段、单元和课：

阶段：是指在一门汉语课程内有自己独特知识内容体系和目标的一个单位。汉语课程教学界常把基础汉语综合课分为三个阶段：语音阶段、语法阶段和短文阶段。[1] 在每个阶段结束后往往会有复习和考试。语音阶段重点教授声母、韵母（包括儿化韵）、声调（包括连读变调和轻声）的发音方法及其特点、规律等；词汇方面主要是日常生活方面的实词；语法主要限定在主谓句、疑问句、量词、方位词、能愿动词等；功能主要是学习问候、打招呼、打电话、互问姓名、国别、方位等；情景主要限定在学校环境中。语法阶段主要学习基本语法（包括词法和句法）和句型，但也没有忽视语音和词汇教学，语音主要是训练语调、语气和重音，词汇主要是掌握汉语词汇等级大纲所规定的甲级词 1033 个。短文阶段主要是要求学习者在听、说、读、写方面初步具备正确的、有效的成段表达能力。其他方面也有所深化，比如语音方面能正确地变音变调、掌握语流音变，以保证汉字、词语和句子发音准确、语调语气基本正确等；语法方面学习基本句式的引申用法，扩大表达能力；词语方面重点学习重要动词、虚词、连词的部分内容等。

当然也可以根据学习时间来划分，比如一门 120 个学时的汉语口语课可以划分为三个阶段（每个阶段 40 个学时）或四个阶段（每个阶段 30 个学时）。因为学习的阶段性和反馈的及时性，这种阶段划分及其考试安排既有利于学习者对所学内容进行及时复习和掌握，也容易让学习者有节奏感和成就感。

单元：是指在每一个阶段内的教学单位，是一组能独立成为学习单位的教与学的活动，包含独立的目标、内容、活动等课程单位。它小于阶段，大于课；既是整个课程内容的“化整为零”，也是对具体课程知识点的“化零为整”。单元是语言类课程较为普遍使用的“单位”。它通常由 3—5 课组成。对于课程设计者来

[1] 从宏观上来讲，我们把整个汉语课程教学分为初级阶段、中级阶段和高级阶段。这里是对基础阶段汉语综合课再划分的阶段，应该属于微观上的阶段。

说，在进行课程设计时如何切分单元呢？或者说切分的单元是否合适呢？学界已有相关研究成果，如 Richards（2001：166）认为，对一个组织较好的单元可以这样检视：（1）长度（length）：有足够的内容但不应太多；（2）发展（development）：处于一个发展的阶段，能有效联结前面和后面的知识内容，不是随意而为；（3）关联性（coherence）：单元内容应该是一个整体，各课内容是有机联系在一起的，而非“杂合”物。每一课的主题应该跟单元主题有关。比如《说什么和怎么说？》中第八单元感谢，共包含三课，分别为一般的感谢、特殊的感谢、对感谢的应答；（4）分布（pacing）：在单元内，每一课的内容都大致差不多；每个单元的内容也差不多。其中每个教学单位所花时间也差不多；（5）结果（outcome）：在每个单元，学习者都能用本单元的知识完成一些任务等。一个单元多大才合适？这要根据所切分课程内容的特点、总量以及教学时间等因素来确定。在此基础上，我们认为，相对独立性（内容有自身的内在逻辑，是有机体而非杂合物，学完能完成一些任务）、衔接性（能与前面已学内容和后面将学内容进行有效衔接，既能复习前面的内容，又能为后面的内容做铺垫）和均衡性（单元内各个维度的内容比例比较均衡，在内容总量上与其他单元差不多）是切分汉语课程单元的基本标准。

课：是最小的基本课程教学单位。“‘课’是教材根据大纲、按照一定的顺序切分出来的教学单位。每一课包含大纲中的一个到数个项目。”（崔永华，1992）与单元相似，每一课都有自己的教学重点，也有自己的教学目标。有的根据语法点设课，有的按照功能点设课，有的按照情景设课，有的按照话题设课，等等。无论根据哪部分内容设课，每课都应当包括词汇、课文、语法点、功能、场景、文化知识、练习（包括任务等）等几个部分。单项技能课可能就没有这么全面，设计者可以根据自己所设课程的特点灵活安排。

（二）把整个汉语课程内容分成单元和课

在汉语课程里面，只有初级汉语综合课分为语音阶段、语法阶段和短文阶段，然后在每个阶段里面再分成课。前文提到，从传统上说，汉语课程习惯于采用“课”这一单位。从科学意义上讲，只有课，没有单元，课程结构往往显得不太清晰。所以我们主张汉语课程采用“单元”和“课”两级单位。这样不仅课程结构较为清晰，而且使用起来也较方便。比如我们把“介绍”定为一个单元，那么在本单元里面，我们还可以设三课：自我介绍；介绍别人；介绍环境。这样可以从三个角度来学习“介绍”这一功能。其结构为：

单元主题：介绍

第一课：自我介绍

第二课：介绍别人

第三课：介绍环境

每一课又包括语法、对话或课文（即话题）、文化、生词、练习等几个部分。但是如果没有“单元”这一层次的统领，直接呈现“课”，跟后续单元所包括的“课”排列在一起，往往就显得不太清晰。有了“单元”这个结构层级，我们就更方便对汉语课程内容进行结构化安排了。比如整个初级汉语口语课将分为 15 个话题单元。每个单元包含 2—3 课，分别指向一个功能。每一课大致包含 3—4 个语言点和 20 个左右的生词，篇幅 6 页左右。

值得注意的是，跟单元的划分一样，课的划分也应有充分的根据，不能为了独立成课而将内容强行拆解，也不能在两课之间留有太大的“间隙”。无论是语法和功能，还是话题和文化等，两课之间应有一定逻辑。比如语法切分，吕文华（2008：99）曾提出 6 个角度：结构的角度，语义的角度，用法的角度，从句法分析入手深入到语义分析，从语义分析入手结合结构分析，从语用分析入手深入到语义分析。再以功能为例，虽然已有很多功能大纲，但若要以此为初级汉语课程的组织要素进行切分，也并不容易，因为还涉及语法、词汇、场景、话题等。如果完全以意念功能为主线，汉语课程中的语法必定无法维持其系统性和序列性。Wilkins（1981：96-100）就曾提过功能切分时所遇到的这种困境。因此他建议用学习者最终要从事的语言事件（Language Event）作为课程组织的“单位”。无论是以什么为课程组织的主要因素，课程设计者需要重点考虑的就是作为组织要素的内容排列及其与其他内容结合的可能性与契合度。当前越来越多的汉语课程倾向于用话题来组织，一个很大的原因就是话题比较容易与语法、功能、文化等因素进行搭配。Posner et al.（2001 ：131-135）曾提到过组织教学单元的五个原则：（1）与世界相关（world-related)，在某种意义上，是与事物存在于世界上的时间、空间和物理性质相关的。与世界相关的部分维度包括：时间（是不是因为它们几乎同时存在或发生，或者是因为它们代表着同样的原因或结果？）；物理复杂程度（是不是因为它们是关于物体或过程的，或者从物理性质上讲它们是相似的实体？）；地点（是不是因为它们承载的内容从空间上讲是排列在一起的？）。（2）与概念相关 (concept-related)，是对预期学习结果中与概念相关的性质的考虑。与概念相关的维度部分包括：逻辑上的先决条件（是不是因为这些思想观点必须在其他思想观点之前学习和理解？）；概念的相似性或相关性（是不是因为这些交织在一起的思想观点在某些方面是相互联系的？）；（3）与求知相关 (inquiry-related)，是对知识是如何被生成的考虑。以此为出发点对预期学习结果进行分组，要考虑的问题是：预期学习结果分在一组是不是因为它们代表着求知过程中相似的阶段（即产生、发现或证明知识的过程）；（4）与学习相关 (learning-related)，是对学生如何学习以获得预期学习结果的考虑。与学习相关的维度包括：熟悉程度（是不是因为学习者对它们非常熟悉或熟悉程度不同？）；兴趣（是不是因为学习它们能够同样地引起学生的兴趣，或学生们更感兴趣的预期学习结果应该与他们不太感兴趣的预期学习结果分在一组？）；难度（是不是因为学习的难易程度是相似的，或每组的难度要求是混合的？）另一个与学习相关的维度是以经验为先决条件，它指的是学生在学习获得其他学习结果之前必须学会的东西，即技能 B 学生不可能学会，除非他已经掌握了技能 A。（5）与应用相关 (utilization-related)，是对预期学习结果在将来如何为学习者所用的考虑。如果一些技能在将来作为某一过程的一部分，而且会在同时被使用，或许你想把它们放进同一单元。如果在解决个人或社会问题时，某些事实或理论可能被期望一同使用，就有必要考虑把它们组织在一起。[1] 以上原则可供我们对汉语课程内容进行切分时参考。

[1] 参阅［美］乔治·J. 波斯纳，艾伦·N. 鲁德尼茨基著，赵中建等译（2003）《学程设计——教师课程开发指南》，华东师范大学出版社（该书原版于 2001 年由 Pearson Education, Inc. 出版）。

三、排列结构单位

排列已经切分好的“单位”其实就是对汉语课程内容教学顺序的一种排列。Dubin & Olshtain（1986：51-63）提出过课程大纲的五种编排方式：线型编排（the linear format）、主题单元排列（the modular format）、循环式编排（the cyclical format）、模块式编排（the matrix format）、故事线索编排（the story-line format）。在此基础上，我们认为汉语课程内容的排列顺序大致有以下几种：

（一）直线式。这是一种线型排列方式，即先学习较为容易和简单的内容，再逐步学习较难和复杂的内容。先学内容是后学内容的先决条件。这也符合 Gagné 建立在任务分析基础上的教学顺序理念和 Ausubel 提出的“先行组织者”（Advance Organization）理念。同时，这也是汉语课程比较普遍的组织类型。结构型汉语课程基本上都是这样安排的。先教基本的语法，再教复杂的语法。同一个知识点也先教简单的部分，再教较难的部分，比如汉语教材中都有疑问句 1、疑问句 2、疑问句 3 等，还有“把”字句 1、“把”字句 2、“把”字句 3 等。其实在这方面也有一些研究，比如杨寄洲（2000）认为如果从句型看，对外汉语初级阶段的语法项目实际存在着一个前后有序，由简到繁的语法序列，一个语法的链，按照这个语法序列进行教材编写和课堂教学，符合循序渐进的原则。吕文华（2002；2008：108）也曾对语法点的排列有过探讨，就是力图使其达到由简单到复杂、由易到难的顺序：语法项目的顺序包括结构序、语义序、用法序三种。结构序包括从简式到繁式、从有标志到无标志、从基本式到衍生式。语义序包括由实义到虚化义、由原型到非原型、从常规搭配到非常规搭配、从基本义到引申义、从一般义到文化义等几种。用法序包括从常用到非常用，从一般用法到灵活用法，从单个句到相关句的比较，从结构、语义深入到语用。张伟平（2007）也曾对 20 世纪 80 年代以来的七套初级对外汉语教材的选取和排序进行过考察，并梳理出一个共同的语法项目及顺序表。再如汉语阅读课，先要求学习者对文本进行字面意思的理解，然后再要求其进行推理性的理解。

（二）螺旋式。即同一个知识点或主题在一门课程中出现多次，且每次更复杂、更难一点。整个汉语课程就是贯穿每一个知识点或主题的螺旋系列。这种螺旋式排列方式不仅能复习学过的内容，而且使要学的内容变得更为简单，因为它符合学习者的认知规律。比如“介绍”这个功能项目，先学简单的“介绍”：我叫……，再学复杂一点的“介绍”：我叫……，来自…，我喜欢……。依次类推。而且后面的“介绍”里面包含前面“介绍”的内容。一些较为复杂的语法点也可以这样安排。比如郭志良等（2007）在其设计的汉语课程中就把“可能补语”分成四级：（1）“V得/不＋动/形”（如“干得完”“洗不干净”）；（2）“V得/不＋了”（如“抱得了”“去不了”）；（3）“V得/不＋来/去”或“V得＋上来/上去”（如“拿得来”“抱不上去”）；（4）“V得/不得”（如“吃不得”“去不得”）。相比于从易到难的直线式排列，螺旋式组织日益成为汉语课程设计者的共识和追求，但成熟的却不太多。英语课程《跟我学（*Follow Me*）》在这方面做得相对比较好些。盛炎（1990：236）曾有分析：“《跟我学》共设了10个主题范围，每一个主题范围循环6次，即分6个层次。例如：‘时间’这个主题范围在第6个单元中首次出现，以后又在第16、26、46、56等单元中循环出现。也就是说，每10个单元循环一次，每循环一次增加一次难度。《跟我学》第一册共有30个单元，10个主题范围的循环情况如下（括号内的数字表示该主题范围的循环单元）：（1）个人情况（The identification of self，1，11，21），（2）别人的情况（The identification of other people，2，12，22），（3）请求、帮忙、建议等（Requests，offers，suggestions，etc.，3，13，23），（4）处所、方向（Location and direction，4，14，24），（5）处所（Location，5，15，25），（6）时间（Time, 6，16，26），（7）有关事情、物质、条件的情况（Information about things，substances and conditions，7，17，27），（8）喜欢、不喜欢和爱好（Likes，dislikes and preferences，8，18，28），（9）对人、事情、物质的需求（Wants and needs: people，things，substances，9，19，29），（10）行为（Action，10，20，80）。”

（三）按需求的程度来排列。整个汉语课程大纲由一个个相互之间并不存在内在联系的模块组成。模块的先后顺序主要根据学习者需要的急迫程度来排列（即“急用先学”），相互之间的逻辑关系也不太紧密，可以自由改变。这种排列方式一般在功能/情景取向的汉语课程中应用，尤其是短期的专门用途汉语课程。比如一个要到中国旅游的短期汉语班，就可以这样排列：身份确认、换钱、交通、方向、就餐、时间和日期、住宿、购物、打电话、就医、紧急求助、银行、邮局等。在设计外交汉语课程时，石金才（1990）就主张课程内容按照需要的紧急程度来安排："从外交人员的急需看，首先是简单的生活交际用语，其次是各种外交场合的交际、应酬用语，再次是游览、参观、访问等活动中的各种用语。"汉语课程单纯这样排列的不多，成熟的更少。原如刚等（1981）所设计中级口语课也是按照这种思路排列内容的。英语教材《该说话了（*It's Time to Talk*）》是这种排列思路的"典型"。[1]

先决内容优先学习也属于这类组织类型。重视先学会基本而必要的知识和技能，否则无法进行下一阶段的学习。这属于客观需求。比如学习"把"字句，首先要学习"处置"类的动词和一定类型的补语。要想学习"介绍"，应先学习"打招呼"。要想学习"可能补语"必须先学习"结果补语"和"趋向补语"。要想学习"是……的"句必须先学"了"。要学习带疑问语气词"呢"的问句必须先学习特指问、是非问、选择问，等等。

（四）由近及远。由近及远的顺序主要是应用在以话题为中心组织要素的汉语课程中，即其话题按照学习者"心理空间"由近及远的顺序进行排列。话题取向的汉语课程一般都这样排列。傅海燕（2007：96）安排其教学单元的顺序时就明确说："教学单元围绕主题设计。所有的话题以交际为目的，由'我'展开，从小到大：个人→家庭→他人→外界→社区。"任远等（1995）为意大利学习者设计的课程"便是以学生所在的学校生活和日常交际活动为主要场景，从学生身边最熟悉的人和事入手，由浅入深地逐步扩大到实际生活的各个方面"。

（五）由部分到整体或者由整体到部分。由部分到整体是指先学习话题或知识的组成部分，然后再学习整个话题或结构。功能取向、任务取向的汉语课程以及

[1] 该教材由 Frida Dubin 和 Myrna Margol 编写，其目录及出版信息参阅 Dubin, F. & Olshtain, E.: *Course Design:Developing Programs and Materials for Language Learning*. Cambridge University Press，1986：58-61。

一些语言技能课往往是这种排列。汉语写作课程就是从部分到整体，先学些句群段落，然后把这些句群段落组成一篇作文。由整体到部分是指先学习话题或知识的整个结构，然后再学习其具体的构成要素。比如汉语阅读课，先对整个文本进行阅读，然后再逐步了解组成文本的具体信息。或者先呈现观点，然后再呈现支持性细节。

（六）时间顺序。即整个课程内容按照时间顺序来安排，或者按照技能使用的过程顺序来安排。汉语教学的辅助课程如《中国文化史》和《中国文学史》等就是按时间顺序安排的。写作课往往根据写作过程的顺序来安排：准备、形成思想/主题、准备草稿、写草稿、修改草稿、编辑成文。讲述“做中国菜”的课程往往是按照一道菜的工序来讲解，即洗手、洗菜、切菜、炒菜、装盘、储存等工序主题；一些旅游汉语课程也是根据导游交际动态过程的功能来安排，依次为称呼、问候、交谈、质疑、应对、拒绝、引导、讲解、告别等。一些外交类汉语课程也按照时间顺序安排内容（石金才，1990）。

（七）故事线索编排。即把整个汉语课程的内容设计成一系列故事。每个单元或课的主题设计成一个故事，每一个故事包含一个或多个场景。在场景和故事中呈现切分好的课程内容。这种编排方式比较适合专门取向的汉语课程，设计几组人物角色，通过他们的观察和行为来呈现课程内容。不过严格按照故事线索编排的汉语课程还不太多。[1]

以上几种编排顺序是第二语言课程组织较为常用的思路。具体设计某门汉语课程时，设计者需要具体考虑课程内容、学习者和学习条件等因素，尤其是课程内容的结构。Posner（1995，转引自林智中等，2006：80-81）在前人（Heimer，1969）研究的基础上曾指出内容结构可分为四大类：分割（Discrete）、分层（Hierachical）、单线（Linear）和螺旋（Spiral）。如果我们开设的是汉语综合课，

[1] 英语教材《策略（*Strategies*）》和《跟我去旧金山（*Follow me to San Francisco*）》故事性强一些。关于两部教材的目录及出版信息请参阅 Dubin, F. & Olshtain, E.: *Course Design: Developing Programs and Materials for Language Learning*. Cambridge University Press, 1986：62-63, 126。法语教材 *Taxi!* 也是通过出租车的后视镜来串起一系列的故事。

那么课程内容的结构就属于以上四种结构的综合。因为语言要素类的内容（如语法），其结构属于单线式；情景和话题等的内容，其结构属于分割式；技能和功能等内容，其结构属于螺旋式；文化类内容则属于分层式。具体某一部分内容的排列比较容易，但如果把这几部分性质不同的内容整合在一起，就相对比较麻烦。这也是汉语综合课程很难设计的主要原因之一。另外，学习者和学习条件等因素也很重要。年龄、学习目的不同的学习者需要不同的内容编排顺序。同样，时间长短不同也影响着内容编排的顺序。

四、具体“知识点”或“课”的组织

不同类型的“知识点”具有不同的性质和特点，往往采取不同的组织形式。词汇和语法往往采用演绎式或归纳式，功能、情景和话题则常采用圆周式。当然，就具体某一课来说，则属于交叉式。我们分别来看：

（一）演绎式。先呈现词汇或语法规则，给予一定的讲解，然后再出现例句进行证实。早期汉语课程中词汇和语法大部分都采用这种方式。比如对初级阶段的“动宾结构”这个语法点的组织：

由动词和宾语组成的词组叫动宾结构。今天要谈的是一种特殊的动宾结构。这种动宾结构有两个特点：

（一）从意义上看，它只代表一个单一的概念，相当于英语里的一个动词。比如：1. 我念书。2. 先生教书。

（二）从结构上看，这是一个动词和宾语的组合，用法上和一般的动宾结构还是一样。这个结构之后，不能另有宾语，如果另有宾语，原来的宾语就必须取消。例如：3. 我念中文。4. 先生教中文。这时候就决不能说“念书中文”或“教书中文”。

再如中级阶段的“不知（道）……好”或“不知（道）……才好”这个点：“不知（道）……好”或“不知（道）……才好”，表示对出现的某种客观情况不知如何应付而左右为难的心理状态。中间常为带疑问代词的动词性结构。例如：（1）他烦躁地在屋里走来走去，不知怎样劝女儿才好。（2）她惭愧地低下头，我一时不知道对她说什么好。（3）我们骑车到了一个十字路口，不知道走哪条路好，就向一个老人询问。（4）张师傅只有一张电影票，可是小崔、小黄都争着要，他不知道给谁好。（5）爷爷得了胃癌，我不知道怎样对他说才好。（6）接过她的珍贵礼物，我真不知怎样感谢她才好。

（二）归纳式。先呈现一组例句或包含例句的课文，然后从中归纳出要学的语言点。或者组织一些交际活动，让学习者感受交际规则或语法规则。比如"有"字句这个语法点的组织：

一、替换练习：1. 你有中文书吗？我有中文书。2. 他有杂志吗？他没有杂志，他有画报。

二、课文（一）你有几支钢笔？我有两支钢笔。（二）丁力是中国学生。他有一个外国朋友，他的朋友叫阿里。……丁力学习英语。他有两本英文书、一本英文词典。他没有英文杂志。

……

四、语法 1."有"字句——"有"字句的谓语是由动词"有"和它的宾语构成的。"有"表示领有。例如：她有《人民画报》；我有英文词典。

邓懿等（1989）设计的初级汉语课程也是采用归纳式处理语法点的。另外，一些语言课程（如《跟我学》）采用"展示—交际四段法"组织语言点，即：展示（Presentation）：先通过一段对话或课文展示语言项目；练习（Practice）：将对话或课文中的语言项目抽离出来，用各种方法进行练习；语境练习（Context Practice）：将语言项目放在有控制的语境中进行初步的交际训练；转换或即席谈话（Transfer or Improvisation）：引导学习者在无控制的现实交际中，重新组织所学过的语言项目，以满足交际需要。这也属于归纳式。

（三）圆周式。这种方式比较适合功能、情景和话题等语言点的组织。较大的功能、情景或话题再分出若干更具体的功能、情景和话题，下一级的功能、情景和话题都在上一级的统摄之下。例如"同意"这个功能，可再分成"一般性同意""充分同意""勉强同意"三个更具体的功能。再如"在学校"这个情景，可再分成“在教室”“在图书馆”“在宿舍”“在操场”等范围更小的情景。再如“污染”这个话题，可再分成“空气污染”“水污染”“电子污染”等范围更小的话题。《欧洲外语学习基本水平标准》(*Threshold Level*)曾把“假日和娱乐”这个主题分为“娱乐”“休闲和个人兴趣”“广播和电视”“电影、戏剧、音乐会等”“博物馆、展览等”“休闲型文化艺术活动”“运动”“报纸杂志”等八个副主题。[1]这都属于圆周式组织。

（四）交叉式。即把一定的话题、情景、功能和语法相互交叉组成一课。知识类型较多，组织的方式也有不同，而且出现很多层级。比如先在某一课设计一个中心话题，围绕中心话题从不同的角度设计若干小话题。每个小话题下面再设计情景，情景中再呈现语法点。比如，某单元的中心话题为“市内交通”，围绕“市内交通”又设计了“乘公共汽车”“叫出租汽车”“骑自行车”三个小话题（每个小话题为一课）。三个小话题下面又包含“禁止做某事”和“请人做事或向人打听事情”等七个功能项目。功能项目里面又分别包含基本结构（比如：“不能 / 不许 / 不准 / 不得 + 动词”；“劳驾，（问一下）……”；“怎么……？”；“好像 + 动词”；“是不是 + 动词”，等）。大多数汉语综合课的单元组织方式都是交叉式。比如，语言形式 1“ S+ 很 +adj.”和语言形式 2“ S+ 每天上午 / 下午 / 晚上 +V.”先呈现，在此基础上，可以交叉设置讨论“忙不忙”的话题（毛悦，2010b：142）；“是”字句和“介绍”功能交叉，等等。

另外，具体到一篇课文的组织，也有一些相关成果可供设计者参考。Mayer（1987）提出了三个在组织课文时需要注意的“点”：先行组织者（Advance Organization）、标示和附加问题。先行组织者的应用是指在课文前最好有一段简短的说明，或者有几个跟课文内容和学习者日常生活都有很大关系的问题。标示的应用则是指在课文中安置一些非内容的文字，用以强调文章的概念结构和组织，比如文章的结构：提出问题——对问题解决的尝试——最后解决问题。附加问题的应用是指在课文开始前或结束后设置一些问题，以促进对课文的理解。就目前汉语教科书中课文组织来看，“附加问题”这个“点”应用得最好，几乎所有的课

[1] 参见《欧洲语言共同参考框架：学习、教学、评估》第 54 页。

文都有附加问题。但先行组织者和标示这两个“点”应用很少。设计者可以在课文设计中有意识地予以运用，以最大限度地促进学习者的学习。

复习思考题：

1. 结合具体汉语课程类型或教材，试述不同汉语课程组织取向的特点。
2. 举例说明汉语课程组织的原则，至少五个。
3. 遵照本章提出的组织设计步骤，尝试对具体汉语课程类型或教材进行重新设计，并说明理由。

第六章 汉语课程实施及其设计

阅读前思考：

1. 谈谈你对汉语教学的理解。
2. 你如何看待汉语教学设计（或者备课方案）与课堂教学实践的关系？
3. 你觉得汉语教学效果通常会受到哪些方面的限制？

“汉语课程实施”是汉语课程设计的第五步，这一步是对书面或文本形态的汉语课程“蓝图”进行落实。只有被切实贯彻到实际教学中，汉语课程才能发挥其作用，否则基本属于空谈。上世纪60年代美国教育家Bruner曾在基础教育领域搞过一场轰轰烈烈的课程结构运动，理念很好，但最终遭遇了失败。事后发现，其失败的主要原因就是一线教师并没有将新课程贯彻在教学实践中（廖哲勋等，2003：129）。汉语课程教学领域也存在这种情况。笔者就经常被一线教师问及这样的问题：“我们有这么多的教学法流派，这么多好的理念，为什么现实中的课堂教学还是老样子？”这就涉及课程实施（Course Implementation）的问题，即汉语教师在课堂教学层面对课程计划或理念的贯彻应用。它涉及有关汉语课堂教学的方方面面，主要包括“怎么教”和“怎么引导学习者学”的问题。因此，对汉语教师等设计者来说，仅设计一个书面或文本形态的课程还不够，我们应该在此基础之上充分考虑影响课程实施的各个方面，并对其实施过程有一个规划或设计，这样才更能促成汉语课程设计的最终成功。

第一节　对汉语课程实施的基本认识

在本节，我们主要是理解一下汉语课程实施的内涵、取向和影响因素。因为这影响着我们怎样去实施一个书面或文本形态的汉语课程。

一、汉语课程实施的内涵

（一）汉语课程实施的内涵

所谓课程实施，就是“把变革（change）变成实践的过程”（Fullan, 1991：378）。结合汉语教学的特点，我们认为：

汉语课程实施就是将设计好的课程计划付诸实践（或予以应用）以实现课程目标的过程。教学是汉语课程实施的主要途径，但不是唯一途径。除此之外，还有学习者自学等方式。

这个界定有三层意思：

第一，汉语课程实施的实质是把课程计划付诸实践（或予以应用）的过程。这是一个复杂的、动态的实践过程，是一个汉语教师理解计划并通过一定的策略方法，采用一定的组织形式，在特定的时空环境内与学习者对话交流的过程。

第二，课程实施这一过程主要通过教学来完成。课程实施最终要落实到课堂上对学习者产生影响，其主要途径是教学。只有通过教学，汉语课程才能使学习者学到汉语语音、词汇、汉字、语法、听、说、读、写等具体知识和技能，才有利于学习者言语交际能力的提高。

第三，课程实施是为了实现汉语课程目标。汉语课程实施可以采用各种各样的形式和方法来进行，但有一个“灵魂”，即旨在实现课程目标。

（二）汉语课程实施与汉语教学

很多读者心里会嘀咕，从内涵上看，汉语课程实施不就是汉语教学嘛！可为什么又说“教学是汉语课程实施的主要途径”？这二者到底是什么关系？在普通教育界，张华（2000：367）曾探讨过“课程实施”和“教学”这两个概念的关系：**二者有很大不同。首先课程实施在内涵上涉及的范围比教学更广。其次，课程实施与教学分属于不同的研究领域，对二者进行研究的侧重点有别。同时，二者又具有内在的统一性和联系。第一，课程实施内在地整合了教学，教学是课程实施的核心环节和基本途径。第二，课程实施研究与教学研究具有内在的互补性。**从概念辨析的角度来讲，这样的论述是比较到位的。但在汉语课程设计的具体实践中，汉语课程实施基本就是汉语教学。因为汉语教师本身可能既是设计者，还是实施者。设计好的汉语课程计划没有经过任何环节就运用到汉语课堂之中。[1] 教学的过程就是课程实施的过程。此外还包括学习者自学，它也属于课程实施的范畴，但不属于教学，因为其中没有“教”的成分。在此基础上，我们把二者关系表述为：

从理论的角度来说，汉语课程实施和汉语教学分属课程论和教学论两个不同的学术研究领域。汉语课程实施主要研究对汉语课程计划的执行贯彻情况，影响因素有哪些，是否达到了预定的课程目标等。而汉语教学则主要研究教师“教”和学习者“学”的理念、方法和行为，以及二者之间的作用关系。从范围上说，汉语课程实施包含汉语教学，但还包含“学习者自学”这类的活动。从实践的角度来讲，汉语课程实施就是汉语教学（“学习者自学”不在本书讨论之列）。二者所研究的角度和落脚点不同，但研究对象一样，都是研究的汉语教学实践活动。

[1] 张华（2000）论述的是宏观课程与教学论，其中的课程设计者往往是学科专家，而实施课程的是一线教师，二者是分离的。因此其实施过程除了教学以外还包括从设计者到课堂教学之前的种种环节。比如从教育部或教育厅这种教育行政管理机构向下具体安排，层层落实到教师拿到课程之前。

尤其是具体到过程、方法、手段、活动、组织形式、时空环境等具体方面，汉语课程实施就是汉语教学。

正是基于这层意义上的认识，本章"汉语课程实施及其设计"也可称之为"汉语教学及其设计"。第三节"汉语课程实施的设计"就是由"教学过程""教学方法和手段""教学活动""教学组织形式""教学时间""教学空间"等几个具体方面的设计来组成。

二、汉语课程实施的取向

课程实施的取向根源于对课程本质的认识，体现在对汉语课程计划与课程实施关系的不同认识和课堂教学行为上。综合 Fullan & Pomfret（1977）和 Synder & Zumwalt（1992）的研究，我们可以把汉语课程的实施分为三种取向：忠实取向、相互适应取向和创生取向。

（一）忠实取向（Fidelity Orientation）

汉语课程实施的忠实取向认为，课程实施是一个单向度的线性过程，是教师在教学中忠实地执行预定的汉语课程计划，完全按照预先安排进行教学的过程，即所谓的"照本宣科"。其成功与否的衡量标准是实施过程中执行汉语课程大纲和计划的程度、教学内容与教科书的一致性程度。执行的一致性程度较高，课程实施就成功。反之，则视之为失败。

长期以来，汉语课程实施主要是忠实取向，汉语教师在教学中倾向于严格按照教学大纲教学（即"不超纲"），围绕教科书教汉语（即"以本为本"），忠实地实施设计好的汉语课程。教学机构对汉语教师的评价也往往根据其完成课程计划的程度和学习者的汉语成绩。课程评价主要依据汉语教科书来出题，以纸笔测验为主。

忠实取向的汉语课程实施，有利于保证当初进行课程设计时的理念和方法得到贯彻执行，能确保汉语课程大纲和计划的落实。但却容易忽视具体教学情境中发生的新情况。这一点尤其需要注意。因为汉语教学遍布全球，各地有各地的情况。这些都应该在实施时予以考虑。但是如果汉语教师的教学水平不够高，或缺少教学经验，忠实取向的汉语课程实施是必要的。

（二）**相互适应取向**（Mutual Adaptation Orientation）

汉语课程实施的相互适应取向认为，课程实施是一个双向调整适应的过程，即汉语课程计划与教学实践情境在教学过程中相互调整和适应。有可能是改变教学实践方式来适应汉语课程计划；也有可能改变汉语课程计划等去适应教学实践情境；当然也有可能双方都进行一定的调整以达成一致。

相互适应取向的汉语课程实施仅发生在少数教学机构和一些优秀教师的教学中。因为无论是改变汉语课程计划来适应教学实践，还是创造条件实施汉语课程计划，都需要汉语教师具有很高的教学水平。前者直接就是课程设计的能力，至少能改编或创造性地使用教材；后者则需要具备高超的教学技能和艺术。

相互适应取向的汉语课程实施，既能保证课程计划得到有效的实施，同时又能把包括教师和学习者在内的具体情境等因素考虑在内。这种取向更适合于汉语课程实施。但它带有折中主义的色彩，兼具忠实取向和创生取向二者优点的同时，也存有二者的局限。一些技能类的课程（比如“口语”）的实施过程，往往是相互适应取向的。

（三）**创生取向**（Enactment Orientation）

汉语课程实施的创生取向认为，汉语课程实施是一个教师和学习者在具体情境中个性成长的过程。汉语课程是教师和学习者在具体教学实践情境中对教学的创造。原有的课程计划只是汉语教学的一个凭借或工具。它强调教师和学习者在课程实施过程中的主体性和创造性。

在国内，创生取向的汉语课程实施极少，只有一些语言实践课和文化体验课的实施属于创生取向。在海外，很多地方的汉语教师往往自编教材，或者只带一个提纲上课，注重启发学习者表达自己的学习需求，然后予以满足。这样的汉语课程实施属于创生取向。汉语教学中的社团学习法（Community Learning Approach）的操作过程也属于创生取向。

创生取向的汉语课程实施，有利于发挥一线教师和学习者的主动性和创造性，利用汉语教学的具体情境来实施课程。但不太适合在初级阶段汉语课程实施中应用。

忠实取向、相互适应取向和创生取向只是倾向不同，没有优劣之分。对某一具体课程而言，同样只有适合与否，没有好坏之别。三种取向从不同方面解释了汉语课程实施的本质，各有其存在的价值和适用范围，同样也各有其局限和不足之处。

三、影响汉语课程实施的主要因素

前面提到，汉语课程实施就是将制订好的课程计划付诸教学实践的过程，基本等同于“教学”。影响汉语课程实施的因素其实就是汉语教学的影响因素。崔永华（1996）认为：“在非强化的语言教学过程有关的诸因素中，至少在下面八个方面存在着潜能。它们是：1. 学习者；2. 教授者；3. 教学过程；4. 课堂教学；5. 课外时间；6. 教材；7. 教学管理；8. 学习环境。”金贞子等（1998）认为影响对外汉语教学效率的因素大体上有教师的素质、教学方法、教材、学生的学习自信心和学习行为等。杨惠元（1999）曾谈到过速成教学的四个基本要素（学生、教师、教材和环境）。这些都是影响教学的重要因素。在此基础上，我们把汉语课程计划、管理者、教师、学习者、各层次教学环境等因素认定为影响实施的主要因素。因为在第三章的第三节已经论述过教师、学习者和各个层次的教学环境等因素，我们这里只简要论述一下汉语课程计划和管理者两个因素。

（一）汉语课程计划

汉语课程实施就是将课程计划付诸实践的过程。汉语课程计划本身当然是一个相当重要的影响因素。这种影响又具体表现在其本身的清晰度、复杂性和实用性等方面。

1. 清晰度

清晰度是指所设计的汉语课程计划本身被教师和学习者理解并执行的程度。

具体包括课程目标明确，内容范围清楚（即“广度”和“深度”应很明确），组织脉络清晰且富有逻辑，评价方案清楚明确且有针对性等。比如学完这门汉语课程预计要达到什么样的目标？选用了多少个词语、语法、功能项目？依据什么标准选的？这些内容是通过什么样的线索排列起来的？主要的教学理念是什么？等等。汉语课程计划越清晰，实施起来就越容易。

2. 复杂性

复杂性是指所设计的汉语课程计划内容的范围与深度，以及对教师素质水平和环境条件要求的高低。汉语课程计划越复杂，就越不容易实施。初级汉语综合课就比语言知识课、单项言语技能课等课程更难实施。“任务式、交际式课程”往往比单纯的语言技能操练课更难实施。有些汉语课程（比如沉浸式汉语课程）要求汉语教师自己首先理解、接受和掌握相应的教学理念和技巧，否则很难实施。有些汉语课程（比如语言实践课）要求学校或社区具备目的语环境，如果不具备这些条件，就不容易实施。

3. 实用性

实用性是指汉语课程计划应符合实际交际需要。实用性越强，越容易实施。比如初级汉语口语课程，它是外国人到中国后生活上的一些必要交际。学完后，马上就能用到。有的学习者甚至还带有学习之前交际失败的记忆（比如对“方便”一词的不同义项的误解）。再比如，学习者刚来中国留学，参加了一门学术汉语课。汉语课上学的东西（参与讨论、表达观点等技巧），到了专业课上马上就能用到。这类实用性较强的汉语课程，实施起来会更容易。相反，如果汉语课程计划中所设计的内容不能在实际生活或工作中用到，实施起来就不太容易。

（二）校长等教学机构的管理者

校长对汉语课程的认识及其领导风格都对汉语课程实施的顺利与否有很大影响。如果校长和其他管理者了解语言课程教学的本质和规律，同时又能保持足够的灵活性和适应性，自然会推动整个管理系统为教师提供各种支持。如：

给教师提供足够的相关信息资料。包括有关课程目的、材料、学习者需求和个性特征等方面的分析报告、课程大纲、教师指南、常用的教学活动和方法、学校管理的运行机制、学校能提供哪些类型的资源或帮助、学校所在地的语言教学政策环境方面的材料等。

给教师足够的权力。比如得到适当培训（比如使用多媒体或某种新方法）、选择教学材料、管理学习者及课程、参与有关课程的一些决策、选择适合自己的指导教师（指导教师的作用就是给教师尤其是没有经验的新手教师一些经验和建议，并讨论解决他们的问题）、向学校要求提供一定范围的资源或帮助等。

明确的责任和足够的闲暇。比如汉语教师在教学中担任什么样的职责？是否参与课程计划？如参加，具体负责哪个方面？是否负责设计课程评价？是否担任指导教师？等等。如果希望汉语教师把某个课程实施好，就不应该给他排太多的课，应给予适当的闲暇，使其有充分的时间考虑这件事。

给予足够的财力支持。汉语课程的设计，无论是对学习者需求的调查、对社会需求的调查，还是对教学材料的选择，都需要必要的财力支持。当然，能给予教师足够高的工资，免去教师生活上的后顾之忧，同样有利于汉语课程的实施。

提供专业发展的机会。汉语教师持续不断地进行专业发展是课程顺利实施的根本保证。管理者应尽最大可能为汉语教师提供专业发展的机会。比如，可以经常性地召集一些交流会，让语言教师（尤其是有经验的老教师）谈谈对语言教学的体会，这会对新教师有非常好的启发。既能让新教师尽快熟悉有关汉语教学的各种情况，还能给其提供咨询和请教的机会。因为每一名有经验的教师对新教师来说都是一本丰厚的“大书”。

第二节　汉语课程实施的设计

对一线汉语教师来讲，课程实施就是按照先行设计好的课程计划进行教学实践的过程。其中，教学过程、教学方法和手段、教学活动、教学组织形式、时空环境等方面的设计是汉语课程实施设计的重点。

一、教学过程的设计

“教学过程”有三层意思：第一层是指具体一堂汉语课的教学流程[1]；第二层是指不同教学法流派中的汉语教学过程；第三层是指具体语言知识和技能的教学步骤。我们主要看后面两个层次的教学过程。

（一）不同教学法流派中的汉语教学过程

我们先介绍几种较为常见的教学过程，以供设计者参考选用；然后再探讨如何设计教学过程。

1. 经典模式——PPP 模式

PPP 模式是传统汉语教学过程的经典模式。国内传统的讲练模式、讲练 - 复练模式和国际流行的听说法的教学过程基本都属于“PPP 模式”：

呈现（presentation）：在本环节，教师可以直接呈现，也可引入一个教学情景来呈现所教语言点，以使学习者能够认知和理解之。

练习（practice）：即教师指导学习者对这个语言点进行操练，包括机械操练和意义操练。在本环节，学习者不断的模仿、重复所学语言点，几乎达到能背诵的目的。

---

[1] 国内汉语课堂教学一直使用的教学流程是典型的“五个环节”，即：（1）组织教学（1-2 分钟）：主要为了安定课堂秩序、检查出勤情况、稳定师生情绪。（2）复习旧课（约 20 分钟）：主要是检查、巩固前一课内容掌握的情况，提高熟练程度，且为新课铺垫，引出新内容。（3）学习新课（70-75 分钟）：主要学习生词、组词、重点句型和语法、处理课文等环节。（4）本课小结（2-5 分钟）：主要对本课所学的内容进行巩固总结，也可边练习边总结。（5）布置课外作业（1-2 分钟）：主要是要求学习者复习、掌握本课所学的内容，一般包括书面作业和口头作业两种。在实际操作中，汉语教师往往把“学习新课”这个环节分成“处理生词、讲练课文、讲练语法点、重点词语练习”等几个环节。有些教师（如李德津、张伟）还在课堂最后增加了“预习生词”这个环节。“五个环节”教学过程层次清晰、步骤明确，既是长期教学实践经验的积累和结晶，又建立在哲学认识论（如感性认识和理性认识的关系）基础之上，加之符合许多心理学理论（如有意义学习、记忆和遗忘规律等），具有强大的生命力。从 1980 年代至今，国内汉语教学一直都是这个流程。《对外汉语教学课堂教案设计》《对外汉语教学示范教案》《对外汉语综合课优秀教案集》《教学督导的实践探索》等专著，以及王青（2006）的调查研究证实了这一点。

表达（production）：即学习者运用所学的语言点创造自己想表达的句子，描述特定的场面、情景或事件，达到交际目的。

这是PPP模式的基本步骤。汉语教师可以根据需要在自己课堂教学中扩展一些辅助环节，或者缩减某个环节。美国布朗大学的特瓦德尔教授提出了五个阶段：认知（recognition）—模仿（imitation）—重复（repetition）—交换（variation）—选择（selection）。（转引自章兼中，1983：102-104）

2. 认知法（Cognitive Approach）理念下的教学过程

认知法就是将Piaget的发生认识论、Bruner的发现学习、Ausubel的有意义学习以及Carroll的心理学理论应用到外语学习之中的一种教学路子。其教学过程分为三个阶段（参阅章兼中，1983：195-200）：

语言的理解：即学习者理解语言材料和语言规则的意义、构成和用法的阶段。其主要活动是通过旧知识引入新知识、引导学习者发现语言规则、教师简明扼要的讲解等。

语言能力（competence）：即培养学习者运用语言能力的阶段。其主要活动是围绕课文设计各种各样的培养语言能力的练习。比如组句、联句、改装句子、扩展句子、造句、各种形式的问答以及转述课文等。

语言运用（performance）：即培养学习者运用所学语言材料进行听、说、读、写目的语的能力。其主要活动是设计各种脱离课文的交际性练习。比如情景搭配、在具体情景中交谈、就指定的题目进行讨论或座谈、连贯的对话、多种形式的叙述、口述作文或专题发言以及游戏或剧目中的角色扮演等。

3. 任务型语言教学（Task–based Language Teaching）

任务型语言教学是建立在Dewey的活动教学、问题教学理念上的一种教学路子。Willis（1996）和Ellis（2003）分别提出了任务型语言教学过程，实质是一样的（参阅程晓堂，2004：94-102；陈东东，2005）。

任务前阶段（the pre-task phase）：即为完成任务做准备。其活动主要有介绍话题（introduce the topic）和布置任务（assign tasks）等。教师提出任务要求，解释任务的意义并激发学习者的积极参与。

任务阶段（the task-cycle/the during-task phase）：即完成任务的阶段。其活动主要有准备任务、计划报告和报告任务结果等。学习者是主角，教师只是助学者、组织者或监督者。

语言分析活动阶段（the language analysis）**/ 任务后阶段**（the post-task phase）：即完成任务后对重点语言结构和项目进行学习和操练的阶段。其活动主要有根据学习者输出的语言针对性地设计一些语言活动、学习者进行这些活动、教师对重点的语言结构和项目进行归纳和总结等，还包括对任务完成情况的反思等。

4. 如何设计汉语课程的教学过程

前文所提到的这些教学步骤并不是一成不变的，相互之间也并不排斥。设计者可以根据自己的教学目标和对象选择适合自己的步骤，形成个性化教学程序。那么如何设计个性化的教学过程呢？一般要遵循三个步骤：

第一步，选取教学环节。一般的教学环节包括引起动机或求知欲、阅读感知语言材料、教师精讲、学习者演练、布置任务、交际性练习、巩固性复习、布置作业等。

第二步，在选取各个环节后，要具体设计教学环节的组织，即将各个环节进行有机组合，安排各个环节的合理顺序，形成一个整体结构。比如先让学习者感知语言材料还是教师先讲？再如是“生词—语法—课文”，还是“生词—课文—语法”？等等。

第三步，统筹兼顾，既要保证重点环节（如教师精讲和交际性练习等），也要兼顾其他，以保证详略得当，使整体功效大于各个环节简单相加。

（二）具体语言知识和技能的教学过程

根据《国际汉语教学通用课程大纲》的精神，就汉语课程来说，其目标结构包括“语言知识”“语言技能”“策略”和“文化能力”等四个部分。很明显，汉语课程四个部分相对应的具体内容分别属于不同类型的知识。其中“语言知识”中的语音、字 / 词、语法和“文化能力”中的文化知识等属于陈述性知识，“语言技能”所包括的听、说、读、写等单项技能、综合技能和交际技能等属于程序性知识，“策略”所包含的情感策略、学习策略、交际策略、资源策略和跨学科策略等属于策略性知识。[1] 不同的知识类型有不同的设计特点和步骤。

1. 语音、汉字、词汇、语法和文化知识等陈述性知识的教学过程

陈述性知识主要是有关“是什么”的知识。这类知识教学的重点在于如何帮助学习者有效地理解和掌握，以及对符号、词语或规则意义的获取。

（1）汉语语音教学过程

但与其说语音是一种知识，不如说是一种技能，即如何发音。所以，语音教学应该以“练”为主，在掌握发音要领的基础上进行反复练习。一般来讲，汉语语音教学过程包括以下基本步骤：

呈现单音（或声母、韵母、声调）：即使用图标、图示等方式呈现所教语音。

模范发音并精讲发音要领：这是关键环节。

领读、齐读和个别读，并伴随纠音：即教师领读，学习者正确模仿跟读。

反复练习予以强化（由单音过渡到双音节或三音节拼读）：即采取多种方式练习以巩固提高。

当然，这个教学过程偏重于语音教学中的单音教学。即使是语流教学，其教学过程仍然依次为“呈现—范读—解释说明—领读、齐读和个别读—反复练习”。

（2）汉字教学过程

在实践层面，汉字教学往往是分散识字（即在综合课每一课的词汇学习中学习），采取的是呈现汉字—讲解汉字—操练汉字等基本步骤。这里我们介绍一种在汉字课上经常采用的“集中识字”教学过程：[2]

掌握基本字：即先让学习者掌握一些基本的独体字作为学习其他汉字的基础。如“女”“子”“十”和“木”等。

[1] 需要说明的是，策略性知识跟程序性知识一样是回答“怎么办”的知识，但它处理的是学习者自身的认知活动和学习者调控自己认知活动的知识。这类知识是渗透在前两类知识的学习之中的，没有专门和具体的内容。

[2] 张凤麟（1997）曾讨论过集中识字教学。

学习偏旁部件：即先学习一些常用的部件，作为扩展汉字的依据。如“艹”“扌”“讠”“疒”等。

基本字带字：即利用这些独体字或基本部件适当扩展出一些常用汉字。如“月”可扩展出“肚”“脸”“肝”“肤”“胖”等。

学习一组汉字：对扩展出的这组汉字进行解释学习。

用交际情景或课文进行练习：即设计一个交际情景或课文练习巩固这组汉字。

汉字教学要求学习者掌握所学汉字的形、音、义，即会写、会读、能理解。所以，在以上步骤中也伴随领读、分析字形和练习写字等环节。

（3）汉语词汇教学过程

汉语词汇教学一般是通过两种途径来进行的：一是蕴涵在综合课、口语课、听力课等综合课和单项技能课之中；一是独立的词汇课教学。

① 作为综合课和单项技能课一个教学环节的词汇教学。其常用的传统基本教学步骤如下：

展示生词：即通过领读、板书、听写、卡片、实物等各种方法让学习者感知词语，建立感性认识。

讲解生词：即通过直接讲解、对比讲解、直观释义、例句释义、语境释义、提问释义等方法对词语的词义和用法进行讲解。

操练生词：通过限词造句、限词答问、限词改说、同（反）义词、词语搭配、词语辨析、联想练习、交际练习等方法帮助学习者掌握词语的词义和基本用法，以使其能够正确地使用词语。

在交际法教学过程中，词汇往往这样处理：教师在课堂上并不直接教授词汇，仅提醒学习者注意那些会影响交际的词汇，帮助他们从上下文猜测词义，或稍作解释。（董燕萍，2001）

② 独立词汇课上的教学步骤：

在独立的词汇课上，教学过程设计的自由度相对大一些。这里我们主要介绍“字本位”的词汇教学、中级阶段的词语强化教学过程以及建立在语义场理论上利用“概念地图”理论进行的词汇教学三种。

“字本位”的词汇教学较为常用。其教学步骤一般为：明确核心字—掌握核心字—拓展组词—分析核心字与拓展词之间的语义关系—掌握新词—词的运用。

“中级阶段的词语强化教学”由北京语言大学陈贤纯（1999）提出。其构想如下表[1]：

<table>
<tr><td rowspan="5">中级阶段</td><td rowspan="5">词语强化</td><td colspan="2">总目标 18000 词语</td></tr>
<tr><td rowspan="2">第一循环</td><td>目标：5000 词语　教学时间：一个学期</td></tr>
<tr><td>第一课　第一个语义场　目标：250 词
教学步骤：
1. 强记词表—再认练习—回忆练习（包括默写）
2. 进入语境—单句—听读—信息在语境中训练—再认提取
3. 表达运用—说写—信息在语境中练习—回忆提取
4. 总结—再次做词表再认与回忆练习
第二课　第二个语义场　目标：250 词　教学步骤同上
第三课　第三个语义场　目标：250 词　教学步骤同上</td></tr>
<tr><td>第二循环</td><td>目标：6000 词语　教学时间：一个学期</td></tr>
<tr><td>第三循环</td><td>目标：7000 词语　教学时间：一个学期</td></tr>
</table>

利用“概念地图”进行词汇教学的步骤更适合在中高级阶段的汉语教学中使用。其教学步骤为：识别确定关键词—划定相关词汇的范围—构建词汇的层级结构—以命题方式陈述词语之间的关系—反思词汇地图。（郭睿，2010）

（4）汉语语法教学过程

语法教学属于规则教学。在各种汉语课堂教学实践中常用的教学过程有两种：归纳式教学过程和演绎式教学过程。

归纳式的教学过程为：呈现一定数量蕴含语法规则的例句—引导学习者采取朗读等方式感知这些例句—解释这些例句，突出语法规则—引导学习者归纳总结出语法规则—反复操练—结合语境练习—应用语法规则创造句子。

[1] 资料来源：陈贤纯：对外汉语中级阶段教学改革构想——词语的集中强化教学，《世界汉语教学》1999 年第 4 期。

演绎式的教学过程为：呈现语法规则—解释语法规则—列举例句说明语法规则—把语法规则总结为若干句型并具体化为范句—通过模仿、替换、类比等方式反复操练—结合语境练习—应用语法规则创造句子。

崔永华（1989）提出的语法教学过程：展示语法点—必备知识的复习—机械练习—有"意义"的练习—交际练习、交际活动—语法点的综合归纳，以及Fotos（2001：281，转引自廖晓青，2004：107）根据认知法理念提出的语法教学过程（呈现语法规则—解释语法规则—句型操练—句子创造），都属于演绎式教学过程。温厚一（1998）提到的交际法流派中的语法教学过程：交际（Communicate）—呈现语法点（Present Language）—句型操练（Pattern Practice)—再交际（Communicate），则属于归纳式的教学过程。

（5）文化知识教学过程

文化知识教学可以采取传统的讲解模式，也可以采用基于建构主义理论的教学过程模式，即K-W-L教学过程模式[1]：

K（know）：即what you know（关于将要学习的知识，你已经知道了什么？），鼓励学习者畅所欲言，说出自己已经知道的内容。

W（want）：即what you want to know（关于这部分知识，你想知道什么？），鼓励学习者说出自己关心的内容和想学的知识。

L（learn）：即what you've learned（关于这部分知识，通过这堂课的教学，你学到了什么？）。

我们也可以采取"讨论式"教学过程：讨论前准备—讨论—讨论后总结点评。另外，还有"自学辅导式教学过程"，包括明确教学内容—学习者自学（伴随教师的现场辅导）—学习成果汇报等教学步骤。

2.听、说、读、写等言语技能和言语交际技能等程序性知识的教学过程

程序性知识主要是有关"怎么办"的知识，是关于方法和应用的知识。听、

[1] 这个模式笔者早有耳闻，2010年12月18日在北京师范大学观摩了美籍教师阮杰宁用此模式上的阅读教学法课，同时了解到这个模式在北美地区有相当的普及度。

说、读、写等言语技能和言语交际技能都属于程序性知识。程序性知识教学主要是帮助学习者形成运用规则解决问题的能力。基于此，这类知识的教学过程应该恰当处理掌握基本知识和形成言语技能、言语交际技能的关系，设计充分的练习，尤其是交际性练习。我们逐个来看：

（1）听力技能的教学过程

听力课最初是作为综合课的辅助课程“小四门”之一设立的，专门训练学习者在“听”方面的技能。崔永华（2007）提出过一种听力课的教学过程：

创设情景：介绍必要的聆听背景和文化背景。

预测 / 猜测：根据对情景的了解，推测即将聆听的内容。

聆听：进行录音的聆听。

答题 / 解释：学生得出自己的答案及解释。

评价 / 反馈：师生对答案进行评价。

再听：如果感觉困难较多或对材料感兴趣等，可以再听。

杨惠元（2007：228-229）也提出过听力课的教学环节：复习—听前练习—听时练习—听后练习—总结和布置作业。

Underwood（1990）认为一种较好的听力教学模式包括三个阶段：听前导入阶段（Pre-listening）—听力理解阶段（While-listening）—听后巩固阶段（Post-listening)。按照其标准，崔永华（2007）和杨惠元（2007）所提出的听力教学过程都属于较好的听力教学模式。

（2）口语技能的教学过程

最初的口语课，跟听力课一样，属于综合课的辅助课之一。它是一门以培养学习者在实际生活中运用汉语进行口头交际为目标的单项技能训练课。其主要教学环节包括：[1]

[1] 参阅刘学敏：一年级口语课课程规范，载《对外汉语教学初级阶段课程规范》，北京语言大学出版社，1999：38-41。具体教案可参阅该书第 231-236 页曹慧老师的口语课教案。

生词的处理：在本环节中，应注意体现口语课的特点，在一定语境中处理生词。

学习课文及重点词语用法：这是主体环节，具体包括设计情景、练习交际、学习课文、重点词语用法与文化知识等几个小环节。

做练习：本环节包括词语方面的练习和表达技能方面的练习两种。

归纳总结、布置作业：在完成教学任务后，对本课的重点词语、文化知识等进行归纳总结，并布置听说内容为主的作业。

杨惠元（2007：244-247）提出说话课的教学环节：复习—生词—课文—活用—总结—布置作业。

（3）阅读技能的教学过程

阅读课是一门以训练“读”的技能为主的训练课，也属于综合课的辅助课程“小四门”之一。上个世纪80年代就有学者（张树昌、杨俊萱，1984）探讨过阅读课的教学环节：默读、讲解、检查。后来逐渐规范为6个环节：[1]

复习、巩固综合课中出现的语音、汉字、词汇、语法等语言知识：首先复习与本节课相关的综合课内容。时间通常为整个阅读课教学时间的1/10左右。

进入阅读活动：让学习者进行阅读实践，训练和培养阅读能力。时间为整个阅读教学时间的3/5以上。

检查阅读理解情况：检查内容包括中心思想、主要观点、段落大意、对难句的理解、生词的猜测等。时间为整个阅读教学时间的1/10左右。

词汇练习：对生词，尤其是个别较难理解的词结合上下文进行解释或说明。时间为整个阅读教学时间的1/10左右。

疑难点讲解、练习：对阅读过程中遇到的疑难问题，通过实例引导学习者进行分析，必要时配以适当讲解。

布置课外作业：安排学习者阅读相关文章，训练其阅读能力。

[1] 参阅彭志平：一年级阅读课课程规范，载《对外汉语教学初级阶段课程规范》，北京语言大学出版社，1999：38-41。具体教案可参阅该书第247-256页胡志英的阅读课教案。

很明显，这6个环节的设计是“自下而上”的教学模式，即教学由局部向整体展开，从词汇开始再到短语、句子及语篇各个由低到高的语言层次，最后完成阅读教学任务。此外还有一种“自上而下”的教学模式，教师引导学习者利用自己原有的知识建构篇章的意义。教学由整体向局部推进，即围绕文章的文化知识和中心思想，先把握大意再看细节，最后完成阅读教学任务。当然也有将二者结合的相互作用教学模式，自上而下、自下而上交替使用。（倪锦诚，2011）此外，王碧霞（1999：436）曾在学习者阅读心理模式的基础上把阅读教学分为阅读前活动（包括教师简要介绍一下与课文有关的文化背景和情景知识，让学习者快速看一遍课文或根据题目预测内容）、阅读中活动（包括处理词语、分析课文、推断课文的深层内涵）和阅读后活动（包括回忆细节，完成字词理解层的练习；理解难句，完成语篇理解层的练习；对课文做进一步归纳、推理；安排学习者就文章涉及的话题展开课堂讨论）三大环节。美国心理学者 Robinson（1970）曾在其著作《有效学习》（*Effective Study*）中提出过一种较为有效的阅读方法：SQ3R——Survey（浏览），Question（提问），Read（阅读），Recite（背诵），Review（复习）。这也可以作为我们设计阅读教学的环节的基础。

（4）写作技能的教学过程

写作课是一门以训练“写”的技能为主的训练课，也属于综合课的辅助课程“小四门”之一。一般说来，写作技能教学的主要步骤为（参阅崔永华等，1997：202）：

阅读范文：先让学习者感知比较规范的文本，比如先让学习者阅读一个规范的招聘启事。

分析范文的形式、要素、结构等，必要时可以做一些练习：在学习者感知范文的基础上跟其一起分析写作应注意的要领。比如分析招聘启事包括题头、招聘原因、条件、时间、地点、联系人、联系方式等要素。当然，我们也可以练习其中的一个部分。比如只练习如何描述招聘条件。

规定写作题目、内容，限制范围，提出明确要求：在分析范文的基础上给学习者设计一个题目，让其进行模仿写作。比如让学习者帮某公司招聘几个项目经理和业务员。

和学习者一起讨论、分析写作内容，列出提纲：汉语教师带领学生一起讨论如何写、写什么等。

学习者写作：学习者根据上一步的分析练习写作。

评改作文：汉语教师对学习者的习作进行评改。

杨惠元（2007：270）也曾提出写作课教学的四个环节：教师指导—学生练习—教师批改—课堂讲评。

很明显，前面提到的这两个过程都属于产品教学模式（Product approach)，建立在行为主义的刺激-反应理论之上，这种模式往往因过于注重语言形式而造成内容贫乏。基于产品教学模式的不足而提出的过程教学模式（Process approach)，则是以认知理论和交际理论为基础的，学习者通过写作过程的一系列认知、交互活动来提高自己的认知能力、交际能力和表达能力，其教学重点是在篇章中创造、连接、组织并实现与上下文一致的意义。具体操作程序一般为写前准备（Prewriting）—初稿写作（Drafting）—修改阶段（Revising）—定稿阶段（Editing or proof-reading)（倪锦诚，2011）。还有在二者基础上产生的综合写作模式，该模式力求发挥产品教学模式和过程教学模式的优势，其操作步骤也是前两者的糅合。这些都可供汉语教师参考。

（5）言语交际技能的教学过程

言语交际能力是在掌握语言知识和语言技能的基础上经过交际方式的训练形成的。在众多的第二语言教学法流派中，交际法和情景法是两个倾向于培养言语交际能力的教学流派。

① 交际法的教学过程

交际法是以功能和意念项目为纲，旨在培养学习者言语交际能力的一种教学流派。需要说明的是，交际法并不像听说法那样有一种相对严格规范的教学过程模式，而更像是一种理念。所以，交际法的教学过程可以有很多变式。比如可以设计成 PPP 式，即：**呈现**（教师呈现将要学习的语言功能项目，并进行适当讲解和示范，以使学习者感知并理解）—**练习**（教师组织学习者进行操练，以巩固所学内容并形成习惯和技能）—**表达**（学习者使用所学的语言功能项目进行交际活动，自由地表达自己想表达的思想，并得体地使用语言进行交际）。

Finocchiaro & Brumfit（1983：106）在PPP基础上提出了一个较为灵活的教学步骤：热身练习—作业更正—语音练习—呈现新材料—练习新材料—小组自由活动—教学小结—宣布下一节课的教学内容。

② 情景法的教学过程

情景法也是一种旨在培养学习者言语交际能力的教学流派。它主张在真实或教师创设的具体情景中通过大量的交际活动学习语言。其教学过程是：

创设情景和交际性活动：创设学习者会遇到的情景以及一些交际性的活动。

在情景中引进语言：所有的单词和句子都在真实的或创设的情景中进行教学，以使单词或句子与其所处的情景相联系。

控制性的练习：学习者先在情景中练习基本的句型，然后进行大量的模仿练习。

自由的练习：学习者根据情景进行表达，说自己想说的话，而不是事先准备好的。要保证说话有一定的意义性和即席性。

言语交际能力的培养关键在于给学习者提供交际性练习。这种练习大致有模拟性交际练习和真实性交际练习两类。一方面，我们应该积极促成课堂教学的交际化，尽可能地进行模拟性交际练习，比如模拟求职、模拟租房等；另一方面，我们还应该积极地鼓励和引导学习者走出课堂、走进社会，运用汉语进行真实的言语交际。二者对学习者交际能力的形成都是非常关键的。

二、汉语教学方法和手段的设计

汉语教学方法是教师引导学习者掌握汉语知识和技能、形成言语交际能力的活动方式，是为实现教学目标、完成教学任务所采用的方法。它包括教师教的方法和学习者学的方法。教学手段是汉语教师对学习者开展教学活动以及相互传递信息的重要工具、媒体或设备。[1]二者都是汉语课程实施设计中需要重点考虑的部分。我们分开来看：

（一）汉语教学方法的设计

“教学有法，但无定法，贵在得法。”这句话有两层意思：第一，教学方法是重要的。能否设计或选择好适当的教学方法，在很大程度上影响汉语教学的成败。第二，每一种教学方法都有其适用的环境。没有一种教学方法是万能的、放之四海而皆准的。这就需要每位汉语教师都应尽可能根据自己所处的汉语情境对教学方法进行设计。

1. 汉语教学的常用方法

本部分只分类列举一些常见常用的方法，供读者选择参照：

（1）语音教学的常用方法

示范法：也叫模仿法，即教师面向学习者展示发音的口型和舌位，直接发音，或者利用录音示范，以便学习者模仿。这个是最常用的方法。大部分语音都可以这样来教。

描述法：通过描述发音的原理（发音部位、发音方法等），使学习者了解正确的发音方法。这种方法主要是用于那些与学习者母语中的音容易相混淆的音。比如相对于日本学习者的 u 音，相对于英语背景学习者的 e 音等，用描述法来教，效果会更好些。

对比法：将两个发音部位或方法相似的音进行对比教学。这又包括汉外对比和汉语内部对比两种。如汉语的 u 和日语中的う进行比较教学；日语中没有卷舌音，容易把 zh、ch、sh 三个辅音发成 j、q、x 三个音，那么我们就把这样的近似音一起教、一起练。b-p，d-t，g-k 等不送气音和送气音也可以进行对比教学。

带音法：也叫过渡法，即用一个已学过的旧音素或学习者母语中存在的因素带出另一个发音部位和方法相关的新音素，或者以一个容易发的音带出（或过渡

[1] 教学手段也有广狭之分。这里说的是狭义的教学手段。从广义上来说，教师的语言、表情和动作等也属于教学手段。

到）另一个发音部位与之相近的较难发的音。比如教 e：先发 o，然后拖长 o 的音程，以手指嘴，嘴角再慢慢向两边咧开，使唇形由圆而扁，e 便发出来了。类似的还有用 i 教 ü，对日本人用 sh 教 r 等。

夸张法：在示范和指导学习者发音时，用夸张的手法突出某些音的发音特点，扩大差别来教某些音。比如教 a 音时，故意把嘴张大，突出此音的开口度为最大。另外还有夸张板书、延长音程、夸张声调等。

另外还有体态法（用肢体动作展示，如用手模拟口腔和舌头等，让学习者捏住鼻子感受 n 和 l）、图表法（用图片、图表或多媒体动画展示发音过程等）和口诀法（比如把四声编成口诀“一声平，二声扬，三声拐弯，四声降”）等等。

（2）汉字教学的常用方法

部件识字法：利用基本部件带出一组汉字的教学方法。比如部件“口”可以带出“兄、只、右、可、号、句”等，部件“女”可以带出“好、妈、奶、姐、妹、妇”等，部件“讠”可以带出“谁、请、记、认、识、诉”等。（参阅朱一之，1993；崔永华，1997c；陈仁凤等，1998；邢红兵等，2008）

构词识字法：是一种在“心理词典”的基础上把识字和组词有机结合起来的方法。如“包”组成“包裹”，“报”组成“报纸”，“天”组成“天气”，“同”组成“同学”，“字”组成“汉字”，“跑”组成“跑步”，“踢”组成“踢球”等。

字族理论识字法：汉字中存在着一系列意义相通、读音相同或相近、字形结构前后传承或有密切关联的汉字。我们称这一系列的“字”为一个“字族”或“同族字”。利用这种联系进行汉字教学的方法即为字族理论识字法。如“共”与“供、恭、拱”等字；“敬”与“警、儆”等字；“加”与“驾、贺、枷、架、痂”等字。（参阅蔡富有，1996；陈曦，2001）

另外还有图片识字、分析法（分析字形、字音、字义等）、笔画法和类推法（类推字音、类推字形、类推字义）等。

（3）词汇教学的常用方法

直观法：用实物、照片、图画、动作等形象直观的方法来说明词语的意思。这种方法主要用在一些具体的物质性名词教学上。如桌子、椅子、书架、衣柜等家具类名词，苹果、香蕉、橘子、芒果、菠萝等水果类名词，药水、药丸、膏药、体温表等医用类名词，尤其是粽子、月饼、水饺、汤圆等蕴涵中国文化的名词。当然一些简单的动词也可以，比如游泳、跑步、夹、抓等。张淑贤（2001）提到一些无法翻译的文化性强的词（如“风骨”和“空灵”）也可以用图像来展示。

语素法：通过分析合成词中主要语素的意义来讲解词义。比如“飞快”，先讲“快”，再说明“像飞一样快”。再如“自学”“服装店”等。肖贤彬（2002）专门就该种方法进行过讨论。此外，李开（2002）所提到的对外汉语词汇教学的总体设计就是建立在语素及其系统上面；建立在字本位基础上的词汇教学也是从语素意义层次来说的（如贾颖，2001）。

对比法：通过分析、对比相关词的语义、语用以及结构、搭配差异来加深对所学词语的理解。它包括同义对比和反义对比两种。比如“立刻”和“马上”，“忽然”和“突然”，“年纪”和“年龄”，“并”和“和”，“参观”和“访问”；再如“再”和“又”，“就”和“才”等。

语境法：结合例句、上下文或背景语境来解释词义。这种方法尤其适用于有很强语法意义的词汇和义项较多的词汇，比如副词和连词等。如“终于”“对了”“只是”“怪不得”“要是”“凑合”“马马虎虎”“随便”“根据”“方便”等。周利芳（2002）也曾提出在一部分时间、范围、语气副词的教学中使用语境法。

主题联系法：利用语义场选取同一主题的词汇一起来学。比如有关天气的“天气、预报、晴、阴、刮风、雨、雪、雾、气温、高、低”等，有关看病的“发炎、厉害、化验、血、感冒、中药、西药、药方、按时、丸药、药水儿、药片”等。

除此之外，还有讲解法和翻译法等。孙晓明（2007）还提出过关键词法、联想法和猜词法。可见，词汇教学的方法有很多。读者可以在既有的词汇教学方法中选择适合自己课堂教学环境的，也可以创造自己的教学方法。创造自己的教学方法时应遵循已有的关于词汇教学的规律。比如学习者是通过与词汇多种途径的接触建构自己的意义的；词汇蕴涵在真实具体的情景之中最容易被掌握；图片或其他实物可视性的方法有助于巩固词汇意义；只有在说和写中用到某个词语，才算真正掌握了；包括内容性词汇在内的一些基本词汇应该直接教学；学习者应该掌握一些独立学习词汇的方法策略等。

（4）语法教学的常用方法

直观法：利用实物、图表、示意图、符号公式等方式手段，把抽象的语法定义转化为具体形象的图示，使学习者容易理解、便于记忆。比如讲解“趋向补语”时，使用简笔画画出房屋、楼梯、人物、方向等表示“上来”“上去”“下来”“下去”“进来”“进去”“出来”“出去”“回来”“回去”等趋向补语。

演绎法：直接讲授语法项目的意义和使用规则，然后用一定的典型例句进行论证说明。比如“是”字句，“是”字句的肯定形式是“A是B”，否定形式为“A不是B”。例如“他是学生。他不是学生。”等，然后引导学习者进行模仿、替换，直至掌握。这种方法是国内较为常用的方法。

归纳法：先通过展示一定数量的例句，进行朗读等大量的感知性练习，待学习者有一定的积累后再引导其从中概括出语法规则。比如“其实”这个语法点，可以先展示一系列例句：

大家只知道山本英语好，**其实**他的法语也很好。

这座山从下面看上去很高，**其实**并不高。

她表面上在笑，**其实**心里很难过。

同学们都以为大内是日本人，**其实**他是韩国人。

在充分感知这些例句的基础上，教师再引导学习者对“其实”进行理解：表示转折，有进一步说明、修改或者补充上文的意思。

这种方法比较符合从感性认识到理性认识的过程，也符合语言学习规律，应该成为汉语教师教授语法项目的主要方法。

情景法：通过设置具体的情景和问答等方式，引出要讲的语法点。比如学习结果补语“看”和“看见”，可以通过这样一个小情景：

A：你去哪儿？

B：我回宿舍________电视。

A：山本呢？你________他了吗？

B：我没________他。

再如，“就”和“才”也可以设置一个小情景。“8 点上课，他 7 点半______到了。”“8 点上课，她 9 点______来。”等等。这种方法比较符合语法教学的规律和特点，但应注意其情景的典型性和科学性。即情景应该是生活中经常遇到的、出现频率较高的典型情景，而且应该是简单的、形象化的、趣味化的。

比较法：通过分析对比汉语语法点与相似语法点的异同。它包括汉外对比和汉语内部的对比。汉外对比就是把汉语表达法与外语表达法放在一起，以便发现区别和规律。比如语序中“状语”的位置：

我明天下午乘火车去上海。

I'll go to Shanghai *by train tomorrow afternoon.*

这样一比较，学习者尤其是英语背景的学习者对汉语中状语的位置就很清楚了。另外还可以进行“人称代词”“所有格”和“人称、数、时对动词的影响”等方面的汉英对比。

另外，“有点儿、一点儿”“的、得、地”以及存在句的“P 有 N”和“N 在 P”两种形式语义重点的差别等也可以用对比法来教。

翻译法：把语法项目直接翻译成学习者的母语或通用性语言来学习。比如“或者”和“还是”，就可以提供英文解释：（1）“还是”is used in the interrogative sentence, while“或者”is used in the declarative sentence, e.g. A：您要借钢笔还是铅笔？ B：钢笔或者铅笔都可以。（2）“还是”sometimes can also be used in a declarative sentence indicating uncertainty, e.g. A：他去图书馆了还是去书店了？ B：我也不知道他去图书馆了还是去书店了。（参阅邓懿等，1958：285）看到这样的英文解释，学习者会把握得更为准确。

翻译法是出现较早的一种传统方法，曾是语法 - 翻译法流派教学中的主要教学方法。这种方法能使学习者更为精确地理解掌握语法，自动对照母语学习，从而增强学习汉语的信心。但由于其不利于听说实践，也不利于培养学习者直接用汉语进行思维和表达，因此这种方法应该控制使用。

此外，还有表演法、提问法、图表法、转换法、合成法、热席法（The hot seat，即让一位学习者成为中心人物，全班同学轮流向他提问，他必须迅速作答）、信息传递（Information transfer）、边吃边消化及提高意识活动的方法（Eating, digesting and consciousness-raising activities）等。（参阅王德珮，1989；马振民，1998等）

（5）言语交际能力训练的常用方法

角色扮演法：教师引导学习者通过角色扮演，利用模拟技巧，在特定情境中做模拟互动交流，实践各种社会角色的语言并体验其情感和态度，寻求人际交往和解决问题的策略，从而达到言语交际能力和语用能力的提高。比如学习了"预订房间"可以让学习者扮演"顾客"和宾馆"服务员"，学习了"换钱"可以让学习者扮演"顾客"和"银行业务员"，等等。几乎每一个功能项目都可以使用角色扮演法。角色扮演法可以让学习者体验到不同社会角色，以便进行恰当得体的言语交际。如果角色扮演活动更复杂一些，或者想让学习者体验得更丰富一些，则需要我们提供关于角色的背景知识。当然，我们还应该设计得有意思一点，让学习者乐于扮演这些角色。

语境练习法：教师设置各种具体的交际语境，让学习者练习各种交际技能。比如，设立语境：到中国朋友家里作客，面对初次见面的长辈；你宿舍里的电灯坏了，打电话给管理员；你借的书过期了，如何对图书管理员说；在地铁站，一个陌生人问你如何去天安门广场；你感冒了，去校医院看病；你想约同学去看电影，你打电话给他，等等。其实这种方法跟角色扮演法有相似之处。

言语实践法：教师通过安排作业或任务，让学习者到课堂外或华人社区进行真实的言语交际训练。比如：去小卖部买东西；去邮局寄东西；去饭馆点菜吃饭；去旅馆订房间；把自己学汉语的感受告诉中国朋友；拿一个真实的租房广告，让学习者给出租人打一个电话进一步了解情况并确定看房时间；让学习者查地图，告诉大家如何去天安门；让学习者每人选定一个城市去旅行，然后给旅行社打电话了解具体情况，等等。

教无定法。读者可以选用上面所列方法，也可以结合自己的情况将其改造后使用，当然也可以创造属于自己的教学方法。只有真正被自己掌握，适合特定教学环境的方法，才是有效的教学方法。而这正是所谓“后方法”（Postmethod）的理念。（具体参阅陶健敏，2007；武和平等，2011）

2. 如何选择或创建教学方法

如何选择或创建有效的教学方法来促进自己的教学，这是一名汉语教师在课程实施时绕不开的一个问题。我们认为，教学方法的选择或创建至少要依据以下几个标准：

（1）是否旨在实现汉语课程目标和课堂教学目标

目标是灵魂，而方法是手段。教学方法乃至整个汉语课程设计都是为课程目标的实现服务的。所以，是否有利于学习者汉语交际能力的提高，成为选用某种教学方法的主要标准。另外，汉语课程目标包括不同级别的具体目标。在这些具体目标中也包括一些汉语知识的掌握。这些知识又是形成言语交际能力的基础，比如掌握一些基本汉字或词汇等。那么就某节汉语课来说，选用哪种具体教学方法要看该种方法能否有利于学习者掌握这些知识。比如某节课的教学目标为掌握“如何购物”，那么就应该尽可能地选用语境联系法或言语实践法。同样，如某节课的教学目标为“掌握汉语句子不同成分的顺序”，那么就应该选用翻译法和对比法。如果意欲掌握某种句型，则应采取听说操练法。单就“汉字”来说，如果是以认读为主的口语课或阅读课，则宜采用部件教学法，重视汉字的结构拆分，形旁的表意、声旁的表音，通过练习，教学生利用形旁猜意思，利用声旁猜发音。如果是以书写为主的课程，则应采用笔画教学法。（参阅刘丽萍，2008）

（2）是否适合具体的汉语课程内容

因为二者都是指向汉语课程目标的实现，课程内容和教学方法也因此具有内在关联性和一致性。汉语课程内容很多，包括汉语知识、语言技能、交际技能、学习策略、情感等，不同的内容属于不同的知识类型，分别有不同的掌握方法。因此，教学方法的选择应该与课程内容保持一致，应适合汉语课程内容的学习。比如语言要素教学的方法跟语言技能教学的方法就不一样。它们与言语交际能力训练的方法又不一样。在汉语言要素内部，语音、汉字、词汇、语法的教学方法也各不相同。比如语音教学的“带音法”就是教语音的，汉字、词汇和语法教学就不能用。文化知识教学可以使用的讨论法，语言技能就不方便用。这一点从我们前面对教学方法的分类阐述中也可以看出来。

（3）是否为汉语教师自己所擅长

旨在实现汉语课程目标且适合于课程内容的方法不止一种。在这种情况下，汉语教师应该选择自己较为擅长的教学方法。有的教师擅长讲练；有的教师擅长指导学习者进行各种模拟活动；有的教师喜欢带学习者去体验真实的言语交际。等等。汉语教师应该选择自己擅长或喜欢的教学方法，既能有效达到课程目标，又能使教学过程轻松愉快。当然，一名合格的汉语教师应该尝试学习和使用不同的教学方法，而不是固守其中一种或几种。

（4）是否为外部环境条件所允许

选择或创建合适的教学方法还应该考虑汉语教学的外部环境。大部分教学方法对外部环境都有依赖性。比如言语实践，它需要汉语环境。这在国内还行，如果是国外的汉语教学，周围又没有华人社区，那么这种方法就可能不适合。如果班上学习者人数过少，就不方便实行分组教学。

（二）汉语教学手段的设计

教学手段历经最原始的口耳相传以及后来的文字教材、实物等直观教具、幻灯片等电教工具，直至最近的计算机、多媒体和网络，其发展可谓迅速。这为我们选择恰当的教学手段来促进汉语教学奠定了基础。

1. 汉语教学常用的教学手段

除了最基本的教材、黑板和粉笔外，现阶段汉语教学常用的教学手段主要有实物、模型、卡片、图片、多媒体和网络等。

（1）实物

在汉语教学中，有很多内容本来用语言就很难解释清楚，汉语学习者尤其是初级阶段学习者汉语基础薄弱，用他们听得懂的汉语来解释更是难上加难。如果这类内容所指的实物比较容易拿到课堂教学中，往往能给教学带来极大的便利。

学习者一看就知道，不用解释，而且还直接建立了汉语言与具体实物的联系，有利于形成汉语思维。尤其是一些物质类词汇，如粽子、水饺、汤圆、菠萝、苹果、香蕉、芒果、体温表、丸药、胶囊、药水等。再如身体各个部位的名称、教室各个部分的名称等，都可以使用实物作为教学手段。

（2）模型

有一些实物，由于各种原因（体积大或不易找到等）无法直接拿到课堂，可以用模型来代替。虽没有实物真切，但仍能起到很好的教学效果。可以作为教学手段的各种模型有很多。有各种建筑类的，如北京的天安门、鸟巢（国家体育场）、水立方、鸟蛋（国家大剧院）等；也有运输工具类的，如汽车、火车、飞机、轮船等；还有各种京剧的脸谱等。这些模型不仅在教这些词汇时可以用，在进行言语交际训练时也可以用。汉语教师应该做个有心人，平时注意收集一些跟汉语教学有关的模型。

（3）卡片和图片

卡片是指写有拼音、汉字和词语的硬纸片，图片包括图画和照片，这些也都是重要教学手段。而且与实物和模型相比，卡片和图片携带和使用起来相对更为方便。写有拼音、汉字和词语的纸片有很多用途，比如可以让学习者认读，用于检查；也可以闪现卡片，用于复习。其中汉字卡片可以用来扩展词组或短语，甚至句子。词语卡片除了拓展搭配和造句子外还可以作为复述和带说课文的提示线索。图片包括图画和照片，无论是图画还是照片都有一定的形象性，能够解决很多问题。比如“中山装”“唐装”“马褂”“旗袍”等服装类词语，用图片展示就比单纯解释更容易，也更能说明问题。

（4）多媒体和网络

多媒体和网络教学给汉语教学带来的变化和影响是革命性的。所谓多媒体，是以计算机为中心的多种现代教学技术构成的教学系统。它能带来很多便利。第一，学习者在学习语音时能够听到更为规范的读音；第二，汉语教师省却了很多板书时间，增加了练习内容和时间，使学习者能够得到更为充分的训练；第三，许多言语无法表达的事情能够形象地展示出来，增强学习者对汉语的感知和理解；第四，教学活动的组织可以更加灵活多样，课堂也更加生动有趣。网络更是大大延伸了汉语课堂教学的时间和空间，且能够整合和共享全球的汉语教学资源，使学习者能够进行个性化和创造性地学习。值得注意的是，多媒体和网络等现代教学手段虽然好，但要注意适时和适度，更不应简单地完全取代黑板和粉笔。

2. 如何选择汉语教学手段

“工欲善其事，必先利其器。”选择恰当的教学手段对高质量的汉语教学是必要的。另一方面，教学手段多种多样，传统与现代并存。对一线汉语教师来说，如何选择教学手段是一个很重要的问题。跟选择教学方法的标准类似，选择汉语教学手段仍然需要考虑课程教学目标、课程内容、汉语教师自身的素质和汉语课程的外部条件等几个方面。需要说明的是，教学手段本身也是一种条件。它受外部条件影响更大。如果教室里没有基本的电脑、投影仪等设备，汉语教师是无法用多媒体课件进行教学的；如果没有开通网络，自然也不能发挥利用网络资源的优势。

如何选择汉语教学手段还跟汉语教师自己的认识有关。即无论是实物、卡片、图片，还是多媒体和网络，其本质都属于教学手段的一种。对汉语教师来说，具体选择哪种教学手段应该根据汉语课堂教学的需要及其产生的教学效果，不应该厚此薄彼，更不应该为了追赶时髦，过度倾向于使用多媒体课件。比如有的年轻教师过度依赖 PPT，很少甚至不再板书，以至于在没有多媒体设备的教室里就无法上课。我们认为汉语课程教学是一种语言交际技能训练课。其根本在于训练，在于互动，在于有意义的言语交际。多媒体和网络都只不过是一种手段，是否选用，在多大程度上选用，都应根据具体情况来定。

三、汉语教学活动设计

在汉语教学实践中，教学方法不是完全独立存在的，而是蕴藏或体现在各种各样的教学活动中。换句话说，教学活动是教学方法的载体。同时，教学活动也是汉语课堂教学的基本单位。课堂教学是由一个个教学活动组成的。能否设计一系列合适、有趣且有效的教学活动，影响着汉语教学的顺利进行，进而影响其成败。汉语教师应结合设计好的教学方法进行教学活动的设计。武惠华（2002）就曾对口语课课堂活动的设计进行过研究，并提出了很好的建议。

（一）几种常用的汉语教学活动

常用的汉语教学活动很多。词汇、语法、课文、交际技能等各种内容的学习都需要通过活动。汉语教师可以选用已有的、成熟的教学活动，也可以设计适合自己的教学活动。限于篇幅，我们只介绍几种常见的有效或有趣的教学活动：

1. 听写和听后写

听写是汉语综合课常用的教学活动，既可用来检查、复习上次课所学的内容，也可用来展示将要讲解的新词。一般是教师本人或找一名学习者来念，其他学习者来写，同时安排 1—2 名学习者在黑板上写。听写内容往往为生词或句子。听写生词前教师应该对黑板有个空间设计，以便代替讲解前的生词板书。听写句子需要教师提前设计好，或者从课文中摘录，或者自己用本课的重点词语编几个句子。原则是既要保证编的句子中尽可能多地包含本课的重点生词，又要有实用性，量也不能太多，还要让学习者听懂。写完后一起评改。也可由其他学习者先行修改，然后再一起评改。当然也可以把学习者分成两组进行听写比赛。笔者在教授《速成汉语基础教程·综合课本》（第二册）第四课时就把第一次课所学生词选编了以下几个句子进行听写（既有从课文中摘录的，也有自己编的）：大内小姐真聪明。| 我想请您辅导我语法。| 请您给我介绍一位年轻老师，懂英语更好。| 周二下午两点到四点去我的宿舍辅导。| 每周两次，每次两小时。

听后写是听写的改进和提高，对学习者提出了更高的要求，也是写作课上常用的训练活动之一。这种活动在综合课里属于复习检查环节的活动，其内容往往是由前几课的语法和生词编成的一段短文，也可以是几个句子。一般说来，学习者的程度越高，短文越长。操作步骤大致如下：先念一遍，提两个问题；再念一遍，提问题；再念一遍，让学习者写短文。下面一段就是《基础汉语课本·教师手册》第四十二课（复习课）中设计的听后写材料（吕文华等，1981：88）：

今天天气很好，没有风，也不冷。丁力问我想不想去长城。我说："今天天气不错，我正想出去玩玩，我们一起去长城，好极了。"他说："我们马上出发。"我回宿舍拿了照相机，这时小王正从外边回来，我们请他跟我们一起去。他说："好，我去买一些水果。马上就来。"

我们八点从学校出发，从清华园车站坐火车，十二点多才到。到了长城以后，丁力说："我们比赛吧，看谁爬得快。"我第一个爬上了长城最高的地方。丁力和小王也爬上了长城。从长城上边看下边，好看极了。小王说："下雪的时候，这儿最好看。"丁力说："下雪的时候，我们再来。"

今天我们玩得很高兴，照了不少照片。回到学校的时候，已经六点多了。

听后写在写作课上的做法往往是选择一篇内容活泼有趣的短文，其难度应低于学习者的阅读水平。初级水平以下的学习者短文字数最好在100—200字之间；中级水平学习者字数最好在200—400字之间。准备好相应的录音或文本。一般播放或口述3遍。播放录音时，要求学习者快速记录听到的内容，能记下多少算多少；不会写的字用拼音代替（不能用母语代替），记不下来的或者没有听清的留下空格（每字一格），以便第二遍、第三遍补上。然后由教师评改，或全班一起检查核对。（周健，2009：314）

2. 唱歌谣

唱歌谣即汉语教师把所学词汇填进简单、熟悉的旋律，让学习者用唱歌谣的方式记住词汇。也可以鼓励有音乐特长的学习者给所学词汇或课文谱一个简单的曲子，然后进行表演。这样不仅能活跃课堂气氛，还能有效扩大词汇量，提高学习兴趣。有的汉语教师曾把《两只老虎》引入课堂，而且还在原来的基础上进行了替换，即把"老虎"分别替换成"老鼠""兔子""猴子"；把"跑"分别替换成"跳""走"；把"快"替换成"慢"；把"眼睛"替换为"鼻子""嘴巴""耳朵""尾巴""眉毛"；把"奇怪"替换为"可爱"。（周健，2009：135）再如学习动词的歌谣："卷、卷、卷白菜，卷完白菜我剥白菜；剥、剥、剥白菜，剥完白菜我洗白菜；洗、洗、洗白菜，洗完白菜我切白菜；切、切、切白菜，切完白菜我炒白菜；炒、炒、炒白菜，炒完白菜我吃白菜。白菜呢?”更充分利用歌谣学习汉语并创立了“歌谣学汉语”的代表是澳大利亚的中文教师周晓康，现已出版了《晓康歌谣学汉语》系列教材。

3. 就所学词汇编制“概念地图”

所谓“概念地图”就是就所学词汇根据词语之间的逻辑关系画出一个语义网络关系图，并要求学习者以命题方式陈述词语之间的关系。这不仅能增加学习者对词语的掌握程度，而且编制过程也让学习者感到兴趣盎然。比如我们可以把《汉语阅读教程》一年级第三册第七十三课《地球之肺——森林》的生词编成以下这个“概念地图”(郭睿，2010):

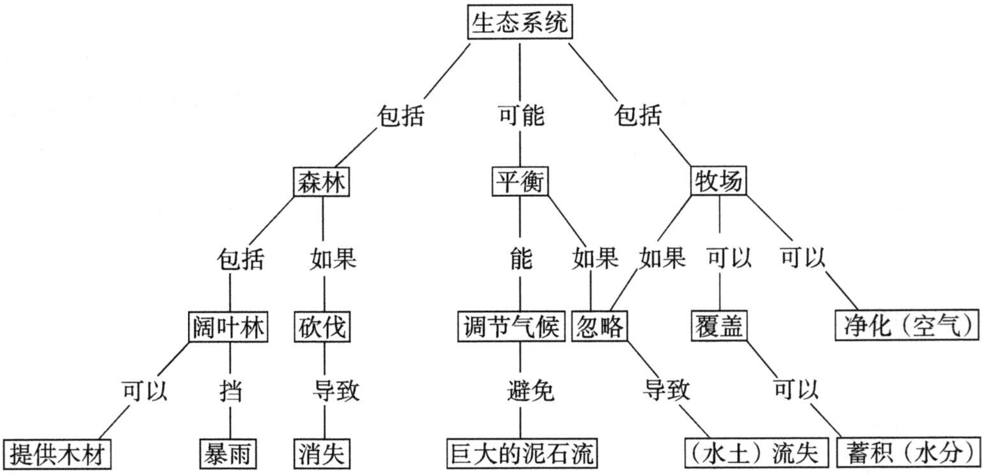

另外，如果学习者已经掌握了一定的词汇量，教师可以随便写出一个词作为“主题词”或“联想起点词”，然后让学习者尽可能地写出与其相关的词，越多越好，然后在此基础上进行梳理，进行意义归类。最后让两个学习者相互介绍词语之间的关系，并对这个词群进行适当地补充完善。这是一种非常有意思的汉语词汇复习方法。

4. 猜词

这是一种在课堂教学和媒体节目中都经常做的一个活动，有一定的娱乐性，能提高学习者的参与度，进而增强其学习动机。两个学习者一组，教师准备 20 张写有词或短语的卡片，学生 A 抽取其中一张，通过动作表情来表演这个词语或短语，学生 B 则根据 A 的动作或表情去猜这个词或短语是什么。可以安排两个或两个以上的组进行比赛，在单位时间内猜出词或短语较多的小组为胜。当然，适合这个活动的词以名词、动词、形容词等为主，比如“打电话、开车、跑步、游泳、打篮球、洗澡、弹钢琴、猴子、小狗”等。这种方法有利于学习者对体态语的掌握，并建立其与相应词语的联系。

5. 表演

表演也是很重要的一种训练言语交际技能的活动，旨在拓展教室以外学习者使用目的语的各种情境。表演包括故事表演和情景表演。故事表演是教师先讲一个故事（比如《愚公移山》和《东郭先生和狼》等），然后通过提问检查学习者的理解程度，之后通过关键词引导学习者复述这个故事，最后找几个同学扮演故事中的人物角色，同时找一个学习者解说或背景陈述。情景表演是对课堂所学对话或课文中的场景进行创造性模拟训练。它通过设置各种具体的交际语境，让学习者练习问候、寒暄、买东西、租房、点菜、住宾馆、看病、求职等交际技能。这在汉语综合课中几乎是一个必备的环节，即在复述操练完后，让学习者上台表演。当然，也可以有更高层次的简单话剧表演。

6. 辩论

这是在汉语中高级阶段常用的一种教学活动。关键是找一个富有辩证性、学习者都感兴趣的话题（比如中国该不该实行计划生育？做男人好还是做女人好？年轻人是否应该跟父母一起住？等等），然后把学习者分成两组，两组对坐，每组推选 3—4 名代表作为辩论人坐在前排，其余学习者坐在后面，也可以随时申请发言进行补充。辩论时，先各请一名代表发言陈述己方的观点，然后自由发言进行辩论。最后由教师进行小结。辩论前可给 10 分钟左右的时间进行准备，也可安排在课外准备，以取得更好的教学效果。徐扬（1982）就曾详细介绍过辩论这一提高口头表达能力的活动的设计方法。北京语言大学的魏苹老师曾在出版的课堂教学录像中让学习者进行关于“牵手一生是因为爱”的观点进行辩论，效果不错。

7. 故事改编

故事改编是指以所学课文情节为蓝本，进行人称替换，并用所学词汇和语法结构进行自由意义表达的故事重组活动。旨在培养学习者用目的语对信息进行转换和重构的能力。这个活动一般安排在交际性的训练环节，当然也可以跟角色扮演等活动结合在一起。故事改编并不是简单地进行人名、地点的替换，而是学习者在对所学课文故事深入理解、对课文人物心理和外在情境全面把握基础上的自由表达。通过故事改编，教师可以判定学习者对重点词语和基本语法结构的掌握程度。因为学习者新编的各种情境对话、故事等，不仅正确度有差别、适切性有差异、灵活度有高低、信息量有大小，趣味性亦有强弱，其实这种差别所反映的是对这些方面掌握程度的不同。比如笔者在教授《速成汉语基础教程·综合课本》第三册第八课《你拿定主意了吧》时就引领学习者进行了故事改编。原课文是一个外国留学生想换钱，可是对于去银行换还是找私人换拿不定主意，所以就去请教老师。学完后让留学生两人一组对课文进行改编，要求人物角色可以替换，对话场景也可以替换，但要使用刚学的重点词语和句型结构。五分钟后，让留学生进行角色表演。有的留学生仅仅对照课文替换了一些角色，有的留学生则按规则进行了创造性地自由表达："这个叫戴约瑟的留学生跟同桌对话：他刚来到北京不久，想品尝一下北京烤鸭，可是去正规烤鸭店去吃呢，还是去路边小店去吃呢？他拿不定主意，去问他的中国朋友。"故事改编得非常成功，甚至有超出原课文的创造性表达，如"路边店烤鸭不干净，吃了会肚子痛。""我一个朋友吃过后拉肚子了。"之类的句子。

可做的活动还有很多，比如把学习者分成3—5人的小组，然后安排一定的任务来完成（王瑞烽，2007）。再如让学习者轮流报告"每日新闻"或"天气预报"等，还有掷色子和翻纸牌等。当然这需要发挥汉语教师的聪明才智进行设计，教师们平时也应注意从其他学科（如英语和语文等）教学中学习和积累。

（二）汉语教学活动选择或设计的原则

要使汉语课堂更有趣、更有效，汉语教师应该积极在自己的课堂上设置各种各样的活动，通过活动来实施自己设计的课程。那么，在进行汉语教学活动选择或设计时，汉语教师要遵循哪些原则呢？在参考既有成果（如 Barnes，1982：76-79；王德珮，1987；黄政杰，1991：275-281；Brown，1995：179；Ur，1996：21 等）的基础上，我们认为汉语教学活动的选择或设计原则主要有以下几个：

1. 有利于实现课堂教学目标和课程目标

活动和方法都是为目标服务的。只有有利于实现教学目标，教学活动才能彰显其存在的意义。同时，在设计活动时，还应尽可能地使其达到多个教学目标，形成综合性训练活动。

2. 符合所教内容的特点

不同的活动形式适合不同的教学内容。我们在设计教学活动时应考虑所教内容的特点。比如单纯记忆汉语词汇的活动与练习言语交际能力的活动肯定不太一样。即便是练习听、说、读、写等语言技能的活动与练习言语交际能力的活动也不一样。因为后者应突出语言的得体性和情景性。

3. 考虑学习者的汉语水平，尽可能让更多的学习者参与进来

活动的主体是学习者。学习者参与活动是为了参与、体验和练习言语技能。如果脱离了学习者的汉语水平，学习者无话可讲，活动就失去其设计的意义了。还需注意的是，这里所说的考虑学习者的汉语水平，是照顾班内大多数学习者的汉语水平，而不是少数，更不是学得特别好的少数几位。

只有大多数学习者都有话讲，才能让尽可能多的同学都能参与到活动中来，相互支持和帮助，以促进所有学习者汉语水平的提高。从教育理念上讲，这既是教育公平精神的体现，也是“以学习者为中心”教学原则的贯彻。

4. 注意活动的多样化和趣味性

单纯的语言操练和记忆是枯燥的。活动设计的初衷也是旨在改变单纯学习记忆的方式和调节课堂教学气氛。但是如果活动比较单一，也往往很难持续吸引学习者的兴趣和注意力。比如“听写”，如果只是单纯地按照教材来听写词语和课文原句，长此以往，学习者就会感到枯燥。但如果把词语打乱，或者重新编写成有意思的句子，或者让学习者来念，稍微改变一下，学习者可能就感到很新鲜。

有趣味的活动不仅能寓教于乐，使学习者能在活动中快乐学习，而且还能提高汉语学习效率，增强对所学内容的记忆度。所以，应尽可能使学习活动有趣味，让我们的汉语课堂充满活力。

5. 讲清楚活动规则，让学习者明白如何做

学习者分属于各地的异域文化，对一些带有中国味的活动（如“击鼓传花”，让点到的学习者讲故事等）不甚理解。这些都需要汉语教师在设计教学活动时一定要用浅显易懂的语言把“活动”规则解释清楚，必要时示范一下，让学习者清楚如何做。只有这样，活动才能顺利地开展起来。

除此之外，还有比如“活动最好是交际性的”“活动结果应该是可以协商而不是事先设定的”等选择或设计活动的原则。Dubin & Olshtain（1986：98-99）曾提出一个包含七个等级的交际程度参照，从前到后，交际性逐步减弱：（1）协商新信息，包括对新信息的表达、反馈和解释，比如大部分小组成员之间的互动性练习；（2）表达新信息，比如制作调查问卷、写作文、口头报告等；（3）运用新信息，比如填写调查问卷、回信等；（4）转换新信息，比如填写表格、完成图表、拷贝信息等；（5）收到新信息，有身体动作反馈但没有口头表达的活动，比如画画儿、描出路线图等；（6）注重形式，缺少过程的信息活动，比如排序、增加、句型替换等；（7）收到新信息的活动（仅仅呈现），比如听歌、看电视等。因此，在一定程度上说，活动设计水平的高低，不仅影响学习者汉语学习质量的好坏，而且反映了汉语教师教学水平的高低。

四、汉语教学组织形式的设计

教学组织形式是教师和学习者的活动在人员、程序和时空关系上的组合形式。汉语课程教学任务的完成及其目标的实现都离不开一定的教学组织形式。教学组织形式合理，则有利于汉语教学各要素合理搭配，进而促进教学效率的提高。因此，教学组织形式的设计也是汉语课程实施设计的一部分。

（一）常用的汉语教学组织形式

常用的汉语教学组织形式有班级授课制、分组教学制、一对一个别教学制、特朗普制和现场教学等。

1. 班级授课制

班级授课制是汉语教学的基本组织形式，是指把汉语学习者按学习程度编成班级，使每个班级都有固定的学习者和学习科目，由教师按照固定的教学计划和时间表进行教学的一种组织形式。它要求同一个班的学习者汉语水平大致相同，把教学内容和教学活动按科目（比如综合课、听力课和口语课等）和学习时间分成许多小的单位（比如“单元”或“课”），各个单位之间相互联系而又相对完整，而且要求在统一而固定的时间（比如“课时”或“学期”）进行。国内汉语教学的班级人数一般在 20 人左右。考虑到汉语教学是一种技能教学，需要大量的练习。如果人数过多，平均练习机会就会减少，更谈不上针对性练习，教学质量就会受影响。笔者就此请教过很多一线的优秀汉语教师，大家普遍认为班级人数为 10—12 个左右为宜，最多不要超过 15 个。

班级授课制有利于发挥教师的主导作用，也能使学习者相互学习、共同讨论，发挥集体教育的作用，提高教学效率。其不足之处在于难以照顾到学习者的个性差异，不能进行真正意义上的因材施教。但如果人数能保持在一定范围内，则可以在很大程度上减少其负面影响。

2. 分组教学制

由于班级授课制顾及不到学习者的个别差异，19 世纪末 20 世纪初西方又产生了分组教学制。它是一种将学习者按能力水平或学习成绩分成不同小组（或小班），通过定期考试决定学习者升级（组）或降级（组）的教学组织形式。分组教学制可以根据学习者的学习能力和水平进行分组，也可以根据学习者的意愿或学习任务分组。这种分组可以在既有的班级内进行，也可以打破传统班级重新分组。这种教学组织形式便于教师进行因材施教，适应不同水平和个性的学习者需要。但如果是外部分组，容易伤及水平低、能力差学习者的自尊，同时也不利于不同水平学习者之间相互交流和学习。

国内短期汉语教学的组织形式，与其说是班级授课制，还不如说是分组教学制。第一，短期汉语教学之前都有一个分班测试，学习者是按照原有的汉语水平分为A、B、C、D、E、F、G、H班的，甚至每个层次都还分普通班和提高班。第二，短期汉语学习者各种年龄都有，从最低十几岁到最高六十几岁都有。而班级授课制分班的一个重要标准是年龄相近。第三，短期汉语教学班人数偏少，都在15人左右。还需要强调的是，分组教学制和班级授课制可以兼容，并不相互排斥。即便是在一个班级内，我们仍然可以根据教学需要将学习者分成若干个学习小组（具体分组的方法或标准有很多，比如按座位、按能力水平、按对话题的兴趣、按年龄、按性别等），根据不同小组的特点有计划地安排一定的言语活动或学习任务。小组成员以组为单位采用各种方式（如讨论或互助等）进行合作学习或完成某项任务。教师在学习者遇到困难时给予指导或点拨，以保证学习任务的完成。这就是小组活动或小组合作学习。有时这种班级内分组教学也被称为分层教学。

3. 个别教学制

个别教学制没有明确的修业年限和固定的授课时间，教师只对少数学习者进行针对性的教学。它曾是古代普遍采用的教学组织形式（如孔子和苏格拉底的教学）。这种教学组织形式能够照顾到学习者的个性差异，但效率偏低，不能满足大量培养人才的需要。颜婉琳等（2006）就从建构主义理论的角度探讨过汉语个别教学的必要性并提供了案例。

随着班级授课制弊端的越来越突出，加之有多媒体、网络教学等现代教学技术手段为基础，个别教学得到重新认识，并获得新的发展。个别辅导、设计教学法、道尔顿制和文纳特卡制等都属于个别教学的变通或发展。个别辅导是作为班级授课制的辅助教学组织形式出现的，是指教师对某个学习者进行辅导。设计教学法是由美国教育家克伯屈（Kilpatrick, W. H.）提出来的，主张学习者自发地决定学习目的和学习内容，并据此组成学习单元，自己设计、自己负责执行，而教师只负责引起学习者动机并给其推荐教材的一种教学组织形式。道尔顿制是由美国教师帕克赫斯特（Parkhurst, H. H.）创立的一种废除了年级和班级教学的组织形式，学习者分别在教师指导下拟定自己的学习计划（即“学习公约”），在作业室内以不同的教材、速度和时间进行学习，有疑问请教各个作业室的教师，到一定时间接受教师的考查后再订新的公约。文纳特卡制是美国教育家华虚朋（Washburne, C. M.）创立的一种教学组织形式，它把课程分成两大部分：一部分是学科课程，以学习者自学为主，分学科进行，小步推进，每个单元都有明确的学习目标、内容和检测，旨在使学习者获得最基本的基础知识；另一部分通过音乐、艺术、运动、编辑甚至开办商店等团体活动随机学习，旨在培养学习者的社会意识。（李森，2005：210-211）

在国内汉语教学中，既有作为班级授课制补充的个别辅导，也有作为主要教学组织形式的一对一个别教学。个别辅导普遍存在于汉语教学之中。除了正常的汉语课堂教学外，有很多学习者为了更快提高汉语水平会找另外的辅导教师“开小灶”。有些学习者甚至以辅导教师为主，以课堂学习为辅。这就成了一对一个别教学组织形式。即汉语教师在充分尊重学习者的汉语水平、学习能力和风格、兴趣爱好等情况的基础上，根据其特殊情况，制订个性化教学方案，以教师辅导和相互沟通为主要途径，进行针对性地教学。在国外汉语教学中，个别教学在一定范围内存在。个别教学是以教师为辅助，自定进度，对所学内容掌握了以后再往下学习的教授方法。美国俄亥俄州立大学东亚语言文学系曾编写了第一套汉语个别教材（张占一，1984；何子铨，1985）。

学校之外也存在一些一对一个别化汉语教学，即一些对外服务公司（如上海市对外服务有限公司等）面向外商和外企职员及其家属进行的个别化汉语培训。因为受到工作和时间的限制去不了全日制语言学校，又希望在较短时间内解决听说汉语的问题，这类汉语学习者往往会选择一对一个别化组织形式。对这类学习者而言，一对一个别教学是最主要的汉语教学组织形式。[1]此外，社会上还有一些电话授课或网络视频授课等，也属于一对一个别教学。

---

[1] 参阅吴仁甫主编：《对外汉语一对一个别教授研究》的前言，中国社会科学出版社，2002。

4. 特朗普制（Trump Plan）

特朗普制，又称灵活的课程表制，是由美国教育家劳尹德·特朗普创立的一种教学组织形式。它把大班上课、小班讨论、个人独立完成作业三者结合起来，采用灵活的时间代替固定化的上课时间。具体操作起来，先是由优秀教师对几个平行班组成的大班进行集体授课；然后再分成几个约有15—20人的小班，由教师带领“消化”练习大班讲授的内容；最后由学习者个人独立进行练习、运用、研究或完成作业等。其时间比例大致为4∶2∶4。这种教学组织形式充分利用集体授课、个别教学和分组教学等组织形式的优点，而不恪守单一的教学组织形式。它既能充分发挥优秀教师的作用，又能突出学习者的主体地位，还能培养学习者合作学习的态度。

在汉语项目教学中，这种教学组织形式被广泛采用。美国明德暑期中文学校的汉语教学组织形式就非常接近于特朗普制：先上两节“大班课”（15—20人），由主任教师讲解本课语法和生词，并有少量练习和阅读；然后再上两节“小班课”（5—6人），由教师带领以练习为主，包括问答练习和情景活动来巩固所学语法和词汇；最后进行“个别谈话和答疑”，由学习者自主练习或完成作业，伴有教师帮助复习所学内容等。（参阅施仲谋，1994；张喜荣等，2004；汝淑媛，2006）一些中外高校合办的汉语项目也采用特朗普制。北京语言大学和哈佛大学主办的汉语项目“哈佛北京书院”即是如此：先上两节“大班课”，每班约有12人，由大班教师结合课文讲练语法和重点词汇（小班教师随堂听课）；然后上一小节“小班课”，每班约有4—5人，小班教师采用提问、变换等方式引导学习者操练在大班上所学的语法、句型和部分重点词汇；在此基础上，再上一小节“对话课”，提供不同的情景，使学习者在实际交流、互动中练习所学内容，教师在一旁记录，随时提供帮助；最后上“单班课”，教师辅导答疑，指导学习者复习和个性化表达。哈佛北京书院的这种教学组织形式虽然包含有四个环节，但在总体思路上仍属特朗普制。知名度更高的PiB（即普北班），也属于特朗普制。

5. 现场教学

现场教学是一种辅助性的教学组织形式，是指教师把学习者带到事物发生、发展的现场（如工厂、农场、博物馆、景区等），通过现场的实物或过程而展开教学的一种组织形式。它有时需要现场工作人员的参与；教学时间也很难固定统一；教学内容具有生成性，往往突破大纲或教材的范围。现场教学使学习者置身于生产、生活场景之中，积累必要的感性知识和直接经验。这是课堂教学的必要补充和继续。

国内汉语教学一直存在"现场教学"这种教学组织形式。20 世纪 80 年代前后，为配合汉语教学，汉语教师有时会带学习者去工厂或农场参观学习。此外还"组织学生看电影、听相声，进行专题访问、专题讨论和举行专题座谈，组织故事会，进行汉语节目表演等。三四年级每学年还组织学生去外地进行语言实习，为期一周左右，实习活动列入教学计划。"（孙瑞珍等,1983）之后，"现场教学"更多被"言语实践"或"社会实践"所代替，地点也往往相对局限在旅游胜地。即组织汉语学习者到某个地方旅游，结合景点内容进行讲解，使其既能了解中国某个地方的历史文化和民风民俗等知识，也能通过问路、看介绍等方式提高言语交际能力。最重要的是提供了完全真实的言语交际环境。另外，汉语教师或辅导教师与学习者一起出去吃饭、观看演出等也属于现场教学。但是汉语教师课堂上布置的一些真实性的交际或任务型课后作业（学习者独自去完成），就不是现场教学，至多算是"现场学习"，因为没有汉语教师在现场进行讲解说明。

（二）汉语教学组织形式的设计

汉语教师既可以从既有的教学组织形式中选用，也可以在其中一种组织形式的基础上根据自己的情况进行改造。其中的关键在于应明确设计汉语教学组织形式的标准和原则。

1. 依据汉语教学的具体目标

汉语教学组织形式随着具体教学目标的不同而变化。如果是课堂教学目标旨在感知和理解汉语言要素，比如语法或词汇，就可以采用班级授课。这既不影响学习者的理解，又能兼顾教学的效率和公平。相反，如果是对语言技能或交际技能的训练，采用小班或分组教学比较合适。这既能满足不同学习者的个性需要，又能保证每位学习者都有足够的训练机会。比如明德暑期中文学校和哈佛北京书院都是在讲解语法和词汇时采用大班教学，同时在具体对话训练时采用分组教学。具体到言语交际训练部分，则可以采用现场教学的形式。同样，如果是某个定期的汉语项目，则可以选用特朗普制。

2. 依据汉语教学内容的广度和深度

汉语教学内容的广度和深度直接构成其难度，这又影响着学习者理解、接受和习得的程度。一般说来，教学内容越广越深越复杂，则越需要多样化或综合化的教学组织形式。比如汉语综合课，包括语言要素、语言技能和言语交际技能等部分。如果只采用一种教学组织形式，势必会影响一部分教学内容的掌握。再如，初级口语课一般采用分组教学制，即分成若干小组进行练习。但如果是高级口语课，因为涉及许多文化性的内容需要讲解，仅仅单纯的分组教学可能就不够了。

3. 依据汉语教学中师生数量的比例

汉语教师和学习者的数量比例也直接影响汉语教学组织的选择。学习者数量越少，越有可能采用分组教学制，甚至是一对一个别教学制，也越方便实行现场教学。相反，如果学习者数量很多，则较倾向于采用班级授课制。国内一些少数民族地区，由于汉语教师较少，汉语作为第二语言的教学通常采用班级授课制的组织形式。而在北京、上海等一些地方，由于汉语教师较多，很多机构都开展一对一汉语教学形式，为一些高端客户提供 VIP 服务。

4. 依据汉语教学的客观条件和环境

选择什么样的教学组织形式还受制于汉语教学的客观条件和环境。要采用自学辅导、设计教学法、道尔顿制等教学组织形式就需要独立的各种“工作室”，还需要广泛充足的各种文献资料，甚至一些多媒体、网络设备。除了以上物质条件外，教学时间也是一个重要的客观条件。还有一些教学组织形式（如“现场教学”）需要相对规范的汉语语言文化环境。

5. 尽可能小型化、综合化和多样化

小型化是从规模上来讲的，即通过减少班级人数来提高汉语教学效率的一种倾向或努力。美国教育学家格拉斯和史密斯（Glass & Smith，1979：2-16）运用

“综合分析法”对从1900年到1978年的有关班级规模的研究进行大量比较分析后认为，班级规模与学生的学习成绩有密切的关系。班级越小，学生收获越多，学习效果越好。如图：

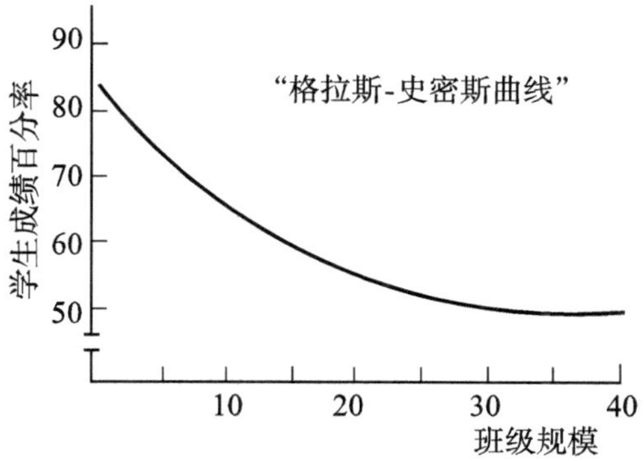

图6-1　格拉斯-史密斯曲线

对汉语教学来说同样如此，班级规模越小，学习者越少，汉语教师对不同学习者的关心和照顾就越多，给学习者进行个别辅导的机会也越多，相互之间的亲密度就越高；学习者运用汉语交际和练习的机会就越多，成绩提高自然就越快。

综合化是从功能组合上来讲的。没有一种教学组织形式是万能的。任何一种教学组织形式都有其优势和不足，都只能在一定条件下和范围内发挥作用。要想最大限度地实现教学目标，应有意识地对各种教学组织形式进行优化组合、综合利用。比如美国明德暑期中文学校、普北班和北京哈佛书院等汉语教学项目就是把班级授课制、分组教学制和一对一个别教学制有机地结合起来，实现了各种组织形式功能效果的最大化。

多样化是从适应性和学习者兴趣上来讲的。汉语教学组织形式是多样化的，有班级授课制、分组教学，还有一对一个别教学，以及各种组织形式相互搭配形成的复合形式（如特朗普制）。我们应该根据不同的教学目标和内容选择不同的组织形式。从另一方面讲，不同的组织形式相互搭配，能够减轻学习者学习的疲劳，提高其学习的兴趣。

总之，汉语教学组织形式是不断发展的。我们应该全面掌握各种教学组织形式的性质和功能，优化设计，综合利用，使之最大限度地促进教学效率的提高和教学目标的完成。

五、汉语教学时间的设计

教学时间是一种有限的、不能再生和储存的稀缺资源。因此它是汉语课程设计的重要维度。从宏观层面说，业界一直在研究提高汉语教学的效率，其实质就是考虑如何让学习者在较短甚至最短的时间内学好汉语。在汉语教学界，陈贤纯（2005）曾做过汉语强化教学的实验，不仅注意到了学习时间的数量，而且还注意到了时间的安排方式，即主张集中时间强化。其实这已经有了较为完整的教学时间设计了。另外，在普通教育界，很多理念都是从时间角度来考虑的。比如班级授课制的提出主要是考虑最大限度地节省和利用时间；奥苏贝尔坚持有意义接受学习，而不主张发现学习，主要就是从节约教学时间来考虑的；巴班斯基的教学过程最优化理论也是从节约教学时间的角度来考虑的。从中观层面说，任何一门汉语课程的设计都会有学时的规定，即考虑需要多长时间才能完成，达到什么样的程度需要多少时间等。从微观层面说，汉语课程实施过程中需要考虑单位时间内如何更多更好地完成教学任务，或者如何才能用更少的时间完成同样的教学任务等。具体到汉语教师身上，他们在备课时需要考虑一个单元或一课要用多少课时，在一个课时内每个教学环节占用多少时间等。我们这里主要探讨微观层面具体一节课中教学时间的设计。

（一）三种课堂教学时间设计模式

1. 传统汉语教学的时间设计（2 课时共 100 分钟）

传统汉语教学就有明确的时间维度的考虑：**组织教学**，一般设计为 1-2 分钟；**复习旧课**，一般设计为 15 分钟左右；**学习新课**，一般设计为 80 分钟左右；**本课小结**，一般设计为 2-5 分钟；**布置作业**，一般设计为 2 分钟左右。

这个时间设计是几代汉语教师教学经验积累的结晶，而且是按照上课顺序进行的分割。汉语综合课、听力课、口语课、阅读课、写作课等各种课程都可以采用“五个环节”来进行，教学内容不一样，汉语教师可以根据实际情况灵活调配。这个教学时间的设计只是参考。

2. 讲授课的“倒三角形”教学时间设计

之所以叫“倒三角形”主要是从学习者上课注意力的强弱程度来说的。即开始20分钟左右，学习者注意力最集中，随后学习者的注意力则越来越差。一节课50分钟大体这样安排：**开讲阶段激发学习者兴趣**，时间约为5分钟；**学习者感知尝试学习阶段**（领读等），时间约为10分钟；**师生合作学习阶段**（突出重点词汇、语法以及理解性练习），时间约为25分钟；**总结巩固反馈回授阶段**，时间约为5分钟；**学习迁移和交际化练习阶段**，时间约为10分钟。（荣静娴等，2000：86）

这个教学时间设计适用于讲练为主的汉语课。

3. 活动课的教学时间设计

活动课以活动为主，以一节课50分钟为例，其教学时间安排大致如下：**开始课堂时段**（课堂事务管理活动），时间约为2.5分钟；**开始上课**（介绍目标、词汇以及关键问题），时间约为5分钟；**课程中段**（组织各种活动以辅助学习者理解），时间约为35分钟；**结束课程**（总结和回顾课程，为下节课设置目标），时间约为5分钟；**结束课程时段**（课堂事务管理活动），时间约为2.5分钟。（参阅Carol，2002：141）

这个教学时间设计可以用于交际类、活动类汉语练习课。

（二）汉语教学时间的设计

前面提到的三种教学时间设计，除传统汉语教学模式外，另外两种都是普通课堂的教学时间设计，只能对汉语教学起到启发性作用。同时，有关教学时间设计的研究也并不限于这些，早就有了新发展。因此，我们认为，汉语教师一方面可以选用既有的教学时间设计，另一方面应积极利用教学时间研究的新成果自己进行设计。

1. 有关教学时间的几组概念

（1）“所花时间”和“所需时间”

这两个概念是美国教育心理学家卡罗尔（Carroll, 1963 : 68）的贡献。“所花时间”（time spent）是指学习者花费在学习某一教学内容上的时间。“所需时间”（time needed）是指学习者掌握某一教学内容所必需的时间。在这两个概念的基础上，卡罗尔提出了一个“学习程度”（degree of learning）的计算公式：学习程度 =f（所花时间 / 所需时间）。也就是说，学习者的学习程度是其所花时间和所需时间的函数。比如“就”和“才”两个副词的区别，假定所需时间为 20 分钟，如果学习者仅花了 10 分钟，根据卡罗尔的学习程度公式，该学习者对该知识点的掌握程度为 50%。

（2）分配时间、教学时间、主动学习时间、成功学习时间和失控时间

在以前学者研究的基础上，盛群力等（2002）认为大体上可以将教学时间分为四个层面：分配时间（allocated time）、教学时间（instructional time）、主动学习时间（active learning time，engaged time，time-on-task）和成功学习时间（effective learning time, academic learning time）。另外还有失控学习时间（dead time）。分配时间是指分配给某一教学内容的学习时间。教学时间是指教学某一内容实际所用的时间。主动学习时间是指学习者注意力集中在某一教学内容进行学习的时间。成功学习时间，又称学术学习时间和有效学习时间，是指学习者专注于某一教学内容并达到较高掌握程度所用的时间。失控时间是指无助于学习者掌握某一教学内容因而被浪费的时间。比如学习“简单趋向补语”这个语法点及其相关词汇和课文，安排 6 个课时，其中真正用来学习这一语法点和相关词汇的时间为 2 个课时（其余时间用来组织教学、复习相关知识等）。有的学习者集中精力学习的时间可能是 1 个半小时（其他时间被动跟随或者开小差了），有的学习者的成功学习时间可能也就 20 分钟（即在练习的基础上经过教师讲解明白了“简单趋向补语”的意义和用法）。而且主动学习时间往往是在课堂时间的前 30 分钟内。一些教学环节转换、问题等待、点名、突发意外等所占用的时间则就属于失控时间了。

（3）发展性时间利用、准备性时间利用、瞬时性时间利用、定步性时间利用和管理性时间利用

这组概念是美国教育学者安德森（Anderson，1985 ：158 ；160-165）的贡献。他认为，如果要想达到最优的学习，那么必须用最优的时间（optimal time）和最优的方式（optimal way）来呈现任务，这样才能达到最大限度地利用时间（timing）。而且，时间利用越充分，学习者“所需时间”就越少。安德森还具体提出了影响“所需时间”的五种变量（参阅盛群力等，2002）：

发展性时间利用（development timing），即强调根据学习者的学习能力确定所教内容、教学顺序和教学时机。其实就是要求教学应根据学习者的“最近发展区”来进行。我们应该大致了解学习者的语言学能等各种能力水平。

准备性时间利用（entry-behavior timing），即强调学习者原有的知识、技能和态度与教学任务相契合。这就要求我们教学前应适时复习与教学任务相关的知识和技能，并有一个良好的态度。

瞬时性时间利用（instantaneous timing），即学习者、教学任务和教学活动在某个特定时刻处于最佳匹配时所产生的“顿悟”或“高峰学习体验”。此时学习者高度专注，学习效率极高，所需时间自然就少。

定步性时间利用（timing as pacing），即应明确教什么内容，在什么时候教，教多长时间，教多快等事项。这就要求我们根据学习者的准备程度来确定学习的节奏和速度。

管理性时间利用（timing as managing），即要求我们抓好课堂管理，灵活应变，保证教学环节和活动的衔接转化流畅，减少“失控时间”。

2. 汉语教学时间设计的原则

每位汉语教师所面临的汉语教学内容、学习者的原有水平和条件等都各不相同。因此很难列出一个汉语教学时间设计的操作步骤或程序。我们尝试提出几条原则，供大家参考。

（1）应注意规定性与灵活性相结合

教学时间的规定性是指以较为精确的外在时间为准绳，把全部的汉语教学内

容分配到每节课（单位时间），每节课按照既定的教学步骤进行（每个教学步骤多少分钟也有规定）。性格、学能各异的学习者和类型不同的教学内容都被严格按照时间量分配进课堂。教学时间由汉语教师控制，学习者处于被动状态，无法自己选择。可见，从规定性上来说，教学时间的设计就是为了教学任务的按时完成，而且要保证一定的教学进度和效率。教学时间的灵活性是指在教学时间的安排上给教师和学习者一定的自由度，汉语教师可以根据不同类型的教学内容和学习者的文化背景、原有汉语水平等对教学时间进行灵活分配和组合，同时学习者对时间安排也有一定的参与权。一句话，教学时间的安排和组织应有一定的灵活性和伸缩性。

汉语教学时间设计应该注意其规定性和灵活性的结合。从设计的角度来讲，规定性是必要的，是汉语教学走向规范化的标志之一。尤其是对刚任教不久和教学水平不高的汉语教师来说，规定性能基本保证汉语教学的质量和效率。比如一个刚毕业的新手教师，如果按照“五个环节”及其规定好的时间来教，基本能完成教学任务。但如果没有教学时间的限制，有的汉语教师可能会讲得过多，难以做到“精讲”。上世纪 80 年代，包括很多名师在内的汉语教师都刻意强调汉语教学时间的规定性。“五个环节”中的每个环节都要恪守其所分配的时间，不能随意增加或减少。比如“组织教学”控制在 2 分钟，“复习旧课”要用 12 分钟。从实践的角度来讲，灵活性更重要。因为汉语学习者遍布全球，情况也各不相同。比如东南亚国家的华裔学习者语法程度较好，汉语教师在语法讲解上就可以少用一些时间，而在交际性训练上进行更充分的练习。再如日本籍的学习者在生词讲练中对某一文化词汇感兴趣，汉语教师就可以在文化方面多花一些时间，而不必刻意去遵守事先规定好的时间。同样是“讲解”环节，在综合课中和单项语言技能课中分别所占的时间也应根据需要灵活配置。另外，汉语教学过程的本质是一个充满灵性的认知和技能的增长过程。教学过程中间有很多随机偶发的教育机会，需要汉语教师花时间去捕捉，尤其是对于一些经验丰富、能够把握汉语课堂教学节奏的教师来说。比如学习者在教师讲解的基础上反问的问题，社会上流行的汉语和教科书上的汉语之间的差别问题，都是很好的汉语教学机会。

（2）应最大限度地利用时间，增加时间效益

任何阶段或层次的汉语教学都必须完成一定的教学内容和任务，这是经过科学量化后分配的。一定的教学内容和任务都由足够的教学时间来保证，否则是无法完成的。这里的时间当然是指“分配时间”。需要提醒的是，“分配时间”受到教学成本和学习者心理承受能力等多种因素的制约，是不能无限制地增加的。这方面我们也走过弯路。为了达到速成教学的效果，北京语言大学汉语速成学院曾在一周开设过 24 节综合课（翟艳，2000）。实践证明，从外延上增加时间这条路走不通，我们应尽可能地充分利用“分配时间”，减少“所需时间”，从内涵上增加时间效益。比如汉语教科书中的一课安排 6 课时（分配时间），我们不能无限制地增加为 10 课时或者更多，只能更加充分地利用这 6 课时，减少失控时间。

进行汉语教学时间的设计，教师应利用前面提到的有关“教学时间”的研究成果，采取一些有利于增加时间效益的措施。具体来说，在教学之前，汉语教师应了解学习者的学习能力和原有汉语水平，尽可能地按能力水平编班，避免在课上因照顾某个学习者而无端浪费其他人的时间。汉语教师还应进行周密的教学计划，避免教学环节的松松垮垮。比如交际性练习时应按照既定方案快速分配小组，避免因此而浪费时间。组织教学尽量短。比如有的教师在上节课就告知学习者本节课学习什么内容，学习者把教科书、练习本以及要用到的文具等准备好，避免其上课后忙乱找书翻书等。再如有的教师不专门点名，在让学习者操练或课堂练习时记下缺勤学习者的名字。开始教学时，导入新的教学内容要快，不要拖泥带水。教学新内容要讲清楚，详略得当，不必面面俱到。比如有些词语只需讲解常用义项即可，不必全部讲解。在讲解时间上要控制，把尽可能多的时间留给交际性练习，才能做到“精讲多练”。教学语言要声音洪亮、字正腔圆，简洁、清楚，不绕圈子，避免啰唆。比如有的汉语教师提问题只提一遍，不再重复，结果学习者都会集中精力听课。巩固所学知识应及时充分，要实实在在。教具使用应恰到好处，必要时才用，并不是多多益善。教学板书应清晰有致，避免又多又乱。巧妙布置作业，使一些交际性练习延伸到课外，在真实的社会语境中反复运用和实践。常规管理习惯化，尽量用手势代替语言。比如双手摊开上抬表示齐练、单手

对某位同学抬起表示要其单练、双手交叉表示左右两边各为一组进行对练等。再如有的学习者注意力不集中，不宜花费时间当场批评，而应用眼神或等待性停顿来提醒他。等等。这些都有利于增加教学时间效益。

（3）应尽可能把优质时间资源配置到重点内容上

在一节课50分钟内，学习者的认知积极性和注意力集中的程度是不同的，最初2–3分钟的认知积极性和注意力不太稳定，随后的20–30分钟则是认知和注意最为积极的时段，接着又开始不太稳定了。[1] 其中认知和注意最为积极的20–30分钟，学习者情绪高、思维活跃、有掌握汉语知识技能的强烈欲望，是学习汉语的黄金时期或最佳时段，属于主动学习时间。所以，从质量上讲，这个时间段应是优质时间资源。汉语教师应在此时间段安排较为重要的教学环节（如"讲授新课"）。

进行汉语教学时间设计时，汉语教师应先对本次课的教学内容和活动（包括复习、生词、语法、课文、练习等）根据重要程度进行排序；然后把所教内容中的重点词汇、句型语法等重要性知识和技能放在本节课的最佳时段，把握住成功学习时间，促成瞬时性时间的利用。同时，在认知不太积极和注意力不太稳定的时段，则宜多安排些趣味性的交际性练习活动，并借此来维持学习者的注意。

六、汉语教学空间环境的设计

任何形式和层次的汉语教学都是在一定的空间环境中进行的，同时也受到空间环境很大而又复杂的影响。教学空间环境有广狭之分：广义的教学空间环境包括汉语教学所在学校、社区、城市以及更大的区域及其自然环境；狭义的教学空

[1] 其实不仅是一节课内，一天之内人的精力和活动能力等也有差异。相关研究成果表明，人的心理活动能力在一天的不同时间中有不同的表现：人一天中大脑最敏捷、学习能力最强的时间是上午，而运动能力最佳的时间是下午。另外，不同年龄阶段儿童的学习持续时间也不同。（田慧生，1996：22）国内很多教学单位的留学生汉语教学往往把课集中在上午，下午自由活动。现在看来，这种教学时间的设计不仅是经验总结，还符合教育规律。

间是指教室。我们主要讨论狭义空间环境的设计，尤其是座位排列和教室内物理环境等方面的设计。

（一）座位排列的设计

座位排列是指教室内学习者课桌椅的摆放和排列，是汉语教学空间的重要组成部分。其排列的具体方式影响学习者之间的交往和学习方式，影响着汉语教学组织形式和方法的选择，进而在一定程度上影响教学质量和效果。（参阅彭春辉，1996；汪斯斯，2007）

1. 汉语教学中已有的几种座位排列

在汉语教学中常用的座位排列方式有秧苗式排列、小组式排列、会议式排列和马蹄形排列等几种。

（1）秧苗式排列

秧苗式排列是指学习者的课桌椅像秧苗一样横平竖直地规则排列。它是国内外汉语教学最普遍、最常见的一种座位排列形式，比较适合于班级授课。在这种座位排列方式中，学习者都面向教师，有利于发挥教师的主导性作用，但不利于学习者之间的交往交流，也不利于教师与个别学习者的近距离交流。因此，秧苗式排列相对适合在讲授课中使用，不太适合在讨论课中使用。

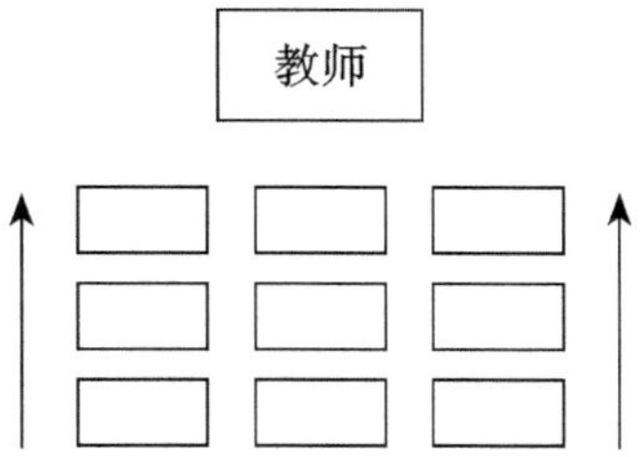

图 6-2　秧苗式

（2）小组式排列

小组式排列是指将课桌椅分成若干个小组，每组由若干套桌椅组成。这种排列方式在中高级汉语教学（尤其是口语课等）中较为常见，比较适合于小组合作学习。在这种座位排列方式中，若干学习者自成一组，相互围坐，有利于学习者之间的交往和讨论，也有利于教师走进学习者中间参与小组讨论。因此，小组式排列相对适合在讨论课中和交际练习中使用。

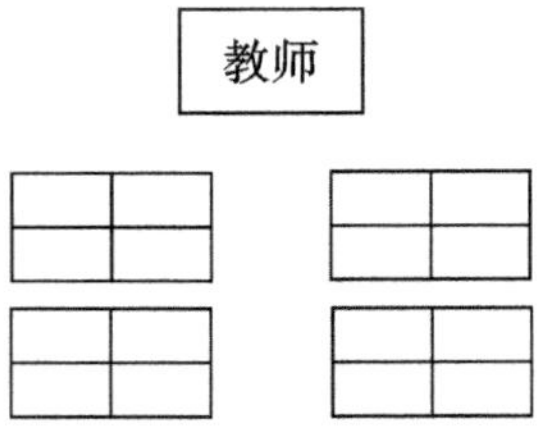

图 6-3　小组式

（3）会议式排列

会议式排列是指将课桌椅面对面地排成两列或四列，学习者分别坐在两边进行交流或辩论。这种排列方式在讨论课或复练课的交际性练习部分较为常见。这种座位排列方式有利于课堂交往和学习者之间相互交往。比如魏苹老师教授中级汉语 16 课《牵手一生，是幸福还是谎言》时，课堂练习安排了一个关于“牵手一生是因为爱”观点的辩论，就是采用这种会议式的座位排列。

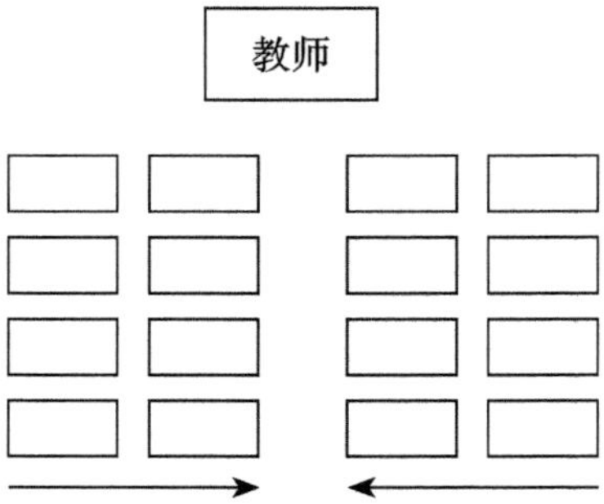

图 6-4　会议式

（4）马蹄形排列

马蹄形排列兼顾了秧苗式和会议式两种排列方式的特点，将学习者的课桌椅排列成一个或若干个 U 形，教师坐在 U 形的开口处。这种排列方式既有利于学习者之间的交流和辩论，又有利于发挥教师的主导作用。因此，它是小组训练和研讨的常用形式。汉语综合课和口语课等都可以用这种座位排列方式。

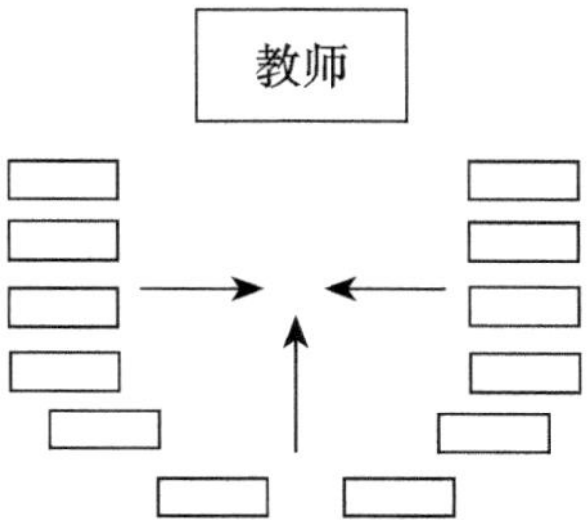

图 6-5　马蹄形

2. 汉语教学中座位排列设计的原则

汉语教学中座位排列的方式并不限于以上几种，而是更多，如圆形排列和培训式排列等。每种排列方式都有其优缺点，并没有适合所有汉语课程教学活动的编排方式。座位排列应当是丰富多样的和不断变化的。因此，汉语教师在进行座位排列时应注意以下几个方面。

（1）汉语课程教学活动的类型特点

汉语教师等设计者对座位排列方式进行选择或设计首先应该考虑具体汉语课程教学活动的类型特点。如果是单纯的讲授知识，或者教师带领学习者齐练，秧苗式座位或马蹄形排列更好一些；如果是既有汉语教师的讲授，又有两两配对练习或者双方辩论的话，会议式或马蹄形排列更为适合；如果合作学习、小组讨论活动比较多，小组式排列当然更好些。当然，对汉语教师来说，座位排列方式是灵活的，可以根据具体的教学活动类型及时进行调整，前提是座位可以移动。比如讲练语法课，在讲解语法时可以采取秧苗式，在练习语法时则可以把座位排列临时调整为会议式或马蹄形。

（2）汉语教师和学习者的特点

对座位排列的设计还应考虑汉语教师和学习者的特点。就教师来说，应结合自己的特长来设计。如果其擅长引导学习者合作学习、完成各种任务等，应该选择小组式排列方式；如果其更长于讲解，当然秧苗式排列更好一些。就学习者来说，当然跟其学习风格和学习习惯关系更大。相对而言，欧美学习者更喜欢小组式、会议式和马蹄形等排列方式；韩日学习者更倾向于秧苗式。青少年学习者倾向于变换各种排列方式，成年学习者更愿意固定某一种排列方式。当然，具体到每一种座位排列方式，设计起来也应考虑学习者的特点。比如小组式座位排列中应注意把汉语水平较高的学习者和较低的学习者安排在一起；将依赖性强的学习者和独立性强的学习者组成一个小组。即便是一个看似简单的秧苗式排列，也有身高、成绩、性格等不同的排列标准。这些都需要设计者通盘考虑。

（3）教学环境

教学环境也对座位排列产生较大影响。如果在传统教室里进行汉语教学，桌椅固定，无法移动，则很难进行小组式、马蹄形等形式的排列。教室内的汉语图书、模具和设备材料等资源如果不充足，学习者没有资料可查，也没有模具可以利用，很难采取小组式、会议式等形式的排列。等等。

（二）教室内物理环境的设计

教室内的物理环境主要由光线、温度、声音、墙壁和地面等方面构成。这些方面的情况也在很大程度上影响学习者的认知和情绪，进而影响汉语教学活动的顺利开展。因此，这些方面也需要进行设计。

宽敞明亮的教室能激发学习者的学习兴趣和动机。因此，教室应尽可能大一些，让学习者能自由转动；同时应有足够的光亮，且分布均匀，但尽量避免直射光、光线过强、闪烁频率过大以及让学习者面对着光。教室里的温度也有要求，最好保持在 20-25 摄氏度范围内（J. W. Gilliland，转引自张大均，1997：514）。高于或低于这个温度都会对学习活动产生不利影响。声音设计既包括对教师自己讲课声音的调整，也有对教室噪音的控制，以便为学习者创造一个良好的听觉环境。在讲课声音方面，汉语教师应保证每一个学习者都能清晰听到；在教室内外噪音的控制方面，如果条件许可，汉语教师应注意选用隔音效果比较好的教室。在学习者进行交际活动时，也可以尝试利用中国古典音乐作为背景音乐来掩盖噪音。墙壁和地面应保持清洁。不同的颜色会对学习者情绪产生一定的影响。从提高学习效率的角度出发，教室墙壁应以淡绿色或淡蓝色为主。汉语教师还可以把墙壁的一部分开辟成“汉语园地”“学习角”和“WORD WALL”等，用来展示一些汉语知识（如一些成语、文化常识等）或者学习者的汉语作品。

那是不是这几个部分都有一个较好的设计，汉语教学就是优质教学了？汉语课程实施就是高质量的实施过程了呢？未必。因为汉语教学不是以上六个部分的简单相加，而是各个相关因素之间一个非常复杂的相互作用的过程。所以，我们在保证以上每个部分都做好的同时，还要注意从整体上来把握。那么从整体上说什么样的教学属于优质教学呢？Brown（1995：192）曾提出一个可供我们参考的优质语言教学的标准：一致性（consistent instruction）、相关性（relevant instruction）和有效性（efficient instruction）。一致性是指整个汉语课程的实施（即教学）前后应保持基本的一致，无论是教学理念、方法、活动、评价方式，还是学习者的参与度和成绩。相关性是指现实状态的汉语教学与之前课程所宣称描绘的汉语教学之间的重合度，及其与优质语言教学的重合度。如果所设课程是为了提高学习者的汉语交际能力，但在教学中却以词汇和语法为重点，我们说汉语教学的相关性就应该遭到质疑。同样，如果教学背离现代公认的语言教学理念，同样其相关性也应检讨。有效性不仅指教学应该达到其预定的目标，而且指在有限的时间内达到预定目标。也就是说，教学不仅应有效果，还应有效率。当然也有其他判定汉语教学质量的参考标准。

复习思考题：

1. 试述汉语课程实施与汉语教学的关系。
2. 举例说明如何设计一节新课的教学过程，并谈谈背后的理论根据。
3. 如何选择有效的教学方法？应该遵循哪些原则？教学活动呢？
4. 以某教材中的一课为例，尝试对其教学过程、教学方法、活动、时间、空间等进行设计。

第七章　汉语课程评价及其设计

阅读前思考：

1. 如何评价自己的课堂教学效果？一门汉语课程呢？ 2. 你觉得判定一门汉语课程成功与否的标准是什么？

“汉语课程评价”属于汉语课程设计的第六步，这一步非常关键，可以提供给我们很多汉语课程运行的情况信息。比如：课程实施情况如何？课程大纲和材料的难易程度是否适合学习者？是否满足了学习者的需要？教学效率如何？有没有实现预定目标？该课程是否有效？与同类课程相比是否具有优越性？是否需要重大修改？等等。这都属于终结性评价。贯穿于汉语课程设计过程始终的一些反思、判断等，也都涉及评价，如：确立目标时的需求分析、任务分析和环境分析等，课程选择时的标准和组织时的一些原则等也涉及评价，甚至课程评价本身也有一个评价的问题——评价是否科学、合理？能否得到真实全面的信息？等等。这都属于形成性评价。Weir（1993 : 167）提到：“我们需要在课程进展过程中监控课程目标完成的情况。我们需要监控学生能力的发展，知道他们能够做什

么。这些信息帮助我们形成对学生交际能力的整体了解或是学生成就的记录。教师需要做形成性评价，以便确定教学程序是否需要修正或是采用何种教学活动。”Brown（1995：217）则把“课程评价”认定为连接课程设计各个阶段的线索。两位学者都是从形成性评价的层面来说的。总之，课程评价做好了，不仅能促进课程设计各个环节的顺利进行，而且能提供整个汉语课程完善和提高的数据信息。

本章拟先对汉语课程评价有一个基本的认识和了解，然后再探讨如何进行课程评价的设计。

第一节　对汉语课程评价的基本认识

对汉语课程评价的基本认识包括汉语课程评价的内涵、类型、功能和主体等方面的问题。

一、汉语课程评价的内涵

（一）对课程评价的认识

在普通教育界，围绕课程评价的内涵至少有四种不同的认识（李子建等，1996：354）：第一，将评价视为结果表现和某种特定目标之间符合的程度（congruence between performance and objectives），代表人物为泰勒。泰勒认为：“评价是一种过程，基本上在于确定课程和教学方案实际达成教育目标的程度。”第二，将评价视为教育测量和测验，代表人物为Thorndike。第三，将评价视为优点或价值的评估，因此价值判断是评价的主要部分，持这种观点的代表人物为Eisner和Popham。Eisner（1985：152）指出：“评价就是要就某些价值评估其他方案的长短。”Popham（1975：8）认为：“系统的教育评价由对教育现

象的正式的价值评估组成。”第四，将评价视为搜集与提供资料，让决策人员从事有效决策的历程，代表人物为 Cronbach 和 Richards 等。Cronbach（1963：672-683）将评价界定为资料的搜集和使用以便制订有关教育方案的决定。Richards et al.（1985：98）认为评价就是“为了决策而进行有系统地收集资料信息”。

很明显，四种认识都有其合理的成分，但也存在着不足。在第一种认识中，结果表现与所设定目标符合程度高，课程便被视为成功。这里的关键在于所设定目标是否科学、合理。另外，课程教学是一个复杂的综合，在其过程中还可能有其他有益的结果，可能正好不在目标之中，如何评价？第二种认识的局限更明显。测量只是一种提供相关数据的手段或工具（还有其他手段或工具，比如观察等），缺乏评价主体的价值判断，就算不上评价。比如，某位汉语学习者考试成绩只得了 40 分，但如果其他学习者都还不到 40 分，那么如何评价这位学习者的学习情况呢？第三种认识更接近于评价的本质，但汉语课程评价并没有止步于优点或价值的评估，而且还在此基础上对课程进行改进和完善。第四种认识相对较为宏观。对于具体的汉语课程评价来说，其最大的功效在于判断该课程是否有效、效率如何等，并在此基础上促进该课程的进一步发展和完善。

（二）汉语课程评价的内涵

以上几种解释给了我们很好的启发，但都不适合我们这里的“课程评价”。Sanders 认为：“课程评价指的是研究一门课程某些方面或全部的价值的过程。”（转引自江山野，1991：168）Brown（1989：223）把“课程评价”定义为“系统地收集和分析必要的相关信息以促进课程的完善和对其在某些情景中影响的评估”。与以前相比，这个解释有很大进步。在此基础上，结合汉语课程的特点，我们尝试对“汉语课程评价”这样进行界定：

采用一定的方式（比如测量、调查、观察等）全面、系统、科学地收集和分析相关数据，在此基础上依据一定的原则对汉语课程整体或部分进行价值判断，并据此对其进行修改和完善的一种规范性活动。

这个定义包含以下几层意思：第一，其核心是依据一定的原则对汉语课程进行价值判断。比如：新设计的汉语课程是否有效？效率如何？等等。第二，这种价值判断要建立在系统、全面、科学的数据统计与分析之上。即采用多种方式全面收集相关信息。既要有测验、调查等“量”的方面的数据收集与分析，又要有观察、访谈等“质”的方面的数据收集与分析。比如一个学习者汉语水平考试成绩很高并不能代表其汉语交际水平很高，因为那只是考试成绩，并不能涵盖言语交际、任务完成情况、对汉语的兴趣等其他方面。第三，评价结果主要用来改进和完善课程，比如改变学习进程、选择其他方案等。即便是终结性课程评价也是如此，因为汉语课程的结束只是阶段性的，从本质上说它是重复性的、循环性的。

（三）汉语学习者学业评价和汉语课程评价

还有一个与“汉语课程评价”相关的概念，即汉语学习者学业评价。这是两个本质不同却极易混淆的概念。极易混淆是因为两者关系紧密，紧密到以至于以前很多人都把学习者学业评价等同于汉语课程评价。

学习者学业评价旨在回答“学习者在所设汉语课程中学到了什么?”这样一个问题。而汉语课程评价则旨在回答“汉语课程在帮助学习者形成汉语交际能力方面是否有效?”但同时，汉语课程评价又离不开学习者的学业评价，而且后者是判定汉语课程有效性的最主要依据。如果所设计的汉语课程有效，自然能提升学习者的学业成绩。所以，任何一个完善的汉语课程评价设计必然包含学习者的学业评价。反之则不然。比如“汉语水平考试”是一种水平考试，其成绩可以作为学习者学业评价的依据，进而作为汉语课程评价的依据。但是对学习者的学业评价并不一定包含对课程的评价。

二、汉语课程评价的类型

不同的分类标准可以划分不同的课程评价类型。我们参考泰勒（1949）、Scriven（1967）、Posner（1995）等学者的观点和《欧洲语言共同参考框架：学习、教学、评估》的相关论述[1]，考虑汉语课程评价的实际情况，将其分为以下几种类型：

[1] 参见《欧洲语言共同参考框架：学习、教学、评估》第177-187页。

（一）形成性评价和总结性评价

形成性评价（Formative Evaluation）一般在汉语课程设计过程之中进行，也可以说是课程设计的一个组成部分，集中于评价各个环节的发展和运行情况，其主要目的在于明确课程设计草案中各个部分的优缺点，作为进一步修订和完善课程的依据。比如：课程目标合适吗？相对于学习者的原有水平，实现的可能性有多大？对学习者情况了解得全面吗？他们需要掌握什么内容？汉语课程所设计的内容能满足学习者的需要吗？课程的各个主题与学习者生活经历之间的联系是否紧密？教学材料是否有利于促成课程目标的实现？能否引起学习者的学习兴趣？课程组织是否照顾到学习者的心理发展顺序？教学方法是否合适？学习者能否得到充分的实践机会？课程评价方案是否科学？等等。这些信息可以用作进一步修改或者完善汉语课程的依据。

总结性评价（Summative Evaluation）一般在汉语课程设计完成之后进行[1]，主要评价课程的有效性、效率、接受的程度，其主要目的在于确定汉语课程的效果、价值，以作为选择、采用和比较的依据。与形成性评价相比，总结性评价回答的问题相对宏观一些。比如：课程有效吗？达到目标了吗？课程目标需要修改吗？课程大纲合理吗？教学材料起到什么样的作用？教学方法有效吗？学习者掌握了什么？教学效率高吗？课程单元的划分合理吗？课程实施中遇到了什么问题？课程评价的结果有意义吗？等等。

还有定位性评价（Placement Evaluation）和诊断式评价（Diagnostic Evaluation）。前者是指在汉语课程设计之前，对学习者需要或准备状态的一种评价，往往伴随着确立课程目标的需求分析、任务分析和环境分析而进行。语言教学机构在新学期开始时所进行的“分班测试”，就属于定位性评价。后者是指在课程设计之中对课程各方面情况的深层调查，发现问题并予以改正（参阅杜金榜，1999；杨翼，2001）。两者的目的都在于使课程设计具有针对性和有效性。

[1] 这里所说的汉语课程设计或实施的完成是相对意义上的阶段完成。因为它们都是随着评价的进行而逐步完善的。即便是这里所说的总结性评价，从长远来看也是一种“形成性”评价，因为最终的评价信息会带来下一轮或下一学期的课程改进。

（二）目标本位评价和目标游离评价

目标本位评价（Goal-based Evaluation）是以汉语课程所确立的目标为依据所进行的评价，其主要目的在于判断预定目标是否得到实现以及实现的程度。这种评价有两个要素：首先要评估汉语学习者的行为。因为课程目标表现为学习者行为的改变。其次，要进行两次或两次以上的评估，寻求两次评估之间的变化。如果目标实现了，汉语课程就成功了；如果目标没有实现或实现的程度不高，汉语课程就被视为没有成功。

目标本位评价的优点在于标准清晰、任务明确、易于把握。缺点在于范围稍窄，局限于行为目标。情意类、态度类目标不容易评价。听、说、读、写等汉语技能课和交际技能课比较适合使用这类评价方式。

目标游离评价（Goal-free Evaluation）是指不受既定目标的限制，考虑汉语课程的全部实际结果，并在此基础上对汉语课程进行评价。比如某门汉语初级口语课程的目标为：学习者具备在汉语环境中的基本生存交际能力。课程结束后，原有目标完成得并不好，但这门课使学习者喜欢上了汉语。如果目标本位评价，这门汉语课评价结果就不太好，有效性较低。相反，如果目标游离评价，这门汉语课的评价就不错。虽然在具体目标上完成得不好，但学习者对汉语有了兴趣，从而具有了学习汉语的原动力。

可见，目标游离评价的优点是不因具体目标的失败而否定一门课，评价项目和范围更广、更全面。因而在一定意义上讲，这种评价也就更科学一点。

（三）结果本位评价和过程本位评价

结果本位评价（Outcomes-based Evaluation）也称结账式评价（Pay-off Evaluation），是对汉语课程设计的实际效果进行的评价（即有没有达到既定目标等），注重课程设计前后学习者或教师所产生的变化，忽略课程实施的过程等。结果本位评价在评价方式上类似目标本位评价，注重两次测量之间的差别或变化，而对这种差别或变化的产生过程较为忽略。

过程本位评价（Process-based Evaluation）也称内在评价（Intrinsic Evaluation），是对汉语课程设计过程的评价，注重课程设计本身的合理性，而对其结果则很少顾及。过程本位评价的支持者认为，要评价某门课程的价值，只需考察和评价：课程设计过程是否顺利？学习者的学习过程是否愉快？而不是去看课程的结果或学习者的成绩。比如为将要进入中国大学学习的外国留学生开设的一门学术汉语写作课，过程本位评价会关注：学习者学习过程是否愉快？教学材料是否恰当？教师和学习者之间的关系是否友好？教学方法是否能调动学习者的兴趣？但对学习者最终掌握了什么内容则不太注重。恰恰相反，结果本位评价会直接考察学习者的习作，并据此给出评价，而对学习者的学习过程不予关注。

（四）测验本位评价和整合评价

测验本位的评价（Test-based Evaluation）是指通过测验学习者的学习结果来调整汉语课程设计，以使其更为有效。它强调将整个评价建立在行为或心理测量基础之上，其测验方法也以考试为主。其所获得的信息也是数量信息。因为测验范围只限于学习者的具体行为结果，其评价也不全面。

整合评价（Integrated Evaluation）是指对学习者的情感、态度以及学习过程等各个方面的综合性评价。它强调将整个评价建立在经验主义基础之上，其评价方式以观察、访谈、日志、上课记录、口试等为主。因为评价方式的局限性，其评价往往局限于某一个体，结果也往往不具有推广价值。因为不同个体之间的差异太大了。

（五）印象性评价和系统性评价

印象性评价是指汉语课程的经历者凭借直觉和参与课程的经历来对课程进行主观、随意、印象性的评价。比如有的汉语教师就反映某个课程计划效果不好，某套教材不好用，某个课程的词汇量太大等。这些都是主观感受层面上的评价，评价者并没有提供统计意义上的数据证明。

系统性评价是对汉语课程全面、科学的评价，既包括对课程本身科学性、合理性和有效性的内部评价（Internal Evaluation），也包括对课程对于某一使用对象群体适用性的外部评价（External Evaluation）。如果我们对某汉语课程从目标到选词、选材等内容选择，以及这些内容的组织排列，再到活动、练习等各个项目进行全面科学地评价，并根据评价结果来判定某汉语课程非常有效。这种评价就属于系统性评价。（参阅赵金铭，2004b：198）

形成性评价和总结性评价、目标本位和目标游离评价、结果本位评价和过程本位评价、测验本位评价和整合评价、印象性评价和系统性评价，分别是从评价目的、评价范围、评价对象、信息特征、主客观性等五个维度在理论上进行的分类。当前的课程评价实践，真正"顾此失彼"的很少，大都是"两者甚至多者兼备"。一个完善的课程评价设计确实应该尽可能包括多种类型，否则得到的评价结果往往会失之偏颇。

三、汉语课程评价的功能

评价汉语课程的原因在于汉语课程评价具有很多功能。很多学者（如Scriven，1967；Eisner，1985；Graves，2000：207等）都对此做过研究。综合以上学者对课程评价功能的观点，我们将其大致定为以下几点：

（一）确定目标是否达成

汉语课程实施完成后，看看原来设定的目标有没有实现，这就需要依据既定的目标设计评价方案进行评价，以得知课程目标是否达成。集中体现这个功能的课程评价往往是目标本位评价。

（二）价值判断

价值判断是对汉语课程整体和各个部分的有效性、效率进行判断。其中形成性评价主要是确定汉语课程各个部分中哪些部分是有效的、哪些部分是无效的或效率不高的，并对无效的或效率不高的部分进行改革，以满足学习者的需求。总结性评价则确定课程是否还要继续？其实在课程设计前，对学习者的需求、任务需求和社会需求进行的调查，以及对学习者的原有水平的测试和调查，同样包括价值判断。

（三）修订和改良课程

在汉语课程设计过程之中，课程评价能够发现课程各个环节的问题，从而完善后面的课程设计方案。换言之，课程评价可以用来修正课程，使其更加完善而具有实现目标的功能。课程评价的这个功能主要由形成性评价来完成。

（四）课程比较和选择

汉语课程设计完成后，课程评价可以对其各个部分（包括目标、内容大纲、组织、材料、实施、评价等）进行分析、评价和比较，以期选出更好、更适合的课程方案来。这个功能主要由总结性评价、结果本位评价和系统性评价等评价方式来完成。

四、汉语课程评价主体

谁来评价汉语课程？当然是教师、学习者和教学机构等。一般说来，在形成性评价中，评价主体往往是教师和学习者。在总结性评价中，除了教师和学习者之外，还有外来相关专家、上级主管机构和外部专业机构等。他们往往采用一些较为正式的方式来评价汉语课程的有效性。在课程评价领域，学习者、教师等评价主体往往被称为内部评价人员，因为他们都是课程教学的参与者；外来专家、上级主管部门官员和外部专业机构等往往被称为外部评价人员，因为他们都未曾深度参与课程教学的整个过程。

除了有关汉语课程的一些基本情况能得到共同关注外，不同的主体所关注的重点和倾向是不同的。比如，学习者关注的可能是：我通过这门课学到了什么？如何评价这门课？这门课对我有什么帮助？我是否还需要继续学习这门课？等等。教师关注的可能是：学习者学到了什么？他们对这门课程满意吗？课程大纲和材料对他们有用吗？课程组织有效吗？适合我吗？用起来顺手吗？等等。教学机构关注的可能是：课程和材料设计得合适吗？课程的哪些方面需要置换或修改？教师和学习者对课程的态度怎么样？这门课程所配的课时够用吗？课程容易管理吗？学习者对课程满意吗？测试和评价程序科学公正吗？提供的实践资源充分利用了吗？课程成本高不高？等等。

第二节 汉语课程评价的设计

明确了一些基本问题后，我们应该关注“如何设计汉语课程评价”这个问题了。其实普通课程论学界已有一些有关课程评价设计的成果。它们可以作为我们设计汉语课程评价的基础。

一、既有的几种课程评价模式

普通课程论领域的评价模式很多，其中我们选取了距离汉语课程较近的几种予以引介（参阅 Saylor et al，1981：319-331；黄政杰，1991：367-373；施良方，1996：154-163；张华，2000：406-416；黄光雄等，1999：286-296；李子建等，1996：377-403；Brown，1995：219-224）。[1]读者可以根据自己的实际情况加以参照。

（一）目标模式

“目标模式”最先由美国课程学者 Tyler 提出，其核心理念在于检查最初设定的课程目标是否在学习者身上得到实现，并以此来判定课程成功与否。虽然学者们（如 Metfessel & Michael，1967）提出的评价步骤略有差异，但核心步骤都是一样的：1. 确定要评价的课程目标；2. 把课程目标细分为更小的类别；3. 用行为术语表述目标，以便加以测量；4. 设置能显示目标达成程度的情境；

[1] 此外，课程评价的模式还有梅特费赛尔模式（Metfessel model）、反对者模式（Adversary model）、应答模式（Responsive model）、消费者导向模式（Consumer-oriented evaluation）和自然探究模式（Natural inquiry model）等。参阅陈玉琨（1999）《教育评价学》，人民教育出版社，第 164-170 页。

5. 选择或设置收集信息的评价工具；6. 收集学习者行为变化的数据信息并与课程目标进行比较；7. 解释结果并得出结论。

“目标模式”主张将课程目标细化，具有很强的操作性。但用今天的观点来看，其根据学习者最后的行为变化与课程目标的一致性程度来判定课程的成功与否，有点不太全面。首先促使学习者行为变化的因素不只课程本身，还有教师、学习者等因素的影响。其次，课程目标未必全都可以用行为术语来表示，一些方法类、情意类目标就无法进行有效检测和评价。

虽然如此，“目标模式”并没有过时，其精神理念一直还存在于课程评价过程之中。言语交际是一种技能，汉语课程从根本上说一种技能课，其目标也容易用行为术语来描述。因此，“目标模式”可以作为汉语课程评价的重要参考，尤其是在评价学习者学业成绩方面。

（二）差别模式

差别模式（Discrepancy Model）是一个直接对课程本身进行评价的模式，即通过将课程表现与最初设定的课程标准进行比较，然后根据二者的差别及其分析结果对课程进行修订和完善。其中标准包括方案的目标（预期结果）、实现目标所需的人力和物力（先在因素）、为达成目标所需要从事的活动。

Provus（1971）将其差别模式的过程界定为三个部分：明确界定课程标准；确定课程表现与课程标准在某些方面有无差距存在；利用这些差距信息或者改善课程表现，或者修改课程标准。在此基础上，Provus 又提出了差别模式的五个阶段：

1. 设计阶段：课程标准的界定。比如课程目标要明确、具体，内容和材料要有趣、有用，内容组织符合学习者的认知规律，教学方法灵活多样，符合学习者的学习习惯等。

2. 装置评价：评价具体课程计划内的各种资源分配、实施情况与设计之间有无差距。如：对所设课程预算投入资金和实际消费是否相符？原来设想的配置一位教师，在课程实施中是否还需要助教？是否还需要家长志愿者？原来安排的教室设备等能否满足教学的需要？等等。

3. **过程评价：评价人员根据方案实施过程中的中间（或短期）目标是否达到标准，以判断是否需要调整标准或实施因素。这是核心阶段，即课程得以完善和提高的阶段。**比如先确定课程的每一个单元能否达到预定的目标？如果不能，应加以适当调整；在前几次课就初步确定学习者是否喜欢课程内容和教师所使用的教学方法。等等。

4. **成果评价：评价课程方案的最终目标（或长期）目标是否达到标准。**如，确定所设课程有没有帮助学习者达到原来设想的水平？等等。

5. **成本效益评价：从整体上对课程方案进行成本和效益的评价。**比如在所设课程效果评价结束后，再从花费和收益的角度对其进行再次评价。有可能课程很有效，但成本太高，收益太低，无法继续开设；也有可能是课程有效，成本也不高，收益很高，等等。

差别模式仍存在目标模式的一些局限，比如目标以行为目标为主，抽象的目标较容易被忽视等等。不过，与目标模式只注重学习者的最终行为表现不同，差别模式同时注重过程的评价，并将此作为核心阶段。这是一个很大的进步。同时它强调确立清晰的课程标准，也是一个进步。

差别模式注重过程评价，其实就是主张在课程实施过程之中进行形成性评价，这样能在课程实施过程中随时完善和提高，而不必等到最后。否则有可能造成更大的偏差。这种模式更适合于一些实验性的汉语课程或者汉语项目。

（三）CIPP 模式

CIPP 模式即 Stufflebeam（1971）提出的环境（context）—投入（input）、—过程（process）—产出（product）这一评价模式。该模式是一种过程，旨在描述、取得及提供有用资料，作为判断各种课程方案之用。其最大目的在于对课程决策者和管理者提供决策所需要的信息，以便修正教育方案。其主要包括四种评价：

1. **环境评价：根据评价对象的需要对课程目标及其背后的理念进行评判，看二者是否一致。旨在提供确定课程目标的依据，从属于最基本的评价，以促成目标的决定。**如：该门课程与其他课程的关系是什么？课程时间是否足够？关键性的外部影响因素有哪些？课程内容符合学习者未来的工作需求吗？等等。

2. **投入评价：对可供选择的各种课程设计方案或计划进行评价，也可称之为课程的可行性评价。旨在确定如何运用资源以达成课程目标，包括课程资源的选择、设计与发展，资源则涵盖材料、设备、程序、方法、人员、环境等，以协助设计课程实施程序的决定。**如：学习者的原有水平怎么样？学习动机强不强？课程目标是否恰当？课程内容是否清楚？是否与生活或工作中的实际问题有关系？课程能够利用的资源有哪些？教师的教学水平怎么样？教师能够花在教学上的时间有多少？学校和教室等环境是否有利于学习者的学习？课程实施的主要方法是什么？等等。

3. **过程评价：通过描述课程实施的过程来确定课程设计或实施过程中存在的问题。旨在提供反馈给予负责课程设计方案的实施者，以协助改进程序的决定。**如：学习者的作业多不多？学习者是否积极参与课堂教学活动？课堂教学中遇到的最大困难是什么？学习者在学习中遇到的最大困难是什么？主要的教学方法是什么？学习者会不会在社会交往中使用所学的技能？教学过程中是否有形成性评价？师生关系如何？课堂纪律怎么样？等等。

4. **产出评价：要测量、描述和评判课程的结果。旨在用来判断课程实施效果并给予反馈。**如：所设课程只有一次终结性评价呢，还是在上课期间有多次形成性评价？本课程终结性考试的科学性如何？课程目标的各个部分分别是如何被考核的？学习者在课程结束时是否达到了前面设定的目标？教师和学习者对课程的总体感受如何？这门课程的开设让我们得到哪些经验和教训？课程结束后，有没有吸引更多的学习者来咨询报名？等等。

CIPP 评价模式的重点在于提供信息以供课程决策者参考，旨在改良课程方案。其优点在于比较全面，但操作起来比较复杂。这个模式同样适合在“实验”或“试教”阶段的汉语课程评价中使用。

（四）CSE 模式

CSE 是美国加州大学洛杉矶分校评价研究中心（Center for the Study of Evaluation）的简称。与 CIPP 模式一样，CSE 模式也是旨在提供各种类别的信息，帮助进行课程决策。该模式包括四个阶段：

1. **需求评估：调查学习者需要通过课程完成什么任务，以确定课程的需要和课程目标。这一阶段又称为“问题的选择”。**这主要是针对课程目标部分的评价。

2. **选择计划：对各种可供选择的课程计划的有效性和可行性做出评价，当然也包括对课程内容和投入的资金、设备等进行评价。这一阶段又称为“计划的选择”。有时也包括对计划中不合适的方面进行修订。**这主要是对课程内容、方案和前期投入成本的评价。

3. **形成性评价：对课程实施过程进行评价，发现其缺点和不足之处，以随时修正某些偏离目标的方面。这个阶段也可称为“计划的修正”。**这主要是针对课程实施过程的评价。

4. **总结性评价：在前面评价的基础上对课程设计进行全面评判，以决定课程是继续、修改还是取消。这个界定也可称为“计划的批准或采纳”。**这主要是对课程的效果、学习者学完后的水平进行评价。

CSE 模式综合了形成性评价和总结性评价，保证了过程和结果评价的统一。操作起来相对容易一些，实用性也更强。

读者可能感觉到，这几种课程评价模式在某种程度上具有趋同性。这是必然的。除了目标模式只注重结果评价外，其余三个模式大多都兼顾了过程和结果的统一，注重对课程设计进行从头到尾的全方位动态监控和评价，以便发现问题及时修正。这个精神应该贯彻应用到汉语课程评价之中，而不是仅凭学习者的学业成绩来判定一门课程的成功与失败。而且我们在具体进行评价时，未必限定一种模式，完全可以同时采用两种或三种模式。

二、汉语课程评价的设计

（一）汉语课程评价设计的原则

1. 应有利于学习者汉语水平的提高

汉语课程评价的目的就是保证汉语课程有效，即在课程目标的确立、课程内容的选取和组织、课程实施等各个环节为提高学习者的汉语水平提供充分的评价保障，目的就是最大限度地降低因为所设课程不好所带来的负面影响，尽可能地促进学习者汉语综合运用能力的提高。因此，汉语课程评价活动应清晰地描述学习者在汉语方面的进步，积极鼓励其不断学习提高。

2. 应有利于所设汉语课程的改进和完善

汉语课程评价的最大功效在于确定课程需要改进的地方，而不仅仅是判定其是否有效，所以我们更应该重视经常性的形成性评价、重视针对课程设计过程各个环节的评价；同时，在对汉语课程效果进行评价的过程中，不仅应关注其目标有没有达到，而且还应关注那些预期以外的效果，在分析其产生原因的基础上，尽可能把促成有益效果的因素纳入课程之中，把造成不好效果的因素排除在课程之外，进而提高汉语课程的质量。

（二）汉语课程评价设计的步骤

汉语课程评价大致包括确立评价的目标、确定评价的项目、收集信息、对汉语课程的各个部分进行评价以及评价结果的应用等几个步骤。

1. 明确汉语课程评价的目标

汉语课程评价的目标就是指为什么进行课程评价。在进行评价之前，评价者应反复问自己：为什么要进行这次评价？而且应该有一个明确集中的答案。目的不同，收集信息的方法和领域偏重不一，样本和信息的数量和角度也不一样，结论自然有偏差。一般说来，就是为了评价汉语课程哪些部分是有效的，哪些部分是无效的，然后对无效的部分进行修改完善。如果课程无效部分的比例过大，需要进一步确定本门课程有没有必要继续开设。评价也应确定本门课程的优缺点，及其对学习者学习过程中的作用和价值，提供进一步完善该门课程的相关信息。

另外，还应明确将评价结果提供给谁，即评价结果的使用者（audience）。是提供给汉语教师使用？学校领导？还是提供给学习者家长？等等。如果有多个，如何兼顾他们之间不同的需要？评价者应该做到心中有数。比如汉语教师评价自己设计的课程时，使用者首先是汉语教师本人，即根据评价结果进行修改和完善。其次是教学机构的领导，他会根据评价结果决定是否继续给予支持。当然有时学习者及其家长也是评价结果使用者，还应兼顾他们的需要。

2. 确定要评价的课程项目

整个汉语课程的有效性是通过各个部分的有效性表现出来的。所要评价的课程项目当然就是它所包含的各个部分，具体包括课程目标、大纲、结构、教学材料、环境、评价以及这些项目是如何被设计的等等。参考 Graves（2000：214）的研究，我们把要评价的汉语课程项目大致确立为以下几项：

汉语课程目标：课程目标达成的情况如何？哪个目标符合学习者的实际需求？哪个目标反映了社会实际？是否具有可操作性？哪个目标学习者不容易实现？如何修改？等等。

汉语课程大纲和具体语料：哪些项目内容反映了学习者的需要？能完成既定目标吗？内容与社会现实有关联吗？综合性程度怎么样？相比学习者的原有水平，容易还是难？学习者有异议吗？具体语料是否与学习者相适合？与社会生活之间的关系大不大？有没有趣味？能否有效呈现课程大纲的项目？等等。

汉语课程组织的方式：单元划分是否恰当？单元之间的契合度如何？学习者能感觉到自己在提高吗？各种类别的知识是否平衡？是否属于螺旋式组织？等等。

课程实施过程和方法：课程实施的流程是否合理有效？课程中的项目在多大程度上被实施？学习者有无足够的机会去实践所学知识？学习者的角色如何？教学方法是否有利于促进学习者掌握课程内容？课堂教学活动是否有利于学习者语言技能或交际技能的提高？哪些课堂活动对学习者言语技能的提高更有效？等等。

汉语课程评价：这属于对评价的评价。具体表现为：课程评价方案是否科学？所包含的评价项目是否全面、合理？教师和学习者有无参与其中？承担的是什么角色？形成性评价有无及时落实？能否提供有效信息？等等。Richards（2001：

292）曾以举例的方式提出了几项判定课程有效性的标准：达成目标、考试成绩、学习者的接受度（态度）、重修率、课程的效率等，读者可以参考。

3. 收集相关信息

收集相关信息就是对汉语课程在设计或实施过程中以及之后的一些数据进行收集。这需要选择适合于评价目标和内容的评价方法和信息收集方式。比如，如果要对面向某航空公司乘务员的汉语课程进行评价，仅仅采取纸笔考试来收集信息是不恰当的，因为乘务员在飞机上用到的主要是汉语口头交际能力。在众多收集信息的方式方法中，考试、实验、调查问卷等方法得到的信息是“数据”，属于“量”的方法（Quantitative Methods）；访谈、观察、教师和学习者的日志、会议记录、学习者自我评价等方法得到的信息是描述性信息，属于“质”的方法（Qualitative Methods）。两种方法获得的信息同样重要。比如对某个阶段的口语课进行评价时，我们既需要通过“考试”这种“量”的方法，还需要“学习者自我评价”、教师日常“观察”等“质”的方法。我们具体来看：

（1）考试

考试是一种最主要的收集信息的方式。学习者的考试成绩也是说明汉语课程是否有效的极为重要的参数。

考试有很多类型，包括教师自己准备的单元考试、教学机构准备的期中 / 期末考试以及专业性的汉语水平考试（HSK）。单元考试可以是汉语教师根据单元目标自己设计的题目，也可以是教师手册上的单元测试。它可以反映学习者学习成绩的逐步变化，也可以发现课程实施中存在的问题。教学机构往往会在期中和期末进行两次考试。这两次考试往往比较正规，基本能反映学习者在某一时期的学习成果，尤其是期末考试，反映的是学习者在学完本课程后所达到的程度和水平。汉语水平考试是一种专业性较强、科学化程度较高的考试，其成绩反映的是学习者的汉语水平。如果所设汉语课程目标和内容跟某个级别的汉语水平考试相契合，那么我们就可以用其成绩作为评价所设课程的信息。所以说，单元考试、期中期末考试以及汉语水平考试都能直接提供有关学习者学业成绩的数据，都是汉语课程评价的重要方式。除了汉语水平考试（HSK）外，单元考试和期中期末考试可能都需要汉语教师参与设计。这又涉及考试形式和题目类型的选择和确定。考试形式确定为口试还是笔试？是否包含听力理解？题目类型确定为主观题还是客观题？分立性题目还是综合性题目？等等。

设计考试还应该考虑试卷的效度、信度，以及考试任务的交际性。效度是指试卷是否考查了原来确定的内容，考试结果能否用来评判要考的语言能力。它一般又分为构念效度、内容效度和预测效度。信度是指考试结果是否稳定可靠。此外，还有考试题目或任务的交际性，是指试卷题目或者考试任务是否具有在真实语言环境中交际使用的可能性。比如汉语口语考试通过角色扮演题目形式，让两个学习者分别扮演推销员和顾客，当面对话。这个考试任务就具有很强的交际性。Weir（1993：167）曾提到一些交际性测试的主要特征：① 重点是意义；② 语境化；③ 语言活动带有可接受的目的性；④ 有实际意义的言语；⑤ 使用真实的语言材料；⑥ 文本处理有真实性；⑦ 考试结果不可预见；⑧以互动为基础；⑨ 考生在真实心理状态下展示语言能力；⑩ 根据实际交际结果判断成绩。

但是考试也有缺点，就是考查的范围有限，有些内容无法通过考试反映出来，比如对汉语的兴趣。还有就是因为“学习者学业评价”和“课程评价”是不同的概念，如果发现成绩不好，仅凭成绩无法确定导致的原因，是教师、教学材料，还是学习者本人？即便是成绩很好，也不能把全部功劳都归于汉语课程。所以，还需要进行进一步研究。

（2）实验

“实验”也是一种非常重要的收集汉语课程有关数据的方式。这种方式需要提前确定好，即从汉语课程实施一开始，就把学习者分为两组：一个实验组和一个控制组。实验组采用所设的汉语课程，控制组则作为对比使用原来的课程，其目的就是要看看新设汉语课程的有效性。要收集的数据不仅包括两个组之间的差别，而且包括在汉语课程实施过程中对实验组的观察。比如我们在汉语课程选择阶段提到过某套教材的“试教”或“试用”，这个“试教”或“试用”其实就是不折不扣的实验。通过与平行班学习成绩的对比和教师在“试教”过程中的感受来修改和完善课程。从课程评价的角度来说，“试教”或“试用”本身就是一次发生在汉语课程设计过程之中的“形成性评价”。

这种收集数据的方式实施起来也不太容易。除了要注意汉语课程实验设计的严密性外，还应该注意数据的正确使用，最好将此种方法与其他方法相结合使用。

（3）调查问卷

调查问卷也是一种重要的数据收集方法。我们在第三章“需求分析的方法”部分提到过，它能反映学习者和教师对待新设计汉语课程各个部分的真实态度和意见。比如，学习者通过调查问卷可以对汉语课程的目标、内容大纲、材料、前后逻辑性、教学方法、评价方式以及相关资源提供情况等方面给出评价。

使用调查问卷这种方法的关键是问卷本身是否科学、有效。要想得到公正、真实的信息，必须精心设计调查问卷，尽可能把问题设计得全面一点。McKernan（1991：203）曾设计过一个学生对课程进行评价的问卷。第一部分先填写基本信息：课程名称、任课教师、学校 / 班级、日期等。第二部分是对问卷填写的说明：请根据你对本课程的感受对课程进行评价。采用 1~7 的数字方式（1= 不及格；2~3= 及格；4~5= 中；6= 良；7= 优），1 表示最低，7 表示最高，请仔细阅读下列题目并在你选择的数字上画圈。第三部分是具体题目内容：① 课程目标明确、适当；② 课程结构清楚、明白；③ 教师与学生关系融洽；④ 教师努力帮助学生取得好成绩；⑤ 课程使你在知识和技能上都有所提高；⑥ 教师的教学方法和教学手段有效；⑦ 课程促进了你的思维发展；⑧你对本课程的阅读材料满意；⑨ 你认为本课程的课业负担合适；⑩ 你认为课程的难度适当；⑪ 课堂讨论效果好；⑫ 你喜欢老师上课的方式；⑬ 教师注意引发学生的兴趣；⑭ 教师组织教学有效；⑮ 教师讲解问题清楚明白；⑯ 教师课堂声音洪亮；⑰ 教师注重课堂学生的参与；⑱ 教师教学热情高，精力充沛；⑲ 教师能及时帮助有困难的学生；⑳ 你认为你的课程成绩应该是；㉑ 你对本课程还有什么建议和要求？（该题为填空题）。Gardner（1985，转引自秦晓晴，2009：37-38）在设计外语课程评价表时则分别从四个方面着手：总体评价、难度评价、作用评价和趣味性评价。总体评价即学习者对课程的总体感觉，包括十个项目：bad—good，disagreeable—agreeable，painful—pleasurable，unsatisfying—satisfying，awful—nice，unpleasant—pleasant， unenjoyable—enjoyable，unrewarding—rewarding，worthless—valuable 和 unappealing—appealing。难度评价包括五个项目：simple—complicated，elementary—complex，effortless—hard，clear—confusing 和 easy—difficult。作用评价包括五个项目：non-educational—educatioanal，meaningless—meaningful，unnecessary—necessary，useless—useful 和 unimportant—important。趣味性评价包括五个项目：tedious—fascinating，monotonous—absorbing，boring—interesting，dull—exciting 和 colourless—colourful。这可以作为汉语课程评价的参考。

（4）访谈

"访谈"这种方式也在第三章的"需求分析的方法"部分提到过。但在这里，我们访谈内容是有关汉语课程的方方面面。访谈对象主要是经历过汉语课程的汉语教师和学习者（也可以包括学习者的家长），他们的看法或建议，对汉语课程的改进和完善具有很重要的意义。访谈可分为结构性访谈和非结构性访谈两种。前者是指针对汉语课程实施的情况预先设计好各种话题，甚至包括访谈的时间和地点，然后在此基础上访谈。后者是指没有预先设计，随便聊。可能很长时间，也可能寥寥几句。一般说来，结构性访谈由于目的性较强，往往能得到想要的信息，但又不如非结构性访谈所得的信息深入、灵活和真实，因为后者是"随意"而为，被访谈者也无法提前准备好答案。

访谈能在某些具体问题上获得明确具体的信息。比如可以问学习者：就汉语课程来说，哪些是你最喜欢的？哪些是你最不喜欢的？哪些是你最大的收获？哪些部分是你最希望改进的？哪个部分你觉得可有可无？等等。

（5）观察

"观察"这种方式在第三章的需求分析环节也提到过，但这里的"观察"主要是评价者观察所设汉语课程运行的情况，尤其是汉语课堂教学的情况。观察包括日常观察和定期观察。观察可以预先设定好观察的对象和项目，比如观察学习者的反应、对课程的态度等。观察还应对要观察的课程项目进行聚焦。比如某门口语课的目标是"学习者在小组讨论时能听懂其他成员的观点并予以反馈"，有关这个目标达成程度的信息就主要是通过观察来获得的。汉语教师只需观察学习者在小组讨论时的表现就可以了。这属于相对比较容易的观察。还有更为复杂的，比如观察汉语课堂教学的师生互动情况，或者观察学习者有无形成“世界公民意识”。这样的观察，不仅需要很长时间，而且还需要很多技巧。夏纪梅（2003：576）曾转引过几个“课堂教学观察评价项目表”。高立群等（2007）曾在语言交际法教学观察量表（Communicative Orientation of Language Teaching，简称 COLT 量表）的基础上设计过一个“对外汉语课堂观察量表”，汉语课程评价者可以参考使用。

除了自己观察外，汉语教师还可以请同事（包括其他汉语教师和其他语种的语言教师）观察。这样不仅可以丰富观察的视角，还能在一定程度上增强观察结果的客观性。

观察这种方式有优点，操作相对简单，可以即时进行，通过长期观察能够发现很多其他方式发现不了的信息，但也有主观性强等缺点。同时，观察是一种专业技能，需要一定的指导或培训。

（6）教师日志

教师日志是指教师每天记录下对汉语课程的印象、感受和经历。具体包括每天遇到的问题、课程时间的分配、关键性的事件以及教师的认识等内容。

相比而言，教师日志记录的信息相对详细一些，范围也广，涉及课程实施的方方面面，包括其他方式容易漏掉的信息，比如一些很细节的方面（如教室里的电脑可能没有装上汉语输入系统）；同时操作简单，有助于记忆和反思。但是日志记载比较随意，主观性强，需要经常花时间来写，信息往往繁杂而不系统，利用起来也不太方便。

还有一些收集数据信息的方法，比如教师书面评价、个案研究、学习者评价、课程实施的录像等。所有这些方法都没有优劣之别，只有对某些调查项目的适合度问题。评价者要注意选用合适的方法。比如要调查教师的课程理念，可以考虑采用调查问卷和访谈等方法，其他如考试等则不太适合。再如收集有关学习者学习行为信息的方法可以用观察、访谈、问卷、教师日志等方式。

4. 在分析信息的基础上依据准则对各个部分进行评价

前面提到汉语课程评价的目的就是确定课程是否有效。但整个课程的有效性是由各个组成部分的有效性构成的。因此，在收集完数据信息之后，应按照汉语课程的各个组成部分把信息进行归类，然后把归好类的信息分到各个组成部分，进行分析评价，明确各个部分发生了什么样的变化，有没有达成预设的目标，以确定每个组成部分的有效性，然后再判断整个汉语课程是否有效。

判断整个汉语课程或者各个部分的有效性，需要依据一定的评价准则。最简单的方法就是把之前所设计的汉语课程目标作为评价的准则，即把收集的信息跟最初确立目标时所收集的需求分析、任务分析、环境分析、起点确定等方面的信息相比较，找出差距，得出结论。目标达成的程度越高，汉语课程的效果越明显。比如一门初级汉语口语课的目标是学习者掌握基本的功能项目，能在汉语环境中生存。"起点确定"中学习者只会最简单的问候，而在课程完成后，学习者基本能在汉语环境中完成到饭馆吃饭、租房、坐车、换钱、购物等生活必备技能。这就说明课程是可行的、有效的。再如，口语课的"学习者在小组讨论中能够听懂其他成员的观点并予以回应"这个目标，如果小组讨论的时候，学习者都能反驳或支持其他人的观点，则说明该课程是有效的。当然，也有可能经过评价发现，原先确定的目标有问题，需要修改。

还有具体项目的评价。比如汉语课程教学材料，我们设计的初衷是要联系学习者的经历、社会话题，突出材料和交际练习的真实性。结果最后在问卷中收集的信息中有这样一条：80% 的学习者觉得教学材料无法在真实的言语交际中用到。对比材料设计的初衷，说明我们设计的教学材料的实用性很差，需要修订和完善。再如课程教学材料的适用性，Genesee（1996：91 转引自夏纪梅，2003 ：147）就提出过这样一个标准：该教材的材料和对材料的利用所展开的活动是否符合特定的教学目标？该教材是否有利于语言在交际中的使用？该教材的语言对学生是否有意义？该教材要求学生利用材料做什么的指令是否明确？学生是否清楚活动的目的？该教材是否照顾不同的学习方式和倾向？该教材的活动是否能让学生用不同的方式进行？该教材是否鼓励学生积极地应用语言？该教材是否给学生机会评价自己的表现？该教材是否包括适当的文化知识？该教材是否与学生的需求有关？该教材的语言材料是否是真实世界流通的并且合用的材料？学生是否有足够的时间完成活动？学生是否认为该教材的材料和活动有趣？该教材和活动是否有适当的难度？学生是否有足够的语言能力参加活动？该教材的活动是否能有效地让学生应用和实践他们意图掌握的语言技能？就汉语课程实施过程的评价而言，看学习者是否自始至终积极参与、是否注意力集中、交际过程中是否积极使用汉语、是否主动地学习等。

我们可以用一个表来表明对汉语课程的评价：

汉语课程各个组成部分		评价		
		是否有效？	效率高低？	修改建议
课程目标				
课程内容	课程内容选择			
	课程内容组织			
课程实施				
课程评价				

这一项还需注意的是，评价者要尽可能地避免偏见，力争客观、辩证地进行评价。每一个环节都存在可能干扰评价的客观性和准确性的问题，都应该从细节上进行控制。但评价者的评价观等主观因素却是最有可能造成评价结果不准确、可信度不高的因素。因此，评价者进行评价的时候应该抛弃先入之见，尽可能认真、辩证、客观地进行评价。

5. 评价结果的应用

汉语课程评价并非单纯地指出其价值和优缺点，而是指向对所设课程的反思、修改和完善。具体说来就是确定哪些部分是有效的，哪些部分无效，对无效的部分予以修改和完善。

汉语课程设计也是循环发展的，即最初的设计课程——课程实施——课程评价——修改课程——再进行课程实施……就这样循环下去。汉语课程的评价结果就是为修改课程提供信息支持。比如设计者可以根据评价结果修改或替换某些课程目标；可以重新准备一些语言材料更换或补充教材，甚至更换其中的某些功能项目；可以重新安排某些技能或功能项目的教学顺序；可以改变教学方法来实现既定目标，等等。这些都是在汉语课程评价结果基础上对所设计课程进行的修改和完善。

6. 对评价的评价

对评价的评价是指对汉语课程评价的一种监督，是确定课程评价方案是否科学的一个活动。它虽然不再是汉语课程评价的一个步骤，但却很重要。因为评价的科学性和有效性决定其提供信息的真实性和实用性。那么什么样的评价是科学、有效的呢？业界已有一些相关研究成果，比如 Phi Delta Kappa 国家评价研究委员会曾开发了几条评价课程时应遵循的尺度和标准，即科学化准则，具体包括内在效度、外在效度、信度和客观性等；实用性准则，具体包括关联性、重要性、范围、可信性和普遍性（pervasiveness）等；审慎的准则，具体包括效率等。Stenhouse（1975 ：117）也曾提出了五个评价课程的准则，即：意义（meaning）：评价者展示某一课程的意义；潜能（potential）：评价者应发掘某一课程之潜能，意即引进该课程后可能带来的益处；趣味（interest）：评价者关注课程在实践中经常存在的问题；可条件化（conditionality）：评价者应把课程的潜能与学校或教室的环境关联起来；阐明（elucidation）：课程的采用对教育的理论或教育性变革做出贡献的程度。Stufflebeam et al.（1985）认为以下几个方面有助于评价的完善：范围 (scope)：收集的信息范围是否涵盖了被评价课程的各个重要方面？评价结果使用者 (audience)：收集的信息能否满足各个评价方的需要？可靠性 (reliability)：其他人用同一方法能否得到同样的评价结果？客观性（objectivity）：是否在收集和处理信息的过程中致力于消除偏见？代表性（representativeness）：收集到的信息能否准确地描述被评价的课程？及时性（timeliness）：相关有利于评价课程的信息是否及时提供给评价主体？研究伦理（ethical consideration）：评价过程是否以可以接受的道德标准？比如，信息的机密性能否得到保证？信息是否以可以接受的专业方式获得？等等。（转自 Richards, 2001 : 298）美国西北地区教育实验室（Northwest Regional Educational Laboratory）以问题的形式提出了一个对评价进行评价的准则。陈若凡（2002）曾对成绩测试的科学化进行过探讨。刘德联等（2004）曾就对外汉语教学评估偏差进行过研究，还提出了一些对策。

在此基础上，我们认为，课程评价应该在效度（至少包括构念效度、内容效度和预测效度三类）、信度、真实性、实用性、互动性、意义性、可行性等方面具备相当程度的科学性。只有具有了相当程度的科学性，课程评价才能对课程设计活动产生正面的反拨效应（Washback）。

复习思考题：

1. 试述汉语课程评价与汉语学习者学业评价的关系。
2. 谈谈在汉语课程评价过程中使用形成性评价、目标游离评价、过程本位评价、整合评价的可能性，它们能否应用在汉语课程设计的目标模式中。
3. 你认为汉语课程更适合哪种课程评价的模式？说出理由，并试着用它来评价一门汉语课程。

主要参考文献

中文文献：

［法］安雄（2005）《一级阅读字表》及说明，《国际汉语教学动态与研究》第4辑

［美］布鲁姆等编，罗黎辉等译（1986）《教育目标分类学　第一分册：认知领域》，华东师范大学出版社

［美］Carol M.P.（2002），李庆等译，《成功的教学策略：有效的教学实习指南》，中国轻工业出版社

蔡富有（1996）小学识字教学理论探微——兼论“字族文识字教学法”的理论基础，《语言文字应用》第4期

蔡建永（2011）“哥伦比亚在北京”（CIB）暑期汉语项目的ASSURE模式分析，《海外华文教育》第3期

曹毓刚等（2010）英国职业资格证书体系与BTEC课程模式，《杨凌职业技术学院学报》第3期

岑运强（1994）语言和言语、语言的语言学和言语的语言学，《汉语学习》第4期

常敬宇（1991）谈语言义向言语义的转化，《语文研究》第4期

常敬宇（1992）试论汉语交际的得体性，《徐州师范大学学报（哲学社会科学版）》第2期

陈晨（2001）《中级汉语口语》使用情况调查评估报告及其引发的思考，载《中国对外汉语教学学会北京分会第二届学术年会论文集》，北京语言文化大学出版社

陈东东（2005）用任务型学习理论指导美国学生的汉语学习，《国际汉语教学动态与研究》第3辑

陈桂月（2006）新加坡社会语言土壤下的华语文学习——新加坡国立大学学生华语文问题探讨,《语言教学与研究》第1期
陈宏，吴勇毅主编（2003）《对外汉语教学课堂教案设计》，华语教学出版社
陈珺，周小兵（2005）比较句语法项目的选取与排序,《语言教学与研究》第2期
陈仁凤，陈阿宝（1998）一千高频度汉字的解析及教学构想,《语言文字应用》第1期
陈若凡（2002）谈成绩测试的科学化,《世界汉语教学》第2期
陈松岑（1999）新加坡华人的语言态度及其对语言能力和语言使用的影响,《语言教学与研究》第1期
陈田顺主编（1999）《对外汉语教学中高级阶段课程规范》，北京语言文化大学出版社
陈曦（2001）关于汉字教学法研究的思考与探索——兼论利用汉字"字族理论"进行汉字教学,《汉语学习》第3期
陈侠（1989）《课程论》，人民教育出版社
陈贤纯（1999）对外汉语中级阶段教学改革构想——词语的集中强化教学,《世界汉语教学》第4期
陈贤纯（2005）强化教学：提高效率之路——《汉语强化教程》的编写与实验,《语言教学与研究》第6期
陈玉琨（1999）《教育评价学》，人民教育出版社
陈灼（1991）试论中级汉语课的设计，载《中高级对外汉语教学论文选》，北京语言学院出版社
程棠（1989）对外汉语教学的一项基本建设——《汉语水平等级标准和等级大纲》读后,《语言教学与研究》第2期
程棠（1996）关于"结构—功能—文化相结合"的教学原则的思考,《世界汉语教学》第4期
程棠（2000）《对外汉语教学目的、原则、方法》，华语教学出版社
程相文（2001）对外汉语教材的创新,《语言文字应用》第4期
程晓堂（2004）《任务型语言教学》，高等教育出版社
程晓堂，孙晓慧（2011）《英语教材分析与设计（修订版）》，外语教学与研究出版社
褚佩如（2004）《外交公务汉语》的编写特点,《世界汉语教学》第2期
丛立新（2000）《课程论问题》，教育科学出版社
崔建新（2006）五百个基础汉字造出的句子可以覆盖多少个语法点——关于初级汉语水平留学生汉字学习与口语表达的一个实验,《汉语研究与应用》第4辑
崔希亮（1992）语言交际能力与话语的会话含义,《语言教学与研究》第2期
崔永华（1989）对外汉语语法课堂教学的一种模式,《世界汉语教学》第2期
崔永华（1992）基础汉语阶段精读课课堂教学结构分析,《世界汉语教学》第3期

主要参考文献

崔永华（1996）略论汉语速成教学的设计,《语言教学与研究》第2期

崔永华（1997a）对外汉语教学学科概说,《中国文化研究》春之卷

崔永华（1997b）关于汉语言（对外）专业的培养目标,《语言教学与研究》第4期

崔永华（1997c）汉字部件与对外汉字教学,《语言文字应用》第3期

崔永华（1998）汉语教学的教学类型,《语言文字应用》第2期

崔永华（2007）听力教学经验谈，载《汉语研究与应用》第五辑，中国社会科学出版社

崔永华（2008）《对外汉语教学设计导论》，北京语言大学出版社

崔永华，杨寄洲主编（1997）《对外汉语课堂教学技巧》，北京语言大学出版社

戴庆厦，关辛秋（2002）第二语言习得中的语法“空缺”,《语言教学与研究》第5期

邓恩明（1983）语言教材要有趣,《语言教学与研究》第2期

邓守信（2003）对外汉语语法点难易度的评定，载《对外汉语教学语法探索——首届国际对外汉语教学语法研讨会论文集》，中国社会科学出版社

邓守信（2004）对比分析与语法教学，载《汉语研究与应用（第二辑）》，中国社会科学出版社

邓懿（1956）教外国留学生学习汉语遇到的困难问题，载《现代汉语规范问题学术会议文件汇编》，科学出版社

《第一届国际汉语教学讨论会论文选》，北京语言学院出版社，1986年

《第二届国际汉语教学讨论会论文选》，北京语言学院出版社，1988年

《第三届国际汉语教学讨论会论文选》，北京语言学院出版社，1991年

《第四届国际汉语教学讨论会论文选》，北京语言学院出版社，1995年

丁金国（1999）再论对外汉语教学中的语体意识,《语言文字应用》第2期

董燕萍（2001）交际法教学中词汇的直接学习与间接学习,《外语教学与研究》第3期

杜金榜（1999）外语教学中的诊断性测试,《外语教学与研究》第4期

杜玲玲，程伟民（2004）从佟秉正主编的《汉语口语》看教材编写的趣味性,《国外汉语教学动态》第1期

[美] 杜威著，王承绪译（2001）《民主主义与教育（第2版）》，人民教育出版社

范开泰（1992）论汉语交际能力的培养,《世界汉语教学》第1期

范晓（1994）语言、言语和话语,《汉语学习》第2期

方欣欣（2001）对三所院校四套口语课本的调查统计与分析，载《中国对外汉语教学学会北京分会第二届学术年会论文集》，北京语言文化大学出版社

房玉清（2007）老校长教我“上路下水”，http://news.blcu.edu.cn/yctd/390761.shtml

[英] 菲利普·泰勒等（1986）课程设计的三种模式,《外国教育研究》第2期

傅海燕（2007）《汉语教与学必备：教什么？怎么教？》(简体版)，北京语言大学出版社

高立群，孙慧莉（2007）对外汉语课堂教学量化工具的设计构想，《世界汉语教学》第 4 期
高彦德，李国强，郭旭（1993）《外国人学习与使用汉语情况调查研究报告》，北京语言学院出版社
葛中华（1991）对外汉语视听说课程教材、教法再思考，载《中高级对外汉语教学论文选》，北京语言学院出版社
郭风岚（2007）对外汉语教学目标的定位、分层与陈述，《汉语学习》第 5 期
郭齐勇（1990）《文化学概论》，湖北人民出版社
郭睿（2010）论中级汉语词汇教学的“概念地图”策略，《语言教学与研究》第 3 期
郭曙纶（2007）《雨中登泰山》的超纲词统计与分析，《语言文字应用》第 1 期
郭志良，杨惠元，高彦德（1995）《速成汉语初级教程 · 综合课本》的总体构想及编写原则，《世界汉语教学》第 4 期
国家对外汉语教学领导小组办公室（2002）《高等学校外国留学生汉语教学大纲（长期进修）》，北京语言文化大学出版社
国家对外汉语教学领导小组办公室（2002）《高等学校外国留学生汉语教学大纲（短期强化）》，北京语言文化大学出版社
国家对外汉语教学领导小组办公室（2002）《高等学校外国留学生汉语言专业教学大纲》，北京语言文化大学出版社
国家汉办（2014）《国际汉语教学通用课程大纲（修订版）》，北京语言大学出版社
国家汉办教学处编（2003）《对外汉语教学语法探索》，中国社会科学出版社
国家汉办教学业务部编（1991）《中高级对外汉语教学论文选》，北京语言学院出版社
国家汉语国际推广领导小组办公室（2007）《国际汉语能力标准》，外语教学与研究出版社
国家汉语国际推广领导小组办公室（2008）《国际汉语教学通用课程大纲》，外语教学与研究出版社
国家汉办、教育部社科司《汉语国际教育用音节汉字词汇等级划分》课题组（2010）《汉语国际教育用音节汉字词汇等级划分（国家标准 · 应用解读本）》，北京语言大学出版社
韩经太主编（2008）《教学督导的实践探索》，北京语言大学出版社
韩雪屏（1998）是“语言”，还是“言语”，《语文教学通讯》第 1 期
郝德永（1997）关于课程本质内涵的探讨，《课程 · 教材 · 教法》第 8 期
何清强（2008）第二语言词汇教学的“认知—动机”模型，《语言教学与研究》第 3 期
何子铨（1985）以“个别教学”原则编写汉语教材的一次尝试，《语言教学与研究》第 1 期
胡炳忠（1987）基础汉语语法点的针对性及试分类，《世界汉语教学》预刊第 2 期
胡明扬（1999）对外汉语教学基础教材的编写问题，《语言教学与研究》第 1 期

主要参考文献

[美]胡希明（1991）教授成人学习中文的教材和教学法，《语言教学与研究》第4期
胡壮麟（1994）《语篇的衔接与连贯》，上海外语教育出版社
皇甫全主编（2006）《现代课程与教学论学程》，人民教育出版社
黄光雄等（1999）《课程设计——理论与实际》，五南图书出版公司
黄皇宗（1984）浅谈华侨、华人学生汉语教学的目的、任务和教材编写原则，《对外汉语教学》第2期
黄晓颖（2011）对外汉语教学中隐性课程的开发，《汉语学习》第1期
黄政杰（1991）《课程设计》，台湾东华书局
霍秉坤，黄显华（1995）从认知心理学的角度看教科书之编订，《教育学报》第23卷第2期
[美]加涅等著，王小明等译，（2007）《教学设计原理（第五版）》，华东师范大学出版社（该书英文原版于2005年出版）
贾广华（2009）特色办学赢掌声——对话韩国启明大学孔子学院院长，载《北京语言大学报》2009年12月10日第226期第2版
贾颖（2001）字本位与对外汉语词汇教学，《汉语学习》第4期
江山野主编译（1991）《简明国际教育百科全书·课程》，教育科学出版社
江新（2000）汉语作为第二语言学习策略初探，《语言教学与研究》第1期
江新（2001）初级阶段外国留学生汉字学习策略的调查研究，《语言教学与研究》第4期
教育部、国家语委（2010）《汉语国际教育用音节、汉字、词汇等级划分》，北京语言大学出版社
金红莲（2006）非学历生高级阶段汉语教材的建设，《汉语学习》第1期
金兰（1999）针对性教材初探，《语言文字应用》第4期
金贞子，金桂月（1998）影响对外汉语教学效率的因素，《汉语学习》第5期
[美]拉尔夫·泰勒著，施良方译（1994）《课程与教学的基本原理》，人民教育出版社（该书英文原版于1949年出版）
[美]黎天睦（1987）《现代外语教学法——理论与实践》，北京语言学院出版社
李更新、程相文、谭敬训、刘希明、王碧霞（1983）编写《高级汉语》的指导思想和原则，《语言教学与研究》第4期
李海燕（2001）从教学法看对外汉语初级口语教材的语料编写，《语言教学与研究》第4期
李开（2002）对外汉语教学中的词汇教学与设计，《语言教学与研究》第5期
李丽娜（2004）关于留学生汉语学习策略的调查报告，《汉语学习》第3期
李龙植（1981）文体学与语言实践，《语言教学与研究》第2期
李培元（1988）五六十年代对外汉语教学的主要特点，载《第二届国际汉语教学讨论会论文选》，北京语言学院出版社

李青，张晓慧（2006）任务型语言教学模式在商务汉语口语课教学中的运用，《国际汉语教学动态与研究》第2辑
李泉（2002）论对外汉语教材的趣味性，载《中国对外汉语教学学会第七次学术讨论会论文选》，人民教育出版社
李泉（2004）论对外汉语教材的针对性，《世界汉语教学》第2期
李泉主编（2006）《对外汉语教材研究》，商务印书馆
李泉主编（2006）《对外汉语课程、大纲与教学模式研究》，商务印书馆
李泉（2007）论对外汉语教材的实用性，《语言教学与研究》第3期
李泉（2008）论对外汉语教材的科学性，《语言文字应用》第4期
李如龙，徐睿渊（2007）教材语言三议，《汉语学习》第3期
李如龙，吴茗（2005）略论对外汉语词汇教学的两个原则，《语言教学与研究》第2期
李森（2005）《现代教学论纲要》，人民教育出版社
李世之（2001）对外汉语教育的本质与功能，《语言教学与研究》第6期
李爽（1993）试论对外汉语教学的课程设计，《世界汉语教学》第3期
李文生（1993）从实践中确立对外汉语教学的方向，《语言教学与研究》第2期
李香平（2006）对外汉字教学中的“新说文解字”评述，《语言教学与研究》第2期
李行健（1987）词汇规范和对外汉语教学，《语言教学与研究》第4期
李杨（1996）略论教学大纲，载《中国对外汉语教学学会第五次学术讨论会论文选》，北京语言学院出版社
李杨（1999）对外汉语本科教育二十年，载《中国对外汉语教学学会第六次学术讨论会论文选》，华语教学出版社
李杨主编（1997）《对外汉语教学课程研究》，北京语言文化大学出版社
李忆民（1987）对课程设置纵横关系的思考，《世界汉语教学》预刊第1期
李忆民（1994）关于中级汉语（第二语言）教材编写的几个问题，《语言文字应用》第1期
李忆民（1999）视听说对外汉语教材编制初探——《国际商务汉语》的总体构想与编制原则，《汉语学习》第1期
李玉军（2008）五国留学生“跛脚”现象之对比分析，《语言教学与研究》第4期
李子建，黄显华（1996）《课程：范式、取向和设计（第二版）》，香港中文大学出版社
廖晓青（2004）《英语教学法》，五南图书出版公司
廖哲勋，田慧生（2003）《课程新论》，教育科学出版社
林国立（1996）对外汉语教学中文化因素的定性、定位与定量问题刍议，《语言教学与研究》第1期

主要参考文献

林国立（1997）构建对外汉语教学的文化因素体系——研制文化大纲之我见，《语言教学与研究》第 1 期

林敏，吴勇毅（2006）对外汉语教材评估：学习者的视角，《汉语研究与应用》第 4 辑

林智中，陈健生，张爽（2006）《课程组织》，教育科学出版社

刘德联，李海燕（2004）对外汉语教学评估偏差分析及纠偏对策，《语言教学与研究》第 5 期

刘慧清，齐沪扬（2006）HSK（旅游）常用词语表关于旅游词语的界定，《汉语研究与应用》第 4 辑

刘乐宁（2010）论汉语国别教材的适用性，《海外华文教育》第 2 期

刘丽萍（2008）笔画数与结构方式对留学生汉字学习的影响，《语言教学与研究》第 1 期

刘镰力（1984）谈谈为外国留学生改写中国文学名著的问题，《语言教学与研究》第 3 期

刘润清，吴一安，俞涓（1990）高校英语本科教育抽样调查报告（四），《外语教学与研究》第 3 期

刘社会（1994）评介《汉语语言文字启蒙》，《世界汉语教学》第 4 期

刘士勤（2011）从一次电影实验课到一门新课型的设立——在“电化教学”的道路上探索前进，载《北京语言大学报》2011 年 3 月 20 日第 238 期第 2 版

刘颂浩（2008）关于对外汉语教材趣味性的几点认识，《语言教学与研究》第 5 期

刘学敏（1999）一年级口语课课程规范，载王钟华主编《对外汉语教学初级阶段课程规范》，北京语言大学出版社

刘珣，邓恩明，刘社会（1982）试谈基础汉语教科书的编写原则，《语言教学与研究》第 4 期

刘珣（1994）新一代对外汉语教材的展望——再谈汉语教材的编写原则，《世界汉语教学》第 1 期

刘珣（2000）《对外汉语教育学引论》，北京语言大学出版社

刘珣（2003）为新世纪编写的《新实用汉语课本》，《暨南大学华文学院学报》第 2 期

刘亚林（1996）合体适境为本，外交语体为纲——略论驻华外交人员汉语教学定位，载《中国对外汉语教学学会第五次学术讨论会论文选》，北京语言学院出版社

刘英林，李景蕙（1987）试论对外汉语基础课程（教材）结构，《世界汉语教学》预刊第 2 期

刘英林（1987）《汉语水平等级标准和等级大纲》研究四题，载《汉语水平考试（HSK）研究》，现代出版社

刘英林（1991）中高级阶段对外汉语教学的理论探讨，《语言教学与研究》第 2 期

刘英林主编（1996）《汉语水平等级标准与语法等级大纲》，高等教育出版社

刘永山，杨丽珠（1993）谈谈《古汉语读本》的编写原则，《世界汉语教学》第 1 期

刘月华（1987）中美常用教材语法比较——兼论初级汉语教材的语法编写规则，载《中国对外汉语教学研究会第二次学术讨论会论文选》，北京语言学院出版社
刘月华（2003）谈对外汉语教学语法，载《对外汉语教学语法探索》，中国社会科学出版社
卢福波（2003）对外汉语教学语法的层级划分与项目排序问题，《汉语学习》第2期
卢伟（1993）功能和形式的关系及其处理原则——编写对外汉语功能教材的几点体会，载《中国对外汉语教学学会第四次学术讨论会论文选》，北京语言学院出版社
鲁健骥（1990）对外汉语教学基础阶段处理文化因素的原则和做法，《语言教学与研究》第1期
鲁健骥、杨石泉（1986）教材和教学实践，载《第一届国际汉语教学讨论会论文选》，北京语言学院出版社
陆俭明（2000）“对外汉语教学”中的语法教学，《语言教学与研究》第3期
罗青松（1995）谈高级汉语课程设置与教材使用——兼评英国杜伦大学东亚系的高级汉语课程，《汉语学习》第3期
罗青松（2005）试论定向汉语教材编写的环境文化因素，《语言文字应用》第4期
罗庆铭（1996）视听说课的教材与课堂教学，《汉语学习》第6期
吕必松（1974）汉语作为外语教学的实践性原则，载《对外汉语教学探索》(吕必松著，1987年版)，华语教学出版社
吕必松（1977）谈谈基础汉语教学中的几个关系，载《对外汉语教学探索》(吕必松著，1987年版)，华语教学出版社
吕必松（1983）谈谈对外汉语教学的性质和特点，《语言教学与研究》第2期
吕必松（1984）语言教学中结构、意义和功能的结合，《对外汉语教学》第3期（原载美国《中国语文教师学会学报》1981年第2期）
吕必松（1985）基础汉语教学课型设计和教材编写的新尝试，《语言教学与研究》第4期
吕必松（1986）试论对外汉语教学的总体设计，《语言教学与研究》第4期
吕必松（1987）基础汉语教学课型设计和教材编写的新尝试，载《对外汉语教学探索》，华语教学出版社
吕必松（1990a）关于教学内容与教学方法问题的思考，《语言教学与研究》第2期
吕必松（1990b）《对外汉语教学发展概要》，北京语言学院出版社
吕必松（1991）再论对外汉语教学的性质和特点，《语言教学与研究》第2期
吕必松（1992）对外汉语教学的理论研究问题刍议，《语言文字应用》第1期
吕必松（1993）关于中高级汉语教学的几个问题，《语言教学与研究》第1期
吕必松（1996）对外汉语教学概论（讲义）(国家汉办编印，内部资料)
吕必松（1995）对外汉语教学概论（讲义）续十三，《世界汉语教学》第3期

主要参考文献

吕必松（1997）对外汉语教学概论（讲义）续十七（第八章 对外汉语教学的学科性质和学科建设），《世界汉语教学》第1期

吕必松（1999）对外汉语教学学科理论建设的现状和面临的问题，《语言文字应用》第4期

吕叔湘（1963）关于语文教学的两点基本认识，《文字改革》第4期

吕叔湘（1964）关于语文教学问题，《人民日报》2月17日

吕叔湘（1987）吕叔湘先生在开幕式上的讲话（节选），《世界汉语教学》创刊号

吕文华（1987）汉语教材中语法项目的选择和编排，《语言教学与研究》第3期

吕文华（1993）关于中高级阶段汉语语法教学的构想，《世界汉语教学》第2期

吕文华（1994）《对外汉语教学语法探索》，语文出版社

吕文华（2002）对外汉语教材语法项目排序的原则及策略，《世界汉语教学》第4期

吕文华（2008）《对外汉语教学语法探索（增订本）》，北京语言大学出版社

[意大利] 玛格达·阿比亚提（1994）《汉语》——中意合作的成果，《世界汉语教学》第4期

马箭飞（2002）任务式大纲与汉语交际任务，《语言教学与研究》第4期

马箭飞（2004）《对外汉语教学概论》(赵金铭主编)，商务印书馆

马振民（1998）谈交际法在大学英语语法教学中的体现，《外语界》第1期

毛悦（2010a）海外企业人员短期汉语教学模式研究，《世界汉语教学》第1期

毛悦（2010b）《特殊目的汉语速成教学模式研究》，北京语言大学出版社

孟国（2003）关于实况汉语教学的几个问题，《语言教学与研究》第4期

孟国（2007）《对外汉语实况教学研究》，线装书局

梅立崇（1994）试谈陈述性文化知识和程序性文化知识，《汉语学习》第1期

[美] 牟岭（2003）由耶鲁大学中文项目的变化看中国对外汉语教学的走向，《国外汉语教学动态》第2期

[美] 牟岭（2008）准确界定学习者特点——对外汉语教材编写的关键，《云南师范大学学报（对外汉语教学与研究版）》第2期

牟世荣（1999）一年级综合课课程规范，载王钟华主编《对外汉语教学初级阶段课程规范》，北京语言大学出版社

莫修云（2010）对外汉语教材编写中的词汇处理，《课程·教材·教法》第9期

倪传斌、王志刚、王际平、姜孟（2004）外国留学生的汉语语言态度调查，《语言教学与研究》第4期

倪传斌（2007）外国留学生汉语的学习需求分析，《语言教学与研究》第1期

倪锦诚（2011）阅读和写作教学模式及其应用性实证研究，《外语界》第6期

欧洲理事会文化合作教育委员会编（2008）《欧洲语言共同参考框架：学习、教学、评估》，外语教学与研究出版社
彭春辉（1996）教室座位排列对学生的影响，《衡阳师专学报（社会科学）》第 2 期
彭增安，张少云（2003）第二语言学习者的交际策略研究，《云南师范大学学报（对外汉语教学与研究版）》第 2 期
齐沪扬主编（2005）《对外汉语教学语法》，复旦大学出版社
[美] 乔治 · J. 波斯纳，艾伦 · N. 鲁德尼茨基著，赵中建等译（2003）《学程设计——教师课程开发指南》，华东师范大学出版社（该书英文原版于 2001 年出版）
钱旭菁（1999）外国留学生学习汉语时的焦虑，《语言教学与研究》第 2 期
钱玉莲（2005）第二语言学习策略的分类及相关问题，《汉语学习》第 6 期
秦晓晴（2009）《外语教学问卷调查法》，外语教学与研究出版社
饶杰腾（2000）《语文学科教育学》，首都师范大学出版社
任以珍（1991）关于中级汉语文科专业阅读教材编写的几个问题，《世界汉语教学》第 1 期
任远（1984）北京语言学院六十年代对外汉语教学法回顾，《对外汉语教学》第 3 期
任远（1985）基础汉语教材纵横谈，《语言教学与研究》第 2 期
任远（1995）新一代基础汉语教材编写理论与编写实践，《语言教学与研究》第 2 期
荣静娴等（2000）《微格教学与微格教研》，华东师范大学出版社
汝淑媛（2006）美国明德中文暑校的教学理念特点与教学策略评介，《国际汉语教学动态与研究》第 2 辑
邵敬敏（1994）对外汉语教学语法体系改革的新蓝图——评吕文华《对外汉语教学语法探索》，《汉语学习》第 5 期
申修言（1996）应该重视作为口语体的口语教学，《汉语学习》第 3 期
盛群力等（2002）教学时间研究模式及其特点，《课程 · 教材 · 教法》第 10 期
盛炎，张占一（1983）《标准汉语》评介，《语言教学与研究》第 4 期
盛炎（1990）《语言教学原理》，重庆出版社
盛炎（1991）语言交际能力与功能教学，载《第三届国际汉语教学讨论会论文选》，北京语言学院出版社
盛炎（1994）跨文化交际中的语体学问题，《语言教学与研究》第 2 期
施光亨，李明（1988）文学作品与中高级汉语教材，载《第二届国际汉语教学讨论会论文选》北京语言学院出版社
施光亨（1990）中高级汉语教学呼唤“航标”，《语言教学与研究》第 4 期

主要参考文献

施光亨（2000）关于对外汉语教学的可持续发展，载张德鑫主编《对外汉语教学：回眸与思考》，外语教学与研究出版社2000年版

施良方（1996）《课程理论：课程的基础、原理与问题》，教育科学出版社

施仲谋（1994）明德中文暑校经验的启示，《世界汉语教学》第1期

石金才（1990）关于编写外交人员初级汉语教材的设想，《世界汉语教学》第3期

束定芳，庄智象（2008）《现代外语教学：理论、实践与方法（修订版）》，上海外语教育出版社

孙德金（1999）对外汉语专业教育中语言知识课的定位问题，《语言教学与研究》第1期

孙德坤（1996）组合式——教材编写的另一种思路，《世界汉语教学》第1期

孙瑞珍（1995）中高级汉语教学语法等级大纲的研制和思考，《语言教学与研究》第2期

孙瑞珍，吴叔平（1983）积极开展多种形式的语言实践活动——把语言实践活动纳入教学轨道，《语言教学与研究》第2期

孙晓明（2007）国内外第二语言词汇习得研究综述，《语言教学与研究》第4期

上海外国语学院对外汉语系（1986）零起点一年制留学生基础汉语教学总体设计，《语言教学与研究》第4期

[瑞士]索绪尔著，高名凯译，岑麒祥、叶蜚声校注（2007）《普通语言学教程》，商务印书馆

陶健敏（2007）Kumaravadivelu“后方法”语言教育理论述评，《语言教学与研究》第6期

田慧生（1996）《教学环境论》，江西教育出版社

田然（2005）近二十年汉语语篇研究述评，《汉语学习》第1期

[英]佟秉正（1991）初级汉语教材的编写问题，《世界汉语教学》第1期

[英]佟秉正（1995）自学汉语教材的编写问题，载《第四届国际汉语教学讨论会论文选》，北京语言学院出版社

外英（1981）英国著名学者亚历山大谈教材设计，《语言教学与研究》第2期

汪斯斯（2007）新课程改革背景下教室座位排列方式的探析，《中国现代教育装备》第4期

王碧霞（1999）谈阅读课教学环节规范化，载《对外汉语教学初级阶段课程规范》，北京语言文化大学出版社

王飙（2006）编教软件《中文助教》评述——兼谈水平教材建设构想，《国际汉语教学动态与研究》第2辑

王策三（1985）《教学论稿》，人民教育出版社

王长春（1986）语言、言语与外语教学之我见，《现代外语》第1期

王德春（1983）《现代语言学研究》，福建人民出版社

王德珮，康玉华（1984）教材的针对性——编写日生用基础汉语课本的几个原则，《对外汉语教学》第4期

王德珮（1987）谈句型教学中交际性原则的运用，《语言教学与研究》第 2 期
王德珮（1989）基础汉语精读课的课堂教学方法略述，《语言教学与研究》第 3 期
王宏丽（2010）国际汉语教师教材自编初探，《国际汉语教育》第 2 辑
王还主编（1994）《对外汉语教学语法大纲》，北京语言学院出版社
王蕾（2008）可读性公式的内涵及研究范式——兼议对外汉语可读性公式的研究任务，《语言教学与研究》第 6 期
王玲玲（2003）朗读教学与语感构建，《语言教学与研究》第 5 期
王青（2006）对外汉语初级阶段综合课的课堂教学模式研究，北京语言大学硕士学位论文
王荣生（2003）《语文科课程论基础》，上海教育出版社
王瑞烽（2007）小组活动的任务形式和设计方式及其在对外汉语教学中的应用，《语言教学与研究》第 1 期
王若江（2000）由法国"字本位"汉语教材引发的思考，《世界汉语教学》第 3 期
王若江（2004）对法国汉语教材的再认识，《汉语学习》第 6 期
王顺洪（1991）近十几年来日本的汉语教科书，《语言教学与研究》第 3 期
王文虎（1995）教材编写的一种蓝图——关于以巴蜀文化为内容的中高级汉语阅读教材的编写原则和方法，《语言教学与研究》第 4 期
王晓钧（1985）EFL 与 CFL，《语言教学与研究》第 3 期
王学作，柯炳生（1957）试论对留学生讲授汉语的几个基本问题，《教学与研究》第 2 期
王永德（2004）不同母语类型留学生理解汉语句子的实验研究，《语言文字应用》第 3 期
王志刚，倪传斌，王际平，姜孟（2004）外国留学生汉语学习目的研究，《世界汉语教学》第 3 期
王钟华（1984）谈课文的编写，《对外汉语教学》第 4 期
王钟华主编（1999）《对外汉语教学初级阶段课程规范》，北京语言文化大学出版社
魏国栋（1998）语言结构与语言功能相结合——谈 JEFC 和 SEFC 教材的设计思想，《课程 · 教材 · 教法》第 1 期
温厚一（1998）运用交际法教语法，培养学生运用语言的能力，《外语界》第 1 期
温洁（1990）《标准汉语》教材设计的交际性原则和单元教学法，《语言教学与研究》第 3 期
吴仁甫主编（2002）《对外汉语一对一个别教授研究》，中国社会科学出版社
吴思娜、刘芳芳（2009）不同认知风格留学生的汉语课堂学习需求分析，《语言教学与研究》第 4 期
吴勇毅（2005）从任务型语言教学反思对外汉语口语教材的编写，《国际汉语教学动态与研究》第 3 辑

主要参考文献

吴中伟（2004）浅谈基于交际任务的教学法——兼论口语教学的新思路，载《对外汉语口语教学研究》，商务印书馆
武和平，张维民（2011）后方法时代外语教学方法的重建，《课程·教材·教法》第6期
武惠华（2002）谈口语课课堂活动及课下练习的设计，《汉语学习》第5期
武惠华（2006）外国研究生专业汉语课程教学设计，《汉语研究与应用》第4辑
夏纪梅（2003）《现代外语课程设计理论与实践》，上海外语教育出版社
肖贤彬（2002）对外汉语词汇教学中“语素法”的几个问题，《汉语学习》第6期
邢公畹（1996）论语言的深层结构和对外汉语教学，《语言文字应用》第2期
邢红兵，舒华（2008）小学语文教材用字基础部件统计分析，《语言文字应用》第3期
熊文华（1986）非语言交际理论在对外汉语教学中的指导作用，《语言教学与研究》第1期
徐扬（1982）提高口头表达能力的一种方式，《语言教学与研究》第4期
徐子亮（2006）不同认知风格的汉语学习者在学习策略运用上的差异研究，《国际汉语教学动态与研究》第1辑
徐子亮，吴仁甫（2005）《实用对外汉语教学法》，北京大学出版社
颜婉琳，李柏令（2006）建构主义学习理论指导下的汉语个别教学案例研究，《现代语文（语言研究版）》第8期
杨爱程（1993）略论选择课程内容的标准，《教育研究与实验》第3期
杨德峰（1997）试论对外汉语教材的规范化，《语言教学与研究》第3期
杨德峰（2001）初级汉语教材语法点确定、编排中存在的问题——兼议语法点确定、编排的原则，《世界汉语教学》第2期
杨惠元（1982）听力教学初探，《语言教学与研究》第4期
杨惠元（1999）论速成教学的四个基本要素，《语言教学与研究》第2期
杨惠元（2007）《课堂教学理论与实践》，北京语言大学出版社
杨寄洲（1993）功能项目与功能大纲，载《中国对外汉语教学学会第四次学术讨论会论文选》，北京语言学院出版社
杨寄洲（1996）编写新一代基础汉语教材的构想，载《中国对外汉语教学学会第五次学术讨论会论文选》，北京语言学院出版社
杨寄洲（2000）对外汉语教学初级阶段语法项目的排序问题，《语言教学与研究》第3期
杨寄洲（2003）编写初级汉语教材的几个问题，《语言教学与研究》第4期
杨建昌（1982）浅谈外国留学生汉语专业的写作课教学，《语言教学与研究》第3期
杨金成（2006）试论对外汉语教学目标分类，《汉语学习》第1期
杨金华（1999）关于对外汉语中级精读教材的思考，《汉语学习》第4期

杨庆华（1995）在对外汉语教学的定性、定位、定量问题座谈会上的发言，《世界汉语教学》第1期
杨石泉（1990）教材语料的选择，载《第五届科学报告会论文选》，北京语言学院出版社
杨翼（2001）诊断性测试在对外汉语教学中的应用，《语言教学与研究》第2期
姚道中（2010）试论非常规学生汉语教材的设计，《海外华文教育》第2期
姚喜双（2008）编写《汉语800字》的思考，《语言文字应用》第4期
于树华（1989）谈语言对比在对外汉语教材编写中的运用，《语言教学与研究》第4期
翟艳（2000）汉语速成教学的时间观，《语言教学与研究》第2期
张大均主编（1997）《教学心理学》，西南师范大学出版社
张凤麟（1997）谈集中识字教学，《汉语学习》第6期
张和生（2004）韩国三星人力开发院的汉语教学及其对我们的启示，《国外汉语教学动态》第2期
张和生，马燕华主编（2009）《对外汉语教学示范教案》，北京师范大学出版社
张红蕴（2009）隐性课程研究与对外汉语教学，《语言教学与研究》第2期
张华（2000）《课程与教学论》，上海教育出版社
张黎（2006）商务汉语教学需求分析，《语言教学与研究》第3期
张莉（2001）留学生汉语学习焦虑感与口语流利性关系初探，《语言文字应用》第3期
张莉，王飙（2002）留学生汉语焦虑感与成绩相关分析及教学对策，《语言教学与研究》第1期
张宁志（1985）口语教材的语域风格问题，《语言教学与研究》第3期
张宁志（1991）浅谈汉语教材难度的确定，载《中高级对外汉语教学论文选》，北京语言学院出版社
张宁志（2000）汉语教材语料难度的定量分析，《世界汉语教学》第3期
张朋朋（1992）《汉语语言文字启蒙》一书在法国获得成功的启示，《语言教学与研究》第1期
张淑贤（2001）谈图像在跨母文化的语言教学中的特殊作用，《汉语学习》第2期
张树昌，杨俊萱（1984）阅读教学浅谈，《语言教学与研究》第4期
张廷凯（2003）《新课程设计的变革》，人民教育出版社
张伟平（2007）对外汉语教材中初级阶段语法项目的选取和排序情况的考察，北京语言大学硕士学位论文
张伟平（2009）对外汉语教材中初级阶段共同语法项目选取情况的考察，《大理学院学报》第3期
张喜荣，田德荣（2004）美国明德学院的中文教学，《世界汉语教学》第1期
[马来西亚]张秀玲（2005）马来西亚国民小学汉字教学，《国际汉语教学动态与研究》第4辑

主要参考文献

张英（2004）对外汉语文化教材研究——兼论对外汉语文化教学等级大纲建设，《汉语学习》第1期
张英（2009）“对外汉语文化大纲”基础研究，《汉语学习》第5期
张占一（1984）谈谈汉语个别教学及其教材，《语言教学与研究》第3期
张占一（1990）试议交际文化和知识文化，《语言教学与研究》第3期
张志公（1994）关于对外汉语教学的几个问题，《汉语学习》第4期
章兼中主编（1983）《国外外语教学法主要流派》，华东师范大学出版社
赵金铭（1998）论对外汉语教材评估，《语言教学与研究》第3期
赵金铭（2004a）跨越与会通——论对外汉语教材研究与开发，《语言文字应用》第2期
赵金铭主编（2004b）《对外汉语教学概论》，商务印书馆
赵雷（2008）建立任务型对外汉语口语教学系统的思考，《语言教学与研究》第3期
赵贤州（1987）教材编写散论，《世界汉语教学》预刊第1期
赵贤州（1988）建国以来对外汉语教材研究报告，载《第二届国际汉语教学讨论会论文选》，北京语言学院出版社
赵贤州（1989）文化差异与文化导入论略，《语言教学与研究》第1期
赵贤州，李卫民主编（1990）《对外汉语教材教法论》，上海外语教育出版社
赵晓艳（2007）对外汉语中级精读教材话题研究，暨南大学2007届硕士学位论文
赵新，李英（2006）中级精读教材的分析与评估，《语言文字应用》第2期
郑懿德（1995）外国留学生汉语专业高年级语法教学的实践和思考，《语言教学与研究》第4期
《中国大百科全书·教育》，中国大百科全书出版社，1985年
中国对外汉语教学学会（1988）《汉语水平等级标准和等级大纲》，北京语言学院出版社
中国高等教育学会对外汉语教学研究会编（1987）《中国对外汉语教学研究会第二次学术讨论会论文选》，北京语言学院出版社
中国对外汉语教学学会编（1993）《中国对外汉语教学学会第四次学术讨论会论文选》，北京语言学院出版社
中国对外汉语教学学会编（1996）《中国对外汉语教学学会第五次学术讨论会论文选》，北京语言学院出版社
中国对外汉语教学学会等（1995）对外汉语教学的定性、定位、定量问题座谈会纪要，《世界汉语教学》第1期
中国对外汉语教学学会北京分会编（2001），《中国对外汉语教学学会北京分会第二届学术年会论文集》，北京语言文化大学出版社
周健主编（2009）《汉语课堂教学技巧325例》，商务印书馆

周利芳（2002）谈对外汉语副词教学中的语境利用，《语言教学与研究》第 3 期
周思源（1996）论对外汉语教学的文化定位，载《语言文化教学研究》，华语教学出版社
周雪林（1996）浅谈外语教材评估标准，《外语界》第 2 期
朱一之（1993）汉语水平考试汉字大纲所收 2905 个汉字分析结果，《语言教学与研究》第 3 期
祝秉耀（1984）浅谈写作课教学，《语言教学与研究》第 1 期
左珊丹（1991）对外汉语教学中级阶段的教学原则及方法，载《中高级对外汉语教学论文选》，北京语言学院出版社

汉语教材：

[法] 白乐桑，张朋朋（1989）《汉语语言文字启蒙》，La Gompagnie
陈贤纯，张浩，徐叶菁（2005）《汉语强化教程 · 句型课本》(1—4)，北京语言大学出版社
张惠芬，陈贤纯（2005）《汉语强化教程 · 汉字与阅读课本》(1—4)，北京语言大学出版社
陈贤纯，王小珊，张浩（2005）《汉语强化教程 · 词汇课本》(1—4)，北京语言大学出版社
陈灼（1996）《桥梁：实用汉语中级教程》，北京语言大学出版社
崔永华（2013）《新概念汉语》(1—4 册)，北京语言大学出版社
邓懿等（1958）《汉语教科书》，商务印书馆
邓懿，熊毅，赵燕皎，卫德泉（1989）《汉语初级教程》(1—4 册)，北京大学出版社
郭志良，杨惠元（2007）《速成汉语基础教程 · 综合课本》(1—5 册)，北京大学出版社
何慕（1997）《速成汉语》，北京大学出版社
姜德梧（1990）《高级汉语教程》(1—3 册)，北京语言学院出版社
康玉华，来思平（1990，2007）《汉语会话 301 句》，北京语言大学出版社
李德津，李更新主编（1988）《现代汉语教程 · 读写课本》，北京语言学院出版社
李德津，李更新主编（1988）《现代汉语教程 · 说话课本》，北京语言学院出版社
李德津，李更新主编（1988）《现代汉语教程 · 听力课本》，北京语言学院出版社
李培元，赵淑华，刘山，邵佩珍，来思平（1980）《基础汉语课本》，外文出版社
刘珣等（1981）《实用汉语课本》(全套)，商务印书馆
刘珣等（2002）《新实用汉语课本》(全套)，北京语言大学出版社
鲁健骥（2003）初级汉语课本，北京语言大学出版社
吕文华等编著（1981）《基础汉语课本 · 教师手册》，外文出版社
马箭飞主编（2005）《汉语口语速成 · 入门篇（修订本）》，北京语言大学出版社
邱志朴编著（1990）《说什么与怎么说？》，江苏人民出版社
杨贺松编著（1991）《中国家常》，北京大学出版社

主要参考文献

于佩翎主编（1994）《生活在中国——外国人汉语口语教材》，北京语言学院出版社

原如刚，李杨（1981）《中级口语》，北京语言学院出版社

赵菁主编（2000）《汉语听说教程》，北京语言大学出版社

庄明萱（1993）《交际汉语教程》（1—2 册），厦门大学出版社

Tao-chung Yao, Yuehua Liu et al.（姚道中，刘月华等）（1997，2005）*Integrated Chinese*（《中文听说读写》，Simplified Character Edition，Second Edition）Cheng & Tsui Company

英文文献：

Abbs, B. & Freebairn, I.（1990）*Blueprint One*. Longman.

Alexander, L.G.（1976）Where Do We Go from Here? A Reconsideration of Some Basic Assumptions Affecting Course Design. *English Language Teaching* 30:(2).

Anderson, L.W.（1985）*Time and Learning*, in Fisher, C.W. & Berliner, D. C. (ed.). *Perspectives on Instructional Time*. New York: Longman.

Barnes, D.（1982）*Practical Curriculum Study*. London: RKP.

Bloom, B.S.(ed.)（1956）*Taxonomy of Educational Objectives, Handbook 1: Cognitive Domain*. New York: David Mckay Co.

Brady, L.（1990）*Curriculum Development* (3rd ed.). Australia: Prentice Hall Ltd.

Brown, H.D.（1994）*Teaching by Principles: An Interactive Approach to Language Pedagogy*. Prentice Hall Regents.

Brown, J.D.（1989）Language Program Evaluation: A Synthesis of Existing Possibilities. In K. Johnson(ed.), *The Second Language Curriculum*. Cambridge: Cambridge University Press.

Brown, J.D.（2001）*The Elements of Language Curriculum: A Systematic Approach to Program Development*, Foreign Language Teaching and Research Press（Originally published by Brooks/Cole Publishing Company in 1995）.

Candlin, C.（1984）Syllabus Design as a Critical Process. In C. J. Brumfit (ed.). *General English Syllabus Design. ELT Documents No.118*. London: Pergamon Press & The British Council.

Carroll, J. B.（1963）*A Model of School Learning*, in Fisher, C. W. & Berliner, D. C. (ed.). (1985) *Perspectives on Instructional Time*. New York: Longman.

Chomsky, N.（1965）*Aspects of the Theory of Syntax*. Cambridge, MA: MIT Press.

Clark, J. L.（1987）*Curriculum Renewal in School Foreign Language Learning*. Oxford: Oxford University Press.

Cronbach, L. J.（1963）Course Improvement through Evaluation. Teachers College Record（May 1963）pp. 672-683.

Cunningsworth, A.（2002）*Choosing Your Coursebook*. Shanghai Foreign Language Education Press

（Originally published by Macmillan Publishers Limited, United Kingdom in 1995）.

Davis, I. K.（1976）*Objectives in Curriculum Design*. London: McGraw-Hill.

Davison, P.（1998）Piloting — a Publisher's View. In Tomilinson, B.(ed.). (1998) *Materials Development in Language Teaching*. New York: Cambridge University Press.

Docking, R.（1994）Competency-based Curricular — The Big Picture. *Prospect* 9(2):8-17.

Dubin, F. & Olshtain, E.（1986）*Course Design: Developing Programs and Materials for Language Learning*. Cambridge University Press（Introduced by Shanghai Foreign Language Education Press in 2002）.

Eisner, E.W.（1985）*The Educational Imagination: On the Design and Evaluation of School Programs* (2nd ed.). New York: Macmillan.

Ellis, R.（2003）*Task-based Language Learning and Teaching*. Oxford: Oxford University Press.

Fullan, M.（1991）Curriculum Implementation In Lewy, A. (ed.), The International Encyclopedia of Curriculum, Oxford: Pergamon Press.

Fullan, M. & Pomfret, A.（1977）Research on Curriculum and Instruction Implementation. *Review of Educational Research*, 47(1), 355-397.

Finocchiaro, M. & Brumfit, C.（1983）*The Function-National Approach: From Theory to Practice*. Oxford: Oxford University Press.

Glass, G.V & Smith, M.L（1979）Meta-analysis of Research on Class Size and Achievement, *Educational Evaluation and Policy Analysis*, 1(1)

Grant, N.（1987）*Making the Most of Your Textbook*. Longman.

Graves, K.（2005）*Designing Language Course: A Guide for Teachers*, Foreign Language Teaching and Research Press（Originally published by Heinle & Heinle Publishers）.

Hass, Glen.（1980）*Curriculum Planning* (3rd ed.). Boston: Allyn & Bacon.

Heimer, R.（1969）Conditions of Learning in Mathematics: Sequence Theory Development. *Review of Educational Research*, 39, p. 498.

Hutchinson, T & Waters, A（1987）*English for Specific Purposes*: *A Learning-Centred Approach*. Cambridge, UK: Cambridge University Press.

Hymes, D. H.（1971）*On Communicative Competence*. Philadephia, PA: University of Pennsylvania Press.

Jackson, E.（1993）Non-language Outcomes in the Language Classroom. Sydney: NSW Adult Migrant English Service.

Johnson, M.（1967）Definitions and Models in Education. *Educational Theory*, 17(2)127

Kemp, J. et al.（1998）*Designing Effective Instruction*（2nd ed.）Prentice Hall, 1996-1998.

Levie, W. H.（1987）Research on Pictures: A Guide to the Literature. In Willows & Houghton, H. A. (eds.)

The Psychology of Illustration, Volume 1: Basic Research. New York: Springer-Verlag. pp.1-50.

Levin, J. R. , Anglin, G. J. & Carney, R. N. (1987) On Empirically Validation Functions of Pictures in Prose. In Willows & Houghton, H. A. (eds.) *The Psychology of Illustration, Volume 1: Basic Research*. New York: Springer-Verlag. pp. 51-86.

Lewis, A. J. & Miel, A.(1972) *Supervision for Improved Instruction*. Belmont, California: Wadsworth Publishing Company, Inc.

Long, M. (2005) Methodological Issues in Learner Needs Analysis. *Second Language Needs Analysis*, Michael Long (ed.). Cambridge and New York: Cambridge University Press.

Mackey, W. F. (1965) *Language Teaching Analysis*. London: Longman.

Mager, R. F. (1984) *Preparing Instructional Objectives* (2nd ed.) Belmont, California: Pitman Learning.

Masuhara, H.(1998) What Do Teacher Really Want from Coursebooks? In Tomilinson, B. (ed). (1998), *Materials Development in Language Teaching*. New York: Cambridge University Press.

Mayer, R. E. (1984) Aids to Text Comprehension. *Educational Psychologist*, Vol. 19, No. 1. 30-42.

Mayer, R. E. (1987) *Educational Psychology: A Cognitive Approach*. Boston: Little, Brown and Company.

Mayer, R. E. (1989) Models for Understanding. *Review of Educational Research*, 59, 43-64.

McKernan, J. (1991) *Curriculum Action Research—A Handbook of Methods and Resources for the Reflective Practitioner*. London: Kogan Page Limited.

McGrath, I.(2002) *Materials Evaluation and Design for Language Teaching*. Edinburgh University Press.

McNeil, J. D. (1990) Curriculum: A Compressive Introduction (4th ed.) C2. New York: Harper Collins.

Metfessel, N. S., & Michael, W. B. (1967) A Paradigm Involving Multiple Criterion Measures for the Evaluation of the Effectiveness of School Programs. *Educational and Psychological Measurement*, 27, 931-943.

Morris, P. (1996) The Hong Kong School Curriculum: Development, Issues and Policies. Hong Kong: Hong Kong University Press.

Mrowicki, L.(1986) *Project Work English Competency-based Curriculum*. Portland: Northwest Educational Cooperative.

Northrup, N. (1977) *The Adult Performance Level Study*. Austin: University of Texas Press.

Nunan, D.(1988) *Syllabus Design*. Oxford University Press.

Nunan, D.(1991) *Language Teaching Methodology: A Textbook for Teachers*. Hemel Hempstead: Prentice Hall International.

Oliver, A. I. (1977) *Curriculum Improvement* (2nd ed.). New York: Harper & Row.

Oliva, P. F. (1982) *Developing the Curriculum*. Boston: Little, Brown Company.

Popham, W. J. (1975) *Educational evaluation*. Englewood Cliffs, New Jersey: Prentice Hall.

Popham, W. J. & Baker, E. L.(1970) *Establishing Instructional Goal*. Englewood Cliffs, New Jersey: Prentice Hall.

Posner, G. J. (1995) *Analyzing the Curriculum*.(2nd ed.). New York: McGraw Hill.

Pratt, D. (1980) *Curriculum: Design and Development*. New York: Harcourt Brace.

Provus, M. M. (1971) *Discrepancy Evaluation*. Berkley, CA: McCutchan.

Richards, J. C., Platt, J. & Weber, H.(1985) *Longman Dictionary of Applied Linguistics*. London: Longman.

Richards, J. C. (2008) *Curriculum Development in Language Teaching*, Foreign Language Teaching and Research Press（Originally published by Cambridge University Press in 2001 ）

Richards, J. C. & Rodgers, T. (2001) *Approaches and Methods in Language Teaching*(2nd ed.) Cambridge University Press.

Rowntree, D. (1977) *Making Materials-based Learning Work*. London: Kogan Page.

Roberts, J. (1998) *Language Teacher Education*. London: Arnold.

Robinson, F. P. (1970) *Effective Study* (4th ed.) New York: Harper & Row.

Saylor, J. Galen, Alexander, William M. & Lewis, Arthur J.(1981) *Curriculum Planning for Better Teaching and Learning*. Holt, Rinehart and Winston.

Schmidt, M. F. (1981) Needs Assessment in English for Specific Purpose: The Case Study. In L. Selinker, E. Tarone, & V. Hanseli(eds.), *English for Academic and Technical Purposes*. Cambridge, MA: Newburry House.

Schumann, J.(1978) The Acculturation Model for Second Language Acquisition. In R. C. Gingras (ed.). *Second Language Acquisition and Foreign Language Teaching*. Arlington, VA: Center for Applied Linguistics.

Scriven, M. (1967) The Methodology of Evaluation. In R. W. Gané & M. Scriven (eds.), *Perspectives of Curriculum Evaluation* (pp.39-83) AERA Monograph Series on Curriculum Evaluation, No. 1. Chicago: Rand McNally.

Seaton, B.(1982) *A Handbook of English Language Teaching Terms and Practice*. The Macmillan Press Ltd.

Shulman, L.(1987) Knowledge and Teaching: Foundations of the New Reform. *Havard Educational Review*, 57 (1): 1-22.

Skehan, P. (1994) Second Language Acquisition Strategies, Interlanguage Development and Task-based Learning. In Bygate, M., Tonkyn, A. & Williams, E. (eds.). Grammar and the Language Teacher.New York: Prentice Hall.

Skehan, P. (1998) *A Cognitive Approach to Language Learning*. Oxford: Oxford University Press.

Stufflebeam, D., C. McCormick, R. Brinkerhoff, & C. Nelson (1985) *Conducting Educational Needs Assessment*. Hingham, MA: Kluwer-Nijhoff.

Stufflebeam, D, I. (1971) *The Relevance of the CIPP Evaluation Model for Educational Accountability*. Paper read at the Annual Meeting of the American Association of School Administrators Atlantic City, New Jersey February 24, 1971.

Swan, M. & Walter, C. (1990) *The New Cambridge English Course*. Cambridge University Press.

Synder, J., Bolin, F. & Zumwalt, K. (1992) Curriculum Implementation. In Jackson, P. W. (ed.), pp. 402-435.

Taba. H.(1962) *Curriculum Development: Theory and Practice*. New York: Harcourt, Brace and World, Inc.

Taylor, P. (2003) *How to Design a Training Course*. Continuum International Publishing Group.

Tomlinson, B. (1998) *Material Development in Language Teaching*. Cambridge University Press.

Underwood, M. (1990) *Teaching Listening*, New York: Longman.

Ur, P.(1996) *A Course in Language Teaching, Practice and Theory*. Cambridge University Press.

Van Els, T. et al., translated by R. R. van Oirsouw (1984) *Applied Linguistics and the Learning and Teaching of Foreign Languages*. Edward Arnold Publishers Ltd., 1977.

Weir, C. J. (1993) *Understanding and Developing Language Tests*. New York: Prentice Hall.

Widdowson, H.(1999) *Teaching Language as Communication (10th)*, Shanghai Foreign Language Education Press（Originally published by Oxford University Press in 1996).

Wilkins, D. A. (1976) Notional Syllabuses. Oxford University Press.

Wilkins, D. A. (1981) Notional Syllabuses Revisited: A Further Reply. *Applied Linguistics* Ⅱ (1).

Willing, D. (1985) *Learning Styles in Adult Migrant Education*. Sydney, Australia: NSW Adult Migrant Education Service.

Willis J. (1996) *A Framework of Task-based Learning*. London: Longman.

Winn, W. (1993) Perception Principles. In Fleming, M. & Levie, W. H. (eds.). *Instructional Message Design: Principles from the Behavioral and Cognitive Science*, (2nd ed). Englewood Cliffs, New Jersey: Educational Technology Publications. pp. 55-126.

Yalden, J. (2000) *Principles of Course Design for Language Teaching*, Foreign Language Teaching and Research Press（Originally published by Cambridge University Press in 1987).

Yelon, S. L. (1996) *Powerful Principles of Instruction*. White Plains, New York: Longman.

附录

《新概念汉语》课程的设计

《新概念汉语》是为全球孔子学院、成年人学习汉语而设计的综合汉语课程，课程设计者为北京语言大学崔永华教授、张健总编辑以及王亚莉、刘艳芬、唐娟华、唐琪佳等组成的专家团队。该课程的最终成果《新概念汉语》教材（共 4 册，每册 20 课）及其相应的教学资源，包括 MP3 光盘（包含课文、生词、练习等部分的录音）、练习册、汉字练习册、教师用书、教学图卡、CD-ROM 多媒体教学软件及数字资源（提供教学资源和咨询）等，都已于 2013 年陆续在北京语言大学出版社出版。

一、设计者团队的汉语课程理念

本课程团队基于汉语和汉语作为第二语言教学的实践和研究成果，学习、吸收国内外外语教学的有效方法和 21 世纪的教学理念来进行课程教材的设计。本课程对汉语课程的认识列举如下：

1.1 培养语言综合运用能力

《新概念汉语》课程是一门汉语综合课，旨在培养学习者的语言综合运用能力，包括良好的汉语听、说、读、写能力，相关的汉语语音、词汇、语法和汉字基础知识，以及正确的汉语学习态度和学习策略，国际视野以及跨文化交际的意识和能力。为此，本课程的实施过程和教学方法力图在帮助学习者掌握语言要素的基础上，进行密集的听说训练，然后通过任务活动，实现能够使用所学内容进行交际活动的目标。在此过程中，还注重通过发掘课文和练习的趣味性、实用性，让学习者学会一些汉语学习的策略方法。本课程还注意运用具体材料帮助学习者了解一些中国的国情和文化知识，培养基本的跨文化交际能力。汉语教学本身就是学习者言语交际能力的形成过程，即学习者运用汉语进行听、说、读、写综合交际的能力。

1.2 重视汉语基本结构训练

《新概念汉语》的最终目标是培养语言综合运用能力，但本课程设计者仍把掌握汉语的基本结构看成形成汉语运用能力的基础，并提倡进行比较严格的学习和训练。因为他们认为掌握语言的基本结构是掌握一种语言的基础，学习汉语也是如此，特别对欧美学习者来说，汉语的结构跟其母语完全不同，这一点显得更为重要。这里的结构包括汉语语法、词汇、语音、汉字等几个部分。

1.3 课堂以学习活动为中心

学习者是教学活动的中心，已经成为语言教学界的广泛共识。本课程教学过程的指令都是建议教师给学习者安排什么样的活动，还设计了多种练习和互动活动、任务活动，目的是建立一个以学习者活动为中心的课堂，课堂学习的过程即是由教师指导下的学习者交际活动组成，即“以活动为导向”。同时，借鉴新的教学方法，注重启发式，提倡有意义的学习，让学习者在精心设计的目的语语境中学习语言，提高语言运用能力。

1.4 在使用汉语中学习和提高汉语能力

尽量多地运用外语进行交际是学习一门外语的最好方法。为此，本课程提供了多种学习者实际运用所学汉语知识和能力的环境。学习者是具有独特背景、需要和个性的“主体”，本课程主张针对学习者来确定目标、选择其需要或感兴趣的内容、利用其身心发展规律和母语背景等。比如在复习和热身活动中尽量联系学习者的实际，让学习者说自己亲身的经历和想法；在学习课文（如问答练习）、生词、语法的过程中，也可以联系学习者的实际情况。

1.5 利用国际先进语言教学研究成果，满足各地需求

本课程在深入研究《美国21世纪外语学习标准》《欧洲语言共同参考框架》等国外教学大纲和发展成熟的优秀英语教材、国外先进的教学理念和教学方法的基础上，结合新HSK考试大纲，对词汇进行控制，实现各个大纲之间的衔接；以此选择教学内容、安排教学活动，如5C标准（Communication 语言交流，Cultures 文化沟通，Connections 相关知识，Comparisons 比较能力和 Communities 社团活动）。只有贴近国际教学标准，才能真正实现汉语课程的本土化，满足当地教学需求，从而为之进入国外国民教育体系做准备。

1.6 精选语言要素教学内容，突出汉语特色，破解“汉语难”难题

“汉语难”一直以来是汉语教学界难以破解的一个难题。本课程在化解“汉语难学”这一问题上，首先从语言要素的教学开始，精选汉语基本的语音、词汇、语法、汉字教学内容，突出重点，而不面面俱到，在教学方法上进行新的探索，特别是在汉字教学方面，针对海外汉语学习者的特点，采取“语文分进、先认后写、多认少写、认识（汉字构字、组词）规律”的教学方法，力争在学习中减轻学习者对汉字的畏难情绪和学习压力，进而减少汉字对学习者的影响。同时强调“用中学”，加强练习和实践。

1.7 教学内容注重实用性、趣味性、知识性，并注重选择中国元素

本课程设计者在话题内容选择方面，充分考虑了海外汉语学习者的特点、背景和汉语学习、运用的环境，注重实用性、趣味性、知识性。本课程以传播汉语、传播中华文化为使命，在中国文化内容的选择上，有外国人最感兴趣的中国文化元素，如中国功夫、熊猫、孔子、京剧等；有关于中国文化历史的，如唐人街的由来、丝绸之路；有中国著名人物，如钱钟书、王羲之；有介绍中国国情的，如数字中国、青藏铁路、母亲水窖、老年人的休闲生活等；还有中国风土人情的，如汉语同音文化、吐鲁番、狗不理包子、筷子等。通过故事、介绍等方式，全面展示中国历史文化、现代国情，让外国人在学习汉语的同时，增进对中国的了解，增强中华文化的传播和影响力。

1.8 先听再说

一些研究表明，在这四种技能中，“听”的技能是其他技能发展的基础。《新概念汉语》就主张“先听”，“听”到一定程度后再开口“说”，这有利于语言技能的形成。具体想法是，学习课文前先粗听一遍，可以让学习者先对课文有个整体的、大致的了解，为后面详细理解课文打下基础；同时也是训练学习者独立理解听力材料的一种方式。这样做开始时可能会有较大的困难，但坚持下去，必有好处。

二、《新概念汉语》的课程目标设计

《新概念汉语》课程是一门面向全球孔子学院使用的汉语综合课程，是属于基础性的普通汉语课。其课程目标设计的程序依次如下：

2.1 需求分析

因为要面向全球孔子学院使用，因此，课程设计者把需求分析的目标群体主要定位于孔子学院的汉语学习者和汉语教师两个群体。

需求的内容则包括学习者对汉语课程内容要求、海外的教学周期、课程设置和教材需求情况及教师对汉语课程资源的需求，比如教案、教学方法、直接使用的教学资源等。

调查方式主要是问卷、开座谈会、访谈孔子学院负责人、教师、学习者等。

调查的最终结果为：

学习者想在汉语方面具备一定的交际能力，了解中国文化，有的学习者还想获得汉语水平的证书；学习者希望要学习的汉语内容将来能用上，即有实用性，希望课程能化解汉语难度，使汉语更容易学，希望汉语学习的过程有意思，不枯燥。这些需求在课程内容上要求有用、易学、趣味性强，在课程实施和教学方法上要求灵活、有吸引力，不枯燥和沉闷，在具体材料上要求图文并茂、形式多样、配套齐全。同时，孔子学院汉语学习者的学习时间不多，且较为零散，在汉语课程组织上要求简短、精炼、模块化。

在汉语教师方面，调查发现，从全球孔子学院整体来看，教师队伍的整体水平不高，以志愿者和非专业教师为主，大多数都是新手教师（newhand teacher），合格教师匮乏，优秀教师更少。这就要求新设计的《新概念汉语》课程能提供丰富的汉语教学资源，包括现成的教案、教学方法、可直接运用的语料、活动、游戏等。这不仅能节省教师的备课时间、保证课堂教学质量，而且能帮助教师提高自己的专业水平。

2.2 任务分析

任务分析主要是针对专门用途的汉语课程（Chinese course for special purpose）而言，比如商务汉语课程、旅游汉语课程、学术汉语课程等，《新概念汉语》是一门汉语综合课程，属于普通汉语课程（Chinese course for general purpose），所以任务分析这个环节就暂时略过。

2.3 起点确定

学习者应稍有汉语基础，即学习者已经掌握了汉语基本发音，具体包括学习者应了解汉语拼音和汉语音节构成，掌握汉语声调、21 个声母、39 个韵母、汉语拼音的拼写规则，掌握三声变调、“不”的变调、“一”的变调、声母“j、q、x”、轻声和儿化等。

如果学习者是零起点，以前没有学过汉语拼音，可以从教材附录的拼音教学开始。

2.4 环境分析

因为《新概念汉语》课程是孔子学院总部/国家汉办委托设计的，主要以海外孔子学院为教学对象，具有普适性特点，即要求适合全球孔子学院使用。鉴于此，本课程设计时的环境分析无法涉及具体的信息，这个可以等到具体的孔子学院实施该课程时再考虑。比如学习者的信息（包括学习者的数量、年龄、性别、文化背景、母语、目的、教育背景、职业、经历等）以及其他相关群体的信息，比如学校管理者、父母、出资人、社区民众等；再如涉及物理环境的信息，比如学校位置（包括是否便利、环境如何）和教室（包括大小、设备、光线、是否安静、是否一直在同一间教室等），再如教学时间的信息，比如总共多少学时、一周几次、每次多长时间、具体周几、时间、是否符合学习者的时间安排、学习者是否能按时上课。

但有一些共同的特点，可以在设计课程时考虑，比如在教学时间方面，孔子学院汉语学习者的学习时间不多，且较为零散，这就要求汉语课程在组织设计上要求简短、精炼、模块化。《新概念汉语》课程就分为四个阶段（对应教材 4 册），前两个阶段，每个阶段 20 个单元，每个单元 2 课，每课自学者大约需要 1—1.5 小时；课堂教授大约需要 1.5—2 小时（课堂教授 1 小时，课外学习 0.5—1 小时）；每个阶段自学者共需 40—60 小时，课堂教授共需 60—80 小时。后两个阶段，每个阶段 20 课，每课大约需要 4 小时，课堂教授需要 2 小时，课外学习（包括复习和完成练习册中的作业）需要 2 小时，每个阶段共需 80 个小时。整个《新概念汉语》课程共需要 280—320 个小时。

再如孔子学院“孤悬”海外，相关汉语教学资源比较少，那么我们设计汉语课程时就应该尽可能地多准备一些资源，《新概念汉语》就准备了 MP3 光盘（包含课文、生词、练习等部分的录音）、练习册、汉字练习册、教师用书、教学图卡、CD-ROM 多媒体教学软件及数字资源（提供教学资源和咨询）等。

2.5 目标撰写

《新概念汉语》是一门汉语综合课程，也是系列课程，分为 4 个阶段（即课本有 1—4 册），每个阶段都相对独立，比如第一个阶段达到新 HSK（二级）的水平，即《欧洲语言共同参考框架》的 A2 级外语水平；第二个阶段达到新 HSK（四级）的水平，即《欧洲语言共同参考框架》的 B2 级外语水平。每个阶段都有自己的课程目标，但我们这里作为一个整体来看，描述的是包括 4 个阶段在内的整门《新概念汉语》课程的目标。

2.5.1 汉语知识和技能等方面的目标（部分）

汉语知识方面：

学习者能掌握2500个左右的汉语交际常用词；

学习者能认读1500个左右的常用汉字，正确书写500个汉字；

学习者能掌握160个语法项目，对每一个语法项目都能在恰当场景中表达其基本意义，出错率不超过5%；

学习者能就80个话题进行简单交流和表达。

……

汉语技能方面：

学习者能听懂较长的汉语报告会和演讲；

如果是较为熟悉的主题，学习者甚至能听懂复杂的论证；

学习者能看懂大部分的电视新闻节目，能看懂大部分标准汉语电影；

学习者的口语表达达到一定程度的自如流畅，能同汉语为母语者进行正常的互动交际；

学习者能在熟悉的环境下积极参与讨论，用汉语发表和捍卫自己的观点；

学习者对自己的感兴趣的话题，能清楚、详尽地发表自己的看法；

学习者能就时事主题阐述自己的观点，并能对各种可能性陈述其利弊；

学习者能阅读有关当代问题的文章和报告，明白其作者的独特立场和思想；

学习者能看懂现代散文体的文学文章；

学习者能对自己感兴趣的话题写出清楚和详细的文章；

学习者能写评论和报告，传达信息，或者就某一观点提出赞同或反对的理由；

学习者能写能充分反映自己对相关事件和经历有所看法的信件。

……

2.5.2 情感、兴趣、意志、态度等方面的目标（部分）

学习者愿意用汉语进行沟通和表达，体验并遵守汉语交际的基本礼仪；

学习者清楚自己的学习目的和学习内容；

学习者对汉语、中国文化产生很大兴趣，积极参加各种相关活动；

学习者能通过制订进一步的计划对自己的汉语学习进行监控；

学习者掌握一些适合自己特点的汉语学习方法；

学习者能利用多种汉语资源进行学习；

学习者能有意识地把汉语学习跟其他学科知识结合起来；

学习者基本形成学好汉语的毅力和克服困难的意志；

学习者基本理解语言和文化的多样性、动态性和相互渗透性；

……

2.5.3 “汉语交际能力”方面的目标（部分）

学习者能理解复杂文章中的具体或抽象主题的基本内容；

学习者“可以用汉语就较广泛领域的话题进行谈论，比较流利地与汉语为母语者进行交流”，双方都不感到紧张；

学习者能清楚、详细地谈论广泛领域的话题，能就时事发表自己的观点，并能对各种可能性陈述其利弊，即形成用汉语就熟悉话题与他人进行交际的能力。

……

三、《新概念汉语》课程内容的选择

3.1 大纲的选择

3.1.1 语法大纲（部分）

动词或动词短语做谓语

“也”表示同样

用疑问词的问句（“哪”）

用“吗”的问句

“的”表示所属

“不”表示否定

形容词或形容词短语做谓语

用“A 不 A”的问句

“喜欢”的用法

“都”表示范围
动词“有”表示领有
量词“个”
用“几”问数量
动词“在”表示位置
“的”表示属性
用“怎么样”问性质
年、月、日的表达
名词用作量词
用“A 还是 B”的问句
“X+ 的”相当于名词
用“多少钱”问价钱
量词“斤”
钱币的表述
用“怎么走”问路
介词“往”表示方向
副词“就”表示加强语气
用“怎么”问行为方式
包含两个动词的谓语 1（表方式）
“了”表示已经发生
包含两个动词的谓语 2（表目的）
“就”表示时间短
“吧”表示提议
用“怎么样”征求意见
“时间 + 地点 + 见”表示约定
“主语 + 谓语”作谓语
名词或名词短语作谓语

“了”表示变化

动词重叠表示短暂的动作

介词“在”表示动作发生的处所

副词“(正) 在”表示进行

动词和形容词在短语中表示结果

“没”否定过去的行为

……

3.1.2 词汇大纲（部分）

词后没有括号的是前两个阶段的词，41—60 是第三阶段的词，61—80 是第四阶段的词。

名词

人物：安检员，爸爸，鼻子，厨师，大夫，……师傅 (42)，画家 (43)，女孩儿 (43)，男孩儿 (44)，小朋友 (44)，科学家 (45)，年轻人 (45)，男人 (46)，…… 总人口 (59)，教育家 (60)，孔 (60)，儒家 (60)，思想家 (60)，子 (60)，扁桃体 (61)，盲肠 (61)，父亲 (63)，儿童 (64)，家长 (64) 教师 (64)，家人 (66)，孙子 (67)，男生 (70)，女生 (70)，眼 (70) ……商人 (80)

处所：安检处，办公室，北，宾馆，…… 窗外 (42)，后 (48)，……以上 (59)，树林 (63)，海洋馆 (64)，书店 (66)，各地 (68)，楼上 (70)，岸边 (72)，水面 (72)，…… 西方 (80)

食品：包子，比萨饼，菜，菜单，草莓，……中国菜，矿泉水 (44)，……包子 (58)，米 (59)，肉 (65)，哈密瓜 (68)，水果 (68)，梨 (71)

时间：春节，春天，冬天，多云，…… 周末，最近，昨天，一会儿 (41)，一下子 (42)，以后 (44)，古代 (53)，之后 (54)，最后 (54)，……一大早 (67)，白天 (74) 晚餐 (76)，月底 (78)，去年 (79)

物品：包，冰箱，餐桌，车，……棕色，足球，座位，红灯 (41)，黄灯 (41)，绿灯 (41)，颜色 (41)，……面积 (59)，山峰 (59)，马车 (63)，小鸟

(63)，阳光 (63)，噪声 (63)，广告 (64)，门票 (64) 洪水 (65)，树枝 (65)……物品 (80)

语言：报纸，词，词典，大衣，电脑，……意义，音乐，英文，运动鞋，中文，字典，作业，电视剧 (48)，小说 (48)，字 (53)，信封 (55)，信息 (62)，节奏 (66)，同音词 (71)，面试 (79)

其他：班，病，成绩，传统，……游戏，约会，职位，专业，……小名 (58)，汉族 (59)，民族 (59)，全国 (59)，民间 (60)，思想 (60)，功能 (62)，……生活费 (78)，会计 (79)，轮 (79)，贸易 (80)

动词

动作：按，搬，擦，查，……切 (61) 开 (64)，剪 (67)，拔腿 (70)，摁 (70)，跑 (70)，带 (72)，拍打 (72)，躺 (73)

趋向：出，出来，出去，到，过来，回国，回来，……出来 (63)，起来 (67)，靠近 (72)

生活：帮忙，帮助，比赛，……演，应聘，游泳，住，做饭，做客，上路 (41)，行驶 (42) 欢迎 (48)，……支付 (78)，运送 (80)

学习：毕业，参观，……下课，写，学，学习，画像 (45)，……绘画 (74)，练 (74)

语言：背，答应，读，告诉，……传说 (58)，建议 (61) 表达 (62)，传达 (62)，流传 (68)，表示 (71)，交流 (75)

心理：猜，打算，懂，……分辨 (63)，放松 (66)，吃惊 (73)，盼望 (78)

一般：参加，出差，存，耽误，……相比 (51)，照 (51)，停电 (52)，忍住 (54)，发生 (56)，研究 (56)，引起 (56)，靠 (57)，挣 (57)，叫做 (58)，理 (58) 占 (59)，开办 (60)，……敢 (61)，应该 (66)

形容词

矮，安静，白色，饱，便宜，遍，差不多，……着急，紧张 (41) ……容易 (56)，重要 (56)，懒洋洋 (57)，深远 (60)，有学问 (60)，空闲 (62)，幽默

(62)，空 (63)，明媚 (63)，贵 (64)，女 (64) 饿 (65)，……够 (78)，基本 (78)，满意 (79)，细心 (79)

数词

八，百，半，多，二，九，两，零，六，七，三，十，四，五，一，万 (49)，亿 (49)，分之 (64)

量词

杯，本，层，场，次，次，点，点儿，顶，度，对，分，……座，棵 (43)，片 (43)，幅 (45)，只（量）(48)，吨 (49)，亩产量 (49)，……顿 (66)，寸 (67)，分 (71)，海 (72)，堆 (73)

代词

人称：大家，她，你，您，谁，他……自己 (45)，别人 (62)

指示：那，这，这儿，……有的 (50)，一部分 (62)

疑问：多少，几，几，哪，哪儿，……怎么，怎么样

副词

比较，不，才，常常，……到处 (64)，眼看 (64)，悄悄 (67)，回头 (70)，默默 (70)，先 (70)，紧紧 (72)

介词

把，被，比，跟，和，……经过 (80)，由此 (80)

连词

不过，但是，还是，可是，……除非 (70)，并且 (72)，只要 (72)

助词

啊，唉，吧，得，得，……着 (42)，得 (43)，地 (45)，之一 (51)

短语

不好意思，不客气，对不起，多少钱，……天伦之乐 (74)，不得不 (77)，两手空空 (78)，来来往往 (80)

专有名词

埃及，北京，北京楼，……丝绸之路 (80)，西亚 (80)，中亚 (80)，围城

(48)，长江 (59)，亚洲 (59) 欧洲 (80)

3.1.3 汉字大纲（部分）

爱、安、白、班、办、半、包、报、北、比、边、编、变、遍、表、病、不、才、菜、餐、查、茶、产、长、常、场、朝、车、成、吃、出、除、传、打、代、当、倒、到、得、灯、地、典、点、电、店、定、动、度、对、多、儿、法、饭、方、房、放、非、费、风、夫、父、复、改、感、高、告、各、跟、工、公、故、顾、关、馆、光、国、果、过、海、害、汉、好、号、合、和、红、后、候、花、画、话、黄、回、会、婚、活、火、机、基、极、急、几、计、记、际、加、家、家、假、间、检、见、件、交、叫、教、节、解、金、紧、近、进、京、经、剧、决、开、看、考、靠、可、客、课、空、口、快、拉、来、老、乐、冷、礼、李、里、理、力、利、量、了、流、楼、路、妈、马、码、满、忙、么、没、美、门、们、梦、面、民、名、明、命、母、哪、内、那、奶、男、南、难、能、年、念、牛、女、朋、品、平、期、其、起、气、前、钱、亲、情、请、球、去、全、然、人……

3.1.4 功能 / 意念大纲（部分）

中国人姓名；国籍；见面问候；常见称谓；致歉；职业；描述身心状态；爱好；日常活动；亲属称谓；数字；家具；方位 1；颜色；服装；节日；食品；公共场所；方位 2；交通工具；运动；时间；时段；身体部位；天气；城市；疾病；家务活动；旅行；宾馆；饮食；特长；允许、禁止；动作；看电影；安检；比赛；谈论；评价；礼仪；求职；生活、工作；送礼物；租房；假期；经历；打算；……

3.1.5 话题大纲（部分）

谈旅行；服务需求；谈作息；就餐；交友；交往；看中文电影；海关（安检）；看球赛；学校生活；谈教育；谈气候；居室环境；求职；谈工作；谈计划活动；谈宠物；交通处罚（罚款）；送别（告别）；谈购物；谈论假期；谈过去的经历；看京剧；看中文电影；爬长城；修理电脑（推来推去的对话）；

约会；做客；要离开；预定旅馆（愿望）；谈汉语学习；各国年轻人生活；习俗；物价；谈电视的利与弊；受伤；谈汽车、谈中国传统食物、谈心情、谈安全、谈动物、谈服饰、谈植物、谈地理、谈历史……

3.1.6 任务大纲（部分）

介绍你们国家的一个著名的历史人物；跟同伴编一段介绍孔子的对话；说说手机短信在生活中的重要性；三四人一组，说说你一般用手机做什么，你希望手机还能做什么，介绍一个对你的成长影响比较大的人，说说为什么；跟同伴扮演黑格尔和父亲，编一段 8-10 句的对话；说说你见过的最有意思的广告；跟同伴编一段 8-10 句的对话，说说海洋馆的变化；比较一下用筷子和用刀叉各有什么好处（补充词汇：灵活手指、健脑、有效、切、精细的东西、大块儿的肉）；三四人一组，表演禹和几个人发明筷子的经过；说说你对慢生活的看法；跟同伴扮演记者和主张慢生活的人，编一段 8-10 句的对话；说说发生在你的家人或朋友身上的有意思的小故事；跟同伴扮演小明和老师，编一段 8-10 句的对话，说明裤子短的原因；说说你最喜欢的一个城市；跟同伴编一段介绍吐鲁番的对话（8-10 句）；如何第一次向异性朋友提出约会的请求；三人一组扮演课文中的角色一起去喝咖啡，编一段 8-10 句的对话，谈论坐电梯的事；说说你们的语言中有哪些同音词，这些同音词可能产生什么误会，跟同伴编一段介绍汉语同音词的对话（8-10 句）；描述一下你喜欢的动物或植物，并说说你为什么喜欢它；三四人一组，编一段爸爸、女儿和海豚的对话；说说在你们国家，丈夫和妻子在家里怎么分工；跟同伴编一段丈夫和妻子的对话，说说妻子每天都做些什么（8-10 句）；说说你们国家的老年人和年轻人都有哪些休闲方式；三四人一组，扮演老年人讨论选择什么休闲方式；说说在你们国家，出行你会选择什么交通工具，为什么，跟同伴编一段介绍青藏铁路的对话（8-10 句）；利用网络预先查查关于“地球一小时”的资料，列出尽量多的做法；三四人一组，讨论在“地球一小时”活动中你们会怎么做；……

3.2 整合成《新概念汉语》课程总纲

《新概念汉语》把各部分内容大纲整合成课程“总纲”的思路是：先确定要学习的交际性的话题，在展开话题时安排功能项目，确定这些话题和功能所需要的语法项目和词汇，然后再选择和编写蕴涵这些内容的语言材料。综合成的总纲如下：

语法点	话题	功能	词汇（略）
是……的	谈旅行	如何乘车去宾馆	
能愿“要”	服务需求	如何办理住宿	
情态补语	谈作息	讨论活动时间	
能愿“会 1”	就餐	如何点餐	
能愿“能”(允许)	交友	如何约定见面时间	
趋向补语	交往	如何交换赠送礼物	
可能补语	看中文电影	如何评论电影	
“把”字句	海关（安检）	如何配合机场安检	
能愿“会 2”	看球赛	聊天儿	
完成态（了）	学汉语	聊天儿	
动量补语	学校生活	聊天儿	
时量补语	谈教育	聊天儿	
比较句（比）	谈气候	聊天儿	
比较句（一样）	居室环境	跟朋友谈美中旅馆的异同	
经历态（过）	求职	聊天儿	
程度补语	谈工作	聊天儿	
复句“如果”	谈计划活动	如何规划生活	
复句“但是”	谈宠物	聊天儿	
“被”字句	交通处罚（罚款）	如何舒缓情绪	
要……了	送别（告别）	如何机场送别	

3.3《新概念汉语》具体材料的选择

3.3.1 明确编选课程材料的原则

根据课程设计前的调查分析,《新概念汉语》将自己选择具体语言材料的原则定位在实用性、趣味性和知识性等。

实用性。前期对国外的汉语学习者进行调研，对多种汉语及英语教材涉及的话题进行统计分析，了解海外学习者最需要、最感兴趣的话题。基于此，本课程所选择的话题，如“购物”“交通”“天气”等，都非常贴近生活，是日常交际中最常用的；交际活动的设计也紧贴生活实际，围绕学习者的真实生活展开。

趣味性。本课程课文多是幽默对话或幽默小故事，精雕细刻，能体现睿智的幽默和风趣，或者使人忍俊不禁，或者使人回味无穷。读起来非常轻松，也能激发学习者的学习兴趣；同时，本课程还配有幽默风格的插图，与课文相辅相成，可引发学习者的学习动机，帮助学习者理解课文。

知识性。本课程还注重通过语言传播科学知识，如关于水星的常识、汽车的安全性和颜色的关系、男女心理的不同、手机短信的使用、“慢生活”的生活理念等，让学习者在学习语言的同时，能增长知识，开阔知识面。

另外，课程内容还注重选择中国元素，要求课文内容具有浓烈的文化特色，从多方面自然地展示中国文化和中国国情；同时也适当地涉及世界文化。

3.3.2 具体语言材料的获取

《新概念汉语》课程设计者对前两个阶段的课程往往采取自己创作具体材料的方式。

比如对语法点“用疑问词的问句(哪)”、话题“国籍”、功能“介绍”“询问”、情景“见面时”等大纲项目的呈现材料是：

王方方：这是林木，他是中国人。

　　　　这是大卫，他是法国人。

大　卫：您好！认识您很高兴。

林　木：您好！认识您也很高兴。

大　卫：那是谁？

王方方：他是刘大双。

大　卫：他是哪国人？

王方方：他是中国人。

此外，还有生词表、注释、英文版课文、写汉字（包括工、土和王三个汉字）。

再如对语法点“双宾语句”、话题“礼物”、功能“询问”等大纲项目的呈现材料是：

大　卫：小双，星期三是方方的生日。你打算送她什么礼物？

刘小双：我打算送她一个大蛋糕。大卫，你呢？

大　卫：我送她一束花儿。

刘小双：太浪漫了。她一定很喜欢。

大　卫：安妮，你送方方什么礼物？

安　妮：我送她一顶好看的帽子。

大　卫：她一定开心极了。大双，你准备送她什么？

刘大双：我不告诉你们。我要给她一个惊喜。

安　妮：谁能给我一个惊喜呢？

刘小双：你什么时候过生日？

安　妮：唉，我今年、明年都不过生日。

刘小双：为什么？

安　妮：我的生日是2月29日。

此外，还有生词表、注释、英文版课文、写汉字（包括厅、订、停、顶、丁等汉字）。

《新概念汉语》课程设计者对后两个阶段的课程往往采取改变修改既有具体材料的方式。

比如对语法点“V+着”和话题“运动”等大纲项目的呈现材料是：

《您找我有事儿吗》

一辆公共汽车在马路上行驶。江日新坐在后面，戴着耳机，听着音乐，望着窗外的风景。

突然一个急刹车，江日新一下子扑到了前面，倒在司机旁边。

车停了下来，他爬起来看着司机。大家都以为，他要跟司机吵一架。没想到，江日新却笑了笑，对司机说："师傅，您找我有事儿吗？"

此外，还有"回答问题"、生词、注释、复述课文、译文、学习语法、学习词汇和汉字、交际活动等。

再如对语法点"还""只好"、话题"职业"等大纲项目的呈现材料是：

《狗不理》

天津的"狗不理"包子店已经有一百多年的历史了。

传说，店主叫高贵友，小名叫"狗子"。狗子做的包子又好吃又好看，还很便宜。

店里的顾客太多了，他忙极了，只好让顾客把钱放在桌子上，他根据钱数给包子。

因为太忙，他没有时间跟顾客说话，人们就开玩笑说："狗子卖包子，谁都不理。"后来，他家的包子就被叫作"狗不理"了。

此外，还有"回答问题"、生词、注释、复述课文、译文、学习语法、学习词汇和汉字、交际活动等。

四、《新概念汉语》课程的组织

4.1 确定课程组织的中心要素

《新概念汉语》课程以话题为汉语课程的中心组织要素，即以话题为主线来组织汉语课程内容，其他一切围绕话题来进行。具体见前面的话题大纲。

4.2 对课程内容进行切分

《新概念汉语》课程内容的单位包括阶段、单元和课三种。具体来说，《新概念汉语》共分为4个阶段，对应4册教材，前两个阶段共有40个教学单元，80

课（每个单元包含2课，第1课为单元主课，第2课为单元复练课）；后两个阶段共有40课。

4.3 排列结构单位

《新概念汉语》课程内容单位的排列遵循从易到难、从简单到复杂的原则，同时也照顾到学习者的“心理空间”，即由近及远的顺序。

4.4 具体“课”的组织：板块式设计

《新概念汉语》具体“课”的组织采取“交叉式”，即把一定的话题、情景、功能和语法相互交叉组成一课。比如第11单元话题为“食品”，语法点为“疑问句”“量词”“钱币的表述”，功能点为“如何购物”，所有这些知识点共同组成一课。

同时，也可以说其是板块式设计。《新概念汉语》以话题为主线，每个单元或每课一个话题，按知识和技能的不同组合方式，以板块形式来设计活动，并把每个单元的重点语言项目渗透到各个教学板块中，以保证学习者切实加强基础知识和基本技能的训练。在前两个阶段，《新概念汉语》每单元设置听录音然后回答问题、生词、注释、英译课文、写汉字、听录音然后根据提示词回答问题、生词、练习等几个板块。在后两个阶段，《新概念汉语》每课设置课文、生词、注释、复述课文、译文、学习语法、学习词汇和汉字、交际活动等几个板块。

五、《新概念汉语》课程的实施

5.1 教学过程的设计

5.1.1 在前两个阶段

《新概念汉语》课程的设计者所设计单元主课（每单元前面1课）的教学过程为：

第一步：复习。根据图片复述前课课文；汇报前课的练习；讲作业。

第二步：热身。领读题目，领读听前问题；让学习者看插图，回答相关问题。

第三步：听录音，回答听前问题。领读听前问题；听录音，听后回答问题。如果没听懂，再放录音。

第四步：学习生词。听两遍录音，只听不读；领读两遍生词；领说词语搭配；再领读一遍生词；认读生词（老师指生词让学习者读）。

第五步：理解课文。逐段听两遍录音，可看拼音文本和注释；确认学习者听懂每一个句子。可用中英文提问。

第六步：学习语法。按课本设计过程、方法进行。

第七步：朗读和复述课文。1. 逐段听，跟老师朗读，自己朗读各两遍（教师领读时注意强调难句和重点句）；2. 朗读全文（可看拼音文本）；3. 复述课文（看英译文本）；4. 复述课文（教师出示图片）；5. 跟同伴进行问答练习（注意提醒学习者说话时要抬头）。

第八步：书写汉字。逐个认读汉字；画出相同的部件；书空（用手在空中书写汉字），边写边说出笔画。

每单元的复练课的教学过程为：

第一步：复习。根据图片复述前课课文；汇报前课的练习；讲作业。

第二步：热身。让学习者圈出学过的字和词；根据图片说出下面词语的英文意思。

第三步：学习生词。听两遍录音，只听不读；领读两遍生词；领说词语搭配；再领读一遍生词；认读生词。

第四步：理解例子。边看例子边听录音（两遍）。确认学习者理解了例子的意思。也可让学习者翻译成英文。教师出示例子图片，学习者进行问答练习。

第五步：问答练习。逐段听课文录音，根据提示词语回答问题；根据提示词语，跟同伴互相问答；教师出示图片，引导学习者进行问答练习。注意领读难句和重点句。

第六步：做练习 1。学习者做练习，然后跟同伴核对答案；学习者说答案，改正错误。注意提示常见错误；学习者两人一组，一问一答，进行问答练习（适用于部分练习）。

第七步：做练习 2。跟录音朗读两遍例子；学习者集体说出问题，然后回答。提示可能出现的问题；学习者结对问答或循环问答。

第八步：做练习 3。引导学习者回忆学过的相关词语，并适当补充其他词语；引导学习者说出相关句型；提示学习者写出提要；按要求做练习。

第九步：单元小结。引导学习者回忆本单元学过的词语和句型，让学习者说一个他们觉得有用的句子。

5.1.2 在后两个阶段

《新概念汉语》课程的教学过程为：

第一部分 学习课文

1. 热身（5 分钟）

热身活动可以采取下列方式之一进行：复习旧课，引出新课；看图片，根据图片提问，引出课文内容；就课文内容进行讨论，也可以让学习者预测课文的内容。

2. 快速阅读课文（5 分钟）

朗读读前问题；快速阅读，寻找答案；尝试回答读前问题。

3. 学习生词（15 分钟）

听生词录音或听教师朗读生词；跟读（跟录音或教师朗读）；理解生词；按顺序集体朗读生词；认读生词

4. 听课文，回答问题（10 分钟）

朗读课文后面的问题；听全文（提醒学习者不看课文）；回答问题；分段听课文，回答问题（老师提问，全班回答）；回答全部问题。

5. 朗读课文（10 分钟）

教师分段领读课文；学习者朗读课文；回答全部问题。

6. 复述课文（5 分钟）

根据提示复述课文；无提示复述课文（或可看英文译本复述）

第二部分 综合练习

1. 学习语法（20 分钟）

每课的两个语法点均可按以下步骤和方式学习：

听全部例句 1-2 遍；学习者逐句跟读例句，参考生词理解句意；学习生词；做练习 1；启发学习者归纳出句式的公式；做练习 2。

2. 学习词汇和汉字（15 分钟）

学习者独立做各项练习；跟同伴核对；引导全班说出答案。

3. 交际活动（15 分钟）

交际活动可在课堂上做，也可以在课下做，课上检查、汇报。

活动 1（小组活动）

朗读指令；教师和 / 或学习者给出示例，启发说出相应的句式、词语；教师引导分组、分工；明确汇报要求；设定活动时限；小组活动；小组或小组代表向全班汇报；学习者自我评价和教师评价。

活动 2（独白）

朗读指令，理解任务；教师自己示例或引导学习者示例；设定话语长度和准备时限；提醒学习者写下提示词语；学习者准备；学习者分组互相讲述，或由学习者向全班汇报；学习者自我评价和教师评价。

4. 归纳本课学习内容

复述课文；让学习者说出有用的句子，或用图片引导学习者说出句子；让学习者朗读生词表，或用图片引出词汇练习中的词语。

5.2 教学方法和手段的设计

因为具体内容的教学方法比较灵活，《新概念汉语》课程对其各个部分内容的教学方法并未具体规定，但从教学过程的某些部分可以看出一些教学方法，比如语法部分，用的就是典型的归纳法；再如在练习部分，用的是任务法、活动法；再如在汉字部分，用的是“语文分进、先认后写、多认少写、认识（汉字构字、组词）”的方法。

《新概念汉语》课程中的教学手段也没有明确规定，但不外乎黑板和粉笔、实物、模型、卡片、图片、多媒体和网络等。

5.3 教学活动的设计

《新概念汉语》课程对活动的设计有很多，主要体现在“教学过程”中，有朗读、复述、讲述、汇报、猜词、表演、小组活动等。

5.4 教学组织形式、教学时间和教学环境的设计

因为无法知道每个孔子学院学习者的人数，《新概念汉语》没有对教学组织形式和教学环境进行设计。而在“教学过程”部分对每个步骤的时间有所建议，供教师参考。

六、《新概念汉语》课程的评价

《新概念汉语》课程是面向全球孔子学院的汉语学习者来设计的，2012年第一阶段的课程设计完成后，曾在全球很多地方进行试用。部分汉语教师的反馈意见列举如下：

1. 体现了新的教学理念，基本按照教学过程来安排每课和每单元的环节，老师用起来非常方便，便于备课。

2. 很贴近汉语教学实际，注重培养语言综合运用能力，听说读写技能综合训练，从练习方式看也融合多种教学方法。

3. 语言教学内容看得出来是经过精选的，既突出了汉语的特色，又融入了生动的人物和丰富的故事内容，让学习者感到轻松，化解了学习者觉得汉语难的心理。

4. 课本的教学内容注重实用性、趣味性和知识性。

5. 最突出的特点是简单、易学，非常实用。

6. 不仅老师，学习者也特别喜欢这套幽默的汉语教材，课文幽默，漫画也很幽默，学习者一看就乐，课堂气氛非常轻松。

7. 课文短小，一次课就可以学完一课，并且学完就能张口说一些很实用的句子，学习者特别有成就感。

8. 学习者一般都害怕学汉字。《新概念汉语》里面也教汉字，但是这

里教汉字不直接跟课文出现的汉字挂钩，而是从最简单、最有意思的汉字入手，学习者觉得汉字原来也可以这么容易，极大地增强了他们学习的信心。

9. 教师用书设计特别精心，根据教学的每一步写了具体的操作步骤和方法，完整体现了教学过程和教学方法，对老师来说很实用，算得上是详尽的教案。

10. 教师用书和课本一样，提供了很多素材，也特别方便，老师上课需要的东西都在上面，不用我们现准备，大大减轻了老师备课的负担。

11. 课本和教师用书里的任务活动设计得特别好。课本里的任务都和学习者实际生活相关，很实用，并且在教师用书里还有操作步骤，很方便。教师用书里的任务活动还提供了很多图卡作为任务的工具，我们不用再找或者画图片，节省了时间。

12. 单数课和复数课训练同样的表达，能加强学习者的印象，有利于他们掌握固定的表达方式。

13. 我的朋友自学汉语，他非常喜欢《新概念汉语》，他觉得很简单、轻松。另外，录音内容很丰富，连练习的答案都有，对他这样自学的人来说，很实用。(此条来自帮朋友咨询的中国人)

以上反馈意见来自：美国南卡罗来纳大学孔子学院、美国乔治梅森大学孔子学院、韩国启明大学孔子学院、巴基斯坦伊斯兰堡孔子学院、英国私立贵族学校 Davenies independent school 等孔院和学校的中文教师。

后　记

自 2007 年从北师大来北语工作后，我就一直考虑如何把汉语教学跟我的博士专业“课程与教学论”知识结合起来。这样既能对现在的汉语教学工作有所指导，也不枉我之前所学。但一开始并不顺利，最初的感受是一线的汉语教学实践几乎使不上教育专业的理论，比如教育的目标是培养人、以学生为中心和学校管理等，这些都属于宏大理论，有些也是常识，没有学过教育学的教师好像也知道。而汉语课堂教学是很具体的，这个词怎么用？那句话怎么说？差不多尽是语言学的东西。怎么办呢？教育学出身的我一度陷入了焦虑，甚至还有重新回到纯教育学研究领域的冲动。

转机出现在翻看杨贺松老师的《中国家常》时，杨老师在“说明”中提到该汉语教材是在应德国柏林自由大学的需要而开设的阅读课基础上编写而成的。我忽然想起来，很多汉语教师都曾谈到自己在海外面临开新课的情况。用教育学的观点来看，这不就是一个不折不扣的汉语课程设计的问题嘛，而且还可以跟汉语教材的设计和编写联系起来。哇，这是我的专业唉。我突然有一种茅塞顿开、柳暗花明的感觉，像是苦苦寻觅不及，却在闲暇间隙偶然发现了无尽宝藏，惊喜近乎出声。然而很快，好似坐过山车一样，我又坠入了谷底。因为大体了解后发现汉语教学界有关课程的文献实在是太少了，感觉缺少基本的撰写基础。没办法，生存驱动，创造条件也得上！从积累经验和材料开始，于是，我走进了留学生汉语课堂教学的第一线，走进了图书馆阅览室的过期期刊区，走进了存放20世纪90年代以前汉语教材的图书馆地下室，利用北京高校图书馆馆际互借的条件和去香港的机会查阅课程设计（尤其是英语作为第二语言课程设计）的英文资料，也抓住一切可能的机会向年长的同事和前辈们了解北语以前开课的相关情况。为了加快研究进程，我决定从“两头”往中间靠，即一边给研究生开课，讨论教育学领域的课程设计理论，一边加紧收集汉语课程乃至英语课程方面的资料作为例证，以期能实现二者的有机融合。前者不易，后者更是充满艰辛。

“目前对外汉语教学界尚无专门讨论课程设计的论著，因此，本书选题很有学术和应用价值。”“以往对外汉语教学相关研究更多地将汉语教学法作为一个整体来进行研究，对教学法理论框架下的次一级领域开发和研究都很欠缺，这本书自觉地提出将‘汉语课程设计’作为一个专题来研究，对汉语作为第二语言的教学这个学科来讲，是一个很好的开端。”“书稿选题有意义，文献资料丰富、翔实，观点有启发性和应用价值。”“该书较好地吸收了教育学界的相关研究成果，其课程设计的框架即是借鉴了泰勒的课程设计原理。”“该书依据语言学、教育学和心理学等理论，结合对外汉语教学实践，广泛讨论了对外汉语教学的课程设计问题。”“该书文献全面，综述恰当，涉猎广泛，内容丰富。”“该书将对外汉语教学的历史、现状及与课程建设相关的研究成果很好地结合起来，也是该书的一个特点。”“参阅较为丰富，作者参考了大量文献，对‘汉语课程教学论’和‘汉语课程设计’都有较为全面的认识。”“该书研究目的比较明确，整体框架比较完整。”“全书逻辑关系也很清楚，有的内容不乏真知灼见。”“作者将理论与实际相结合，既有理论阐述，又有实际的案例分析与评价，有助于读者的理解与参考应用。”“本书第一次从课程论的角度研究了国际汉语的课程设计，涉及汉语课程的相关理论概念、目标设计、内容选择、内容组织设计、课程实施设计、课程评价设计。书中引用了海量中外文献，展示了完整的学术界理论研究成果。”这是我申请北语学术著作出版基金时三位匿名专家和出版社审稿专家反馈的部分评价。我不是一个容易动感情的人，但每每读到上面的评价，还是有点儿鼻酸眼潮。它让我想起在阅览室跟学生“争”座位的场景，那里常常人满为患；想起在图书馆地下室翻阅汉语教材的场景，那里灰尘遍布，稍微一动，尘飞土扬，让我咳嗽连连；那里绝大多数书籍（包括一些油印资料）的纸页薄脆泛黄，一不小心，可能就成了残纸断片；想起在馆际互借时频频收到的“该书不属于馆际互借部分”的反馈；想起在香港联系各位同学朋友帮忙借阅英文书籍的场景，那里溽热难耐、复印费用高昂。

“七年磨一剑，今日把示君。”本书2007年底动手，2012年完成初稿，近40万字，到2014年改定，其间更改数次、几易其稿、删减近半，终于成了现在这个模样，真是“来之不易”。在此谨向所有帮助过我的专家和前辈表示衷心感谢。

感谢北京语言大学学术著作出版基金的匿名专家，他们的肯定，更加坚定了我在这个领域持续前进的信心；他们提到的不足和建议，使本书得到很大提升，更清晰、更集中。感谢吕必松先生、刘珣先生和崔永华先生三位前辈，他们都曾在异常繁忙的情况下听我絮叨，给我反馈，使本书增色；吕先生提出的“总体设计”和崔先生研究的“教学设计”不仅是对业界的巨大贡献，而且也是本书得以借鉴参考的思想资源。感谢本书所引文献的作者们，尤其是汉语教学界的前辈作者，他们当年筚路蓝缕，为学科后来的发展打下了坚实的根基，更为本书提供了最基本的撰写素材。感谢七年来选修这门课的研究生，以及2006级对外汉语专业的本科生，迫于给他们上课的压力，我对这门课的理解不断得到拓宽和加深。感谢出版社张健总编辑慧眼识“珠”，以及北京市教育委员会共建项目的专项资助，否则本书现在也未必能够面世。感谢责编王轩女士在编校过程中付出了大量的努力和时间；感谢家人，给我支持和动力；昔日书稿动手之时，我还单身，今朝书稿付梓，儿子已四岁有余；他调皮可爱，时时蹦跳缠绕我左右。

希望这本书能引起更多的同行关注汉语课程设计！也希望读者就其内容予以批评指正（作者邮箱：guorui@blcu.edu.cn），一起充实“汉语国际教育”这个学科的建设！

郭　睿